DEEPAK CHOPRA

SĂNĂTATEA PERFECTĂ

Editura Paralela 45

Redactare: Adriana Oprea
Tehnoredactare & DTP copertă: Mihail Vlad
Pregătire de tipar: Marius Badea

Descrierea CIP a Bibliotecii Naționale a României
CHOPRA, DEEPAK
Sănătatea perfectă : ghidul ayurvedic complet al programului minte-corp /
Deepak Chopra ; trad. din lb. engleză de Iustina Cojocaru. -
Ed. a 2-a. - Pitești : Paralela 45, 2019
ISBN 978-973-47-3107-7
I. Cojocaru, Iustina (trad.)
61

Perfect Health. The Complete Mind Body Guide
Deepak Chopra

www.edituraparalela45.ro

DEEPAK CHOPRA

Sănătatea perfectă

Ghidul ayurvedic complet al programului minte-corp

Ediția a II-a

Traducere din limba engleză de
Iustina Cojocaru

Editura Paralela 45

De același autor, la Editura Paralela 45:

Cele șapte legi spirituale pentru părinți.
Îndrumă-ți copiii pe calea succesului și a împlinirii

Dumnezeu. O istorie a revelației sale

Eliberarea de dependențe.
Metoda Centrului Chopra pentru învingerea obiceiurilor distructive

Frumusețe deplină.
Cum să te transformi din interior

O viață împlinită.
Cum să exploatezi puterea infinită a coincidențelor

Recrearea trupului, reînvierea sufletului.
Cum să devii alt om

Soluții spirituale.
Răspunsuri la cele mai mari provocări ale vieții

În semn de cinstire pentru Shankara
și tradiția Shankaracharya a maeștrilor
de a păstra și duce mai departe cunoașterea tainei vieții

Cuprins

PARTEA A II-A
ORGANISMUL UMAN CREAT DUPĂ LEGILE CUANTICE

PARTEA A III-A
SĂ TRĂIM ÎN ARMONIE CU NATURA

Mulțumiri

Aș vrea să-mi exprim mulțumirile în mod special:

- Membrilor familiei mele, pentru dragostea lor profundă și sprijinul oferit, suportul tuturor realizărilor mele.
- Lui David Simon, prietenul și colegul meu, pentru sprijinul oferit în demersul actualizării cărții de față și pentru perspectiva mai largă pe care amândoi o împărtășim.
- Celor doi superbi agenți – și prieteni dragi –, Lynn Franklin și Muriel Nellis, pentru că au crezut de la bun început în acest proiect.
- Lui Huntley Dent, un prieten apropiat, a cărui iscusință în meșteșugul literelor m-a ajutat să aduc textul inițial în forma actuală.
- Editorului meu, Peter Guzzardi, căruia îi sunt recunoscător pentru stăruința de a atinge perfecțiunea și de a scoate la lumină tot ce pot eu să ofer mai bun.
- Și întregii mari familii de medici, asistente, profesori și personalului de la Chopra Center for Well Being, care și-au făcut o profesiune de credință din a-și conduce propria existență conform idealurilor unei sănătăți perfecte.

Mai multe informații, produse și servicii pentru o sănătate perfectă puteți găsi vizitând site-ul nostru: www.mypotential.com.

PARTEA I

Un loc numit sănătate perfectă

Introducere

De la prima ediție a cărții mele *Sănătatea perfectă*, de-acum mai bine de zece ani, în lume au avut loc transformări remarcabile. Pe atunci, idei care susțineau că este mai important să ne ocupăm de sănătate decât de absența unei boli, că abordările naturiste ne-ar putea revigora întregul sistem de sănătate și că organismul uman este mai degrabă o rețea de energie și informații, și nu o structură anatomică imuabilă, păreau radicale. Și totuși, astăzi constatăm că aceste concepte s-au întrepătruns în chiar țesătura perspectivei noastre moderne cu privire la sănătate și boală sau viață și moarte. Un studiu recent publicat în *Journal of the American Medical Association* arăta că mai mult de 40% dintre americani apelează astăzi în mod regulat la metode medicale neconvenționale, care nu au nimic de-a face cu o perspectivă materialistă asupra organismului uman. Mai mult de două treimi din centrele de educație medicală au introdus în aria lor curriculară cursuri de medicină alternativă și complementară. Recunoscând că pacienții solicită să aibă opțiuni și acces tot mai mare la acest tip de medicină, a crescut și numărul de companii de asigurări și de organizații de menținere a sănătății în parametri optimi care acoperă costurile îngrijirii medicale holistice.

Comunitatea științifică și-a schimbat atitudinea, de la respingerea radicală și ridicolă a metodelor de vindecare alternative la investigarea cu seriozitatea cuvenită. Dacă veți accesa baza de date a National Library of Medicine, veți descoperi peste patruzeci de mii de articole despre medicina alternativă și complementară, dintre care mai mult de șaisprezece mii sunt dedicate exclusiv medicamentelor produse pe bază de plante. Meditația, yoga, masajul și abordările nutriționiste sunt tot mai mult îmbrățișate ca instrumente esențiale pentru vindecare. Iarba Sfântului Ioan, ginkgo biloba și echinacea sunt cuvinte des utilizate în căminele noastre, iar în America, aproape fiecare farmacie deține propria linie de medicamente naturiste. Prin popularizarea în ziare, cărți și pe internet, oamenii au avut ocazia să acceseze orice informație legată de sănătate și își asumă tot mai mult responsabilitatea pentru propria stare de bine. Deși acest lucru ar putea părea o amenințare pentru comunitatea medicală tradițională, eu sunt de părere că tendința spre dezvoltarea conștiinței de sine și a responsabilizării este un semn clar al dezvoltării sănătății personale și colective.

În cadrul Chopra Center for Well Being din frumoasa La Jolla, California, am creat alături de personalul meu un mediu al însănătoșirii, prin care sunt direct explorate puterea Ayurvedei și medicina dedicată sistemului minte-corp omenesc. Am inițiat cursuri în care am pus în aplicare principiile și practicile medicinei holistice, pentru a răspunde celor mai comune preocupări legate de problemele de sănătate. Programul nostru intitulat *Magical Beginnings* (Magia primilor pași în viață) furnizează informații și oferă soluții cuplurilor care așteaptă un bebeluș pentru a-și hrăni pruncii încă nenăscuți ca pe niște zei. Am acordat certificate de absolvire personalului didactic din toată lumea care predă acest program și care va ajuta la crearea unei noi generații de ființe sănătoase și conștiente.

Trainerii specializați în medicina sistemului minte-corp omenesc de pe toate continentele au fost instruiți în Chopra Center pentru a explica mai departe *Creating Health* (Cum să creăm sănătatea), cursul nostru fundamental despre medicina sistemului minte-corp omenesc și Ayurveda. Peste cinci sute de persoane din întreaga lume au primit diplome care atestă că sunt instruiți în *Primordial Sound Meditation* (Adevărata meditație primordială), programul nostru de eliberare de stres care le oferă oamenilor posibilitatea să-și experimenteze în mod direct câmpul interior de energie și creativitate. *Return to Wholeness* (Întoarcerea la întregirea sinelui), cursul nostru destinat persoanelor suferinde de cancer, a avut un efect remarcabil asupra celor care se confruntă cu această boală. Programe pentru persoanele afectate de oboseală cronică, pentru femeile care traversează perioada menopauzei și cei care luptă împotriva supraponderalității au ajutat mii de oameni să devină conștienți de potențialul de care dispun pentru a-și transforma într-un mod conștient existența. În ultimii zece ani, am fost de nenumărate ori martorul efectului profund pe care abordările descrise în *Sănătatea perfectă* l-au avut asupra unor existențe umane.

Sunt foarte fericit să constat schimbările care au avut loc la nivelul conștiinței universale. Ne găsim în mijlocul unei revoluții care va schimba pentru totdeauna felul în care percepem lumea și pe noi înșine. Tradiția înțelepciunii imemoriale transmise de Ayurveda și cele mai avansate teorii ale fizicii moderne ne indică o realitate mai profundă, care ne încurajează să înțelegem universul ca pe un câmp etern și infinit de posibilități la care putem avea acces pentru a dobândi vindecarea și transformarea. Aceasta este esența mesajului transmis de *Sănătatea perfectă*.

Această versiune actualizată conține schimbări majore. Am introdus noi tehnici de vindecare, pe care le-am descoperit ca fiind utile în cazul pacienților tratați la Chopra Center. Sunt prezentate metode orientative de vizualizare și meditație, care pot furniza experiența nemijlocită a unei conștientizări mai extinse, cheia pentru schimbarea percepției pe care o avem despre organismul nostru. Eu însumi propun metode subtile de conectare conștientă a sistemului minte-corp omenesc la celulele, țesuturile și organele fiecărui individ. Este important să învățăm să ne influențăm așa-numitele funcțiuni „autonome" pentru a avea și a menține o sănătate perfectă. Am actualizat capitolele dedicate nutriției și medicamentelor pe bază de plante, punând accentul pe o dietă integrală, echilibrată. În zilele noastre, grăbindu-ne să luăm suplimente nutriționale ca să ne asigurăm astfel sănătatea, este important să nu scăpăm din vedere valoarea esențială de promovare a sănătății printr-un program echilibrat de nutriție. Dieta ayurvedică promovată în cartea de față se caracterizează prin simplitate, suplețe și bogăție. Am introdus referințe noi, actualizate, care își au originea în intensificarea cercetărilor științifice asupra interacțiunilor sistemului minte-corp omenesc pentru sănătate și boală. Este extrem de încurajator să constați că informațiile obiective pe care se sprijină principiile și practicile de sănătate merg departe, cu mii de ani în urmă. Sunt explorate modalități extinse de revigorare a corpului uman prin cele cinci simțuri, apelându-se la vindecarea prin sunete, atingere, vedere, gust și miros, care deschid porțile spre farmacia internă a corpului uman. Înțelegând că mediul care ne înconjoară nu este altceva decât o prelungire a propriului nostru organism, am introdus exerciții fizice reconfortante care intensifică legătura dintre universul nostru intern și cel din afara noastră. În concluzie, ediția de față a cărții *Sănătatea perfectă* este gândită să fie practică, accesibilă și un adevărat prieten pentru cel care o folosește.

În neobosita mea explorare a posibilităților de a vindeca, sunt perfect convins că adevărata sănătate înseamnă mult mai mult decât absența vreunei descoperiri remarcabile de laborator; înseamnă chiar mai mult decât optima integrare dintre minte și trup într-un sistem unic. În esența ei, sănătatea este un stadiu superior al conștiinței. Timp de mii de ani, mari profeți ai doctrinei vedice au susținut că scopul de a avea grijă de organismul omenesc este de a susține acea stare cunoscută sub numele de iluminare. În această stare, atitudinea noastră internă de referință trece de la ego la spirit și ajungem să înțelegem că de fapt cunoscătorul, procesul de cunoaștere și ceea ce este cunoscut sunt unul și același lucru. Granițele timpului și ale spațiului devin fluide atâta timp cât ne regândim pe noi înșine ca ființe neîngrădite, purtând vremelnic măștile de indivizi. Starea de plenitudine constituie baza oricărei vindecări. Aceasta este starea unei sănătăți perfecte. Sunt fericit că am ocazia să vă însoțesc în călătoria spre acest loc, care se află foarte aproape de dumneavoastră.

Capitolul 1

Invitație într-o realitate superioară

În fiecare dintre noi există un loc pe care boala nu îl poate atinge, în care durerea nu poate fi niciodată simțită, care nu poate îmbătrâni sau muri. Când mergeți acolo, îngrădirile pe care noi toți le acceptăm încetează să mai existe, fie și ca posibilitate.

Acesta este locul numit *sănătate perfectă*.

Vizitele noastre în acest loc ar putea fi destul de scurte sau ar putea dura ani de zile. Cu toate acestea, chiar și cele mai scurte au ca rezultat o schimbare radicală. Cât timp vă aflați acolo, supozițiile care de obicei par valabile pentru o existență obișnuită se schimbă și începe să prindă contur posibilitatea unei noi existențe, superioare și ideale. Această carte se adresează celor care ar fi încântați să exploreze această nouă existență, aducând-o în universul lor pentru a o păstra apoi pentru totdeauna în viața lor.

Cauza unei boli este adesea extrem de complexă, însă un lucru poate fi afirmat cu certitudine: nimeni nu a putut dovedi că este necesar să ne îmbolnăvim. De fapt, este adevărat exact opusul. În fiecare zi venim în contact cu milioane de viruși, bacterii, factori alergeni și ciuperci, și doar în foarte puține cazuri se ajunge la boală. Nu este ceva ieșit din comun pentru medici să constate că pacienții lor au căile respiratorii încărcate de tulpini de bacterii agresive de meningococi ce se dezvoltă în voie într-un astfel de mediu prielnic. Numai în cazuri rare însă acestea devin un focar ce declanșează meningita, o infecție gravă și uneori chiar fatală a sistemului nervos central.

Mulți dintre noi sunt purtătorii virusului de varicelă, care rămâne în stare latentă în nervi încă de la primul acces de vărsat de vânt din copilărie, dar numai în puține cazuri, în condiții de stres, se reactivează, generând Zona Zoster, o afecțiune foarte dureroasă. Ce provoacă un asemenea atac? Nimeni nu știe cu exactitate, dar se pare că este implicat un factor misterios numit „rezistența gazdei", ceea ce înseamnă că noi, gazda acelor germeni, într-un fel sau altul, le-am deschis sau închis calea de acces în corpul nostru. În 99,99% dintre cazuri, calea de acces rămâne închisă, ceea ce înseamnă că fiecare dintre noi este mult mai aproape de a atinge sănătatea perfectă decât credem.

Principala cauză a deceselor în Statele Unite sunt bolile de inimă, care în marea lor majoritate sunt cauzate de depozitarea unei plăci sangvine ce blochează arterele coronariene care pompează oxigen spre inimă. Atunci când colesterolul și alte fragmente reziduale ajung să obstrucționeze aceste artere, lipsa de oxigen amenință să slăbească funcțiile inimii. Și totuși, modul în care evoluează o boală de inimă este ceva extrem de particularizat. O persoană în cazul căreia există o unică, ba chiar foarte subțire depunere de astfel de placă poate suferi de angină, o durere supărătoare de piept, simptomatică pentru boala arterelor coronariene. Altcineva, care are depuneri de placă sangvină într-un strat mai consistent, blocând astfel mare parte din volumul de oxigen ce înaintează spre inimă, ar putea să nu simtă nimic. Se știe că au existat oameni ale căror artere coronariene au fost în proporție de 85% blocate și care au putut participa la maratoane, în timp ce alții au căzut fără suflare la pământ în urma unui atac de inimă, deși aveau vasele de sânge perfect curate. În realitate, studii recente au arătat că multe persoane tinere care mor subit în urma unui atac de inimă nu au prezentat niciun factor de risc în privința bolii arterelor coronariene. Capacitatea noastră fizică de a respinge boala este extrem de flexibilă.

Pe lângă imunitatea fizică a organismului nostru, cu toții deținem o puternică rezistență emoțională în fața bolii. Așa cum spunea o mai veche pacientă de-a mea, „am citit suficient de multă psihologie pentru a ști că un adult bine adaptat se presupune că se va împăca cu ideea că o să se îmbolnăvească, să îmbătrânească și în cele din urmă, să moară. Într-o oarecare măsură, am înțeles acest lucru, însă emoțional și instinctiv nu vreau s-o cred sub nicio formă. Să te îmbolnăvești și să te degradezi fizic pare un fel de eroare înspăimântătoare, și întotdeauna am sperat că va apărea cineva care să o corecteze".

Acum, această doamnă are în jur de 80 de ani, iar condiția ei fizică și mentală este excelentă. Întrebată care-i este secretul, a răspuns: „S-ar putea să credeți că e o nebunie, însă atitudinea mea este că nu voi ajunge să îmbătrânesc și să mor". Este oare atât de lipsit de sens să crezi asta? Se știe că persoanele care se consideră „prea ocupate pentru a se îmbolnăvi" au o sănătate peste media obișnuită, în timp ce acelea care își fac griji să nu se îmbolnăvească o fac mult mai des. Un alt pacient ne-a spus că ideea de a avea o sănătate perfectă i se pare atrăgătoare pentru că a fost o soluție creativă – probabil unica – în fața problemelor copleșitoare cu care se confruntă în mod curent medicina. Manager de mare succes din domeniul electronicii, acest bărbat compara sănătatea perfectă cu genul de „gândire novatoare" care marchează evoluția corporațiilor.

Gândirea novatoare este o formă specială de a soluționa problemele: ea implică să îmbunătățești o situație ridicându-ți, în primul rând, mult mai sus așteptările decât ar crede cineva că este posibil și apoi căutând modalitățile prin care viziunea ta să ajungă realitate. „Dacă oamenii ar continua să gândească și să acționeze în aceleași moduri cunoscute", comenta acest bărbat, „ei ar putea aduce, muncind mai mult, cu 5-10% mai multe îmbunătățiri. Și totuși, pentru a obține de două până la zece ori mai multe, ar trebui ca țintele să fie fixate suficient de sus pentru ca oamenii să spună: «Ei bine, dacă vrei *atât de multe*, va trebui să o facem cu totul altfel»".

Gândirea novatoare a fost deja aplicată de către companiile avansate de software din Silicon Valley. Dacă, de exemplu, versiunii actuale de software i-au trebuit doi ani să se dezvolte, pentru următoarea generație e posibil să fie nevoie doar de un an. Dacă defectele de producție au fost reduse cu 5%, atunci „zero defecte" devine regula care va guverna viitorul. Este exact principiul după care funcționează sănătatea perfectă – își setează ca țintă zero defecte și apoi analizează cum poate fi atins acest scop. În industria de înaltă performanță, s-ar putea să coste de 8 –10 ori mai mult să repari un defect decât să faci ceva fără defect de la bun început. Din acest motiv, cerând „calitate de la sursă" (cu alte cuvinte, ca lucrurile să fie făcute corect de la început), rezultatul va fi o treabă mai bine făcută decât dacă am apela la alte inginerii care abia reușesc să rezolve problema.

Același lucru este valabil și în medicină, unde să previi este mult mai ieftin decât să tratezi, atât în termeni umani, cât și economici. Un recent sondaj de opinie a arătat că americanii se tem mai mult decât orice de bolile grave. Motivul are mai puțin de-a face cu durerea sau suferința, cât mai ales cu zdrobitoarele cheltuieli impuse de o prelungită spitalizare și costurile devastatoare ale îngrijirii pe termen lung. Pentru multe persoane, moartea nu este la fel de înfricoșătoare ca ideea că-ți vei lăsa familia fără mijloace de trai. În mod evident, avem nevoie de o abordare medicală care să creadă în „calitatea de la sursă" și să o poată promova astfel încât fiecare dintre noi să o accepte.

Făgăduința unei medicini noi – Ayurveda

Primul secret pe care ar trebui să-l aflați despre sănătatea perfectă este că trebuie să vreți s-o alegeți. Poți fi pe cât de sănătos crezi că este posibil. O sănătate perfectă nu înseamnă a-ți îmbunătăți sănătatea cu 5 – 10%, ci implică o schimbare totală a perspectivei, considerând inacceptabile boala și bătrânețea neputincioasă.

Chiar putem să credem în mitul lui „zero defecte" când vorbim despre ceva atât de complex cum este corpul uman? Conform Institutului Național de Geriatrie, nicio schimbare de dietă, exerciții fizice, vitamine, medicamente sau stil de viață nu s-a dovedit capabilă de a prelungi durata de viață. Astăzi mai mult ca oricând, se pot evita maladiile degenerative care afectează persoanele în vârstă – bolile de inimă, atacul cerebral, cancerul, ateroscleroza, artrita, diabetul, osteoporoza și așa mai departe –, și totuși acest lucru este încă irealizabil. Deși în fața publicului cercetătorii din lumea medicală abordează un ton optimist când vorbesc despre marile descoperiri științifice pentru vindecarea cancerului și a altor boli majore incurabile, între ei sunt mult mai rezervați. În cel mai fericit caz, speră într-o evoluție graduală – pași mici spre găsirea unei soluții. (Statistic vorbind, scăderea nivelurilor de colesterol, de exemplu, va reduce incidența atacurilor de inimă în rândul unei mase mari de oameni, dar nu garantează că va fi cruțată viața vreunei persoane.)

Pentru a fi de două sau zece ori mai sănătoși, aveți nevoie de un gen nou de înțelegere, bazată pe o cunoaștere mai profundă a vieții. Cartea de față prezintă o sursă unică a acestei înțelegeri, un sistem de medicină preventivă și de îngrijire a sănătății – Ayurveda. Avându-și originea cu mai bine de 5000 de ani în urmă în India antică, Ayurveda provine din două cuvinte vechi cu rădăcina în vechea limbă sanscrită, *Ayus* sau „viața“ și *Veda*, care semnifică „cunoaștere“ sau „știință“. Prin urmare, Ayurveda se traduce de obicei prin „știința vieții“. O altă interpretare, mult mai exactă, ar fi „cunoașterea răstimpului de viață“.

Scopul medicinei ayurvedice este să ne arate cum ne poate fi influențată, transformată, prelungită și, în cele din urmă, gestionată viața, fără a fi afectați de boală sau îmbătrânire. Principiul său călăuzitor este acela că mintea își exercită cea mai profundă influență asupra corpului, iar eliberarea de boală depinde de nivelul nostru de conștientizare, pe care îl reechilibrează, echilibru pe care mai apoi îl extinde asupra întregului organism. Această stare de conștientizare echilibrată generează, mai mult decât orice fel de imunitate fizică, o stare mai avansată de sănătate.

Ayurveda întruchipează înțelepciunea acumulată de maeștrii care au inițiat tradiția aceasta cu multe secole înainte de construcția piramidelor și au dus-o mai departe generație după generație. În cadrul Chopra Center for Well Being, am pus la punct un sistem modern de medicină ayurvedică în care sunt incluse adevăruri eterne ale acestei metode străvechi de vindecare, alături de cele mai avansate teorii ale științei moderne.

De-a lungul ultimilor cincisprezece ani am tratat, alături de colegii mei, mai mult de zece mii de pacienți și am instruit aproape trei mii de alți specialiști în îngrijirea sănătății, care transmit și aplică teoria și practica ayurvedică. Pledând pentru medicina ayurvedică, nu am abandonat însă pregătirea convențională, ci am extins-o. Prin împletirea medicinei ayurvedice cu medicina occidentală, am ajuns la o apropiere între înțelepciunea străveche și știința modernă, iar cele două s-au dovedit perfect compatibile. Medicii de la Chopra Center încă mai fac apel la fișele medicale complete ale pacienților și recurg la consultații medicale, bazându-se pe teste obiective pentru a le spune acestora când sunt bolnavi. Pe lângă aceasta, ne sfătuim pacienții să ia aminte la ceea ce dețin în interiorul lor, pentru a descoperi acea conștientizare echilibrată, atât de importantă.

ORGANISMUL UMAN STRUCTURAT DUPĂ PRINCIPIILE MECANICII CUANTICE

Pentru a înțelege cum este posibil acest lucru, trebuie să ne ducem cercetările la un nivel mai profund, chiar în străfundurile organismului uman. În Ayurveda, corpul fizic este poarta de intrare spre ceea ce eu am denumit „organismul uman structurat după mecanica cuantică". Fizica ne spune că țesătura fundamentală a naturii începe la nivel cuantic, cu mult înaintea atomilor și a moleculelor. O cuantă, definită ca unitatea de bază a materiei sau a energiei, este de 10 000 000 până la 100 000 000 de ori mai mică decât cel mai mic atom. La acest nivel, materia și energia devin interschimbabile. Orice cuantă este constituită din vibrații invizibile – umbre de energie – care așteaptă să se întrupeze într-o formă fizică. Ayurveda spune că același lucru este valabil și pentru corpul uman – la început, îmbracă forma unor vibrații intense, însă invizibile, numite fluctuații cuantice, înainte să se întrupeze în impulsuri de energie și particule de materie.

Organismul ca structură de mecanică cuantică este punctul de plecare pentru tot ceea ce suntem noi de fapt: gânduri, emoții, proteine, celule, organe – orice părticică vizibilă sau invizibilă din noi înșine. La nivelul cuantei, corpul nostru transmite în afară tot felul de semnale invizibile, așteptând ca noi să le receptăm. Avem un puls cuantic care îl subliniază pe cel fizic și o inimă cuantică ale cărei bătăi trimit semnale în afară. De fapt, Ayurveda susține că toate organele și procesele ce au loc în organismul nostru au un echivalent cuantic.

Organismul ca structură de mecanică cuantică nu ne-ar fi de prea mare folos dacă nu am reuși să-l detectăm. Din fericire, prin conștientizare, omul este capabil să simtă aceste vibrații subtile, grație sensibilității incredibile a sistemului nostru nervos. Un singur foton de lumină care se abate asupra retinei ochiului uman produce un impact cu mult mai mic decât o particulă de praf care cade pe un teren de fotbal. Și totuși, terminațiile nervoase specializate ale retinei, bastonașele și conurile, pot de fapt să detecteze un singur foton, să trimită un mesaj creierului și să determine capacitatea noastră de a vedea lumina acestuia. Bastonașele și conurile sunt asemenea unor telescoape gigantice radio, structuri uriașe care mai pot să adune laolaltă semnale venind chiar din pragul existenței fizice, pentru ca mai apoi să le amplifice într-o asemenea măsură încât simțurile noastre să poată să le facă față în mod direct.

Tratând însuși organismul uman ca structură cuantică, Ayurveda poate genera modificări care merg mult mai departe de ceea ce reușește să facă medicina convențională, mărginită cum este, în zilele noastre, la nivel strict fiziologic. Acest lucru este posibil pentru că puterea disponibilă la nivel cuantic este infinit mai mare decât cea de la nivele mai mari, perceptibile. Explozia unei bombe atomice, un eveniment la scară gigantică al mecanicii cuantice, este doar un exemplu. Un altul, mai constructiv, este laserul, care preia aceeași lumină emisă de un fascicul luminos și, prin organizarea ei în vibrații cuantice coerente, degajează suficient de multă putere pentru a putea tăia chiar și oțelul.

Ceea ce ne interesează în cazul de față este principiul cuantic, care dezvăluie faptul că manifestările cele mai discrete ale naturii dețin cel mai mare potențial de energie. Vidul negru al spațiului intergalactic, deși este doar un vacuum, conține cantități abia perceptibile de energie, dar suficiente în fiecare centimetru cub pentru a transmite energie unei stele. Doar atunci când reușește să realizeze bucla cuantică, această „energie virtuală“, cum mai este denumită, explodează, generând căldură, lumină și alte forme de radiație vizibile.

Cu toții știm că prin arderea unei bucăți de lemn se degajă mult mai puțină energie decât prin fragmentarea ei în atomi în urma unei reacții nucleare. Însă noi am ignorat latura creativă a aceleiași ecuații – *să faci* ceva nou la nivel cuantic ar implica aceeași putere ca și pentru a-l distruge. Numai natura creează pietre, copaci, stele și galaxii, noi suntem mult prea ocupați, și pe bună dreptate, să creăm ceva cu mult mai complex și mai prețios decât o stea – organismul uman. Fie că ne dăm seama sau nu, noi toți suntem responsabili pentru felul în care creăm organismul în care trăim. S-au scris multe articole, în urmă cu ceva ani, atunci când un medic cardiolog din San Francisco, dr. Dean Ornish, a dovedit faptul că 40 de pacienți suferinzi de boli cronice de inimă ar fi putut să-și micșoreze pliurile plăcii de grăsime care le blocau în mod progresiv arterele coronariene. Pe măsură ce aceste artere începeau să se deschidă, oxigenul reușea să ajungă la inimă și în acest fel, le degaja durerea apăsătoare din piept, reducând astfel riscul de a fi victimele unui accident coronarian.

În loc să se bazeze pe tratament medicamentos sau intervenții chirurgicale tradiționale pentru deblocarea arterelor, echipa doctorului Ornish a făcut apel la exerciții yoga, meditație și o dietă vegetariană strictă. De curând, dr. Ornish a confirmat că aceste modificări esențiale ale stilului de viață prin promovarea altor metode asigură avantaje pe termen lung în reducerea bolilor de inimă. De ce au fost considerate remarcabile aceste descoperiri? Deoarece medicina tradițională nu recunoscuse niciodată până în acel moment că o boală de inimă poate fi vindecată odată ce s-a declanșat. Poziția oficială în medicina tradițională este că o arteră bolnavă are o evoluție proprie. Indiferent ce crezi, gândești, mănânci sau faci, aceste artere își urmează fără încetare soarta lor sinistră, degradându-se câte puțin cu fiecare zi ce trece, pentru a ajunge în cele din urmă să se blocheze și să stranguleze mușchiul inimii.

Și totuși, la nivel cuantic, *nicio* parte din organismul uman nu trăiește separat de celelalte. Nu există fire care să țină laolaltă moleculele arterelor noastre, la fel cum nu există conexiuni vizibile care să țină legate stelele într-o galaxie. Și totuși, și arterele, și galaxiile sunt bine ținute laolaltă, într-un design perfect și continuu. Legăturile invizibile pe care nu le putem examina la microscop sunt cuantice în natură; fără această „fiziologie ascunsă", nu ar putea exista fiziologia noastră. Ea nu ar fi niciodată mai mult decât o grămadă aleatorie de molecule.

Ayurveda încearcă să transmită faptul că descoperirea epocală a dr. Ornish în privința bolilor de inimă este valabilă pentru orice tulburare din corpul uman, odată ce știm cum să ne punem la lucru organismul structurat după mecanica cuantică. O depunere de colesterol în strat consistent pare rigidă, asemenea ruginii care se așază pe o conductă mai veche, dar stratul este viu și în continuă modificare, la fel ca întreg organismul uman. Molecule noi de grăsime intră și ies din el, capilare noi se dezvoltă pentru a hrăni corpul cu oxigen și alimente. Adevărata noutate oferită de studiul dr. Ornish este că putem în egală măsură să construim sau să distrugem în organismul nostru. Un bărbat care moare în urma unui atac de inimă la vârsta de 50 de ani a avut nenumărate șanse de a-și construi artere noi. O femeie de 70 de ani care suferă de osteoporoză la coloană a avut numeroase ocazii de a-și construi o coloană sănătoasă. (Nu putem spune cu exactitate câte șanse de a se vindeca există în mod real, deoarece procesul de transformare este neîntrerupt; totuși, este posibil să vindecăm o arteră bolnavă sau un os bolnav în doar câteva săptămâni sau luni.) Fiecare dintre noi își construiește în permanență un organism nou. De ce să nu construim o arteră sănătoasă, o coloană sănătoasă, o persoană împlinită și sănătoasă?

Conform străvechii tradiții vedice a Indiei, cea mai puternică forță care stă în spatele a tot ceea ce compune natura este inteligența. La urma urmelor, universul nu este o „supă de energie"; nu este nici haos. Modul incredibil în care se potrivesc lucrurile în lumea noastră – mai presus de orice, uimitoarea existență a ADN-ului – dovedește că în natură există multă, infinit de multă inteligență. După cum spunea un astrofizician, probabilitatea ca viața să fie creată la întâmplare este aproape aceeași ca probabilitatea ca un uragan să se abată asupra unui hangar cu fiare vechi și să creeze un Boeing 707.

Una dintre schimbările majore ale științei contemporane este apariția bruscă pe scenă a modelelor care iau în considerare inteligența ca forță vitală în univers. (În fizică, de exemplu, există așa-numitul principiu antropic, care susține că tot ceea ce înseamnă creație, începând de la Big Bang, a fost proiectat în mod special pentru a conduce la existența umană.)

De ce este acest lucru relevant pentru noi? Fiindcă Ayurveda, înțeleasă în acest context mai amplu, nu este altceva decât o tehnologie de a intra în contact cu nivelul cuantic din interiorul nostru. Pentru a ajunge acolo, avem nevoie de tehnici speciale, de care ne vom ocupa în detaliu și care ne permit să dăm la o parte masca organismului fizic; pe lângă aceasta, trebuie să transcendem sau să trecem dincolo de activitatea permanentă care ne ocupă mintea, precum zgomotul unui radio ce nu poate fi închis. Dincolo de această agitație se găsește o zonă tăcută care se înfățișează la fel de golită precum câmpul cuantic dintre stele. Și totuși, asemenea acestui câmp cuantic, tăcerea din sinele nostru ascunde o bogăție de promisiuni.

Tăcerea din noi este cheia pentru a descoperi organismul structurat după mecanica cuantică. Nu este una haotică, ci una organizată, are formă și dimensiune, un scop și anumite procese, precum corpul fizic al omului. În loc să vă percepeți organismul ca o aglomerare de celule, țesuturi și organe, puteți apela la perspectiva cuantică pentru a-l înțelege ca un flux tăcut de inteligență, o forfotă continuă de impulsuri care creează, controlează și devin corpul vostru fizic. Secretul vieții la acest nivel este că *orice din organismul dvs.* poate fi transformat prin licărirea unei intenții.

S-ar putea să vă fie greu să credeți acest lucru, așa încât permiteți-mi să va dau exemplul lui Timmy, un băiețel obișnuit de 6 ani, care suferă de unul dintre cele mai triste și stranii sindroame psihiatrice – tulburare de personalitate multiplă. Timmy are mai mult de douăsprezece personalități distincte, fiecare cu propriul său tipar emoțional, inflexiuni vocale, preferințe și antipatii. Totuși, persoanele cu personalități multiple nu sunt doar cazuri psihologice; când lasă deoparte o personalitate și îmbracă alta, în organismul lor se produc transformări remarcabile.

O personalitate poate avea diabet, de exemplu, iar persoana respectivă va avea o lipsă de insulină atâta vreme cât personalitatea ei este în plină manifestare. Și totuși, alte personalități ar putea să nu aibă nicio problemă cu diabetul, dovedindu-se în urma testelor că au nivele normale de insulină. În egală măsură, o personalitate ar putea suferi de tensiune arterială, în timp ce altele nu; au existat cazuri când unele persoane s-au trezit cu iritații și alte erupții ale pielii care au apărut și dispărut odată cu schimbarea de personalitate. Literatura de specialitate aduce în discuție pacienți care își pot modifica instantaneu tiparul psihozei acute la citirea unei electroencefalograme sau pot să-și transforme culoarea ochilor de la albastru la maro. O femeie avea trei cicluri menstruale în fiecare lună, conform celor trei personalități distincte.

Timmy este, într-un fel, un caz uimitor – doar una dintre personalitățile lui este alergică la sucul de portocale și imediat ce îl bea, îi apare urticaria pe piele. Autor specializat pe teme medicale, Daniel Goleman relata în *New York Times*: „Urticaria îi apare lui Timmy chiar dacă bea suc de portocale și o altă personalitate își face apariția în timp ce sucul nici nu s-a digerat încă. Mai mult decât atât, dacă Timmy se întoarce în timp ce reacția alergică este prezentă, mâncărimea pielii încetează imediat, iar bășicuțele cu lichid încep să se retragă".

Acesta este un exemplu elocvent pentru modul în care organismul structurat după mecanica cuantică poate genera transformări instantanee în corpul fizic. Ceea ce este remarcabil în acest caz este că nu se știa că alergiile apar și dispar după bunul plac al minții umane. Cum este posibil acest lucru? Globulele albe ale sistemului imunitar, învelite în anticorpi ce pot declanșa reacția alergică, așteaptă pasiv să intre în contact cu un antigen. Când are loc contactul, o serie de reacții chimice se declanșează în mod automat.

Totuși, în cazul lui Timmy, se pare că pe măsură ce moleculele de suc de portocale se apropie de globulele albe, este luată *decizia* de a reacționa sau nu. Aceasta înseamnă că acele globule sunt inteligente. Mai mult, inteligența lor se află la un nivel mai profund decât propriile molecule, întrucât anticorpul și sucul de portocale se întâlnesc prin atomi obișnuiți de carbon, hidrogen și oxigen.

Să afirmi că niște molecule pot lua decizii sfidează legile științei fizice actuale – este ca și cum uneori zahărul ar fi dulce, iar alteori nu. Dar nu doar intensitatea surprinzătoare a cazului lui Timmy este cea care ne uimește. Odată ce am admis faptul că el alege să fie alergic – cum altfel ar putea să facă să-i apară și să-i dispară erupția cutanată? –, ne vom confrunta imediat cu posibilitatea ca noi să ne alegem propriile boli, la rândul nostru. Nu suntem conștienți de alegerea pe care o facem întrucât ea are loc la un nivel aflat dincolo de gândurile noastre de zi cu zi. Dar dacă avem o astfel de capacitate, ar trebui să fim capabili să o controlăm.

Corpul nostru este un râu ce curge neîncetat

Cu toții avem tendința să ne percepem organismul ca o „sculptură înghețată" – un obiect solid, imuabil, material –, când, în realitate, se aseamănă mai degrabă cu un râu în permanentă schimbare, ce duce cu sine tipare de inteligență. Filosoful grec Heraclit spunea: „Nu poți intra în același râu de două ori, căci apele curgătoare se duc la vale neîncetat". Același lucru este valabil și pentru organismul uman. Dacă apare un nou strat de grăsime în jurul taliei, ceea ce poți cuprinde între două degete nu este la fel ca luna trecută. Țesuturile adipoase (celule de grăsime) se umplu și se golesc de grăsime în permanență, astfel încât se schimbă complet la fiecare trei săptămâni. La fiecare cinci zile, avem un pliu nou pe pereții stomacului (stratul concentric situat cât mai în interior, format din celule specifice stomacului, se modifică în doar câteva minute, pe măsură ce digerăm mâncarea). Pielea noastră se reînnoiește la fiecare cinci săptămâni. Scheletul osos, aparent atât de solid și rigid, este complet înnoit la fiecare trei luni. Pe scurt, fluxul de oxigen, carbon, hidrogen și nitrogen este atât de rapid încât ați putea deveni o persoană nouă în doar câteva săptămâni; doar atomii mai grei de fier, magneziu, cupru și alții sunt cei care mai încetinesc procesul. Pe dinafară părem aceeași persoană, și totuși suntem un fel de construcție ale cărei cărămizi sunt în permanență înlocuite de altele noi. În fiecare an, 98% din numărul total de atomi din organismul nostru este înlocuit – lucru confirmat de studii de radioizotopie din laboratoarele Oak Ridge din California. Acest flux permanent al schimbării este controlat la nivelul cuantic al sistemului minte-corp omenesc, și totuși, medicina nu a beneficiat în niciun fel de pe urma acestei descoperiri – încă mai așteaptă să facă saltul cuantic.

Pentru a schimba tiparul organismului, trebuie să învățăm să rescriem software-ul minții. În capitolele ce urmează îmi propun să vă conduc într-o călătorie de explorare a universului nostru interior. Vă voi arăta modul în care Ayurveda vă poate asigura un control mai bun asupra sănătății începând de la acest nivel cuantic, care reprezintă următoarea frontieră a medicinei. Abordarea propusă de mine se împarte în trei părți, corespunzătoare celor trei capitole ale cărții.

Partea I: Un loc numit sănătate perfectă

Vom discuta mai întâi posibilitatea de a atinge o sănătate perfectă, apoi vom dezbate chestiuni practice. Ayurveda ne învață că fiecărei persoane i s-a încredințat un model unic de către natură – *prakruti* sau tipul de organism. Făcând testul simplu din al doilea capitol, veți descoperi care dintre cele zece tipuri de organisme de bază vi se aplică. Acesta este cel mai important pas în direcția atingerii unui nivel mai ridicat de sănătate, întrucât prakruti al vostru vă spune în ce mod intenționează natura să trăiți. Conform Ayurveda, organismul vostru știe ce este bine și ce este rău pentru el; natura v-a transmis instinctele corecte de care să vă folosiți, încă de la naștere. De îndată ce ați început să observați și să vă supuneți acestor tendințe înnăscute, veți descoperi că fiziologia voastră este capabilă să atingă echilibrul ea singură, cu un minim de efort din partea voastră.

Pe măsură ce continuăm analiza, dezechilibre destul de mici în sistemul vostru sădesc semințele unei viitoare boli, în timp ce menținerea echilibrului poate asigura o stare ideală de sănătate. Punctele forte și cele slabe ale fiecărui tip de organism sunt lăsate deoparte, permițându-vă să vă alegeți propria metodă de a preveni îmbolnăvirea. Boala de care ar trebui să vă feriți este cea la care sunteți cel mai predispuși, lucru ce este indicat de propriul prakruti.

Partea a II-a: Organismul uman structurat după mecanica cuantică

În acest capitol, vom cerceta în detaliu nivelul cuantic din interiorul nostru, explorând modul în care mintea direcționează corpul spre boală sau spre sănătate. Cu mii de ani înainte ca medicina modernă să descopere legătura dintre minte și corp, maeștrii Ayurveda o stăpâneau deja – ei au inițiat o „tehnologie internă", care funcționează de la cele mai profunde niveluri ale conștientizării noastre. Secretul sănătății perfecte constă în practicarea acestor tehnici. Vom analiza rolul meditației în depășirea obstacolelor ce stau în calea dobândirii sănătății; vom analiza cum ne putem folosi de organismul uman structurat după mecanica cuantică pentru a ne transforma corpul fizic mult mai radical decât ar face-o orice medicament, dietă sau exerciții fizice.

În acest capitol vom aborda o varietate de subiecte, începând de la predispoziția la cancer până la îndepărtarea toxinelor fizice și mentale – toate câmpurile medicinei care sunt abordate în Chopra Center for Well Being. Dacă veți reuși să vă percepeți singuri prin ochii unui medic specializat în Ayurveda și veți citi studiile de caz ale celor care au beneficiat deja de programele noastre, veți înțelege mai bine de ce „însănătoșirea cuantică" reprezintă o cucerire majoră în modul în care ne ocupăm de minte și de trup.

Partea a III-a: Să trăim în armonie cu natura

După prezentarea marelui proiect al Ayurveda, voi finaliza cu sfaturi practice pe care le-am spicuit din experiența mea din ultimii cincisprezece ani. Idealul de sănătate perfectă depinde de atingerea echilibrului perfect. Orice din ceea ce mâncați, spuneți, gândiți, faceți, vedeți și simțiți vă influențează starea generală de echilibru. S-ar părea că este imposibil să controlăm toate aceste influențe diferite deodată și totuși, apelând la diete, exerciții fizice și rutine zilnice și sezoniere specifice, adaptate tipului de organism, vă puteți corecta mare parte a dezechilibrelor prezente acum în fiziologia voastră și să le preveniți pe cele care ar putea să apară în viitor.

Reîncântarea naturii

Este fascinant să constați felul în care o sănătate perfectă se armonizează cu acea mișcare intelectuală mai amplă care zguduie astăzi bazele științei. Ilya Prigogine, câștigătorul Premiului Nobel pentru chimie din 1977 și un pionier al acestei mișcări, o denumește „reîncântarea naturii“ – să realizăm că natura nu este o mașinărie, ci un mediu miraculos ale cărui posibilități ascunse abia dacă sunt cunoscute în zilele noastre. Natura este asemenea unei frecvențe radio cu emisii infinite; realitatea pe care o experimentezi acum este doar una dintre emisiile acestei frecvențe, perfect convingătoare atâta timp cât rămâi pe frecvență, dar care ascunde și alte opțiuni.

La începutul secolului, psihologul William James se referea la mecanismul care ne permite să schimbăm lucrurile: „Una dintre cele mai mari descoperiri ale generației mele“, scria el, „a fost faptul că ființele umane își pot modifica existența prin schimbarea stării de spirit“. Era o observație extrem de vizionară, care ținea mai degrabă spre viitor decât spre vremea contemporană lui James. La acea vreme, este indiscutabil faptul că natura se desfășura în mod mecanic, rezultatul unor legi inflexibile operând fără să țină seama de ființele umane. Acum, se pare că ființele umane sunt mult mai importante decât erau atunci – poate că natura ne dăruiește exact realitatea la care ne așteptăm și în care credem.

Cu siguranță, timp de multe secole am crezut în boli și în forța lor de a conduce la moarte. Acest lucru spune mult mai mult despre relația noastră cu viața decât despre viața însăși. Viața este extraordinar de flexibilă, iar forțele care o fac să aibă atâta anduranță sunt cel puțin la fel de puternice precum cele care duc la declinul ei. Dacă sădești un conifer în mijlocul orașului, într-o zonă poluată, s-ar putea să trăiască în jur de cincizeci de ani; același copac plantat la țară va avea o durată de viață de două sau trei sute de ani; iar pe o coastă de munte bătută de vânturi din Rocky Mountains este posibil să supraviețuiască peste două mii de ani. Care dintre aceste durate de viață este cea naturală a copacului? Depinde doar de situație. Unele forțe funcționează întotdeauna doar pentru a păstra viața acelui copac, altele pentru a i se opune. În acest echilibru dinamic constă destinul copacului. Atât o viață relativ scurtă, precum și una extraordinar de lungă sunt firești, totul depinde de mediu.

Un șoarece de laborator va trăi mai puțin de doi ani dacă este ținut într-o cușcă și are o dietă normală. Dacă îi scădem temperatura corpului și îl hrănim cu o cantitate minimă de calorii (păstrând în alimentație vitaminele, mineralele, proteinele etc. de care are nevoie), perioada de viață a șoarecelui poate fi prelungită de două sau chiar de trei ori mai mult. Pe de altă parte, dacă vom supune același șoarece unui stres deosebit, cum ar fi expunerea zilnică în fața unei pisici care nu poate să ajungă la el, este posibil să moară în câteva săptămâni. În ambele cazuri, organele interne ale șoarecelui vor fi îmbătrânit la fel de mult – inima, ficatul și rinichii vor fi la fel de „bătrâne“, chiar dacă șoarecele cel mai bătrân a trăit probabil de cincizeci de ori mai mult decât cel mai tânăr.

Pe măsură ce echilibrul de forțe se modifică, și viața se schimbă. În cazul ființelor umane, există posibilitatea de a alege mediul și de a-l controla, ceea ce conferă perioadei de viață de care beneficiem o enormă flexibilitate. Atunci când vorbim despre o sănătate perfectă, ne propunem să înclinăm balanța dinamică a vieții în avantajul nostru. Nimeni nu poate trăi veșnic, însă putem adăuga 50 de ani la durata de viață medie, modernă a celor 70 de ani și să atingem recordul celor mai longevive persoane (121 de ani, cât s-a înregistrat în cazul unui japonez insular). În Imperiul Roman, speranța de viață era de 28 de ani; până la sfârșitul anului 2020, ea s-ar putea ridica la 90 de ani pentru un american sănătos, bărbat sau femeie. Acesta reprezintă un grad mare de flexibilitate.

Dacă vom arunca o privire asupra celei mai mici unități de viață – celula –, discrepanța dintre o viață lungă și una scurtă este chiar mai accentuată. Luați o cană de apă dintr-o baltă din curte. Când puneți o picătură sub microscop, veți constata că este plină de animale și plante unicelulare – parameciul, amiba, algele și altele. Fiecare amibă ar putea avea o durată de viață de numai două sau trei săptămâni. Însă pentru că se multiplică prin diviziune, materialul genetic din interiorul fiecăreia este la fel de bătrân precum celula-mamă din care provine, ceea ce înseamnă că are patru săptămâni în loc de două. Celula-mamă are și ea o mamă, astfel încât am putea spune că parte din amiba la care ne uităm este de fapt de trei ori mai bătrână decât am crezut, iar altă parte din ea – de patru ori mai bătrână, și astfel ajungem la concluzia că, parțial, această unică amibă din baltă este la fel de bătrână ca toate celelalte care au trăit vreodată pe pământ, poate de acum un miliard de ani.

Atomii și moleculele actuale din interiorul amibei nu au locuit-o atât de mult timp, căci vin și pleacă în permanență, într-un iureș de oxigen, hidrogen, carbon și nitrogen. Cu toate acestea, amiba își păstrează forma și identitatea generație după generație. Anumite forțe ale vieții o țin închegată și atâta timp cât ADN-ul său nu este distrus, această celulă va găzdui la nesfârșit o fărâmă de viață.

Corpul nostru, compus din 50-100 de trilioane de celule, este de departe mult mai complex decât o amibă, însă și noi găzduim viața, care este la fel de bătrână și la fel de tânără în același timp. Pentru a putea vorbi cu exactitate despre durata de viață a ființei umane, trebuie să ne referim la multe durate de viață care există în corpul nostru. O celulă specifică țesutului din stomac trăiește doar câteva zile, în timp ce una a pielii, doar două săptămâni; o globulă roșie din sânge trăiește ceva mai mult – două sau trei luni. Celule cu o viață foarte lungă pot fi găsite în ficat – le sunt necesari mai mulți ani pentru a se regenera singure; iar celulele din inimă și creier durează, după câte se pare, o viață de om fără să se reproducă.

Uimitor este că exact același ADN controlează toate aceste durate de viață, de la cea mai scurtă până la cea mai îndelungată. Celulele pielii și ale creierului sunt identice din punct de vedere genetic; ele își au originea în momentul conceperii, când jumătate din ADN-ul tatălui fuzionează cu jumătate din cel al mamei pentru a forma acea trăsătură unică a ADN-ului care va deveni ceea ce ești tu. Printr-un proces pe care tocmai începem să îl înțelegem, ADN-ul nostru a fost capabil să creeze tot felul de celule specializate – ale creierului, pielii, inimii, ficatului și așa mai departe –, fiecare cu propria sa durată de viață. Nu putem spune doar uitându-ne la celule care va avea o viață mai lungă sau mai scurtă: mulți dintre neuronii din creierul nostru, unii având vârsta unei vieți de om, sunt identici cu celulele olfactive din nas, care ne dau simțul mirosului, dar care sunt înlocuite la fiecare patru săptămâni.

La fel ca și amiba, fiecare celulă din corpul uman este compusă din atomi care practic plutesc în interiorul ei – schimbul de oxigen și dioxid de carbon din plămâni durează numai câteva miimi de secundă; ionii de sodiu și potasiu sunt pompați înspre și în afara celulelor creierului de trei sute de ori pe secundă. Mușchiul inimii extrage oxigen din hemoglobina din sânge atât de rapid, încât în câteva secunde sângele care alimentează inima via arterele coronariene, de un roșu strălucitor, ajunge să se coloreze într-un roșu intens, aproape negru.

Dar această activitate neîncetată nu ne dezintegrează forma sau identitatea; așa cum nu se întâmplă nici în cazul amibei. ADN-ul nostru a fost în mod distinct al omenirii timp de câteva milioane de ani; ADN-ul primordial este vechi precum viața însăși, datând de mai bine de două miliarde de ani. Suntem extrem de imuabili la nivel genetic, deși materialul organismului nostru se primenește fără încetare.

Viața eliberată de imperfecțiuni

Dacă viața poate fi atât de flexibilă și de dinamică, ne punem întrebarea de ce nu trăim mai mult. Acest lucru ar fi posibil dacă am ști cum să stăpânim echilibrul de forțe care operează în interiorul și în afara noastră. Străvechii maeștri ai Ayurveda erau suficient de cutezători să își pună suprema întrebare: „Trebuie să ne îmbolnăvim și să îmbătrânim?“ Răspunsul la care au ajuns a fost: nu. Dacă forțele din noi sunt menținute în armonie și echilibru cu mediul din jurul nostru, putem deveni imuni la boală. Un echilibru perfect face posibilă o sănătate perfectă.

În Ayurveda, ne bazăm pe principiul fundamental că orice tulburare poate fi prevenită atâta timp cât este păstrat echilibrul, nu numai în organism, dar și în minte și suflet. Maeștrii Ayurveda susțin că în fiecare dintre noi există instinctul de a crește și evolua. Acest instinct guvernează în mod inerent întregul nostru echilibru; se poate vedea cum funcționează în fiecare celulă, însă în mod deosebit în creier, care echilibrează simultan temperatura corpului, nivelul metabolismului, creșterea, foamea și setea, somnul, chimia sângelui, respirația și numeroase alte funcții. Coordonarea trebuie să fie incredibil de exactă pentru păstrarea sănătății (hipotalamusul, o zonă mică din encefal, nu mai mare decât vârful degetului, coordonează zeci de funcții mecanice, dobândind denumirea de „creier al creierului“).

Dar adevărata sursă de echilibru merge chiar mai departe, la nivel cuantic. Aici, impulsul nostru esențial de a crește și de a evolua poate fi pus în valoare prin tehnici speciale, pe care le vom analiza. Aceasta este o zonă esențială și totuși, în mare parte necunoscută pentru mulți dintre noi, motiv pentru care oamenii se simt adesea neajutorați în fața bolilor și a procesului de îmbătrânire.

Când forțele care acționează împotriva vieții au câștig de cauză, organismul nu are altă opțiune decât să se degradeze odată cu trecerea timpului.

Pe de altă parte, dacă vom învăța să trăim în echilibru pornind de la cel mai profund nivel din organismul nostru, evoluția noastră interioară nu va cunoaște niciun fel de îngrădiri. Zeci de cărți se ocupă de valoarea acelei evoluții din interiorul organismului nostru, însă pierd din vedere ingredientul-cheie pe care Ayurveda pune accentul: creșterea este mecanică; ea figurează în planul naturii și este întipărită în fiecare dintre celulele noastre. Totul este doar să urmăm curgerea tăcută a râului inteligenței, ajungând la sursa ei. Acesta este secretul suprem al unei sănătăți perfecte. Dacă am putea să ne lăsăm mintea să evolueze și să exploreze realități cât mai vaste, trupul ar urma-o. Oare nu ar fi exact ceea ce trebuie pentru a-l salva de boală și de îmbătrânire?

Nu putem decât să facem speculații despre cât de departe ne-ar putea duce evoluția, dar există și momente dramatice, când mintea refuză să creadă în existența bolii, iar trupul o urmează imediat. Nu cu mult timp în urmă, am avut un pacient elvețian, pe nume Andreas Schmitt, care fusese diagnosticat cu o formă de cancer incurabilă. Cu un an și jumătate mai devreme, i se depistase o pată dureroasă pe spate, care îl deranja de fiecare dată când se sprijinea de spătarul scaunului.

La pipăit, descoperise singur o zonă dureroasă de dimensiunea unei monede de 10 cenți. Soția sa spunea că arăta asemenea unei alunițe negre mai mari; ajutat de soție să poată privi în oglindă, Andreas a putut să arunce o privire la excrescența vinețiu-maronie, situată chiar sub omoplat.

După acest episod, evenimentele s-au scurs rapid și îngrijorător. Un oncolog din Geneva a prelevat o probă pentru biopsie, care a evidențiat prezența unui melanom, forma cea mai virulentă și cu cea mai rapidă răspândire a cancerului de piele. După numai o zi, Andreas a fost operat. Chirurgii au înlăturat excrescența și au analizat nodulii limfatici de la axila dreaptă. Au fost înlăturați paisprezece noduli suspecți; patru dintre aceștia conțineau celule de melanom. Odată ce melanomul inițial fusese extirpat, următorul pas era radierea zonei de pe spate și umăr pentru a stopa răspândirea altor posibile celule canceroase. Andreas, o persoană cu educație, care abia împlinise cincizeci de ani, a refuzat radierea.

„Mă gândeam", îmi spunea el mai târziu, „că nu trebuia decât să aștept să văd ce se mai întâmplă. Tumoarea nu mai exista; suferisem deja o traumă în urma intervenției chirurgicale, iar în sinea mea nu eram convins că mă simțeam suficient de puternic să mă supun în continuare altor tratamente. Oare nu ar fi fost mai bine să-mi petrec timpul acasă pentru a mă recupera și a-mi recăpăta încrederea în mine?"

Decizia lui l-a uimit pe medicul oncolog, care i-a spus lui Andreas că dacă întrerupea tratamentul, melanomul avea cu siguranță să se refacă în următoarele șase luni. „Și dacă aș face raze, nu ar fi același lucru?", a întrebat Andreas. „Șansele ar fi mai mici", i-a răspuns medicul. „Și cât să mă aștept să mai trăiesc dacă aş face-o?", a mai întrebat Andreas.

Medicului i se pusese o întrebare incomodă. Dacă nu se tratează, pacienții depistați cu melanoame în stare de metastază ar mai putea trăi doar câteva luni; dacă sunt tratate cum trebuie, speranța de viață se mărește uneori cu câțiva ani, dar alteori deloc. După cinci ani, numărul celor care supraviețuiesc pe termen lung este sub 10%. În decurs de zece ani, practic niciunul nu mai este în viață.

„Așadar, dacă tot nu voi supraviețui pe termen lung", și-a spus Andreas, „de ce să mai trec prin agonia aceasta doar să-i fac pe plac unui medic?"

Viața lui a decurs normal în următoarele șase luni, până când i-a mai apărut un nodul limfatic dureros, de data aceasta sub axila stângă. Testele au arătat că era vorba despre o recidivă a melanomului, așa cum se și prevăzuse. În acel moment, nu mai rămăsese nicio speranță reală din punct de vedere medical. Când Andreas a sosit în America pentru a fi ajutat, i-am prezentat pentru început conceptul de organism structurat după mecanica cuantică. „Înaintea apariției unei forme fizice de cancer, acesta este probabil declanșat la un nivel mai profund. În loc să ne vorbească despre fragmentarea mecanismului de autorefacere a ADN-ului sau acțiunea formațiunilor carcinogene, Ayurveda spune că boala este rezultatul unor distorsiuni în tiparele vibrațiilor cuantice care mențin organismul intact."

„Este posibil să înveți să-ți aduci conștientizarea la acel nivel subtil al sinelui – de fapt, ceea ce noi numim gânduri și emoții sunt exact exprimarea acestor fluctuații cuantice. Conștientizarea are capacitatea de a vindeca și se pare că este eficientă în vindecările subite, chiar în cazurile cele mai avansate de boli incurabile."

Orice așa-zisă boală incurabilă are momente de vindecare inexplicabile. Una dintre particularitățile melanomului este că poate fi îndepărtat prin autovindecare, în comparație cu multe alte forme mai puțin mortale de cancer. Aceste „remisiuni spontane“ sunt extrem de rare – în mai puțin de 1% din cazuri –, dar se pot solda, după cum se pare, cu recuperarea completă pe o durată lungă de timp.

„Dacă o persoană s-a vindecat singură de melanom“, am subliniat eu, „atunci, știm că acest lucru este posibil. Ce rezultă de aici? Că ar trebui să facem unele descoperiri în interiorul nostru. Chiar în acest moment, ești pe cale să faci această descoperire.“

În ciuda faptului că șansele nu erau de partea lui, Andreas a luat în serios sfatul meu. A învățat câteva dintre metodele Ayurveda de a-și activa forțele de însănătoșire și a urmat tratamente de purificare pentru a îndepărta impuritățile din corpul lui (metoda este explicată în capitolele șase și șapte). Preocuparea noastră era să-i îmbunătățim calitatea vieții cât mai rapid cu putință. S-a întors în Elveția și, patru luni mai târziu, ne anunța cu bucurie că nodulul limfatic dureros dispăruse. Razele X și testele de sânge evidențiau că nu mai era nicio urmă de melanom în organismul său. Cu toate că oncologii elvețieni nu se așteptau să trăiască mai mult de trei luni după recidiva formei sale de cancer, Andreas duce azi, la câțiva ani după incident, o viață normală.

Cel mai uimitor aspect al acestui caz este faptul că mintea pacientului i-a transmis corpului să accepte o nouă realitate, iar acesta așa a făcut, deși părea un lucru „imposibil“. Cum ne putem explica astfel de întâmplări extraordinare? Un studiu efectuat pe patru sute de cazuri de cancer, întreprins pe subiecți cu forme recurente spontane, a evidențiat vindecări care aveau puține lucruri în comun. Unele persoane au consumat suc de grepfrut sau au înghițit doze masive de vitamina C; altele s-au rugat, au recurs la remedii pe bază de plante sau, pur și simplu, au mers cu optimism înainte. Acești pacienți, oricât de diferiți ar fi ei, au totuși un singur lucru în comun. Într-un anumit moment din evoluția bolii lor, ei au știut dintr-odată, cu certitudine, că aveau să se facă bine, de parcă boala nu ar fi fost decât un miraj, trecând cât ai clipi dincolo de ea, într-un spațiu unde teama, disperarea și boala erau inexistente.

Ei au intrat în locul numit sănătate perfectă.

Capitolul 2

Să descoperim ce tip de organism avem

Este o zi luminoasă de octombrie în centrul Bostonului (sau în New York ori Chicago), iar mulțimea se întoarce la lucru după masa de prânz. Unii poartă pălării, eșarfe și mănuși, pregătiți să întâmpine iarna; alții, în cămăși cu mânecă scurtă, par să creadă că este încă vară. Echipat cu pantaloni scurți și cu pieptul pe jumătate dezgolit, un tip care practică joggingul grăbește pasul la culoarea verde a semaforului, îndreptându-se spre parc. Contrastează puternic cu bătrânica din stația de autobuz, înfofolită într-o haină lungă cu guler de blană. La prima vedere, ai putea crede că acești doi oameni au trăit în zone climatice distincte. De fapt, ei exprimă diferențele pe care natura le-a creat în interiorul lor.

În ciuda faptului că majoritatea a luat o masă de prânz tipică, sandviș, cartofi prăjiți și cafea, mâncarea cade greu în unele stomacuri, zvârcolindu-se cu nervozitate în altele și trecând pe neobservate în cele mai multe. În unele organisme, inima bate cu putere pentru că trotuarul prea aglomerat este enervant; altele secretă în exces acid gastric sau experimentează o creștere a presiunii arteriale a sângelui. Lumea este compusă din toate tipurile de organisme umane – dar a putut oare medicina să înregistreze într-adevăr care sunt aceste tipuri?

În medicina convențională, acordăm o mai mare atenție diferențelor dintre boli decât celor dintre oameni. Dacă un pacient se plânge de un acces de durere la mâini din pricina artritei, un medic înțelege că durerea pe care o acuză pacientul poate fi pusă în legătură cu o sută de alte boli, fiecare conducând la starea de durere, amorțeală, inflamare, articulații dureroase. Se știe că unele persoane moștenesc tendința de a suferi de artrită, dar un număr deconcertant de mare de factori par să contribuie la rândul lor la instalarea acestei boli – schimbări hormonale, stresul fizic și mental, dieta, lipsa de exercițiu și altele.

Ayurveda explică faptul că bolile se deosebesc în mare parte pentru că oamenii sunt atât de diferiți între ei. Cu toate că biologia recunoaște că fiecare dintre noi s-a născut cu o anumită „individualitate biochimică", acest lucru are prea puține implicații practice în cabinetul doctorului. Individualitate biochimică înseamnă că niciunul dintre noi nu reprezintă o medie. În niciun moment, celulele și țesuturile noastre nu conțin un nivel mediu de oxigen, dioxid de carbon, fier, insulină sau vitamina C. În schimb, ele conțin o cantitate exactă unică pentru acel moment, ținând cont de condiția fizică a organismului nostru și de starea gândurilor și a emoțiilor noastre. Organismul nostru este o compoziție tridimensională de milioane de diferențe infinit de mici și dacă vom înțelege care sunt acestea, vom reuși să aducem îmbunătățiri substanțiale sănătății noastre. La acest nivel, sănătatea perfectă este un fenomen biologic extrem de specific.

Primul pas – să îți cunoști tipul de organism

Oriunde privești, organismul tău face ceva unic cu fiecare moleculă de aer, apă și alimente pe care le ingerezi, ghidându-se după pornirile sale înnăscute. Nu trebuie decât să alegi să urmezi aceste tendințe sau să le modifici, însă este nefiresc să te opui în mod imprudent. Conform Ayurveda, să trăiești în armonie cu natura – lejer, confortabil și fără stres – înseamnă să îți respecți unicitatea.

Prima întrebare pe care o va pune un medic specializat în Ayurveda nu este: „Ce boală are pacientul meu?". În schimb, întrebarea va fi: „Cine este pacientul meu?". Prin „cine", el nu se referă la nume, ci la felul cum suntem constituiți; caută trăsăturile sugestive care dezvăluie tipul de organism pe care îl avem, *prakruti*. Acest termen sanscrit semnifică „natură" – și este natura ta fundamentală, ceea ce medicul dorește să descopere înainte să ia în considerare de ce te plângi și simptomele.

Tipul de organism ayurvedic este asemenea unui tipar care pune în evidență tendințele înnăscute care au fost sădite în sistemul tău. Un pahar plin de lapte conține 120 de calorii, indiferent cine îl bea, însă o persoană folosește aceste calorii în mare parte pentru a stoca grăsime, în timp ce altcineva transformă cea mai mare parte în energie. Organismul unui copil extrage foarte mult calciu pentru a-și construi noile țesuturi osoase, în timp ce o persoană în vârstă elimină aceeași cantitate de calciu după ce a trecut-o prin rinichi (sau o transformă într-o piatră dureroasă la rinichi, dacă organismul nu mai poate să se ocupe în mod eficient de calciu).

Înțelegând care este tipul tău de organism, un medic specialist în Ayurveda poate spune ce dietă, activități fizice și terapii medicale ar trebui să te ajute și care sunt cele ce nu îți fac bine sau chiar îți fac rău. O pizza cu multă brânză poate fi letală pentru cineva care are o boală a arterelor în stadiu avansat, de exemplu – grăsimea ingerată ar putea fi ultima picătură ce-ar cauza rupturi ale unui depozit de grăsime care blochează un vas de sânge ce merge spre inimă. Atacurile masive de inimă au rezultat în urma unor rupturi neînsemnate de acest gen. Cu toate acestea, aceeași pizza ar putea fi relativ inofensivă pentru marea majoritate dintre noi; pentru aceia dintre noi care nu pot câștiga în greutate printr-o dietă normală chiar este de dorit să ingerăm grăsime saturată. Știind cine ești – care este *prakruti* al tău –, vei ști foarte bine ce ar trebui să mănânci.

Există trei motive importante pentru care înțelegerea tipului de organism este primul pas spre atingerea unei sănătăți perfecte:

1. *Semințele oricărei boli au fost sădite cu mult timp în urmă.* Este dificil să găsești un pacient în jur de patruzeci de ani, suferind de o boală de inimă, care să nu fi prezentat unele semne specifice bolii la vârsta de douăzeci de ani. Un patolog care analizează arterele unui decedat în vârstă de 20 de ani poate constata urme premature de grăsime care este posibil să fi generat atacul de inimă ulterior. Chiar și copiii de 10 ani ar putea fi predispuși, cei care manifestă fie alergii, fie obezitate cronică, un nivel ridicat al colesterolului sau ulcer peptic. Însă la o vârstă atât de fragedă, când este cel mai ușor de tratat și de prevenit o boală în stare incipientă, simptomele sunt adesea greu de interpretat. Prin înțelegerea tipului de organism, precum și a punctelor forte și a celor slabe specifice, poți începe să faci primii pași de prevenire când efectul este unul favorabil, mult înainte de declanșarea bolii.

2. *Tipurile de organism individualizează acțiunea de prevenire.* Nimeni nu este predispus vreunei boli, deși cei mai mulți dintre noi încearcă să prevină cât mai multe cu putință – cancerul, atacurile de inimă, osteoporoza și așa mai departe –, deplasându-se cu incertitudine de la un medic la altul. Dacă vei încerca să previi fiecare boală fără să știi care este predispoziția ta specifică, vei bâjbâi în întuneric. De ce nu reușesc să se facă bine 60 de milioane de americani adulți bolnavi de tensiune arterială? Parte pentru că nu există suficientă legătură personală între acțiunea de prevenire și individul care are nevoie de ea. Atacurile de inimă, cancerul și formele de diabet se instalează în cazul anumitor persoane, de aceea este necesar ca prevenirea să se facă pe aceeași bază.

3. *Identificarea tipurilor de organism ajută ca tratamentul să fie mai exact odată ce s-a instalat boala.* Tratamentul generalizat – prescrierea de Valium oricui este anxios sau a unui medicament alcalin oricui are ulcer – este o chestiune aleatorie; el presupune că o boală este aceeași pentru toți pacienții. Dar, așa cum am văzut, acest lucru nu este adevărat. Conform Ayurveda, trei persoane diferite este posibil să simtă anxietate în fața a trei nivele diferite de stres. Ulcerul de care suferă se poate să fie rezultatul a trei diete diferite, presiunii la locul de muncă sau al necazurilor de acasă. În realitate, acești oameni suferă de trei boli diferite, chiar dacă toate trei se întâmplă să evolueze sub același nume. Acest lucru este valabil pentru persoanele care fumează mult, mănâncă excesiv sau suferă de alergii și astm. În toate aceste cazuri, tipul ayurvedic de organism este remarcabil de exact, după cum veți vedea, deoarece el poate indica ce se întâmplă în interiorul organismului fiecărui individ.

În sfârșit, este esențial să îți cunoști tipul de organism ca să poți înțelege cine ești tu însuți. Când descoperi ce se întâmplă cu adevărat în interiorul tău, nu mai ești legat de conceptele pe care le vehiculează societatea în legătură cu ce ar trebui să faci, să spui, să gândești și să simți. Una dintre bucuriile cu care te vei delecta după ce vei înțelege ce înseamnă Ayurveda este profunzimea cu care pătrunde în semnificația lucrurilor, oricât de mărunte, pe care probabil le respingi ca pe niște idiosincrazii. De la televizor aflăm că trebuie să bem un pahar de suc de portocale, însă unora le provoacă arsuri la stomac sau chiar crampe. Nu este ceva ieșit din comun; este un semnal că fac parte dintr-o tipologie specifică de organisme cărora aciditatea sucului de portocale nu le face bine.

O persoană căreia o ceașcă de cafea slabă îi provoacă nervozitate este prin firea sa diferită de cineva care dă pe gât trei cești de espresso fără nicio problemă. Când reacționezi după o ceașcă de cafea, la o adiere de vânt rece, la critica aspră din partea șefului tău, la o scrisoare de dragoste sau la vremea ploioasă de afară, organismul îți transmite un semnal. Este un semnal extrem de personal, la care numai tu poți vibra și răspunde. Dacă vei începe să asculți toate aceste semnale care îți sunt transmise zi de zi, minut de minut, vei observa că îți influențează starea, comportamentul, percepțiile, gusturile, înclinațiile, atracția față de alte persoane și mult mai mult de atât.

Sintagma „tipul de organism" este doar un indiciu pentru ceea ce semnifică *prakruti* – este de fapt universul tău, propria ta realitate, pe care o generezi din esența creatoare ce sălășluiește în interiorul tău. Mai exact, am putea să numim *prakruti* „tipul constitutiv psiho-fiziologic", o sintagmă care face referire atât la minte (psihic), dar și la corp (fiziologie). Am evitat să folosesc această sintagmă de dragul conciziei, însă este important să amintim că tipul de corp fizic are în același timp și un aspect mental.

Camera de comenzi a organismului

De unde vine tipologia aceasta de organisme? Oricare dintre noi are în mod esențial aceleași tipuri de celule și organe, chiar dacă genetica a avut un cuvânt important de spus în privința culorii ochilor noștri. Și, în ciuda diferențelor uriașe dintre personalități, cu toții împărtășim aceeași gamă de emoții. Pentru a descoperi originea mai profundă a tipurilor de organisme, Ayurveda se apleacă asupra punctului de joncțiune dintre minte și corp. Cu siguranță, cele două se întâlnesc într-un anumit punct. De fiecare dată când în minte se întâmplă ceva, ceva corespunzător se petrece și în corpul nostru. Dacă un copil se teme de întuneric, teama lui îmbracă o formă fizică prin adrenalina care îi traversează fluxul sanguin. Ayurveda susține că această interconectivitate se împlinește într-un loc ce se găsește între minte și suflet, acolo unde gândurile se transformă în materie; acel loc este ocupat de trei principii funcționale, numite *doshe.*

Doshele sunt unice și extrem de importante, deoarece permit dialogul dintre minte și corp. Toate speranțele, temerile, visurile și dorințele noastre, alături de cele mai fragile frânturi de emoție și dorință, și-au lăsat urmele în fiziologia noastră – aceste evenimente mentale transformă neîncetat corpul, pe măsură ce i „se adresează“ acestuia. Pentru cei mai mulți dintre noi, aceste mesaje nu susțin atât de mult viața cum ar trebui. La un moment dat, în existența noastră de adulți, semnele stresului și ale vârstei încep să prevaleze în defavoarea celor de creștere și dezvoltare. Dacă mintea noastră este capabilă de iubire și creativitate, dar corpul ni se uzează an după an, trebuie să acordăm atenție doshelor.

Conform principiilor Ayurveda, motivul pentru care povara apăsătoare a entropiei este mai presus de impulsul de a evolua se găsește exact în acest punct: dezechilibrul din doshe este primul semn că mintea și corpul nu se coordonează perfect. Din această cauză a murit la vârsta de 26 de ani de tuberculoză un poet atât de strălucit cum a fost Keats, iar un geniu muzical de talia lui Mozart a murit de o boală de rinichi la doar 35 de ani. Geniul minții lor nu era în armonie cu trupul. Pe de altă parte, prin reechilibrarea doshelor se deschide posibilitatea manifestării unui sistem minte-corp, care este întotdeauna echilibrat, întotdeauna sănătos, întotdeauna angajat în evoluție.

Cele trei doshe sunt denumite Vata, Pitta și Kapha. Cu toate că reglementează mii de funcțiuni distincte în sistemul minte-corp, ele au trei funcțiuni de bază:

Dosha Vata controlează mișcarea.
Dosha Pitta controlează metabolismul.
Dosha Kapha controlează structura.

Fiecare celulă din organismul nostru trebuie să conțină toate cele trei doshe ce guvernează aceste principii. Pentru a rămâne în viață, organismul nostru trebuie să aibă Vata, sau mișcare, care ne permite să respirăm, sângelui să circule, hranei să treacă prin tractul digestiv și nervilor să trimită impulsuri către și de la creier în organism. Organismul nostru trebuie să aibă Pitta, sau metabolism, care procesează alimentele, aerul și apa prin tot sistemul. Trebuie să aibă Kapha, sau structură, pentru a ține laolaltă celulele și pentru a forma mușchii, grăsimea, oasele și tendoanele. Natura are nevoie de toate trei doshele pentru a construi organismul uman.

În capitolul următor, voi analiza în profunzime cele trei doshe. În primul rând, ar trebui să determinăm tipul de organism al fiecăruia dintre noi, astfel încât veți deveni mai interesați de importanța doshelor. Așa cum sunt trei doshe, există trei tipuri esențiale de constituții umane în sistemul ayurvedic, în funcție de ce doshe sunt dominante. Dacă un medic vă examinează și spune: „Sunteți tipul Vata“, el vrea să spună că trăsăturile caracteristice doshei Vata sunt cele predominante în cazul vostru; se mai poate spune că aveți o *prakruti* Vata.

Importanța înțelegerii faptului că sunteți un tip Vata – sau Pitta, sau Kapha – constă în faptul că medicul se poate concentra exact asupra unor anumite diete, exerciții fizice și rutine zilnice, precum și a altor măsuri de prevenire a bolilor. O persoană de tip Vata trăiește într-un univers dominat de Vata în cele mai mici detalii. Consumând alimente despre care știe că îi vor echilibra dosha Vata, poate exercita o influență uriașă de echilibrare pretutindeni. Acest lucru va deveni evident pentru voi de îndată ce veți completa tabelul din paginile următoare. Nu uitați, totuși, că toate cele trei doshe se regăsesc în fiecare dintre noi și toate trei trebuie menținute în echilibru. Cunoașterea tipului de organism este cheia cu care puteți atinge un echilibru *absolut*; ea asigură ingredientele atât de importante pentru schimbare – pentru a redeveni așa cum v-a creat natura.

Chestionar pentru aflarea tipului de sistem minte-corp omenesc conform Ayurveda

Chestionarul care urmează se împarte în trei secțiuni. Pentru primele 20 de întrebări, care se aplică doshei Vata, citiți cu atenție fiecare enunț și punctați pe o scară de la 1 la 6 cât de bine vi se potrivește.

1 = Nu se aplică în cazul meu
3 = Mi se aplică într-o oarecare măsură (sau doar uneori)
6 = Se aplică foarte bine în cazul meu (sau aproape tot timpul)

La sfârșitul acestui capitol, aflați punctajul obținut pentru scorul Vata. De exemplu, dacă veți nota 6 pentru prima întrebare, 3 pentru cea de-a doua și 2 pentru a treia, totalul obținut până la acest nivel va fi: 6 + 3 + 2 = 11. Totalizați punctajul întregii secțiuni în acest mod și veți ajunge la un scor final. Procedați în același mod pentru cele 20 de întrebări pentru Pitta și cele pentru Kapha.

Când ați terminat, veți fi obținut trei rezultate separate. Prin compararea lor, veți ajunge să aflați care este tipul vostru de organism.

Pentru trăsături fizice cât mai obiective, trebuie să răspundeți în mod corect. În privința trăsăturilor mentale și comportamentale, mai subiective, ar trebui să răspundeți în funcție de cum ați simțit și acționat de-a lungul întregii vieți sau cel puțin în ultimii ani de viață.

Secțiunea 1 – Vata

		Nu se aplică • Uneori se aplică • În cele mai multe cazuri se aplică
1.	Realizez o activitate foarte repede.	1 • 2 • 3 • 4 • 5 • 6
2.	Nu reușesc să memorez lucruri și să mi le amintesc mai târziu.	1 • 2 • 3 • 4 • 5 • 6
3.	Stă în firea mea să mă entuziasmez și să fiu vesel.	1 • 2 • 3 • 4 • 5 • 6
4.	Sunt slab și nu iau ușor în greutate.	1 • 2 • 3 • 4 • 5 • 6
5.	Învăț cu ușurință lucruri noi.	1 • 2 • 3 • 4 • 5 • 6
6.	Merg de obicei ușor și în pas alert.	1 • 2 • 3 • 4 • 5 • 6
7.	Am tendința de a nu mă hotărî prea ușor când trebuie să iau decizii.	1 • 2 • 3 • 4 • 5 • 6
8.	Am tendința după ce mănânc să am gaze sau să mă constip ușor.	1 • 2 • 3 • 4 • 5 • 6
9.	Am de obicei mâinile și picioarele reci.	1 • 2 • 3 • 4 • 5 • 6
10.	Devin în mod frecvent anxios sau mă îngrijorez.	1 • 2 • 3 • 4 • 5 • 6
11.	Nu suport vremea rece, la fel ca majoritatea oamenilor.	1 • 2 • 3 • 4 • 5 • 6
12.	Vorbesc repede, iar prietenii mei cred că sunt vorbăreț.	1 • 2 • 3 • 4 • 5 • 6
13.	Starea mea de spirit se modifică foarte ușor și sunt oarecum emotiv din fire.	1 • 2 • 3 • 4 • 5 • 6
14.	Deseori nu reușesc să adorm sau nu mă odihnesc bine noaptea.	1 • 2 • 3 • 4 • 5 • 6
15.	Pielea mea este de obicei uscată, mai ales iarna.	1 • 2 • 3 • 4 • 5 • 6
16.	Am o minte extrem de activă, uneori neobosită, dar în același timp plină de imaginație.	1 • 2 • 3 • 4 • 5 • 6

	Nu se aplică	Uneori se aplică	În cele mai multe cazuri se aplică
17. Am mişcări rapide şi energice; am tendinţa să debordez de energie.	1 • 2 • 3 • 4 • 5 • 6		
18. Devin uşor irascibil.	1 • 2 • 3 • 4 • 5 • 6		
19. Dacă ar fi după mine, n-aş respecta orele de masă şi nici nu merg la culcare mereu la aceleaşi ore.	1 • 2 • 3 • 4 • 5 • 6		
20. Învăţ rapid, dar, în acelaşi timp, uit foarte repede.	1 • 2 • 3 • 4 • 5 • 6		

Rezultatul pentru Vata ....

Secţiunea 2 – Pitta

	Nu se aplică	Uneori se aplică	În cele mai multe cazuri se aplică
1. Consider că sunt foarte eficient.	1 • 2 • 3 • 4 • 5 • 6		
2. În toate acţiunile mele, am tendinţa să fiu extrem de precis şi ordonat.	1 • 2 • 3 • 4 • 5 • 6		
3. Sunt hotărât în ceea ce îmi propun şi fac cu hotărâre totul.	1 • 2 • 3 • 4 • 5 • 6		
4. Nu mă simt în largul meu sau obosesc repede când este foarte cald afară – mai mult decât ceilalţi.	1 • 2 • 3 • 4 • 5 • 6		
5. Am tendinţa să transpir uşor.	1 • 2 • 3 • 4 • 5 • 6		
6. Chiar dacă s-ar putea să nu mă exteriorizez întotdeauna, mă enervez şi mă înfurii destul de uşor.	1 • 2 • 3 • 4 • 5 • 6		
7. Dacă sar peste o masă sau iau una dintre mese mai târziu decât de obicei, nu mă simt în largul meu.	1 • 2 • 3 • 4 • 5 • 6		
8. Una sau mai multe dintre trăsăturile de mai jos descriu cum este părul meu: a început să încărunţească sau să se rărească, are firul subţire, este drept şi blond, roşu sau de culoarea nisipului.	1 • 2 • 3 • 4 • 5 • 6		
9. Am poftă de mâncare; dacă îmi pun mintea, pot să mănânc foarte mult.	1 • 2 • 3 • 4 • 5 • 6		

		Nu se aplică	Uneori se aplică	În cele mai multe cazuri se aplică
10.	Mulți oameni mă consideră încăpățânat.	1 • 2 • 3 • 4 • 5 • 6		
11.	Tranzitul intestinal funcționează normal – mai degrabă am mai multe scaune decât să fiu constipat.	1 • 2 • 3 • 4 • 5 • 6		
12.	Devin nerăbdător foarte ușor.	1 • 2 • 3 • 4 • 5 • 6		
13.	Am tendința să fiu un perfecționist când vine vorba despre detalii.	1 • 2 • 3 • 4 • 5 • 6		
14.	Mă înfurii destul de ușor, însă imediat uit despre ce a fost vorba.	1 • 2 • 3 • 4 • 5 • 6		
15.	Sunt înnebunit după alimente reci, cum ar fi înghețata, și îmi plac foarte mult băuturile reci.	1 • 2 • 3 • 4 • 5 • 6		
16.	Este foarte probabil să am senzația că este mai degrabă cald decât prea rece într-o încăpere.	1 • 2 • 3 • 4 • 5 • 6		
17.	Nu-mi fac bine alimentele prea fierbinți sau prea condimentate.	1 • 2 • 3 • 4 • 5 • 6		
18.	Nu tolerez neînțelegerile.	1 • 2 • 3 • 4 • 5 • 6		
19.	Îmi fac plăcere provocările și când îmi doresc ceva, sunt extrem de hotărât să fac orice efort pentru a-mi atinge scopul.	1 • 2 • 3 • 4 • 5 • 6		
20.	Am tendința să fiu critic față de alții și față de mine însumi	1 • 2 • 3 • 4 • 5 • 6		

Rezultatul pentru Pitta ....

Secțiunea 3 – Kapha

		Nu se aplică	Uneori se aplică	În cele mai multe cazuri se aplică
1.	Tendința mea firească este să fac lucrurile încet și într-un mod relaxat.	1 • 2 • 3 • 4 • 5 • 6		
2.	Iau în greutate mai ușor decât alții și dau jos mai greu.	1 • 2 • 3 • 4 • 5 • 6		
3.	De obicei sunt calm și ponderat – nu devin irascibil prea ușor.	1 • 2 • 3 • 4 • 5 • 6		

		Nu se aplică	Uneori se aplică	În cele mai multe cazuri se aplică
4.	Pot să sar peste mese fără ca acest lucru să-mi creeze vreun disconfort.	1 • 2 • 3 • 4 • 5 • 6		
5.	Sunt predispus spre un exces de mucoasă, flegmă, congestie cronică, astm sau probleme cu sinusurile.	1 • 2 • 3 • 4 • 5 • 6		
6.	Am nevoie de cel puțin opt ore de somn ca să mă simt odihnit a doua zi.	1 • 2 • 3 • 4 • 5 • 6		
7.	Am un somn profund.	1 • 2 • 3 • 4 • 5 • 6		
8.	Sunt din fire calm și nu mă înfurii ușor.	1 • 2 • 3 • 4 • 5 • 6		
9.	Nu învăț la fel de repede ca alții, însă rețin foarte bine și am memorie bună.	1 • 2 • 3 • 4 • 5 • 6		
10.	Am tendința să mă balonez – mă îngraș foarte ușor.	1 • 2 • 3 • 4 • 5 • 6		
11.	Mă deranjează vremea rece și umedă.	1 • 2 • 3 • 4 • 5 • 6		
12.	Am părul des, negru și ondulat.	1 • 2 • 3 • 4 • 5 • 6		
13.	Am pielea netedă, moale și cu o tentă ușoară de paloare.	1 • 2 • 3 • 4 • 5 • 6		
14.	Corpul meu are o constituție solidă.	1 • 2 • 3 • 4 • 5 • 6		
15.	Următoarele cuvinte mă descriu perfect: senin, blând, afectuos și tolerant.	1 • 2 • 3 • 4 • 5 • 6		
16.	Am o digestie leneșă, care mă face să mă simt greoi după ce am luat masa.	1 • 2 • 3 • 4 • 5 • 6		
17.	Am multă forță și rezistență fizică, precum și un nivel constant de energie	1 • 2 • 3 • 4 • 5 • 6		
18.	În general, merg încet și am pasul măsurat.	1 • 2 • 3 • 4 • 5 • 6		
19.	Am tendința de a dormi mai mult, mă simt ușor amețit după ce mă trezesc și intru mai greu în ritm dimineața	1 • 2 • 3 • 4 • 5 • 6		
20.	Mănânc încet și mă mișc mai încet, fiind meticulos în tot ceea ce fac.	1 • 2 • 3 • 4 • 5 • 6		

Rezultatul pentru Kapha ....

Rezultat final

Vata.................. Pitta.................. Kapha..................

CUM SĂ AFLI CE TIP DE ORGANISM AI

Deși există doar trei doshe, Ayurveda le combină în zece moduri posibile, pentru a ajunge la zece tipuri diferite de organism.

Tipurile cu o singură dosha:
Vata
Pitta
Kapha

Dacă o dosha este predominantă în comparație cu celelalte, faci parte din tipologia cu o singură dosha. Cel mai sugestiv este un rezultat în care dosha esențială este de două ori mai dominantă decât cea de-a doua dosha (de exemplu, Vata – 90, Pitta 45, Kapha – 35), însă și marjele mai mici contează. Un tip de organism adevărat cu o unică dosha manifestă trăsături specifice pentru Vata, Pitta sau Kapha foarte puternic. Următoarea dosha dominantă va continua să manifeste o oarecare influență în tendințele tale firești, dar într-o mai mică măsură.

Tipurile cu două doshe:
Vata-Pitta sau Pitta-Vata
Pitta-Kapha sau Kapha-Pitta
Kapha-Vata sau Vata-Kapha

Dacă nicio dosha nu este puternic dominantă, înseamnă că ești tipul cu două doshe. Aceasta înseamnă că manifești calități specifice celor două doshe dominante, fie în egală măsură, fie în mod alternativ. Cea mai puternică este dominantă pentru tipul tău de organism, însă ambele au aceeași importanță.

Cei mai mulți oameni fac parte din tipologia cu două doshe. Pentru unii, prima dosha este foarte puternică – ei obțin un rezultat de genul Vata – 70, Pitta – 90, Kapha – 46, ceea ce îi caracterizează ca fiind tipul pur Pitta, excepție făcând cazul în care este predominantă o altă dosha, de tip Vata. În alte cazuri, unde diferența este mai mică, prima dosha încă este predominantă, însă cea de-a doua va ajunge să fie aproape similară. Rezultatul tău ar putea fi Vata – 85, Pitta – 80, Kapha – 40, ceea ce indică în mod clar că este vorba despre tipul Vata – Pitta, chiar dacă două doshe sunt foarte apropiate.

În sfârșit, unele persoane înregistrează rezultate în care o dosha este lăsată de o parte, dar celelalte două sunt foarte strâns legate (de exemplu, Vata – 69, Pitta – 86, Kapha –69). Aceste persoane par a fi din tipologia cu două doshe, însă un test scris nu va lua în calcul cea de-a doua dosha – sunt fie de tipul Pitta-Vata, fie Pitta-Kapha. Dacă scorul pe care îl obțineți este de acest gen, acordați atenție primei doshe, pentru că ea este cea dominantă și, cu timpul, cea de-a doua va deveni mai puternică.

Tipul cu trei doshe: Vata-Pitta-Kapha

Dacă rezultatele obținute sunt aproape egale (de exemplu, Vata – 88, Pitta – 75, Kapha – 82), sunteți un tip de organism cu trei doshe. Acest tip este considerat unul mai rar. Verificați cu grijă răspunsurile pe care le-ați dat sau apelați la un prieten să vă ajute să parcurgeți testul din nou pentru a verifica răspunsurile date. Apoi, citiți din nou descrierile Vata, Pitta și Kapha din următoarele pagini pentru a vedea dacă una sau două doshe sunt predominante în rezultatul pe care l-ați obținut. Dacă nu, urmăriți analiza tipologiei cu trei doshe.

Vata creează confuzie. Dacă veți constata că nu sunteți capabil să dați un răspuns clar în cazul mai multor enunțuri, s-ar putea ca tipul vostru de organism să ascundă o Vata în dezechilibru. Vata este „liderul doshelor" și poate imita doshele Pitta și Kapha. Ați putea fi o persoană cu o constituție fragilă, dar și una supraponderală; una predispusă să se îngrijoreze, dar în același timp iritabilă; sau se poate să aveți insomnii pentru o perioadă de timp, după care să urmeze o alta cu ore prelungite de somn. Vata în dezechilibru este posibil să genereze astfel de schimbări.

În esență, tipurile de organism sunt, în general, foarte clare. Pe măsură ce veți înțelege mai bine sistemul ayurvedic, veți fi capabil să realizați ce răspunsuri se datorau doshei Vata în dezechilibru și care adevăratei voastre firi. Dacă nu v-ați clarificat, este indicat să consultați un medic specializat în medicina ayurvedică.

Caracteristici ale tipurilor de organism

Odată ce am determinat care este tipul dvs. de organism, puteți acum învăța să îl interpretați. Un lucru important de știut despre sistemul ayurvedic este că se transmite genetic. Tipurile de organism se moștenesc. Cu mult înainte de apariția teoriei ADN-ului, maeștrii Ayurveda au înțeles că trăsăturile genetice se transmit în grup: pielea și părul orientale se asociază cu ochii de culoare închisă, și nu cu cei albaștri; musculatura solidă se asociază cu un sistem osos solid, care să o susțină, și nu cu unul fragil. Mintea, corpul și comportamentul sunt grupate într-un mod subtil, care este revelat doar prin cunoașterea doshelor.

Tipul tău de organism este mulajul în care ai fost plămădit, dar el nu include și soarta. Să fii scund sau înalt, indecis sau hotărât, neliniștit sau calm înseamnă să fii de un anumit tip, și totuși există suficient de mult loc pentru toate celelalte lucruri pe care un tip de organism nu le controlează – gânduri, emoții, amintiri, înclinații, dorințe și așa mai departe. *Cunoașterea tipului tău de organism îți permite să te ridici la o stare ideală superioară de sănătate.* Spre deosebire de medicina occidentală, care urmărește să atingă doar sănătatea fizică sau mentală, Ayurveda își propune să aducă fiecare aspect al vieții la un nivel superior – relații personale, satisfacția muncii, evoluția spirituală și armonia socială, toate sunt legate în mod profund de minte și trup; prin urmare, ele pot fi influențate printr-o singură medicină, dacă cunoașterea acesteia avansează destul. Acesta este argumentul pe care îl propune medicina ayurvedică – iar eu cred că este unul profund și persuasiv.

Caracteristicile tipului Vata

- Constituție suplă, delicată
- Îndeplinește activitățile repede
- Senzație de foame și digestie inconstante
- Somn ușor, întrerupt, insomnii
- Entuziasm, vivacitate, imaginație
- Irascibilitate, stări de spirit schimbătoare
- Culege rapid informații noi, dar uită ușor
- Are obiceiul să se îngrijoreze
- Tendință de constipație
- Obosește ușor, tendință de surmenaj
- Energia mentală și fizică se instalează în episoade sporadice

Cuvântul-cheie în cazul tipului Vata este „schimbător". Persoanele Vata sunt imprevizibile și pot fi încadrate mai greu în stereotipuri față de cele

Pitta sau Kapha, dar nivelul de diversitate – în dimensiuni, forme, stări de spirit și acțiune – constituie totodată caracteristica lor. Pentru o persoană Vata, energia mentală și fizică se manifestă în episoade sporadice, fără să fie constantă. Pentru persoanele Vata, este specific să:

- le fie foame la orice oră, indiferent că este zi sau noapte
- le placă tot ce este palpitant și în permanentă schimbare
- meargă la culcare la ore diferite în fiecare noapte, să sară peste mese și să nu aibă obiceiuri legate de un anumit moment al zilei, în general
- digere într-o zi bine alimentele și prost în altă zi
- își exteriorizeze izbucnirile de emoție de scurtă durată, pentru ca apoi să le dea uitării rapid
- meargă cu un pas grăbit

Din punct de vedere fizic, cei care se identifică cu tipul Vata sunt cele mai subțiri persoane din toate cele trei tipuri, având în mod specific umeri și/sau coapse înguste. Unora dintre persoanele de tip Vata s-ar putea să le fie greu sau imposibil să ia în greutate și să rămână definitiv subponderale; altele au un aspect plăcut la vedere, fiind subțiri și suple. Deși au un apetit foarte diferit, cei de tipul Vata sunt singurul tip care poate mânca orice, fără să ia în greutate. (Cu toate acestea, unele persoane Vata fluctuează mult în greutate de-a lungul vieții; ele pot fi sprintene și subțiri în perioada adolescenței, însă supraponderale în partea a doua a vieții.)

Oscilațiile fizice provin dintr-un exces de Vata – mâinile și picioarele pot fi prea mari sau prea mici față de corp; dinții pot fi foarte mici sau, în alte cazuri, prea mari și ieșiți în afară; o caracteristică a persoanelor de tip Vata este să aibă dentiția maxilarului superior ieșită în afară. Cu toate că majoritatea persoanelor de tip Vata sunt bine legate, ele au picioarele în X, cu gambele ieșite înspre exterior, degetele de la picioare întoarse înăuntru, o curbură a coloanei (scolioză), deviație de sept și distanța focală dintre ochi foarte mică, ochii fiind foarte apropiați sau, în alte cazuri, prea depărtați – acestea sunt trăsături comune pentru ele. Oasele pot fi ori foarte ușoare, ori foarte lungi și grele ca densitate. Articulațiile, tendoanele și venele sunt vizibile și proeminente la cei mai mulți, întrucât stratul de grăsime de sub piele este subțire. Le sunt specifice articulațiile care trosnesc.

Dosha Vata este responsabilă pentru toate mișcările din organism. Mușchii din organismul nostru se mișcă datorită acestei doshe, care controlează în același timp respirația, mișcarea alimentelor prin tractul digestiv și impulsurile nervoase transmise de la creier. Funcția cea mai importantă a doshei Vata este să controleze sistemul nervos central. Apariția tremurului, a frisoanelor și spasmelor sunt exemple pentru momentele în care Vata este tulburată. Când această dosha iese din starea de echilibru, apar tulburările nervoase, care merg de la anxietate și depresie (un gen mai ușor de depresie, cu senzația de inutilitate, dar nu depresia acută a celor de tipul Kapha) până la tulburări mentale clinice. Simptome psihosomatice de toate genurile pot fi remarcate în cazul agravării doshei Vata. Așadar, prin aducerea doshei Vata înapoi în starea de echilibru, se pot vindeca deseori simptome care sfidează orice alt tratament.

Vata este responsabilă pentru începerea lucrurilor, nu și pentru finalizarea lor, o caracteristică ce evidențiază cu putere când un organism de tipul Vata a ieșit din echilibru – astfel de persoane sunt dependente de cumpărături și de fapt nu cumpără nimic, vorbesc fără să ajungă la o concluzie și sunt veșnic nemulțumite. Se spune că persoanele de tip Vata cheltuiesc uneori fără măsură, irosind bani, energie și cuvinte, dar acest lucru nu este valabil dacă sunt în echilibru, din moment ce dosha Vata este responsabilă pentru instaurarea echilibrului în întreg organismul.

Cele mai multe persoane de tip Vata sunt predispuse la îngrijorare și uneori suferă de insomnie, ca rezultat al gândirii neobosite. Perioada normală de somn pentru cei de tipul Vata este cea mai scurtă din toate tipurile – șase ore sau chiar mai puțin, pe măsură ce înaintează în vârstă. Emoția negativă specifică, declanșată de stres, este anxietatea (teama). Simptomul tipic digestiv pe care îl acuză este constipația cronică și/sau gazele, cu toate că persoanele de tip Vata pot avea și un stomac nervos, și o digestie lentă. Crampele digestive, precum și durerile premenstruale sunt, în general, atribuite acestei doshe.

O persoană Vata echilibrată este în mod specific fericită, entuziastă și energică. Mintea îi este limpede și ageră; tonusul interior este vioi. Cei de tip Vata sunt extrem de sensibili la schimbările ce au loc în mediul înconjurător. Reacționează rapid și precis când vine vorba despre sunete și atingere și le displace zgomotul. Genul de personalitate exuberantă, care vibrează, excitabilă, imprevizibilă, inventivă și vorbăreață este de tip Vata.

Când ies din echilibru, persoanele de tip Vata manifestă tendința de a fi impulsive, ceea ce îi conduce la surmenaj – starea lor de excitație se transformă în oboseală, mai târziu instalându-se oboseala cronică sau depresia.

Dintre toate trăsăturile amintite, cea mai importantă este probabil aceea că Vata este liderul celorlalte doshe. Acest lucru înseamnă mai multe: mai întâi, Vata iese prima din echilibru, generând fazele incipiente ale bolii; ea poate imita alte doshe, făcându-vă să credeți că Pitta sau Kapha este cea care a generat o problemă (în realitate, mai mult de jumătate din toate tulburările sunt la origine de tip Vata); este „rege“ printre celelalte doshe, deoarece atunci când este în echilibru, la fel sunt și Pitta și Kapha, în general. Prin urmare, este absolut vital pentru fiecare dintre noi să mențină echilibrul doshei Vata.

Precauția de bază pentru persoanele de tip Vata este să se odihnească suficient, fără să întreacă măsura și să acorde atenția cuvenită obișnuințelor regulate ale stilului de viață. Este posibil ca aceste măsuri să nu li se pară firești multora de tipul Vata, dar dacă sunt urmate, ele duc adesea la îmbunătățirea unor probleme fizice sau mentale. Instinctul nostru fundamental de echilibru ne este dat de Vata, de aceea este absolut vital să-l păstrăm.

Caracteristicile tipului Pitta

Constituție medie

- Forță și anduranță medie

Caracter întreprinzător, iubește provocările

- Minte ascuțită

Senzație acută de foame și sete, digestie puternică

- Tendință spre furie, manifestă iritabilitate în stare de stres

Piele albă sau roșiatică, adesea cu pistrui

- Nu-i place soarele și nici vremea toridă

Discurs clar formulat și bine articulat

- Nu poate sări peste mese

Păr blond, maro-deschis sau roșcat (sau nuanțe roșiatice)

Cuvântul-cheie pentru cei de tip Pitta este „intens“. Oricine are un păr de un roșu strălucitor și un chip îmbujorat deține într-o mare proporție Pitta, la fel ca orice persoană care este ambițioasă, are o minte ascuțită, vorbește deschis, este îndrăzneață, argumentativă sau geloasă. Latura combativă a celor de tip Pitta este o tendință firească, însă nu este nevoie să fie exprimată. Când se găsește în echilibru, o persoană de tipul Pitta își exprimă cu căldură și intensitate emoțiile, fiind iubitoare și fericită. Un chip care strălucește de fericire este întruchiparea la maximum a tipologiei Pitta. De asemenea, este absolut specific celor din Pitta să:

- simtă o foame cumplită dacă masa întârzie cu o jumătate de oră
- își fixeze programul după propriul lor ceas (unul scump, în general) și să fie nefericite că și-au irosit din timpul lor prețios
- se trezească în miez de noapte pentru că le este prea cald sau prea sete
- preia comanda într-o anumită situație sau să simtă nevoia imperioasă să o facă
- învețe din experiență, iar alții să-i considere prea solicitanți, sarcastici sau critici uneori
- **pășească hotărât și cu pași mari atunci când merg**

Din punct de vedere fizic, cei de tip Pitta sunt de mărime medie și bine proporționați. Ei își păstrează greutatea fără fluctuații prea mari; nu le este dificil să ia câteva kilograme în plus sau să le piardă după bunul plac. Trăsăturile feței sunt bine proporționate; ochii sunt de mărime medie, adesea cu o privire pătrunzătoare. Mâinile și picioarele sunt medii, iar încheieturile sunt normale.

Părul și pielea celor de tip Pitta sunt ușor de recunoscut. Părul este de obicei drept, iar firul de păr fin, de culoare roșie sau de culoarea nisipului și are tendința să încărunțească prematur. Chelia, subțierea firului de păr sau un început avansat de chelie sunt de asemenea, semne ale unei dominante sau ale unui exces de Pitta. Pielea este caldă, moale și albă; nu se bronzează ușor și adesea se arde la soare, fără să se bronzeze deloc (în special dacă părul este blond și firul de păr subțire) – această trăsătură le conferă celor de tip Pitta un motiv în plus să se ferească de razele soarelui, o înclinație firească, de altfel, pentru ei. Este totodată absolut specific pentru cei de tip Pitta să aibă pielea plină de pistrui și alunițe. (În grupurile sociale constituite pe bază de rasă, acolo unde părul și pielea închise la culoare reprezintă majoritatea, ar trebui să axați orientarea pe baza altor trăsături specifice Pitta.)

Cei din Pitta au în general mintea ascuțită, pătrunzătoare și aptitudini bune de concentrare. Tendința lor înnăscută este să fie ordonați și să-și gestioneze energiile, banii și acțiunile în mod eficient. Este o obișnuință cheltuiască banii pe obiecte de lux – le place să se înconjoare de lucruri rafinate. Au tendința să reacționeze față de lumea din jur în mod vizibil.

Căldura este exprimată pretutindeni în cazul celor de tipul Pitta: prin temperamentul lor coleric specific (impetuozitate), mâini și picioare calde și senzația de arsură din ochi, piele, stomac sau intestine – trăsături care se manifestă dacă cei de tip Pitta ies din echilibru. Deoarece ei înșiși sunt înfierbântați, cei din Pitta nu suportă expunerea prelungită la soare, obosesc ușor în condiții de căldură excesivă și nu se expun la muncă fizică grea. Ochii lor nu suportă lumina strălucitoare.

Persoanele de tip Pitta au tendința să se înfurie, aceasta fiind emoția negativă caracteristică, pe care stresul o scoate cu ușurință la iveală. Ele pot fi iritabile și nerăbdătoare, solicitante și perfecționiste, îndeosebi dacă ies din echilibru. Deși sunt ambițioase și manifestă calități perfecte de leadership, persoanele din Pitta pot fi tăioase și dure în comportament, ceea ce îi deranjează pe cei din jur.

Cei din Pitta vorbesc cu precizie și la obiect; adesea sunt buni vorbitori în fața publicului. Își susțin cu fermitate opiniile și le place să argumenteze. Un discurs sarcastic și critic înseamnă că Pitta este în dezechilibru, dar, asemenea persoanelor din alte doshe, cei din tipologia Pitta au două alternative: când sunt în echilibru, ele sunt dulci, vesele, încrezătoare și cutezătoare. Le place provocarea și îi fac față cu determinare, dar numai cu o energie fizică medie. Rezistența celor de tipul Pitta este moderată și chiar digestia lor extrem de intensă, baza pentru întreaga lor energie, poate fi afectată. Ei sunt genul de persoane care la jumătatea vieții au tendința să spună: „Pe vremuri puteam să mănânc orice, însă acum, nici vorbă". Dosha Pitta controlează metabolismul în toate tipurile de organisme. În persoanele din Pitta, „focul digestiv", după cum îl denumește Ayurveda, este extrem de puternic. Acesta le dă celor din Pitta un apetit deosebit de mare și, adesea, o sete excesivă. Dintre toate tipurile de organisme, cei din Pitta sunt cel mai puțin dispuși să sară peste o masă sau să mănânce mai târziu – acest lucru îi face să se simtă înfometați și/sau irascibili. Excesul de Pitta este asociat cu arsuri la stomac, o tendință spre ulcer stomacal, senzații de arsuri în intestine și hemoroizi. Dacă nu se iau măsuri, Pitta agravată va slăbi serios digestia.

Pielea celor din Pitta este ușor iritată, cu erupții, inflamații și acnee. Ochii lor sunt sensibili și se înroșesc ușor (o vedere slabă poate fi asociată cu un dezechilibru Pitta). Persoanele de tip Pitta au un somn sănătos, dar se poate să se trezească în timpul nopții simțindu-se supraîncălziți. Ele dorm o perioadă de timp medie și se apropie cel mai mult de „normalul" de opt ore pe noapte. Dacă ies din echilibru, cei din Pitta suferă de insomnii, în special dacă sunt foarte dedicați muncii lor, ceea ce tinde să le ocupe tot timpul.

Precauția de bază pentru tipul Pitta este să ducă un stil de viață moderat, simplu. Fiecare celulă din organism se bazează pe dosha Pitta pentru a-și regla cantitatea esențială de hrană, apă și aer care intră în organism. Când apare un dezechilibru Pitta, toxine de toate tipurile își fac imediat apariția. Fiind în mod special sensibile la acest aspect, tipurile Pitta reacționează agresiv față de alimentele nesănătoase, aerul și apa poluată, alcool și țigări și, în mod special, față de emoțiile toxice – ostilitate, ură, intoleranță, gelozie. Dosha Pitta ne înarmează cu instinctul nostru pentru moderație și puritate, calități vitale pentru păstrarea sănătății.

Caracteristici ale tipului Kapha

- Constituție masivă, puternică; putere fizică și anduranță mare
- Energie constantă; înceți și delicați în mișcări
- Personalitate liniștită, relaxată; se înfurie greu
- Piele rece, netedă, consistență groasă, palidă, adesea grasă
- Puțin receptiv față de informațiile noi, dar cu o memorie bună
- Somn adânc, prelungit
- Tendință spre obezitate
- Digestie înceată, senzație moderată de foame
- Afectuos, tolerant, iartă ușor
- Tendință să fie posesiv, se mulțumește cu ce are

Cuvântul-cheie al tipului de organism Kpaha este „relaxat". Dosha Kapha, principiul structural din organism, aduce stabilitate și consistență; asigură rezerve de forță fizică și rezistența care a fost construită în persoanele solide, cu structură masivă din tipologia Kapha. Cei din Kapha sunt considerați norocoși în medicina Ayurveda deoarece, ca regulă de bază, se bucură de o sănătate deosebită; mai mult, personalitatea lor exprimă o perspectivă calmă, fericită, liniștită față de lume. Este specific celor din tipologia Kapha să:

- chibzuiască și să pună lucrurile în balanță îndelung, înainte să ia o decizie
- se trezească treptat, să lenevească în pat și să aibă nevoie mai întâi de o cafea odată ce s-au ridicat
- fie mulțumiți cu starea de fapt a lucrurilor și să mențină acest *status quo* fiind conciliant cu ceilalți
- respecte sentimentele celorlalți, față de care manifestă o adevărată empatie

- caute confortul emoțional în bucuria de a mânca
- aibă momente de încântare, ochii înlăcrimați și un mers relaxat, chiar dacă sunt supraponderali

Din punct de vedere fizic, dosha Kapha dă putere și rezistență naturală față de boală. Pe lângă faptul că sunt bine făcuți, cei din tipul Kapha au tendința să fie îndesați, cu șolduri și/sau umeri masivi. Le este specifică tendința de a lua ușor în greutate – se pot îngrașă numai uitându-se la mâncare. Întrucât greutatea în exces nu este ușor de dat jos, persoanele de tip Kapha devin adesea obeze atunci când sunt în dezechilibru. Totuși, din tipologia Kapha pot face parte și persoane cu o constituție ponderată, iar cei din tipurile cu două doshe, cum este Vata-Kapha, pot fi chiar subțiri. O trăsătură tipică pentru persoanele de tip Kapha este pielea rece, netedă, cu țesut gros, palidă și adesea grasă. Ochii mari, blânzi, ca de căprioară („de parcă ar fi plini de lapte", după cum spun textele vechi) sunt, de asemenea, un semn specific. Orice în legătură cu chipul sau trupul care sugerează repaus și stabilitate indică o trăsătură dominantă tipică pentru cei de tip Kapha. La femei, formele pline și curbele corpului statuar, de tipul frumuseții renascentiste, sunt specifice tipologiei Kapha.

Dosha Kapha este leneșă. Persoanele de acest tip mănâncă încet, au o digestie mai leneșă, vorbesc rar, îndeosebi dacă felul lor de a vorbi este premeditat. Fiind calmi și rezervați, cei din Kapha se înfurie greu și le place să aibă liniște în jur. Relația lor cu lumea se realizează prin gust și miros – cei de tip Kapha tind să acorde o mare importanță mâncării; într-un mod mai general, ei se bazează pe sentimentele organice, fiind în mod esențial oameni cu simț practic.

Persoanele de tipul Kapha au o energie constantă. Rezistența lor o depășește pe a altor persoane, așa cum se întâmplă și cu disponibilitatea lor de a performa munca fizică. Rareori sunt copleșiți de oboseala fizică. Este absolut firesc pentru cei din Kapha să stocheze și să economisească aproape orice – bani, bunuri, energie, cuvinte, alimente și grăsime. Grăsimea se depune, de obicei, pe coapse și fese.

Întrucât dosha Kapha controlează țesuturile umede din organism, un dezechilibru al său se face remarcat la nivelul membranelor mucoaselor. Persoanele de tip Kapha se plâng de congestia sinusurilor, bronșite, alergii, astm și articulații dureroase (deși artrita este în mod specific asociată cu Vata). Aceste simptome sunt mai acut resimțite la sfârșitul iernii și primăvara.

Prin natura lor, cei din Kapha sunt afectuoși, toleranți și iertători; să ai sentimente materne este o exprimare a spiritului Kapha. Persoanele de acest tip nu cedează ușor într-o criză și îi ancorează în jurul lor pe ceilalți. Există totuși tendința unei mulțumiri de sine și, chiar în cazul celor mai echilibrate persoane Kapha, e posibil să amâne trecerea la acțiune dacă se simt stresate. Emoția negativă specifică celor din Kapha este lăcomia sau atașamentul obsesiv de obiecte. Oricine nu concepe ideea de a se despărți de obiectele vechi exprimă de fapt un exces de Kapha. Când sunt în dezechilibru, persoanele de tip Kapha devin încăpățânate, plictisitoare, apatice și leneșe.

Alături de Vata, Kapha este o dosha rece, însă diferă de prima pentru că nu este uscată. Întrucât au o circulație bună, persoanele din Kapha nu se plâng că au mâinile sau picioarele reci. Nu le plac frigul, vremea umedă și reacționează mental, devenind mai leneși sau extrem de deprimați. Somnul celor de tip Kapha este lung și adânc. Persoanele tipice Kapha dorm deseori mai mult de opt ore pe noapte; tulburarea lor obișnuită de somn nu este insomnia, ci somnul peste măsură de lung. Dar după ce și-au alocat mult timp dimineața pentru a intra în ritmul zilei, se simt plini de energie până noaptea târziu.

Dintre cele trei doshe, cei din Kapha sunt aceia care învață cel mai încet, dar, în compensație, au o memorie foarte bună și, odată cu trecerea timpului, dobândesc o solidă cunoaștere a materiei respective. Asimilează mai greu informațiile noi și folosesc o abordare metodică. Când ies din echilibru, devin plicticoși și apatici.

Precauția de bază pentru persoanele de tip Kapha este să facă progrese. Orice situație de stagnare transformă stabilitatea Kapha în inerție – așadar, acești oameni trebuie să se asigure că nu se ancorează în trecut, pentru a depinde de oameni sau bunuri, sau că se opun schimbării. Dacă se asigură că dețin factorii care să-i stimuleze, deși nu este ceva firesc pentru cei din Kapha, își vor pune în valoare propria lor vitalitate; trebuie evitate alimentele grele, reci, lipsa de exerciții fizice, excesul de alimentație și munca repetitivă. Dosha Kapha ne conferă un sentiment de siguranță și continuitate interioară, un aspect esențial pentru orice persoană sănătoasă.

Să înțelegem tipul cu două doshe

Fiecare dintre noi este înzestrat încă de la naștere cu câte ceva din fiecare dosha. Ceea ce face posibil să descriem persoanele „pure“ de tip Vata, Pitta sau Kapha este faptul că au un procent foarte mare dintr-o anumită dosha – ele sunt extremele. Cu toate acestea, nu așa stau lucrurile pentru cei mai mulți dintre noi. Majoritatea oamenilor fac parte din tipul cu două doshe, dintre care una este dominantă, dar nu extremă.

Într-un anume fel, minoritatea celor care sunt din tipul cu o singură dosha este norocoasă, căci trebuie să acorde atenție unui singur factor dominant din viața lor. Totuși, acest avantaj este minor. *Fiecare trebuie să-și echilibreze toate cele trei doshe.* Chiar dacă veți acorda, în mod firesc, cea mai mare atenție propriului vostru tip de organism, este foarte important să cunoașteți toate doshele. Cea mai bună modalitate de a vă gândi la orice tip de organism este că toate cele trei doshe se manifestă singure, însă una sau două ne captează mai mult atenția.

Pe scurt, semnele sugestive ale celor trei tipuri pure de organism sunt următoarele:

Vata: corp subțire, iute, stare schimbătoare, comportament volubil. Aceste persoane îi uimesc pe cei din jur prin faptul că sunt imprevizibile. În stare de tensiune, devin irascibile și anxioase.

Pitta: corp de constituție medie, spirit ordonat și hotărât, comportament energic. Aceste persoane îi frapează pe ceilalți prin intensitatea cu care se manifestă. În stare de tensiune, devin mânioase și dure.

Kapha: constituție masivă, corpolentă, calamitate, stare echilibrată, comportament tolerant. Aceste persoane îi frapează pe cei din jur prin atitudinea lor relaxată. În stare de tensiune, se închid în sine și devin tăcute.

Puteți cupla aceste seturi de trăsături specifice și veți ajunge la o aproximare apropiată a ceea ce este de fapt o persoană cu două doshe. Așa de exemplu, o persoană de tipul Vata-Kapha poate fi iritabilă și calmă în același timp, o combinație aparent puțin posibilă, dar destul de evidentă în cazul acestor oameni. Dosha dominantă declanșează unei persoane reacțiile ei esențiale față de lume, atât fizice, cât și mentale. Cea de-a doua dosha își exercită influența în moduri diferite – dar, ca o regulă, cele două nu se amestecă precum culorile pentru pictură. Dacă vei combina Vata, care generează o constituție suplă, cu Kapha, care generează o constituție masivă, nu vei obține o constituție medie (care este în mod distinctiv specifică tipului Pitta). Ceea ce se întâmplă în realitate este că o tipologie de genul Vata-Kapha exprimă o trăsătură sau alta. Chiar și așa, există momente când o persoană oscilează în mod evident între o dosha și alta (o persoană de tipul Vata-Kapha ar putea să simtă teamă și furie în condiții de stres, fie în același timp, fie în momente distincte).

În practica Ayurveda, am remarcat următoarele aspecte legate de tipurile cu două doshe și considerăm că aceste observații v-ar putea ajuta să înțelegeți mai bine felul în care se combină cele trei doshe.

VATA-PITTA

În general, aceste persoane au o constituție suplă a corpului, cum este tipul pur Vata. La fel ca și persoanele de tipul Vata, ele sunt rapide în mișcări, prietenoase și comunicative, însă au tendința să fie mai întreprinzătoare și să aibă o minte mai ascuțită (ambele sunt trăsături Pitta). Este mai puțin probabil să se apropie de extremele tipurilor Vata – nu sunt la fel de legate unele de altele sau fragile și/sau deosebite din punct de vedere fizic. Constituția lor dobândește în mare parte stabilitate de pe urma influenței Pitta. În general, aceste persoane au o digestie mai bună decât cele de tipul Vata și o mai mare toleranță la frig, deoarece Pitta îmbunătățește circulația. Persoanele din tipologia Vata pură, care sunt extrem de sensibile față de mediul lor, devin adesea victime ale intoleranței lor la zgomot, curenții de aer rece și disconfort fizic, însă acest lucru este mai puțin valabil pentru cei de tip Vata-Pitta.

PITTA-VATA

Persoanele cu acest tip de organism tind să aibă o constituție fizică medie; ele sunt mai puternice și mai musculoase decât cele din Vata-Pitta, care se apropie mai mult de cele de tipul pur Vata, cu fizic osos. Cei din Pitta-Vata sunt rapizi în mișcări, au o rezistență remarcabilă și sunt adesea asertivi. Intensitatea Pitta este evidentă în cazul lor. Este prezentă, însă într-o mai mică măsură, și agilitatea celor din Vata. Aceste persoane au o digestie mai puternică și elimină resturile tractului digestiv în mod mai regulat decât cei din Vata-Pitta sau din Vata. Sunt încântați de orice provocare și soluționează problemele cu entuziasm și adesea cu agresivitate.

Tipurile Vata-Pitta și Pitta-Vata ar putea experimenta o tendință spre teamă și furie, emoții negative ale celor două doshe. Dacă ies din echilibru și în condiții de stres, această combinație îi face tensionați, dezorientați și nesiguri. Dacă ar exista un tip de organism ayurvedic care să manifeste comportamentul de tip A, de care cardiologii ne avertizează, acesta ar trebui să fie tipul Pitta-Vata în dezechilibru, cu un ușor iz de Vata-Pitta.

PITTA-KAPHA

Kapha este un element structural atât de puternic, încât își împrumută fizicul masiv, mai greoi, celor din tipologiile cu două doshe, chiar atunci când nu iese primul în evidență. Persoanele din tipologia Pitta-Kapha sunt în general ușor de recunoscut pentru că este evidentă intensitatea Pitta în comportamentul lor și au un trup Kapha solid. Ele sunt mai musculoase decât cei din Pitta-Vata și pot fi chiar masive. Personalitatea lor ar putea demonstra stabilitatea Kapha, dar forța celor din Pitta, alături de tendința spre furie și spiritul critic, este de obicei mult mai evidentă decât seninătatea Kapha. Este un tip de organism deosebit de bun pentru atleți deoarece le conferă energia Pitta, determinarea și celor din Kapha. Acestui tip de organism îi va fi greu să sară peste o masă. Combinația dintre digestia perfectă Pitta și rezistența Kapha dă, în general, o sănătate fizică excelentă.

KAPHA-PITTA

Masivitatea structurală a tipului Kapha va ieși în evidență chiar mai mult în cazul acestui tip. Persoanele de tip Kapha-Pitta au tendința să aibă o musculatură bună, dar cu o proporție mai ridicată de grăsime decât persoanele de tip Pitta-Kapha sau Pitta, prin urmare, să fie mai rotunzi la față și la corp. Tind să se miște mai lent și să fie mai relaxate decât persoanele de tip Pitta-Kapha; plusul de Kapha le dă mai multă rezistență și energie constantă. Se simt perfect dacă fac sport cu regularitate, compensând tendința Kapha spre inerție și apatie, însă sunt mai puțin motivate să fie active decât cele de tip Pitta-Kapha.

VATA-KAPHA

Acestui tip de două doshe îi este destul de dificil să se identifice dincolo de chestionar, deoarece Vata și Kapha au tendința să fie contrarii (ca să nu mai amintim de tendința celor din Vata de a fi indeciși). În mod normal, este evident faptul că o structură fragilă Vata se combină în mod uimitor cu genul relaxat și comportamentul tolerant al celor din Kapha, ceva ce niciun tip Vata pur nu poate manifesta în realitate. Pentru a pune problema într-un alt mod, acestea sunt personalități Kapha care într-un anumit fel nu dobândesc masivitatea fizică. De fapt, pentru că lipsa de uniformitate a tipului Vata domină fizicul, aceste persoane ar putea fi chiar de talie mică.

Spre deosebire de cei din Vata, care sunt în permanență în mișcare, cei de tip Vata-Kapha își proiectează în afară un sentiment al stabilității interioare; ei au tendința să fie calmi, dar pot manifesta reacțiile precipitate ale doshei Vata în condiții de stres. Acest tip de organism are tendința să fie rapid și eficient când acțiunea o cere, însă conștientizează și tendința Kapha de a tot amâna trecerea la fapte. Dorința de a stoca și economisi poate fi și ea prezentă. Întrucât ambele doshe sunt reci, acestor persoane nu le place deloc vremea rece. De asemenea, doshele lor reci le favorizează o digestie neregulată sau leneșă.

KAPHA-VATA

Acest tip este apropiat de Vata-Kapha, dar adesea persoanele au o constituție mai solidă și mișcările le sunt mai greoaie. Kapha îi face să fie calmi și, probabil, mult mai relaxați decât persoanele din Vata-Kapha, fără manifestarea puternică de entuziasm din Vata. Totodată, ei au tendința să fie mai atletici și să aibă o rezistență mai mare. La fel ca și în cazul celor din Vata-Kapha, aceste persoane ar putea să se plângă de probleme digestive și să nu manifeste toleranță la frig.

Să înțelegem tipul de organism cu trei doshe

Se spune că un tip cu trei doshe uneori pornește la drum cu cea mai bună șansă de a rămâne în echilibru, deoarece proporția de Vata, Pitta și Kapha este aproape egală. Nu mai este vorba despre un singur cal puternic care trage întreg atelajul. O adevărată *sama dosha prakruti* (tipul de organism cu doshe echilibrate) va avea tendința să manifeste o bună și îndelungată sănătate, o imunitate ideală și longevitate. Pe de altă parte, este la fel de valabil si faptul că, odată ce se manifestă un dezechilibru, cei din tipul celor trei doshe au un dezavantaj, deoarece trebuie să se preocupe să aducă din nou în echilibru cele trei doshe (nu se poate ca un cal care o ia înainte să oprească întreg atelajul odată ce au pornit cu toții în cursă).

Doshelor le place schimbarea și există atâtea mii de modalități pentru a intra în relație una cu cealaltă, încât este aproape imposibil ca ele să se regăsească în proporții egale la naștere – este ca și cum ai arunca trei monede în sus și ele ar cădea înapoi într-o linie perfect dreaptă. De aceea, este posibil să fiți de fapt un tip de organism cu două doshe. Important nu este să te integrezi într-o anumită categorie, ci să înveți despre tine însuți, iar acest lucru este posibil chiar și atunci când tipul tău de organism pare la prima vedere greu de identificat, așa cum tinde să fie tipul cu trei doshe.

Capitolul 3

Cele trei doshe – creatoarele realității

Atunci când un medic specializat în medicina ayurvedică vă examinează, el vede pretutindeni semne ale celor trei doshe, însă nu și doshele în sine. Doshele sunt invizibile. Ele guvernează procesele fizice din organismul nostru fără să aibă o existență fizică. Le-am denumit „principii metabolice", un termen destul de abstract. Și totuși, doshele sunt suficient de concrete pentru a se putea mișca liber, pentru a crește și a descrește; ele se pot „fixa" în țesuturi și pot ajunge în anumite părți ale corpului unde nu le este locul – de aceea, se află la linia de demarcație între invizibil și perceptibil. Pentru că sălășluiesc în spațiul care desparte mintea de corp, ele nu se aseamănă cu nimic din ceea ce este cuprins în structura științifică occidentală, pe care o cunoaștem în mod tradițional. Vata, Pitta și Kapha ajung să ne preocupe doar odată ce începem să ne percepem pe noi înșine dintr-o perspectivă ayurvedică.

Să învățăm să „vedem" doshele

Imaginați-vă că vă uitați la o imagine color la televizor. Ecranul pare să fie ocupat de oameni, copaci, animale, cer și nori, dar la o cercetare mai detaliată, observăm doar trei tipuri de puncte fosforescente – roșu, verde și albastru –, care se schimbă încontinuu, formând noi imagini. În funcție de cât de aproape ne uităm, putem vedea fie imaginile, fie punctele. Ambele perspective sunt valabile, însă cele trei puncte constituie o perspectivă esențială. Când imaginea se strică, ele sunt cele care trebuie reglate. Vata, Pitta și Kapha sunt cele trei tipuri de „puncte" pe care le vede un medic ayurvedic când vă examinează. Ficatul, rinichii, bătăile inimii, nivelul insulinei etc. sunt tipare formate din interacțiunea în permanentă schimbare a celor trei doshe. Iar reglarea organismului, ca și a imaginii TV, se rezumă la configurarea doshelor în relația lor de continuă schimbare una față de cealaltă.

Felul în care abordați o problemă depinde într-o mare măsură de felul în care o percepeți de la bun început. În acest moment, nu v-ați putea percepe îngrijorarea bolnăvicioasă în termenii unei Vata în dezechilibru sau nervozitatea incontrolabilă în termenii unui exces de Pitta. Dar schimbându-vă puțin atitudinea, ați reuși, iar apoi, prin echilibrarea doshei Vata sau Pitta, aceste probleme ar putea fi mai ușor rezolvate. Chiar și un lucru atât de fizic precum luarea în greutate depinde de influența imperceptibilă, pătrunzătoare a doshelor.

Când mâncați un castron mare de înghețată de ciocolată, ați putea crede că grăsimea pe care o conține este cauza pentru care vă îngrășați. Luat *ad litteram*, acesta este adevărul, însă cauza mai profundă se află în doshele voastre. Pentru început, trebuie să știți că ele determină dacă vă este sau nu foame, precum și dacă înghețata vă atrage mai mult decât morcovii sau țelina. Și, într-o mare măsură, ele mai determină și dacă acele calorii înseamnă grăsime adăugată în corp. Persoanele de tip Vata transformă mai multe calorii în energie și de aceea vor lua mai puțin în greutate după ce au mâncat o înghețată, în comparație cu tipul Kapha, care transformă un procent mai mare din caloriile lor în grăsime.

Fără contribuția doshelor, înghețata nici măcar nu ar ajunge la buzele voastre, cu atât mai puțin în celule. Astfel, caloriile din înghețata de ciocolată joacă doar un rol parțial în ceea ce se întâmplă cu acel aliment. Adevăratul dirijor care vă orchestrează dieta este propria inteligență interioară, care operează dincolo de lumea perceptibilă, la un nivel mai profund decât caloriile. Același lucru este valabil pentru fiecare parte a vieții. Nu țigările sunt cele care generează cancerul de plămâni, ci oamenii care le fumează, care găsesc motivația în obișnuințe (sau dependențe) ce-au fost antrenate în doshe în decursul timpului. Într-un sens foarte real, nu voi sunteți cei care tânjiți după nicotină, ci Vata, prin rolul său de a supraveghea sistemul nervos. Și totuși, când ați luat decizia de a nu mai fuma, *voi* ați făcut-o, uzând de libertatea de a alege, care merge mai departe de doshele voastre.

Medicii ayurvedici sunt instruiți să-și perfecționeze iscusința în privința doshelor pentru a reuși să „vadă" dezechilibrele din cele mai incipiente faze. Una dintre metodele clasice de evaluare a stării doshelor unei persoane este diagnosticarea pulsului. Medicii care au studiat și practicat această tehnică timp de mai mulți ani sunt adesea capabili să perceapă astfel dezechilibrele care nu sunt evidente la o primă analiză obișnuită.

De curând, un *vaidya* (medic ayurvedic) din cadrul Chopra Center evalua starea unui pacient, bărbat, care se prezentase pentru evaluarea stării generale de sănătate. În timpul consultului, bărbatul a negat existența unor probleme de sănătate. Somnul îi era profund, digestia perfectă și eliminarea normală. În afară de stresul obișnuit al unei vieți active, se considera perfect sănătos.

În timpul examenului fizic complet, medicul ayurvedic i-a luat pulsul. După câteva secunde în care i-a palpat încheietura mâinii, l-a întrebat: „De cât timp suferiți de stomatită?". Bărbatului i s-a făcut rău, fiind luat prin surprindere și a răspuns: „Am uitat să menționez că am avut probleme cu ulcerațiile din gură. Este singura problemă de sănătate de care nu am reușit să scap".

Vaidya a mers mai departe și a descris starea doshelor acelui bărbat, explicându-i că dezechilibrele din Pitta, pe care le percepea în puls, arătau posibila recurență a acelei probleme, dacă nu avea să-și schimbe dieta. Și-a încurajat pacientul, explicându-i că trebuie să micșoreze cantitatea de alimente acre și fermentate, inclusiv iaurtul și alcoolul. Iaurtul nu este un aliment bun pentru persoanele de tip Pitta deoarece agravează această dosha, așa cum fac toate alimentele acre sau fermentate. Astfel de erori în dieta unei persoane, combinate cu consumul de alcool și alte influențe provocatoare pentru Pitta, au condus la acest dezechilibru intermitent în cazul pacientului consultat. După standardele occidentale, el era sănătos, exceptând apariția ocazională a bășicuțelor din gură, atât de supărătoare. După standardele ayurvedice, pacientul ignorase un dezechilibru, care mai devreme sau mai târziu avea să se manifeste.

Sfatul de a reduce cantitatea de alimente acre precum iaurtul, brânza maturată, oțetul și roșiile îl putea ajuta să reducă și dezechilibrele care generaseră stomatita. Când vă percepeți chiar voi în termenii doshelor voastre, puteți să vă evaluați rapid și exact starea de sănătate.

Pe lângă faptul că sunt localizate în fiecare celulă, cele trei doshe se găsesc în punctele majore din întregul nostru organism. Fiecare dosha are o locație esențială, cunoscută drept sediul ei, care servește ca punct focal pentru tratament.

Dacă o dosha începe să iasă din starea de echilibru, primul simptom urmează să apară de cele mai multe ori în sediul ei. Gazele intestinale, durerea sau constipația constituie un simptom specific pentru o Vata agravată; o senzație inconfortabilă de arsură sau durere în abdomenul superior indică de multe ori o Pitta agravată; o bronșită, tuse sau răceală indică o Kapha agravată.

Aceasta nu înseamnă că primele simptome ale unui dezechilibru apar întotdeauna în aceste locuri. Un dezechilibru al doshei Vata se poate

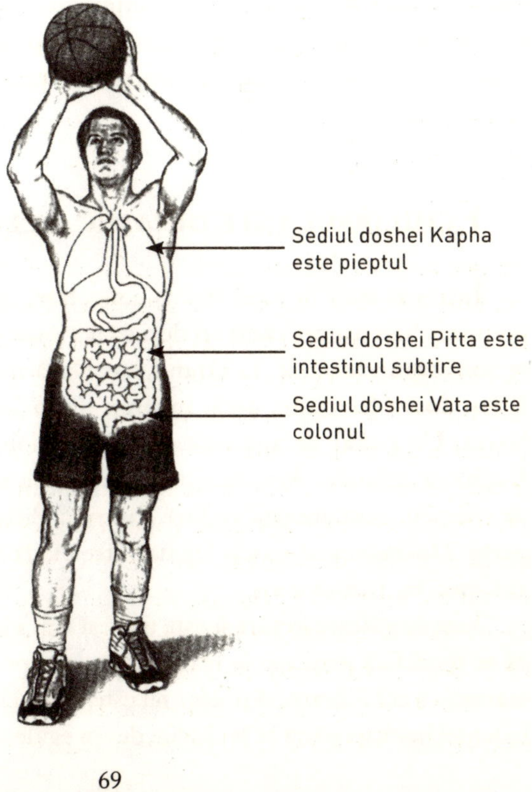

manifesta ca o durere în zona lombară sau crampe menstruale (de remarcat că aceste simptome concentrează atenția asupra zonei dorsale inferioară, în regiunea colonului). Întrucât fiecare dosha este prezentă în oricare parte din organism, dezechilibrul Vata poate și să migreze, manifestându-se și ca o durere de cap, crampă musculară, astm sau alte zeci de simptome posibile.

Atunci când percepem boala ca o problemă de dezechilibru al unei doshe, prevenirea devine mult mai specifică, deoarece fiecare cunoaște punctele forte și pe cele slabe ale tipului său de organism.

Fiecare dosha are o locație principală sau sediu.

Aceste puncte au tendința să fie permanente sau cel puțin de lungă durată. Foarte rar se întâmplă ca o persoană Vata să nu fi suferit de insomnie pe parcursul vieții, iar una de tip Kapha să nu fi învățat de timpuriu că transformă extrem de ușor caloriile în grăsime. Însă ceea ce este cu adevărat important este înțelegerea faptului că orice boală poate fi prevenită nu prin reglarea meticuloasă a doshelor Vata, Pitta sau Kapha, pe rând, ci prin echilibrarea întregului sistem, folosind doshele ca un ghid valoros.

Echilibrul este dinamic – cele 25 de gune

Întrucât sunt în mod strâns conectate, cele trei doshe se mișcă împreună; chiar atunci când credeți că acționați doar asupra uneia, celelalte vor răspunde și ele, la rândul lor. Dacă mâncați un bol de chili iute, Pitta, dosha fierbinte, urcă, în timp ce doshele reci, Vata și Kapha, coboară. Un pahar de apă rece aduce din nou Pitta jos, dar face Vata și Kapha să coboare. Acestea pot fi readuse la nivel consumând o sământă de chimen, însă aceasta va face din nou Pitta să crească, și așa mai departe. Doshele sunt strâns legate între ele la nesfârșit, în fluxul și refluxul specific ființelor vii.

Vata se găsește în vârf și este marcată cu majuscule (vezi figura) pentru că se modifică prima și le trage după ea și pe celelalte două. Aceasta înseamnă că echilibrarea doshelor nu este același lucru cu echilibrarea brațelor balanței justiției până ce lucrurile devin egale, ci se aseamănă mai degrabă

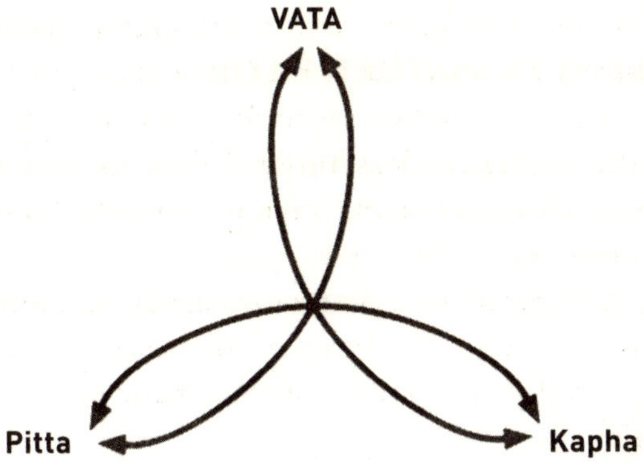

cu reglarea fluxului de imagini de pe ecranul televizorului, așa cum am menționat mai devreme. Cu alte cuvinte, doshele sunt echilibrate când se află într-un echilibru dinamic. Schimbarea și permanența trebuie să fie acceptate în interacțiune. Pentru a ajuta să fie atins acest stadiu, Ayurveda descrie anumite trăsături de bază care se manifestă în natură. Există douăzeci și cinci de *gunas* sau trăsături fundamentale:

VATA	*PITTA*	*KAPHA*
Uscat	Fierbinte	Greu
Mobil	Ascuțit	Rece
Rece	Ușor	Gras
Ușor	Umed	Dulce
Schimbător	Ușor gras	Constant
Fragil	Fluid	Încet
Aspru	Acru-mirositor	Moale
Rapid		Lipicios
(Conduce celelalte doshe)		Șters
		Neted

Aceste gune sunt constante în natură, fie că ne referim la univers în sensul larg, fie la organismul uman, în particular. Inima este rapidă și mobilă – conține Vata. Digestia și metabolismul generează căldură – exprimă Pitta. Membranele mucoaselor sunt lipicioase și moi – exprimă Kapha.

Doshele și trăsăturile lor

Cele douăzeci și cinci de trăsături sau gune reprezintă sursa tuturor caracteristicilor pe care le asociem cu fiecare tip de organism. În continuare sunt prezentate câteva dintre principalele trăsături ale doshelor Vata, Pitta și Kapha, precum și unele dintre caracteristicile specifice pe care le generează.

VATA

Dosha Vata este în mod deosebit:

Rece, având ca efect faptul că ne simțim mâinile și picioarele reci, ne displace clima rece.

Mobilă, efectul fiind o circulație a sângelui bună sau proastă, în funcție de cât de bine este echilibrată această dosha – hipertensiunea este legată de excesul de Vata, la fel cum sunt și aritmiile, spasmele musculare și durerile de spate. Privirea nervoasă, fulgerătoare este un semn de dezechilibru la nivelul Vata.

Rapidă, conducând la multe caracteristici conexe: capacitatea de a culege rapid informații noi, dar care sunt tot atât de repede date uitării; memorie slabă pe termen lung; imaginație bogată, dar vise înfricoșătoare; activitate neobosită; impulsivitate; stări schimbătoare; gânduri precipitate, nelegate; un discurs rapid.

Uscată, având ca rezultat o piele uscată, păr uscat sau lipsit de strălucire, privire ternă și respirație superficială sau transpirație moderată. Pielea poate crăpa foarte ușor, apărând psoriazisul sau eczeme.

Aspră, efectul fiind o piele aspră și un păr cu textura aspră.

PITTA

Dosha Pitta este în mod deosebit:

Fierbinte, rezultatul fiind o piele caldă, tenul îmbujorat, face posibil orice gen de inflamații sau un metabolism superactiv, senzații de arsuri în stomac, ficat, intestine și așa mai departe. Celor de tip Pitta le plac de obicei băuturile sau alimentele reci, care echilibrează propria lor căldură.

Ascuțită, ceea ce conduce la o minte ascuțită, dar și la un discurs acid; aceeași trăsătură se poate manifesta printr-un exces de aciditate în organism și suprasecreție de acizi ai stomacului.

Umedă, putându-se manifesta prin transpirație abundentă – palmele fierbinți, transpirate sunt semne specifice pentru tipul Pitta. Fiind chiar ei guvernați de fierbinte și umed, cei din Pitta au o adevărată aversiune față de vremea umedă din timpul verii.

Acru-mirositoare, generând respirația urât mirositoare, mirosul neplăcut al corpului sau urină și fecale mirositoare, dacă este prezent un exces de Pitta.

KAPHA

Dosha Kapha este în mod deosebit:

Grea, orice tulburare mai grea sugerând un dezechilibru Kapha, fie că este vorba despre obezitate, digestie grea sau un gen greu, apăsător de depresie.

Dulce, ducând la creștere în greutate sau diabet, dacă există un aport prea mare de dulciuri în alimentație.

Constantă, ceea ce face din tipurile Kapha niște persoane statice. Procesele din organism nu evoluează spre extreme; de asemenea, natura constantă a celor din Kapha îi face să nu simtă nevoia de stimulare din afară la fel de mult precum tipurile Pitta sau Vata. Organismul lor nu este influențat de schimbările care ar scoate din starea de echilibru alte tipuri de organisme.

Moale, generând o mare varietate de caracteristici, cum ar fi pielea moale și firul de păr moale, comportamentul echilibrat, o privire blândă și o abordare puțin solicitantă a situațiilor.

Înceată, exprimându-se în mișcările specific lente, fluide ale persoanelor Kapha, precum și printr-un discurs domol și o gândire premeditată.

Uscat, fierbinte și greu sunt cei trei vectori specifici pentru doshe. Când ceva devine uscat, Vata crește, fie că este vorba despre o climă uscată, vântul uscat de toamnă sau alimente uscate (floricele de porumb, grisine, prune uscate). Dacă pielea sau sinusurile devin prea uscate, atunci Vata este în creștere intensă și probabil va ieși din echilibru.

Orice este fierbinte face să crească Pitta. O zi fierbinte de iulie, o baie fierbinte și emoțiile „fierbinți", cum ar fi mânia sau pasiunea sexuală împărtășesc această trăsătură. Dacă simțiți senzația de arsură în orice parte a corpului (stomac, intestine, rect) sau vi se inflamează pielea, înseamnă ca Pitta este în creștere. Pitta nu este la fel de subtilă sau pătrunzătoare precum Vata; în schimb, este agresivă și acută.

Orice devine greu face să crească Kapha. Creșterea în greutate, senzația de greutate în corp sau o zi grea, mohorâtă, toate acestea vor face să se manifeste într-o proporție mai mare Kapha. Dacă somnul va fi mai greu decât de obicei sau când vă treziți vă simțiți confuz, și nu odihnit, atunci este posibil să fie de vină un exces de Kapha. Dintre toate doshele, Kapha este cea mai constantă, cea mai apropiată de forma materială.

Din punctul de vedere al medicinei ayurvedice, sistemele organismului există pentru a echilibra aceste douăzeci și cinci de gune. Fiecare dintre noi trebuie să ne croim drum printr-un univers care echilibrează stările de fierbinte și rece, greu și ușor, moale și tare. Masele de aer cald urmează după fronturile arctice, secetele vin în succesiunea inundațiilor, fluxul e urmat de reflux. Jocul naturii este jocul acestor lucruri. Ayurveda spune că noi înșine suntem o ecologie echilibrată, perechea perfectă a celei din afara noastră – și noi ne mișcăm printre contraste care ne fac să ne simțim ușori sau grei, fierbinți sau reci, constanți sau inconstanți, moi sau tari.

Pe măsură ce veți ajunge să asociați gunele cu o anumită dosha, echilibrul lor dinamic va deveni mai complex. Viața va fi mai interesantă, dar, în același timp, să rămâi în echilibru este mai mult decât o provocare. Este felul în care natura ne modelează individualitatea și ne rafinează simțurile. De exemplu, Pitta este și umedă, și fierbinte, de aceea o vară umedă și calmă este mult mai provocatoare pentru persoanele Pitta decât este căldura uscată. În mod specific, tipul Pitta poate suporta mai ușor căldura deșertului decât umezeala de la tropice. Însă există o semnificație mai profundă.

Cu mai bine de douăzeci de mii de ani în urmă, oamenii din Preistoric au traversat teritoriul care unea pe atunci Alaska de nordul Asiei, migrând peste pământuri întinse, începând din nordul arctic până la Tierra del Fuego, gata să atingă Antarctica. Din același bazin comun de gene provin eschimoșii (care trăiesc aproape exclusiv din grăsimea de balenă, carnea de focă și pește), indienii mexicani (care se hrănesc în principal cu porumb și fasole) și indienii din bazinul Amazonului (a căror hrană de bază o reprezintă animale și plante din pădurea tropicală). ADN-ul tuturor acestor oameni este aproape identic; aceleași celule, organe, enzime și aceiași hormoni sunt puși în mișcare. Însă fiecare dintre aceste populații s-a adaptat singură unui mediu specific – ecologia lor interioară a învățat să se adapteze celei exterioare. Un lucru uimitor în legătură cu eschimoșii, indienii din nordul Mexicului și indienii din bazinul Amazonului este că niciuna dintre aceste populații nu a auzit de vreo boală de inimă.

Vorbim despre un fel de miracol al adaptării naturale, deoarece niciuna dintre aceste populații nu și-a gândit dinainte dieta – ei au mâncat ceea ce le era la îndemână și s-au bizuit pe instinctul organismului de a-și atinge propriul echilibru. Până de curând, să concepi o dietă care să includă grăsime de balenă i-ar fi dat fiori oricui nutriționist, din cauza volumului uriaș de colesterol. Acum, explicăm că această grăsime de balenă conține nou-descoperiții acizi grași Omega-3, despre care se spune că subțiază sângele și previn formarea cheagurilor periculoase din arterele coronariene.

Acest lucru explică fără dubiu de ce eschimoșii reușesc să aibă o rată scăzută de infarcturi, doar 3% din cifra înregistrată în zona continentală a Statelor Unite. Dar oare chiar așa stau lucrurile? Alte populații indigene înrudite cu eschimoșii nu consumă acizi grași Omega-3 și totuși sunt la fel de protejate. Deși trăiesc în lumi diferite, fiecare populație și-a descoperit un echilibru sănătos cu natura, atât în interior, precum și în exterior.

Putem spune același lucru despre noi înșine? Nu există nicio componentă a vieții moderne care să însemne că trebuie să cedăm în fața epidemiei de infarcturi care afectează Statele Unite și aproape orice țară industrializată. Ayurveda susține că avem nevoie pur și simplu să ne modelăm lumea interioară în așa fel încât să se potrivească cu cea din exteriorul nostru, pe care ne-am construit-o pentru noi înșine.

Semnificația supremă a celor douăzeci și cinci de gune este că acestea prelungesc natura umană dincolo de limitele corpului nostru. Fiind un conglomerat de celule, ființa umană se oprește la frontiera impusă de piele; fiind un conglomerat de gune, ea se contopește cu natura într-un întreg. De exemplu, dosha Kapha este rece și umedă, iar într-o zi rece și umedă de decembrie, dezechilibrul Kapha este mult mai posibil. Într-o asemenea zi, oamenii ar putea să devină mai deprimați, ceea ce se și întâmplă. Există un sindrom specific, mult mediatizatul TAS (tulburare afectivă sezonieră), care influențează anumite persoane, ce devin extrem de depresive iarna.

Cauza acestui sindrom, din perspectiva occidentală, este o deficiență de lumină a soarelui, care nu mai atinge glanda pineală, determinând nivele ridicate de hormoni al melatoninei. Cum își dă seama glanda pineală că a sosit iarna rămâne un mister totuși, pentru că ea se află adânc în structura craniului și nu are niciun fel de acces la lumină. Ayurveda se folosește de un principiu simplu pentru a explica TAS: când Kapha este în creștere în exterior, ea crește și în interior. Anumiți semeni de-ai noștri – cei vulnerabili la dezechilibrul Kapha – se vor îmbolnăvi din cauza acestui adaos de Kapha, ceea ce duce la depresie. Cu toții vom fi influențați de această creștere, pentru că fiecare dintre noi are în el Kapha.

În Ayurveda, nu e niciun mister: o scară fluidă de efecte există în fiecare persoană, fie ea sănătoasă sau bolnavă. Provocarea nu este cum să combatem depresia de iarnă, ci cum să nu ne mai afecteze schimbarea anotimpurilor. Natura ne-a oferit această provocare și ne-a dat capacitatea să-i facem față. În fiecare zi, natura ne întreabă: „Ecologia ta este în echilibru?" și trebuie să-i dăm zilnic un răspuns. În final, fie că sunteți sănătos sau bolnav, important este verdictul naturii despre capacitatea voastră de a rămâne în echilibru cu universul, cu jocul neîntrerupt al gunelor. Echilibru înseamnă flexibilitate în fața schimbării; un echilibru perfect înseamnă o flexibilitate perfectă în fața permanentei schimbări.

Cele cinci elemente

Cum își dă seama Ayurveda că Vata este uscată, Pitta fierbinte, iar Kapha grea? Răspunsul este uimitor, întrucât dezvăluie o perspectivă completă și profundă a naturii. Vata, Pitta și Kapha sunt principiile fundamentale ale organismului. În această calitate, ele sunt abstracte, chiar dacă îmbracă o formă materială prin sânge, oase, straturile din interiorul stomacului, bătăile inimii și respirație.

Ideea că tot ceea ce vedem în natură – stele, copaci, lei, trandafiri – este în mod fundamental abstract pare, la prima vedere, stranie. Și totuși, începând de la faimoasa teorie pe care Einstein a pus-o în ecuație, $E = mc^2$, stabilind că materia poate îmbrăca și forma de energie, treptat a început să fie acceptată abstractizarea naturii. Invers, cele mai abstracte concepte din fizică au și o formă fizică. Forța gravitației, care constituie echivalentul occidental pentru guna denumită „grea", este în mod curent dezbătută în termenii particulelor fizice (gravitoni), care pot fi deplasați și stocați precum cărămizile, cel puțin teoretic.

În Occident, ne place să afirmăm că natura se bazează pe două niveluri de abstracție, materia și energia. Energia este mai abstractă decât materia în planul nostru, dar poate încă să se deplaseze dintr-un loc în altul, să crească sau să se diminueze și să fie stocată (așa cum este stocată electricitatea în baterii). În planul ayurvedic, există tot două niveluri de abstracție și tot la fel intră și ele în armonie cu simțurile, deși într-un mod ușor diferit. Un nivel înglobează cele trei doshe; celălalt include un set de principii, denumite „cele cinci elemente".

Aceste cinci elemente au ceva și din materie, și din energie în ele. În ordine, de la cele mai puțin perceptibile până la cele mai evidente, acestea sunt:

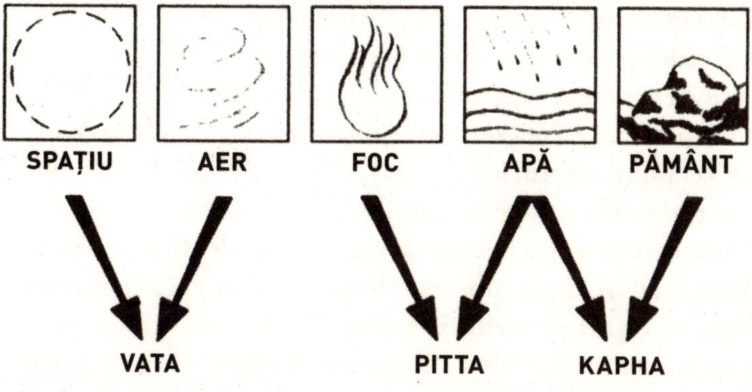

Ele corespund elementelor „reale": pământ, aer, foc, apă și spațiu, însă sunt în același timp abstracte. Dacă veți întreba ce reprezintă cele cinci elemente, un înțelept al Ayurveda nu o să vă îndrume spre vânt, un foc de lemne sau o curgere de apă. Cele cinci elemente sunt un cod de forme de inteligență care construiesc mintea omului și lumea pe care el o percepe cu ajutorul acesteia.

Dacă amestecăm diverse perechi ale celor cinci elemente, ajungem la cele trei doshe:

Vata este compusă din aer și spațiu.

Pitta este compusă din foc și apă.

Kapha este compusă din pământ și apă.

Legătura dintre dezechilibrul Vata și vremea rece, cu vânturi puternice, devine acum mai evidentă, deoarece Vata este dosha „aerisită" și prea mult aer, sub forma vântului, generează prea multă Vata. O persoană Vata se plânge de obicei de gaze în intestine, ceea ce arată că Vata și aerul sunt legate și într-un alt mod. Aerul este subtil, penetrant și ușor, la fel cum este și Vata.

O persoană Pitta simte de obicei că îi este cald, ceea ce arată focul din ea, și s-ar putea să fie predispusă la transpirație, ceea ce indică prezența apei, care se găsește și în Pitta. Focul este agresiv, energetic și mobil, la fel cum este și Pitta.

O persoană Kapha este în mod specific „cu picioarele pe pământ" și predispusă la congestii pulmonare, sinusuri blocate și alte probleme cu mucoasele, care sunt în mod direct legate de prea multă apă. Împreună, apa și pământul se mișcă greoi, un amestec vâscos și jumătate solid, jumătate lichid, le fel cum este și dosha Kapha.

Elementul spațiu, care pare nepotrivit alături de celelalte patru, pe care le puteți vedea și simți, joacă un rol unic în sistemul ayurvedic, pentru că el face posibilă existența sunetului, care are nevoie de spațiu ca să se propage. Sunetul reprezintă esența tuturor celorlalte lucruri, conform Ayurveda. Nu este vorba despre sunetul legat de auz, cum este tunetul, ci de vibrații subtile care rezonează în tăcerea conștientizării noastre. Ayurveda folosește astfel de sunete pentru a însănătoși organismul, deplasând „vibrațiile" sale în diferite moduri, după cum vom discuta în detaliu în continuare.

După ce veți fi petrecut ceva timp folosind acest nou cod, veți descoperi că el este absolut firesc. Toate cele douăzeci și cinci de gune pot fi contactate folosindu-ne de vedere, atingere, gust și de celelalte simțuri. Nu se poate spune același lucru despre enzime, hormoni, neurotransmițători și alte structuri ale medicinei occidentale. Câți oameni cunoașteți care cunosc proprietățile esențiale ale insulinei, de exemplu? Și totuși, în numai o oră puteți învăța cu ușurință care sunt trăsăturile Kapha, dosha cea mai implicată în reglarea insulinei.

Să intrăm și mai mult în detalii – subdoshele

De dragul detalierii, aș dori să amintesc că fiecare dintre cele trei doshe se împarte în cinci subdoshe, care ajută ca diagnosticarea și tratamentul să fie mai exacte. Toate subdoshele au propria lor locație în organism, dând naștere unor tulburări specifice atunci când în aceste locații au loc dezechilibre. Cea mai importantă subdosha din Vata, denumită Prana Vata, este localizată în zona superioară a pieptului și la cap. Ea reglează mișcarea respirației și impulsurile nervoase și, în acest fel, are o influență deosebită asupra fiecărei funcții din organism.

Toate cele trei doshe au câte o subdosha localizată în inimă, unde este o întretăiere importantă de drumuri pentru activitatea fizică și emoțională din organism. O astfel de înțelegere detaliată este esențială pentru cunoașterea pe care o deține un medic ayurvedic; dar opțională pentru pacient. (Pentru o descriere completă a celor cincisprezece subdoshe, vezi paginile de referință de la sfârșitul acestui capitol.) Pentru a vă arăta felul în care își aduc contribuția la o mai bună înțelegere despre doshe toate aceste informații, să aruncăm o privire asupra unui caz din patologia cunoscută de noi.

Ann Holmes avusese dureri la perioada ciclului încă din vremea adolescenței; la maturitate, durerile deveniseră tot mai puternice. Timp de aproape o săptămână în fiecare lună, era vlăguită de puteri din pricina crampelor, vomei și a diareii. Câteva zile înainte de ciclu, devenea nervoasă și se întrista, anticipând ce avea să urmeze; o săptămâna după ciclu era epuizată. Din aceste motive, era incapabilă să muncească aproape două săptămâni pe lună.

Încercase tot ce se putea pentru a rezolva această problemă. Un medic îi recomandase doze uriașe de vitamine. „Pur și simplu, ciclul nu mi-a mai venit“, își amintea ea. „M-am simțit ușurată că scăpasem de dureri, dar nu eram convinsă că acesta era un tratament de vindecare. Când am revenit la medic și i-am povestit, mi-a redus doza de vitamine, dar apoi problema a revenit, aproape la fel de rău ca înainte“.

Timp de aproape doi ani, Ann a continuat să consulte mai mulți specialiști. Un ginecolog îi prescrisese o doză consistentă de Motrin, un analgezic non-narcotic pentru dureri, care i-a ușurat într-o oarecare măsură simptomele. Alți medici erau de opinie că ar fi trebuit să respecte medicația sau să aleagă soluția chirurgicală.

„Durerea se răspândise în abdomenul inferior și în spate. Nu eram capabilă să ridic obiecte grele sau să merg o distanță mai lungă, dar, în același timp, știam că nu eram de acord cu nicio soluție care ar fi implicat histerectomia." Întrucât episoadele anterioare se finalizaseră cu spitalizare, Ann a decis că trebuia să se obişnuiască cu boala şi să fie mulţumită că nu era mereu ţintuită la pat. Totuşi, după câţiva ani în care nu se liniştise, singura perspectivă era intervenţia chirurgicală inevitabilă. În acel moment, a consultat un medic specializat în Ayurveda. Perspectiva pe care i-o propunea acesta era una plină de speranţă.

„Nu a părut deloc uimit când i-am înmânat dosarul cu patologia cazului meu. A interpretat durerile mele în termenii a ceea ce el numea doshe. Am învăţat că dosha Vata era dominantă în tipul meu de organism şi atunci când se instalează un dezechilibru, Vata cauzează în mod frecvent probleme în perioada ciclului. Durerea este în general asociată cu dezechilibrul doshei Vata. Există totodată o subdosha specifică Vata, în cavitatea abdomenului inferior şi zona lombară a spatelui, numită Apana Vata, care conduce la slăbirea muşchilor şi durere în aceste zone. Una peste alta, simptomele mele îi ofereau o imagine clară medicului."

Ann a fost uşurată să audă că boala ei avea o cauză. Faptul că îi lipsise această certitudine contribuise din plin la sentimentul său de confuzie şi vinovăţie. Doctorul ayurvedic i-a propus să renunţe la medicaţie, pentru a readuce Vata în starea de echilibru. Acest lucru însemna o schimbare de dietă, un masaj zilnic cu uleiuri, care punea accentul în mod special pe zona abdomenului, băi călduţe, lapte fierbinte seara şi o atenţie sporită la menţinerea unei rutine regulate. (Dosha Vata răspunde rapid în faţa tuturor acestor măsuri, după cum vom explica în detaliu în următoarele capitole.)

Lui Ann i s-a mai recomandat o anumită plantă care să o ajute să calmeze Vata şi i s-a cerut să revină la centru pentru purificarea fizică periodică, rutină denumită *panchakarma*. Scopul urmărit de aceasta este să elimine reziduurile toxice ale dezechilibrelor anterioare din organism, un pas esenţial pentru oricine a atins etapa confruntării deschise cu boala. Cu excepţia acestei ultime terapii, tot ceea ce i se ceruse lui Ann să urmeze în centru se putea face şi acasă, cu minimum de cheltuială.

Rezultatele tratamentului au fost excelente şi au condus la îmbunătăţirea stării ei de sănătate în timp. „În ziua în care am început tratamentul Ayurveda, luam douăzeci de capsule de 400 mg de Motrin pe zi. După câteva luni, ajunsesem la doar cinci capsule. Am urmat programul prescris şi am revenit pentru panchakarma de două ori pe an. Acum, după trei ani, ciclul meu durează patru zile în loc de o săptămână. Durerea şi disconfortul s-au diminuat atât de mult, încât am renunțat la orice medicație de aproape zece luni.

Este pur și simplu o schimbare radicală să fiu din nou cea dinainte și să am încredere în mine. Mă simt iarăși o persoană normală, fericită, nu o martiră care crede că fiecare lună din viața ei este o chestiune de supraviețuire."

SUBDOSHELE – UN GHID MAI EXACT

Pentru a putea localiza originea unei boli cât mai exact cu putință, un medic specializat în Ayurveda privește dincolo de cele trei doshe, la subdoshele lor. Există cincisprezece subdoshe. Următoarele informații sunt menite să vă ofere înțelegerea mai exactă a felului cum operează de fapt doshele în viața de zi cu zi.

Vata

Vata este conectată la sistemul nervos și, prin urmare, are acces la orice părticică din corpul nostru, însă fiecare dintre cele cinci subdoshe Vata deține o locație anume și are funcția ei. În mod tradițional, Ayurveda le mai denumește „suflurile" corpului sau, cum le-am explicat noi, impulsuri care traversează nervii, mușchii, vasele de sânge, tot ceea ce reprezintă mișcare în corpul uman.

Prana Vata: localizată în creier, cap, piept.

Prana Vata este responsabilă pentru percepție și orice fel de mișcare. La fel ca și creierul, Prana Vata face posibil ca noi să vedem, auzim, atingem, mirosim și să gustăm (dar în mod special, să auzim și să atingem); ea animă capacitatea de a gândi, raționa și simți și dă tonul tuturor emoțiilor, pozitive și negative. Când este în echilibru, ne face să fim vioi, să gândim limpede, să ne extaziem și să fim plini de viață. Tot ea este cea care guvernează ritmul respirației și al înghițitului și este considerată o mișcare în sus, de unde și legătura ei cu funcțiile din zona superioară a corpului uman.

Prana Vata este „liderul" celorlalte patru subdoshe și cel mai important aspect al doshei Vata. Întrucât Vata conduce organismul, ca un întreg, Prana

Vata mai este considerată și cea mai importantă dintre toate subdoshele. Este absolut vital să rămână sănătoasă pentru fiecare funcție din organism.

Dezechilibrul subdoshei Prana Vata este legat de îngrijorare, anxietate, o minte superactivă, insomnii, tulburări neurologice, sughiț, astm și alte afecțiuni respiratorii și dureri de cap intense.

Udana Vata: localizată în gât și plămâni.

Sub aspect fizic, această subdosha controlează procesul vorbirii. Prin centrul vorbirii, care se află în creier, ea este în același timp responsabilă pentru memorie și gândire.

Dezechilibrul subdoshei Udana Vata este legat de tulburări de vorbire, tuse uscată, dureri în gât, amigdalită, dureri de urechi și oboseală generalizată.

Samana Vata: localizată în stomac și intestine.

Această subdosha controlează deplasarea alimentelor de-a lungul tractului digestiv; este responsabilă pentru ritmul peristaltic.

Dezechilibrul subdoshei Samana Vata este legat de o digestie prea înceată sau prea rapidă, gaze, diaree, stomac nervos, asimilarea necorespunzătoare a substanțelor nutritive și formarea unui țesut slăbit.

Apana Vata: localizată în colon și abdomenul inferior.

Această subdosha a mișcării în jos este responsabilă pentru eliminarea resturilor rezultate din procesele din tractul digestiv, precum și de funcția sexuală și menstruație. Una dintre localizările sale, colonul, este considerat sediul principal al doshei Vata și locul unde este foarte probabil să își aibă originea primele semne ale dezechilibrului Vata.

Dezechilibrul subdoshei Apana Vata este legat de constipație, diaree, gaze, crampe intestinale, colită, afecțiuni genito-urinare, tulburări menstruale, inflamație a prostatei, diferite disfuncții sexuale și dureri în zona lombară, inclusiv spasm muscular.

Vyana Vata: localizată prin tot corpul via sistemul nervos, piele și sistemul circulator.

Această subdosha guvernează circulația sub toate aspectele ei, dar în mod special bătăile inimii, dilatarea și constricția vaselor de sânge și circulația periferică. Presiunea sângelui este reglată de Vyana Vata; tot ea este responsabilă pentru transpirație, căscat și senzația de atingere.

Dezechilibrul subdoshei Vyana Vata este legat de presiunea arterială mare, o proastă circulație a sângelui, bătăi neregulate ale inimii și tulburări nervoase legate de stres.

Pitta

Pitta este responsabilă pentru metabolism și corespunde căldurii corpului, precum și digestiei în general. Acuitatea vederii și o gândire pătrunzătoare sunt, de asemenea, funcții ale Pitta. Există cinci subdoshe Pitta, situate în diverse locații din organism.

Pachaka Pitta: localizată în stomac și intestinul subțire.

Sediul doshei Pitta este în intestinul subțire, astfel că acesta devine o importantă subdosha. Pachaka Pitta este vitală prin funcția ei de digerare a alimentelor și separare a substanțelor nutritive de resturile ce urmează a fi eliminate. Ea mai reglează și „căldura" digestiei, făcând-o pe aceasta din urmă mai rapidă sau mai înceată, mai eficientă sau mai slabă. Apariția unui miros neplăcut în timpul eliminării fecalelor sau inabilitatea de a extrage substanțele hrănitoare din dieta zilnică se pot datora unui dezechilibru la acest nivel.

Dezechilibrul subdoshei Pachaka Pitta este legat de arsuri la stomac, aciditate stomacală, ulcer și o digestie neuniformă (fie prea slabă, fie una hiperactivă).

Ranjaka Pitta: localizată în globulele roșii din sânge, ficat și splină.

Procesele complexe implicate în producerea globulelor roșii sănătoase din sânge, echilibrarea chimiei sângelui și distribuirea substanțelor nutritive în fluxul sangvin sunt guvernate de această subdosha. Prezența unui nivel de toxicitate în organism, începând de la alimente necorespunzătoare, aer sau apă poluată, alcool sau țigări, este considerată cauza principală a dezechilibrului Pitta, ce acționează prin Ranjaka Pitta.

Dezechilibrul subdoshei Ranjaka Pitta este legat de icter, anemie, diverse afecțiuni ale sângelui, inflamații ale pielii, mânie și ostilitate.

Sadhaka Pitta: localizată în inimă.

În afară de controlul funcției fizice a inimii, Sadhaka Pitta generează mulțumirea care vine din inimă, cum se spune în mod obișnuit; ea mai este asociată cu o bună memorie. Dacă nu ai inima să faci față provocărilor și să iei decizii importante, înseamnă că această subdosha este slăbită.

Dezechilibrul subdoshei Sadhaka Pitta este legat de bolile de inimă, pierderea memoriei, tulburări emoționale (tristețe, mânie, dureri de inimă) și nehotărâre.

Alochaka Pitta: localizată în ochi.

Vederea este simțul esențial legat de dosha Pitta. Alochaka Pitta este subdosha asociată cu vederea bună sau slabă, în funcție de nivelul său de echilibru. Totodată, ea face legătura între ochi și emoții; atunci când „vezi roșu în fața ochilor", ești „orbit" de furie sau ai o privire mânioasă, Alochaka Pitta s-a agravat. Când este în echilibru, subdosha face ochii strălucitori, luminoși, sănătoși. O privire caldă, mulțumită evidențiază o dosha Pitta foarte sănătoasă.

Dezechilibrul subdoshei Alochaka Pitta este legat de ochi injectați, probleme cu vederea și tot felul de boli ale ochilor.

Bhrajaka Pitta: localizată la nivelul pielii.

Alături de dosha Vata, sensibilitatea noastră față de lumea exterioară, manifestată prin piele, depinde de Pitta, care acționează prin această subdosha. Este tipic Pitta să ai pielea iritată, roșie sau inflamată. Tipurile de organism Pitta se îmbujorează ușor și își exprimă emoțiile prin piele, dezvoltând erupții, furunculi și acnee în condiții de stres. Când este în echilibru, Bharajaka Pitta asigură un aspect radios, care transmite fericire și vitalitate.

Dezechilibrul subdoshei Bhrajaka Pitta este legat de erupții, furuncule, acnee, cancer de piele și orice alt fel de boli ale pielii.

Kapha

Cele cinci subdoshe ale Kapha completează numărul total de cincisprezece subdoshe din organism. Kapha se referă la structură și umezeală. Aceste subdoshe sunt responsabile pentru menținerea țesuturilor și articulațiilor perfect unite și bine lubrifiate; de asemenea, simțurile legate de ceea ce este umed, gustul și mirosul sunt guvernate de Kapha.

Kledaka Kapha: localizată în stomac.

Această subdosha menține umezeala pereților stomacului și este esențială pentru digestie. Stomacul este un loc extrem de important pentru Kapha ca întreg, având în vedere că o consolidare excesivă a acestei doshe apare deseori mai întâi aici. În Ayurveda tradițională, excesul de Kapha este îndepărtat prin vomisment, un obicei care nu se practică în Chopra Center deoarece pune o presiune prea mare asupra organismului. Când este în echilibru, Kledaka Kapha asigură un perete stomacal puternic, suplu și bine lubrifiat.

Dezechilibrul subdoshei Kledaka Kapha este legat de o digestie neechilibrată (de obicei, prea înceată și greoaie).

Avalambaka Kapha: localizată în inimă, piept și zona dorsală inferioară.

Sediul Kapha este în piept, ceea ce face din Avalambaka Kapha o subdosha importantă. Menține puternici pieptul, plămânii și spatele. O rezistență fizică specifică pentru Kapha provine din aceste zone, astfel încât un fizic Kapha pune în evidență de obicei un piept și umeri puternici. Când este în echilibru, Avalambaka Kapha asigură mușchi puternici și protejează inima. Când iese din starea de echilibru, apar probleme, manifestate prin congestia pieptului, dificultăți de respirație, astm și afecțiuni congestive ale inimii, în funcție de gravitatea dezechilibrului. În aceste condiții, tipurile Kapha își pierd energia lor obișnuită și sunt afectate de boală. Fumatul este una dintre cele mai serioase dependențe care afectează această subdosha vitală.

Dezechilibrul subdoshei Avalambaka Kapha este legat de probleme respiratorii de toate tipurile, stare de somnolență și dureri în partea lombară a spatelui.

Bhodaka Kapha: localizată în limbă.

Această subdosha face posibilă percepția gustului. Spre deosebire de medicina occidentală, Ayurveda acordă o mare importanță gustului, considerându-l ghidul pentru nutriție și în același timp pentru efectele medicamentelor. Organismele de tip Kapha reacționează față de lumea exterioară în primul rând prin gust, alături de simțul care îl însoțește, mirosul. În cazul tipurilor Kapha care au abuzat de simțul gustului, mâncatul excesiv devine o problemă. Papilele gustative își pierd sensibilitatea dacă omul mănâncă prea mult sau prea des. Totodată, ele sunt desensibilizate dacă persoana respectivă se concentrează doar asupra câtorva senzații ale gustului. Când dispare gustul, organismul ajunge să fie mult mai predispus altor probleme specifice Kapha, cum ar fi obezitatea, alergiile alimentare, congestionarea membranelor mucoase și diabetul.

Dezechilibrul subdoshei Bhodaka Kapha este legat de dezechilibrul papilelor gustative și al glandelor salivare.

Tarpaka Kapha: localizată în cavitățile sinusurilor, în cap și măduva spinării.

Prin păstrarea umidității nasului, gurii și ochilor, protejăm simțurile acestor organe; menținerea în stare fluidă a măduvei osoase este esențială pentru sistemul nervos central. Toate acestea sunt guvernate de Tarpaka Kapha, care ar trebui să fie fluidă și mobilă. Când este în dezechilibru, această subdosha fie ajunge să se închege, fie este excesiv de fluidă, cele două aspecte ale problemelor tipice pentru sinusuri la tipurile Kapha.

Dezechilibrul subdoshei Tarpaka Kapha este legat de congestia sinusurilor, rinită alergică, dureri de cap în dreptul sinusurilor, dezechilibrul simțului mirosului și estomparea generală a simțurilor.

Shleshaka Kpaha: localizată în articulații.

Prin această subdosha, singura care nu are un loc al ei anume, Kapha lubrifiază fiecare articulație din organism. Cele mai multe dezechilibre Kapha apar în piept, de unde se răspândesc în sus, spre cap. Principala excepție o constituie durerea de articulații, care poate să apară oriunde în organism. Prea multă Vata într-o articulație o usucă, ducând la simptome de artrită; prea multă Pitta încălzește și inflamează o articulație, cauzând simptome reumatice; prea multă Kapha generează slăbirea articulației sau prea mult lichid.

Dezechilibrul subdoshei Shleshaka Kapha este legat de slăbirea articulației, excesul de lichid sau articulație dureroasă și diverse alte boli ale articulațiilor.

Capitolul 4

O copie exactă după natură

Dacă ați rămas vreodată blocat într-un aeroport, ați remarcat poate felul în care reacționează cei din jur. Unii sunt neliniștiți și se agită, încercând să găsească un zbor care să-i ducă mai departe, exprimând în acest fel o tendință Vata spre anxietate și nerăbdare. Alții fierb de furie, acuzând liniile aeriene de incompetență și solicitând mânioși să beneficieze de serviciul plătit, biletele de zbor, exprimând în acest fel o tendință Pitta spre furie și spirit critic. Și totuși, alții vor sta liniștiți pe scaunele lor, fără să se miște, exprimând în acest fel o tendință Kapha spre resemnare și imobilitate.

Să te simți neliniștit, furios sau resemnat este mai mult decât o stare de spirit. Fiecare tip de organism consideră că reacția lui este firească; doshele colorează situația și oferă o versiune convingătoare a realității. Încercați să determinați un tip de organism Vata neliniștit să acționeze cu răbdare și veți afla repede cât de convingătoare este perspectiva acestui Vata asupra lumii din afară.

Cu siguranță, aceste stereotipuri au limitele lor. Oricare dintre noi are ceva din Pitta; sub o oarecare presiune, ea va izbucni și se va transforma în furie. În mod similar, teama nu este limitată pentru tipurile Vata în dezechilibru și nici nu este o trăsătură exclusivă a celor din Kapha. Cu toate acestea, tendințele noastre înnăscute vor ieși la suprafață în timp, pentru că acesta este modul în care natura ne-a modelat. Doshele furnizează atât de multe informații, încât este într-adevăr mult prea limitat să ne imaginăm că putem să ne încadrăm într-o tipologie de organism de tip ayurvedic. Este vorba despre un tip de sistem minte-corp. Să fii în permanentă activitate mentală se aseamănă cu modul în care Vata este în permanentă mișcare din punct de vedere fizic; să suferi de erupții ale pielii sau să faci dovada unui comportament intempestiv este specific tipului Pitta; să ajungi încet la o concluzie sau să începi o nouă zi târziu este specific tipului Kapha.

Luate împreună, doshele exprimă natura voastră, ca un întreg. Așadar, Ayurveda folosește cuvântul sanscrit pentru a o desemna, *prakruti*, descriind astfel modul în care este constituită fiecare persoană începând de la naștere. În loc să spuneți: „Tipul meu de organism este Vata", puteți să înlocuiți această formulare cu: „Am prakruti Vata" – cele două exprimări sunt interschimbabile. După ce am prezentat această sintagmă în urmă cu câteva capitole, doresc acum să arăt felul în care, prin respectarea prakruti care vă caracterizează, puteți construi în cel mai potrivit mod planul prin care să atingeți un echilibru perfect.

SĂ NE RESPECTĂM PROPRIUL TIP DE ORGANISM

Ajungând la vârsta adultă, cei mai mulți dintre noi înțelegem care sunt tendințele esențiale ale organismului nostru, dar acest lucru nu înseamnă că le și putem pune în valoare cât mai bine cu putință. Nici pe departe. Adesea oamenii se plâng în viață de lucrul acesta. Odată ce au fost sădite semințele depresiei, obezității, insomniei sau ale altor probleme cronice, acestea par să crească în noi fără să țină seama de faptul că *nu* ne dorim să fim depresivi, obezi sau să avem insomnii. Aceste probleme se dezvoltă independent de prakruti al nostru, și dacă nu sunt smulse din noi la acest nivel fundamental, ele vor continua să-și extindă influența, ca niște ierburi otrăvitoare care năpădesc florile dintr-o grădină.

Totuși, haideți să nu gândim în termenii simptomelor. Fiecare dintre noi trebuie să își respecte prakruti pentru a-și face viața mai bună, să ajungă la o stare de sănătate mai bună. Aceasta este una dintre primele lecții pe care trebuie să le învățăm pentru a înțelege cum să devenim o persoană echilibrată. Dacă nu o vom învăța niciodată, cu greu vor putea fi atinse aspirații mai înalte.

Bobby Thomas fusese diagnosticat ca un tip de organism pur Vata, ceea ce se potrivea cu siguranță cu structura sa fragilă și personalitatea sa optimistă, extravertită. Bobby este genul de om care împarte câte un zâmbet fiecărei persoane pe care o întâlnește. Fiind rapid și receptiv, se gândise că i-ar fi fost mai ușor să supraviețuiască în colegiu servind la mese, însă solicitările tot mai mari legate de munca într-un restaurant aglomerat îi dezechilibraseră Vata, făcându-l să se simtă obosit și nefericit.

Bobby se uita la ceilalți chelneri, care păreau că se potrivesc cu acel mediu, sau cel puțin nu considerau că munca lor ar fi fost mai stresantă decât alta. „Ce se întâmplă cu mine?", se întreba el. Se gândise să muncească mai mult, însă tactica eșuase lamentabil. Începuse să doarmă prost. Își pierduse apetitul și începuse să piardă în greutate. În numai câteva luni, se plângea deja de tot felul de dureri și probleme care păreau să nu aibă o cauză fizică.

Bobby a venit la Chopra Center cu gândul că avea nevoie de tranchilizante, și probabil că le-ar fi obținut destul de ușor de la cei mai mulți dintre medici, deoarece părea anxios și incapabil să se echilibreze. Totuși, după o examinare mai atentă, medicul lui ayurvedic îi spusese: „Din tot ceea ce mi-ați spus, nu reiese că ați fi cu adevărat bolnav". Bobby îl privise cu surprindere, ofensat chiar. Cum adică, simptomele lui nu erau la fel de reale ca ale oricărei alte persoane? I s-a explicat că experiența pe care o trăia el era un caz clasic de Vata agravată. În medicina occidentală, fiecare dintre problemele pe care le acuza ar fi fost fără echivoc etichetată cu titlul unui capitol de carte de specialitate, cum ar fi „insomnie", „anxietate", „dureri de spate" și așa mai departe. Însă dacă vom căuta cauza acestor semne de suferință, un singur lucru le generase – dezechilibrul fundamental, care ieșise la iveală în diferite moduri.

Din fericire, să tratezi Vata este mult mai ușor decât să încerci să tratezi cinci sau șase simptome. În cazul lui Bobby, nu am fost nevoiți să apelăm la medicină, pentru că diagnosticul în sine era suficient. În loc să-i fie prescrisă o medicație care i-ar fi mascat adevărata problemă, noi i-am sugerat pur și simplu să-și asculte organismul și că tipul lui de organism nu era potrivit pentru munca pe care o făcea. A fost încurajat să își găsească o slujbă care i-ar fi făcut fericită Vata, în loc s-o aducă la disperare. Orice ar fi făcut, Bobby nu se putea adapta la zgomot, aglomerație și activitate neîntreruptă, pentru că Vata nu putea să le tolereze.

Ce i-ar conveni, de fapt, acestei doshe? Ceva mai multă liniște și pace, cu siguranță. Bobby ar fi fost mai fericit dacă s-ar fi pregătit pentru a deveni bucătar și ar fi lucrat în bucătăria restaurantului, atunci când acest loc ar fi fost mai liniștit. Creativitatea este un alt aspect care îi face pe cei din Vata să înflorească. Un job care să le satisfacă această latură mai profundă a firii lor le-ar aduce mult mai multe satisfacții pe termen lung. Mai mult, munca la bucătărie putea fi potrivită pentru Bobby, dar tot atât de potrivite ar putea fi actoria, designul sau alte activități în care și-ar pune în valoare propria personalitate. Bobby ne-a ascultat sfatul. De îndată ce a renunțat la slujba de la restaurant și s-a odihnit puțin, cele mai grave simptome au dispărut. În câteva luni, s-a îndreptat spre un nou job, de data aceasta în design grafic, și nu a mai revenit la centrul nostru cu niciun fel de probleme.

Dacă vă faceți doshele fericite, veți fi chiar voi fericiți. Acesta este *adevăratul* secret pentru echilibrarea întregului sistem minte-corp. Ca să vă puteți respecta propriul tip de organism, trebuie să aveți încredere că nevoile lui sunt benefice pentru voi. Să-i recomandăm lui Bobby să-și caute un nou job era în concordanță cu ceea ce-i spunea deja propriul său organism. Nimeni nu poate fi fericit sau sănătos într-o stare de dezechilibru, pentru că este pur și simplu nefiresc.

Așa cum te-a creat natura

Asemenea doshelor, prakruti este o lamă cu două tăișuri. Te poți simți prins în el ca într-o capcană sau poți învăța de la el și să beneficiezi de ceea ce propriul tău organism încearcă să-ți spună. O fire Pitta ar putea să te predispună la ostilitate, iar o fire Vata, la organe interne iritabile, dar nimic nu te împinge să îmbrățișezi stilul de viață stresant care-i inflamează pe cei din Pitta sau îi aduce pe cei din Vata la extenuare, generând astfel probleme. Să înveți să-ți cunoști doshele este un exemplu elocvent pentru felul în care îți poți descoperi libertatea între limitele propriei tale naturi.

Pentru că așa te-ai născut, tipul tău de organism nu se poate schimba. Pe de altă parte, doshele sunt într-un flux permanent. De fiecare dată când admiri o creastă de munte, mănânci un cartof prăjit, asculți un acord din muzica lui Mozart sau duci la bun sfârșit un gând sau o acțiune, doshele tale se schimbă. O persoană a cărei inimă bate rapid are de fapt o puternică reacție Vata, indiferent care este natura sa fundamentală. *Indiferent care ar fi prakruti al tău, încearcă să folosești din plin cele trei doshe cu care te-ai născut.* Pentru a fi perfect sănătos, fiecare trebuie să experimenteze și să exprime tot ce este mai bun în fiecare dintre aceste doshe – aceasta înseamnă să devii o persoană echilibrată.

Trăsăturile psihologice pozitive ale fiecărei doshe includ următoarele:

Vata – ingenios, sensibil, spontan, optimist, binedispus

Pitta – intelectual, încrezător, întreprinzător, vesel

Kapha – calm, înțelegător, curajos, tolerant, iubitor

De câte ori întâlniți o persoană care are din plin aceste trăsături, sunteți, cu siguranță, impresionat. O asemenea persoană a acceptat să primească cel mai de preț dar al naturii – echilibrul perfect. Oricât de rar ar fi, echilibrul perfect nu este însă ceva ieșit din comun; fiecare dintre noi poate să-l atingă.

Fiecare tip de organism este înzestrat cu o paletă largă de posibilități. Din nefericire, cu toții avem tendința să ne raportăm la o normă, ceea ce generează un sentiment de insuficiență când nu ne putem ridica la standardele pe care considerăm că trebuie să le atingem. O astfel de conformitate nu face parte din planul naturii. Să luăm în discuție următorul exemplu. Greutatea corporală este un subiect sensibil. Fiecare își dorește să-și mențină o greutate ideală, însă milioane de oameni fac eforturi zadarnice. Scepticii arată cu degetul înspre societatea noastră, obsedată de siluete filiforme cu orice preț; îndeosebi femeile sunt cele care se simt anxioase și inutile dacă nu reușesc să arate de parcă tocmai au coborât din paginile unei reviste. (Preocuparea actuală pentru gestionarea greutății a adăugat ceva mai multă masă musculară idealului de constituție feminină, dar, în același timp, a diminuat procentul acceptabil de grăsime, ducându-l tot mai aproape de zero.)

Ayurveda a fost cea care a susținut că problema nu constă în fixația noastră pentru o siluetă perfectă, ci în ignorarea designului creat de natură. În virtutea naturii sale, o femeie Vata va fi subțire, iar o femeie Kapha, solidă sau chiar plină. Ceea ce le dă ambelor tipuri un farmec de neegalat se află la un nivel mult mai profund. Persoanele Vata sunt fermecătoare, pline de viață și transmit emoții puternice – ele comunică un sentiment firesc de voie bună. Persoanele Kapha s-ar putea să nu fie înzestrate cu un trup subțire, mlădios, însă posedă o frumusețe aparte – sunt calme, cu ochi mari, blânzi, un comportament plăcut și o fizionomie clar conturată și delicată. În ochii unui medic ayurvedic, acesta este tipul ideal, întruchipând deopotrivă sănătatea și frumusețea. Persoanele Pitta, care se apropie cel mai mult de concepția noastră occidentală actuală cu privire la tipul ideal din punct de vedere fizic, acela de a avea o constituție medie și bine proporționată, posedă la rândul lor calitatea de a se autocontrola, care le face atractive pentru ceilalți. În acest fel, fiecare dosha asigură un ideal care este la fel de valoros în ochii naturii; ar trebui să fie la fel de valoros și în ochii noștri.

Uneori, oamenii cred că „echilibrarea doshelor" înseamnă să deții proporții egale de Vata, Pitta și Kapha. Este o concepție greșită, căci nu putem schimba proporția doshelor cu care ne-am născut. Ceea ce putem face însă este să descoperim echilibrul potrivit pentru fiecare dosha din noi. Doshele operează pe o balanță care glisează în permanență, având prea mult sau prea puțin la fiecare capăt al ei și un punct de echilibru la mijloc:

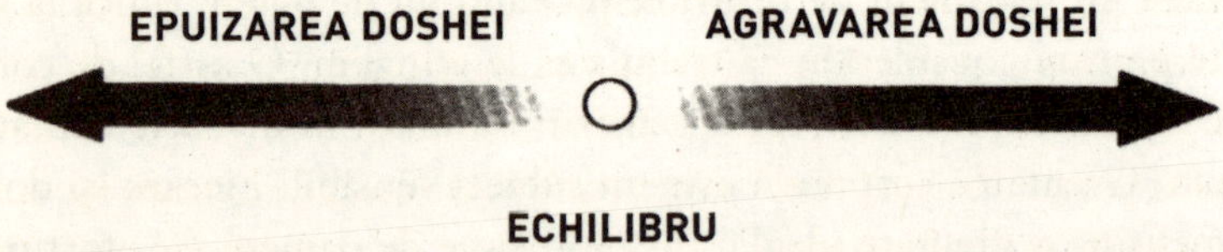

Ayurveda ne învață să stăm cât se poate de aproape de punctul de echilibru. Asta nu înseamnă că trebuie ne concentrăm în mod special pentru a reuși, căci organismul nostru își menține echilibrul urmându-și procesele sale firești. Dar, având în vedere că doshele sunt atât de receptive la obiceiurile voastre, ar trebui să învățați cum să le opriți să iasă din starea de echilibru.

A devenit o obișnuință să gândim mai degrabă în termenii agravării unei doshe în loc de cei ai epuizării ei, și asta deoarece dacă ești un tip de organism Vata, Pitta sau Kapha, acest lucru înseamnă că deja deții o proporție suficientă din acea dosha. Scopul tău nu este să adaugi mai mult (să agravezi dosha), pentru că acest lucru ar conduce la un dezechilibru. Unei persoane Vata care a dezvoltat o digestie slabă i s-ar putea pune diagnosticul de Pitta epuizată, însă din motive practice, este tratată ca și cum ar avea Vata agravată, cea mai probabilă cauză a problemei.

Dacă o dosha iese din starea de echilibru, veți observa în mod specific următoarele simptome fizice:

Vata este în dezechilibru când se înregistrează o durere, spasme, crampe, frisoane sau o șubrezire a sănătății organismului.

Pitta este în dezechilibru când apar inflamații, febră, senzația exagerată de foame sau sete, arsuri la stomac sau pusee de febră.

Kapha este în dezechilibru când apar congestii, scurgeri de mucoasă, senzația de apăsare, retenție de lichide, stare de somnolență sau apatie.

Aceste repere simple vă pot ajuta când vă confruntați cu simptome de boală inexplicabile (o descriere mai detaliată a modului cum trebuie remarcate dezechilibrele este oferită la sfârșitul acestui capitol). Ar trebui să subliniem faptul că aceste puncte de reper nu sunt un substitut pentru o școală de medicină; un doctor ayurvedic, asemenea colegului său occidental, își dedică o viață întreagă pentru a învăța să diagnosticheze tulburările de toate genurile. Orice dosha poate da naștere unui simptom. Constipația, un semn tipic pentru dezechilibrul Vata, poate să fie datorată în unele cazuri doshei Pitta sau Kapha; același lucru este valabil pentru oricare alt simptom specific. Dacă sunteți foarte bolnav, aveți nevoie de o opinie profesionistă în legătură cu boala de care suferiți.

Când simptomele se transformă în boli cronice, diagnosticele care se bazează pe tipurile de organism continuă să fie utile. Persoanele Vata, Pitta și Kapha tind să fie predispuse la diferite tulburări, atât fizice, precum și mentale.

Tipurile Vata sunt predispuse la insomnie, constipație cronică, stomac nervos, anxietate și depresie, spasme sau crampe musculare, SPM (sindrom premenstrual), colon iritabil, durere cronică, presiune arterială și artrită.

Tipurile Pitta sunt predispuse la erupții cutanate, acnee, arsuri la stomac, ulcer la stomac, calviție timpurie și încărunțire prematură, vedere slabă, ostilitate, autocritică și infarcturi legate de stres (comportamentul de tip A).

Tipurile Kapha sunt predispuse la obezitate, sinusuri congestionate, răceli pulmonare, articulații dureroase, astm și/sau alergii, depresie, diabet, colesterol ridicat și tendința cronică de a trândăvi în pat până târziu dimineața.

Acest tablou evidențiază doar felul în care stau lucrurile. Nu există o relație simplă de tip unu-la-unu între o boală și un tip de organism. Să fii Vata nu înseamnă că natura te-a pedepsit să ai artrită și nici că, fiind o persoană Pitta sau Kapha, ești automat protejat de această afecțiune. Boala este individuală și depinde de tiparul general al vieții tale, de tipul de organism de care te servești pentru că știi că are o influență importantă și nu este o cauză.

De asemenea, afecțiunile majore, cum ar fi bolile de inimă și cancerul, sunt rezultatul mai multor doshe care au ajuns să fie în dezechilibru. Odată ce o dosha este tulburată, și celelalte o vor urma, asta numai dacă echilibrul nu este între timp restabilit. Deși diferite ca severitate, răcelile și astmul sunt legate între ele în Ayurveda deoarece adesea ele implică ieșirea din echilibru a doshei Vata, urmată și de agravarea doshei Kapha. Dacă știm dosha care conduce de obicei grupul (de obicei este Vata), putem corecta dezechilibrul cât mai curând posibil. Când vedeți o persoană mânioasă și neliniștită în același timp, o combinație specifică pentru situațiile cu stres ridicat, vă puteți da ușor seama că Vata a trecut dincolo de starea de echilibru și o duce și pe Pitta după ea.

Veți remarca faptul că unele dintre simptomele unei doshe în dezechilibru sunt mentale. Acesta este un aspect important. *Mintea voastră detectează prima dezechilibrele din organism.* Având în vedere că un organism echilibrat conduce la o minte ascuțită, limpede, sensibilă și fericită, absența acestui echilibru conduce la slăbirea acestor trăsături. Când se întâmplă asta, ceva s-a întâmplat cu o dosha. Conform standardelor acceptate de societatea noastră, poți fi normal fără să fii fericit. Și totuși, Ayurveda consideră că nu acesta este standardul de sănătate al naturii; nefericirea arată că trebuie luate măsuri astăzi pentru a evita boala de mâine.

Cauza ascunsă a unei boli

De curând, am consultat o persoană de sex feminin care suferise o mastectomie din cauza cancerului la sân; operația se încheiase cu succes și se considera că este în afara oricărui pericol. Totuși, o complicație avea să urmeze. Se întorsese la chirurgul ei în repetate rânduri, plângându-se de dureri. „Nu găsesc nimic în neregulă“, spunea acesta. „Dar, doctore, simt în permanență această durere“, insista ea. „Din punct de vedere medical, durerea dumneavoastră nu există.“

Simțindu-se extrem de frustrată, doamna în cauză a fost sfătuită de o prietenă să meargă la o consultație de medicină ayurvedică. La examinare, s-a constatat că era un tip Kapha, ceea ce de obicei presupune o sănătate de invidiat. Însă traumele la care fusese supus organismul ei în timpul bolii provocaseră un dezechilibru major al doshei Vata. Antecedentele ei medicale arătau că încă din momentul intervenției chirurgicale se plânsese în repetate rânduri medicilor, nu numai în ceea ce privește durere, dar și imposibilitatea de a dormi bine. Profilul ei de simptome Vata era foarte clar, în special dacă ne gândim că orice tăietură, cum ar fi o operație majoră, agravează în mod dramatic această dosha.

I s-a explicat că, deși medicii au obiceiul să caute cauze fizice majore în spatele oricărei dureri, sunt numeroși pacienți în starea ei care reacționează la durerea generată de Vata în dezechilibru. Deși este legată de organism, Vata este o parte distinctă, mai subtilă, care aparține întregului sistem minte-corp.

A fost supusă unui program de echilibrare a doshei ei Vata – lucru ce ar trebui aplicat în cazul oricărui pacient în stare postoperatorie –, care a inclus o dietă specială, odihnă și meditație. În scurt timp, durerea ei a slăbit în intensitate până la limite tolerabile, insomnia a dispărut, la fel ca și anxietatea permanentă. Un sceptic ar putea argumenta că aici operase „durerea-fantomă", un fenomen misterios care se poate constata adesea în cazul persoanelor cărora li s-a amputat un membru. Însă experiența subiectivă a durerii este de fapt tot ceea ce contează, nu numele care i se dă. Faptul că ne folosim de doshe pentru a explora un nou palier al realității se dovedește extrem de util în înțelegerea unor afecțiuni altfel inexplicabile.

Un exemplu elocvent îl reprezintă ulcerul peptic. Există dovezi recente că, în marea majoritate a cazurilor, prezența unor bacterii denumite *Helicobacter pylori* este asociată cu ulcerul de stomac. Eradicarea acestui germen cu antibiotice vindecă ulcerul în peste 90% dintre cazuri. Prin urmare, modelul medical actual consideră formele de ulcer de stomac ca fiind o boală infecțioasă.

Lucrurile ar fi foarte simple, doar că aproape jumătate din populația lumii găzduiește în tractul digestiv *Helicobacter pylori*, însă doar 10%-20% fac ulcer peptic. Așadar, trebuie să ne întrebăm de ce cei mai mulți dintre purtătorii acestei bacterii nu ajung să facă ulcer. Dintr-o perspectivă ayurvedică, răspunsul este că indivizii reacționează în mod diferit la provocările din mediu, în funcție de doshele lor.

Conform principiilor Ayurveda, victima tipică a unui ulcer de stomac este un caz specific de dezechilibru al doshei Pitta. Când analizați o stare de agravare a doshei Pitta, descoperiți aceeași constelație de simptome care afectează un pacient suferind de ulcer.

Simptomele unui dezechilibru al doshei Pitta:

- Inflamarea tractului digestiv
- Exces de suc gastric
- Mânie, ostilitate, tensiune
- Senzații de arsură în tractul digestiv
- Aciditate excesivă în organism

Putem parcurge această listă ca pe un ghid specific pentru simptomele care conduc la ulcer, dar ea este în realitate un ghid pentru ceea ce se întâmplă înainte de apariția acestuia. Pentru că doshele pot fi mai mult sau mai puțin dezechilibrate, un dezechilibru al doshei Pitta nu garantează că un ulcer peptic este pe cale să se manifeste. Cu toate acestea, la persoanele care sunt naturi puternice Pitta, ulcerul este ceva de care se plâng în mod obișnuit, probabil din cauză că modul în care fac față stresului duce la schimbări în secreția acidului gastric din stomac și la slăbirea sistemului imunitar. Prevenirea dezechilibrelor Pitta în primul rând prin dieta ayurvedică, exerciții fizice, meditație și altele poate ajuta la menținerea măsurilor de apărare a sănătății, necesare pentru a evita un ulcer.

Să nu uităm un aspect foarte sensibil. Să participi la o boală nu înseamnă să o declanșezi. Dacă ieși afară în frig fără căciulă și haină, este posibil să răcești. Dacă se întâmplă așa, acțiunile tale nechibzuite au jucat un rol, chiar dacă un microbiolog ar fi îndreptățit să afirme că nu dumneavoastră ați fost *cauza* răcelii – ci un virus. În Ayurveda, o responsabilitate mai mare apasă pe umerii voștri, pe capacitatea voastră de a învăța cum este dosha voastră. Nu vreau să sugerez că „atunci când se ajunge acolo, dumneavoastră sunteți cauza care a generat apariția cancerului, a atacului de inimă, a SIDA". Dar am convingerea că nu puteți fi separat de aceste boli; de fapt, tocmai faptul că suntem un participant activ ne salvează de la a deveni victime neajutorate.

În Ayurveda, nu prea obișnuim să vorbim despre microbi, de care se ocupă atât de bine medicina occidentală existentă. Mai puține se știu însă despre „formele de apărare ale gazdei". Aici este locul pentru care cunoașterea propriilor doshe se dovedește fundamentală. Dacă vă expuneți singur în mod direct virusurilor, aveți doar o șansă din opt de a răci. De ce?

Pentru că starea voastră internă de echilibru este factorul decisiv. Faptul că vă mențineți doshele sănătoase face diferența.

În următoarele pagini veți descoperi o descriere detaliată a stării de dezechilibru, pentru fiecare dosha în parte. Apoi, în capitolul 5, vom explora tehnicile ayurvedice pentru reinstaurarea echilibrului în cel mai firesc și confortabil mod.

CUM AJUNG DOSHELE SĂ FIE ÎN DEZECHILIBRU

Dosha cu cele mai mari șanse să iasă din starea de echilibru este cea care domină tipul vostru de organism, ceea ce înseamnă că persoanele Vata ar trebui să fie atente în legătură cu agravarea doshei lor Vata, cele Pitta cu dosha lor Pitta și așa mai departe. Dacă sunteți din tipul celor două doshe, este posibil ca ambele doshe să genereze probleme. Totuși, în fiecare dintre noi, cea mai activă dosha este întotdeauna Vata. Dezechilibrul ei conduce la majoritatea problemelor pe termen scurt, îndeosebi dacă acestea sunt legate de stres. (Vezi Capitolul 5, „Reinstaurarea echilibrului", pentru a afla mai multe despre rolul pe care îl joacă Vata ca „rege" al doshelor.)

Semnele specifice ale dezechilibrului doshelor sunt analizate în continuare, alături de unele dintre afecțiunile cele mai comune pe care le declanșează.

Vata în dezechilibru

Prin însăși natura ei, o persoană de tip Vata este binedispusă, entuziastă și optimistă în fața provocărilor de zi cu zi ale vieții. Dacă sunteți de tip Vata și dețineți aceste trăsături, este foarte probabil să vă aflați în echilibru. Totuși, este de netăgăduit că persoanele din Vata nu se bucură în general de o sănătate de nezdruncinat. În copilărie sau adolescență, au avut diverse probleme de sănătate: dureri inexplicabile, insomnii sporadice sau o tendință accentuată de îngrijorare și nervozitate.

În timp, dacă aceste prime semne nu sunt luate în considerare, persoanele din Vata devin cei mai obișnuiți vizitatori ai cabinetelor medicale, care așteaptă la rând să-și ridice rețetele pentru somnifere, tranchilizante și analgezice. Se poate spune că este justificată afirmația conform căreia cea mai comună maladie în America astăzi este agravarea doshei Vata. Și nu trebuie blamat doar stilul de viață american; Ayurveda susține că dosha Vata este cea care generează de două ori mai multe probleme în comparație cu Pitta, iar Pitta de două ori mai multe decât Kapha. Tipul Vata acuză de obicei dureri de cap, dureri de spate, insomnie, crampe menstruale și anxietate într-o fază ușoară sau depresie, acestea fiind considerate de mulți medici simptome ale „îngrijorării de bine". Și totuși, sunt probleme reale, persistente, care trebuie soluționate aducând Vata înapoi în echilibru.

Alte situații comune în viața de zi cu zi evidențiază o imagine a doshei Vata în dezechilibru clasic. Una dintre ele ne înfățișează la vârsta senectuții, o perioadă când Vata crește în organismul fiecăruia dintre noi. Dacă îmbătrânim urât, pot fi scoase în evidență cele mai rele semne de agravare a doshei Vata: persoana în cauză este o apariție zbârcită într-un înveliș de piele și oase; nu se mai bucură să mănânce și întâmpină dificultăți în digerarea alimentelor; mintea nu-i mai este limpede și începe să uite; stă trează ore lungi în noapte fără să mai poată dormi. Toate acestea nu sunt generate de Vata, ci de un dezechilibru al doshei Vata și, prin urmare, pot fi prevenite.

O altă situație este cea cauzată de durerea pierderii cuiva drag. Persoanele care au trăit această durere profundă pot deveni indiferente și apatice, refuză să se mai hrănească și nu se mai bucură de nimic în viață. Este ca și cum șocul pierderii iremediabile i-a transformat și pe ei în ceva lipsit de viață. Întrucât Vata controlează sistemul nervos, este vorba despre un dezechilibru al său. Durerea, un șoc subit, oboseala în urma unei asemenea bătălii sau teama acută epuizează dosha Vata și îi slăbește capacitatea de a înregistra percepțiile. Prima fază a acestui proces este de obicei marcată de plâns, de un comportament agitat, tremur, avalanșă de gânduri și lipsa somnului. Totuși, dacă stresul este îndeajuns de mare sau prelungit, rezultatul inevitabil este prăbușirea doshei Vata, ceea ce duce la apatie totală și lipsă de reacție.

De ce s-a întâmplat?

Dacă începeți să vă simțiți rău și cauza o constituie dezechilibrul doshei Vata, în mod firesc există o cauză care se precipită să se manifeste și care trebuie identificată și corectată. Fiind un tip de organism Vata înnăscut sau având un puternic profil Vata în constituție este fără îndoială un factor major de predispoziție. Pe de altă parte, este nevoie de un model de comportament pentru a reuși să scoți din starea ei de echilibru această dosha. Prezentăm în continuare câteva dintre cele mai tipice tipare care trebuie avute în vedere pentru a evita dezechilibrul doshei Vata:

- Ați fost de curând în stare de stres și ați reacționat față de această situație prin anxietate.
- V-ați extenuat fizic sau ați trecut printr-o perioadă de presiune mentală și surmenaj.
- Sunteți într-un stadiu avansat de dependență față de alcool, droguri sau țigări.
- S-a petrecut o schimbare bruscă în existența voastră sau se trece la un alt anotimp.
- Dieta voastră include o mare cantitate de alimente reci, nepreparate termic sau uscate, inclusiv băuturi reci; sau consumați alimente cu gust amărui, condimentate sau astringente. (Gusturile amar și astringent sunt prezente în principal în salate, fasole uscată, cartof și legumele verzi cu frunze.)
- Ați ținut o dietă strictă sau aveți obiceiul să săriți peste mese. Când nu mâncați nimic toată ziua și ignorați semnalele de foame transmise de organism, faceți Vata să crească.
- V-ați obișnuit să nu dormiți sau să dormiți prost timp de mai multe zile la rând.
- Ați fost de curând într-o excursie.
- Ați suferit emoțional în urma pierderii unei persoane apropiate, a fricii sau a unui șoc neașteptat.
- Vremea este rece, uscată și cu vânt (toamnă/iarnă).

În practica din clinică, un medic ayurvedic va diagnostica dezechilibrul doshei Vata dacă va găsi dovezi de necontestat de genul celor de mai jos:

Indicii mentale

Îngrijorare, anxietate	Pierderea concentrării mentale
O minte prea activă	Perioade scurte de concentrare
Nerăbdare	Depresie, psihoză

Indicii comportamentale

Insomnie	Agitație
Oboseală	Apetit scăzut
Incapacitatea de a se relaxa	Impulsivitate

Indicii fizice

Constipație	Sindrom de colon iritabil
Piele uscată sau aspră	Piele, buze crăpate
Rezistență scăzută, pierderea energiei	Intoleranță la vremea rece și vânt
Gaze intestinale, flatulență	Dureri ale articulațiilor sau artrită
Tensiune arterială mare	Pierdere în greutate, țesuturi atrofiate
Dureri în zona lombară	Durere acută (în special nevralgii)
Crampe menstruale	
Spasme musculare, accese	

Este important să ne reamintim că orice dosha poate genera orice simptom – acestea sunt cele mai comune semne ale unui dezechilibru al doshei Vata. Totodată, Vata poate imita celelalte două doshe, astfel încât ea este bănuită chiar și când nu sunt prezente simptomele ei specifice.

Pitta în dezechilibru

Persoanele de tip Pitta sunt în echilibru când intensitatea specifică doshei și determinarea nu sunt excesiv manifestate; să fii plăcut și vesel sunt și ele trăsături înnăscute ale tipurilor Pitta. Dacă sunteți de tip Pitta și aceste trăsături sunt încă prezente, este posibil să fiți în echilibru. Sănătatea fizică a acestor persoane este de obicei bună. Baza acesteia este digestia bună, ceea ce Ayurveda consideră că este cheia pentru construirea țesuturilor sănătoase și menținerea unui statut imunologic solid.

Perioada de mijloc a vieții, începând din adolescență până spre sfârșitul maturității, reprezintă timpul în care dosha Pitta a fiecăruia dintre noi este în creștere. Un adolescent care suferă de acnee sau simte că se încinge în timpul nopții evidențiază Pitta în dezechilibru. O altă situație extrem de comună de agravare a doshei Pitta este bărbatul de treizeci sau patruzeci de ani, care se trezește într-o bună dimineață că își pierde din podoaba capilară într-un ritm alarmant sau încărunțește prematur, care are nevoie brusc de ochelari de vedere sau care a început să aibă arsuri la stomac sau afecțiuni ale inimii.

Unele dintre acestea reprezintă predispoziții pentru anumite stări, dar persoanele de tipul Pitta au și tendința să iasă din starea de echilibru, forțându-se să meargă spre extreme. Pornind de la presupoziția că pot mânca absolut orice, ele fac abuz de alimente, mâncând excesiv sau ignorând normele nutriției. În loc să fie învingători naturali, ei pot deveni încăpățânați, impacientați, solicitanți și tensionați. Dosha Pitta controlează intelectul și înzestrează persoanele de tipul Pitta cu simțul ordinii. Când ies din starea de echilibru, ele devin obsedate de ordine și supărător de perfecționiste. Cei din Pitta nu manifestă astfel de trăsături până când nu ies serios din starea de echilibru, de aceea nu este deloc surprinzător că încep să sufere de arsuri la stomac, ulcer, afecțiuni ale inimii și alte probleme legate de stres.

Dosha Pitta iese mai greu din echilibru decât Vata și se spune că generează aproape jumătate din problemele pe care le declanșează Vata. Atunci când iese din echilibru, Pitta este în mod frecvent antrenată de un început de dezechilibru al doshei Vata. Această combinație de genul unu-la-doi explică tendința subversivă de anxietate pe care persoanele mânioase, critice încearcă să o ascundă cu disperare; totodată, o dosha Vata în stare agravată declanșează tensiunea arterială ridicată, pe care o constată medicii adesea în rândul pacienților cu personalitate de tip A suferinzi de afecțiuni ale inimii.

De ce s-a întâmplat?

Dacă începeți să vă simțiți rău și cauza o reprezintă Pitta în dezechilibru, eroarea nu este că v-ați născut de tipul Pitta sau cu o dosha Pitta intensă în planul ce vă era hărăzit. Prin însăși natura ei, Pitta este înclinată spre moderație și trebuie să construiți un scenariu al stresului excesiv, muncii exagerate sau nechibzuinței crase pentru a distruge acest instinct. Dacă veți considera că Pitta în stare agravată a început să se manifeste, acordați atenția cuvenită următoarelor cauze și încercați să le corectați:

- Ați fost supuși stresului și ați reacționat față de acesta cu furie suprimată, frustrare și resentimente.
- Ați cerut prea mult de la propria persoană și de la alții, ați trăit sub presiunea permanentă a deadline-urilor și nu suportați să pierdeți timpul în mod inutil.

- Ați consumat prea multe alimente fierbinți, condimentate, grase sau prăjite în ultima vreme; obișnuiți să consumați cantități mari de sare. Dieta voastră include o cantitate mare de alimente acre sau fermentate: brânză, oțet, smântână sau băuturi alcoolice.
- Ați fost expus la alimente nesănătoase sau apă nefiltrată.
- Vremea este toridă și umedă (vreme tipică de vară).
- V-ați simțit vlăguit din pricina căldurii sau ați suferit arsuri solare.

În practica sa medicală, un medic ayurvedic identifică Pitta în dezechilibru după următoarele tipare de simptome:

Indicii mentale

Mânie, ostilitate	Iritabilitate, nervozitate
Spirit autocritic	Resentimente

Indicii comportamentale

Izbucniri nervoase	Atitudine critică față de ceilalți
Atitudine conflictuală	Intoleranță față de întârzieri
Comportament tiranic	

Indicii fizice

Inflamații ale pielii, furuncule, erupții	Arsuri anale, hemoroizi
Acnee	Ten pătat, îmbujorat
Senzație de foame sau sete excesivă	Intoleranță față de căldură
Respirație urât mirositoare	Ochi injectați
Bufeuri	Arsuri provocate de soare, insolație
Arsuri la stomac, aciditate la stomac	Colorarea intensă în galben a fecalelor și urinei
Ulcer	
Miros acru al corpului	

Este important să ne amintim că orice dosha poate declanșa orice simptom – acestea sunt doar cele mai comune semne ale dezechilibrului doshei Pitta.

Kapha în dezechilibru

Kapha este cea mai înceată și cea mai constantă dintre doshe, ceea ce o face să iasă mai greu din starea de echilibru. Începând din copilărie, tipurile de organism Kapha sunt calme, afectuoase și tolerante. Dacă sunteți de tip Kapha și vă păstrați încă aceste trăsături, este foarte posibil să fiți în echilibru. Tulburările legate de Kapha au nevoie în general de o perioadă mai lungă de timp să se dezvolte. Așadar, fără să facă un efort prea mare, persoanele Kapha se pot aștepta să rămână puternice, sănătoase și mulțumite de ele până la adânci bătrâneți.

Vârsta fragedă și copilăria sunt vremurile Kapha din existența fiecăruia când această dosha este în creștere în fiecare dintre noi. Kapha este identificată cu creșterea și consolidarea unui organism puternic, sănătos. Ca să vă imaginați cum este Kapha ieșită din starea de echilibru, gândiți-vă la un copil de șase ani cu o afecțiune cronică a gâtului și nasul curgând mereu, pentru că răcește în mod repetat. Altfel persoane sănătoase, cei din Kapha pot să păstreze de-a lungul vieții această slăbiciune, suferind în mod frecvent de blocarea sinusurilor sau o predispoziție accentuată la răceli și gripă atunci când vremea devine rece și umedă.

Alergiile ar putea fi și ele prezente, pe lângă nevoia acută de a dormi mai mult. În general, persoanelor de tip Kapha le place să stea în pat și încep mai greu ziua de lucru, însă atunci când ies din starea de echilibru, ele devin atât de încete dimineața, încât ajung să se întrebe dacă nu este vorba de vreo afecțiune serioasă, când, de fapt în cele mai multe cazuri este vorba despre un exces de Kapha.

În ultima vreme, imaginea tipică pentru Kapha în dezechilibru este bărbatul grăsuț și binedispus, o persoană care nu îți inspiră siguranță și care nu își poate controla surplusul de greutate sau dezacordul personal față de înfățișarea lui. Dependența din punct de vedere emoțional și posesivitatea sunt, de asemenea, semne distinctive ale unei Kapha tulburate, unde tendința naturală de a fi matern și protector față de ceilalți a fost împinsă la extrem. Dacă această dosha ajunge să fie serios în dezechilibru, persoana în cauză poate deveni foarte tăcută, retrasă și lipsită de speranță; tendința Kapha de a prețui statu-quoul se transformă astfel într-o incapacitate rigidă de a accepta schimbarea. Din punct de vedere fizic, bărbatul grăsuț și binedispus poate avea un sfârșit patetic, pentru că va suferi de hipertensiune arterială, respirație îngreunată, balonare din cauza excesului de lichide din corp și atac de cord.

Persoanele de tip Kapha nu merg prea des la doctor, întrucât sunt capabile să tolereze praguri ridicate ale durerii și deseori se întâmplă să fie foarte sănătoase. Atunci când au nevoie de consultul medicului este fie din pricină că sunt supraponderale, afecțiune ce se instalează încă din copilărie și de care vor suferi întreaga viață, fie din pricina diverselor probleme de plămâni și ale sinusurilor – dureri ale sinusurilor, sinuzită cronică, rinită alergică, astm, congestii pulmonare.

Medicii au descoperit că doar un mic procent de persoane care cred că au alergii la alimente sunt testate pozitiv când trebuie să treacă testul; ceea ce este greșit interpretat, în general, este dezechilibrul digestiv, pe care persoanele de tipul Kapha îl suspectează a fi o problemă esențială. Excesul mucoasei este generat de pâinea din grâu sau paste făinoase, lapte, unt, brânză, zahăr. Toate acestea contribuie la agravarea acestei doshe. Diabetul, probabil cel mai periculos dintre afecțiunile Kapha, este cel mai greu de vindecat. Totuși, diabeticii pot duce o viață mult mai confortabilă și stabilă dacă urmează un program adaptat tipului lor de organism.

De ce s-a întâmplat?

Dacă ați început să vă simțiți rău, iar cauza o reprezintă Kapha în dezechilibru, în mod normal fie ați contactat o răceală sau viroză trecătoare, fie există undeva în organism un tipar al bolii pe care l-ați detectat deja cu mulți ani în urmă – alergii, astm, obezitate și așa mai departe. În ambele cazuri, următoarele influențe pot să fie prezente, generând fie instalarea bolii, fie agravarea ei:

- O problemă serioasă de tip Kapha, cum ar fi diabetul, alergiile sau obezitatea, se moștenește din familie.
- Ați luat mult în greutate și vă simțiți deprimat din acest motiv.
- Dieta voastră include cantități mari de zahăr, sare, alimente grase sau prăjite, alimente grele, produse lactate (în special brânză, lapte și înghețată).
- Ați fost stresat în ultima perioadă și ați reacționat în fața acestei situații devenind tot mai retras, simțind nesiguranță și că nu sunteți dorit.
- Ați pus un accent prea mare pe acumularea de bunuri, stocarea și economisirea unor lucruri.
- În cadrul unei relații, vă simțiți dependent sau excesiv de protectiv.

- Ați dormit până târziu, mai mult decât o făceați altădată, zile la rând.
- Vremea vi se pare rece, umedă sau este prea multă zăpadă (vreme specifică de iarnă și primăvară).

În practica medicală, un medic ayurvedic diagnostichează Kapha în dezechilibru analizând următoarele simptome:

Indicii mentale

Plictiseală, inerție mentală	Apatie, depresie
Moleșeală	Atașament exagerat

Indicii comportamentale

Amânare	Îndărătnicie
Incapacitatea de a accepta schimbarea	Mișcări lente
Lăcomie	Egoism acaparator
Somn prelungit, somnolență	

Indicii fizice

Intoleranță la vremea rece și umedă	Greutate în picioare și brațe
Congestia sinusurilor, nas care curge	Răceli frecvente
Retenția de lichide în țesuturi, inflamații	Creștere în greutate
Congestii pulmonare	Alergii, astm
Paloarea pielii	Tuse productivă, dureri în gât
Slăbirea articulațiilor sau dureri articulare	Chisturi sau alte excrescențe
Colesterol mărit	Diabet

Este important să ne reamintim că orice dosha poate genera orice simptom – acestea sunt doar cele mai comune semne ale unei doshe Kapha în dezechilibru.

Capitolul 5

Restabilirea echilibrului

Geniul de sculptor al lui Michelangelo a constat în capacitatea sa de a vedea forma finală a unei statui în miezul unui bloc masiv de marmură. Provocarea pentru el nu era să realizeze o sculptură, ci să o elibereze pe cea care era deja acolo, înlănțuită în bucata de piatră. În mod fundamental, asta este ceea ce faceți când încercați să vă restabiliți echilibrul. Făcând acest lucru, nu vă re-creați; nu faceți decât să vă eliberați eul ascuns. Procesul este unul de autodescoperire.

Eul vostru nedescoperit, care își dorește să iasă la iveală, este într-un echilibru perfect. Să îl descoperiți nu presupune o muncă mecanică – fiecare persoană atinge echilibrul în felul ei. Cei mai mulți oameni nici nu bănuiesc cine sunt de fapt – sau, în cel mai fericit caz, au o vagă idee –, pentru că nu au cum să-și cunoască adevărata lor natură. Aceasta le este ascunsă de propriile lor dezechilibre, așa cum nu vedem cât de adânc este lacul din pricina apei mâloase. La fel ca și foamea sau setea, instinctul de a atinge echilibrul este întipărit în organismul uman. În practica ayurvedică, noi încercăm să restabilim echilibrul oamenilor și, în același timp, să lăsăm adevărata lor natură să iasă la iveală. Cele două procese sunt de fapt unul și același, după cum urmează să demonstreze următorul studiu de caz.

După propriul său bilanț, Norman, un scriitor care abia pășise pragul vârstei de 60 de ani, nu avusese parte de un somn ca lumea în ultimii 30 de ani. Insomnia lui este una clasică pentru tipul Vata: odată ce s-a băgat în pat, mintea lui găsește zeci de lucruri la care să se gândească și o mulțime de imagini din timpul zilei îi revin în minte, învălmășindu-i-se în cap. Nu reușește să se debaraseze de ele, cum nu reușește să se detașeze de ticăitul ceasului, de picuratul robinetului din baie și de zgomotele care vin din stradă. Se perpelește fără încetare în așternuturi toată noaptea, fără să poată simți că s-a odihnit mai mult de o jumătate de oră adunată la un loc.

În clipa când a sosit în centrul nostru, își pierduse orice speranță, după ce încercase fără rezultat un șir întreg de remedii pentru somn, de la paharul de whisky înainte de ase băga în pat, până la barbiturice. Cu trecerea timpului, se resemnase și se împăcase cu propria soartă, dar numai aparent – în realitate, Norman începea să se teamă când venea ora de culcare și amâna momentul cât putea de mult. Lângă pat zăceau maldăre de reviste, să le poată citi de fiecare dată când se trezea. Dacă era prea agitat să citească, se dădea jos din pat, mergea la baie, lua o gustare scurtă în miez de noapte sau își suna prietenul de insomnie pentru lungi discuții nocturne.

„Totul se întâmplă pentru că sunt Vata, nu-i așa?“, se plângea el, acum că învățase despre sistemul prakruti, după ce citise câte ceva despre Ayurveda și trecuse un test prakruti.

„Cu siguranță avem de-a face în cazul tău cu un dezechilibru Vata“, primise răspunsul, „dar acest lucru nu înseamnă că ești un tip de organism Vata.“ Se uită uimit la medic. La o examinare detaliată, avea să se descopere că era mai degrabă Pitta, cu o puternică componentă Vata. Chiar și așa, nu Vata lui era cauza insomniei, ci o întreagă perioadă în care dosha Vata ieșise din starea de echilibru, în mare ca urmare a felului său de a gândi: Norman scria fără să se oprească zi și noapte și nu fusese niciodată preocupat de a respecta un program regulat de lucru. Dacă ar fi făcut-o, agravarea doshei sale Vata nu s-ar fi accentuat atât în ultimii ani.

Ca să-l facem să vadă persoana sănătoasă din interiorul lui, am început să-i explicăm cum se înclină balanța și cum dezechilibre pasagere pot să se instaleze permanent.

O sută de termostate

Fiecare funcție din corpul uman are un loc al ei unde își dorește să se întoarcă, la fel cum un termostat recunoaște acel punct la care trebuie să revină. De fapt, temperatura corpului funcționează în mare parte ca un termostat. Temperatura se poate ridica dacă alergați 800 m sau vă delectați cu o vizită la saună, dar după ce ați terminat, revine la 37° C. Acesta este punctul de pornire pentru termostatul corpului nostru, stabilit de legile naturii în decursul evoluției noastre pe pământ. Aceste legi sunt flexibile, astfel încât uneori temperatura poate varia pornind de la punctul de plecare deja stabilit, de 37° C, dar dacă merge prea departe sau prea mult, urmările vor fi neplăcute.

Unul dintre principalele motive pentru care fiziologia umană este atât de complexă îl reprezintă sutele de termostate care au fost instalate în trupul nostru, fiecare dintre ele ascultând de propriul set special de legi ale naturii – nu avem doar un singur punct de echilibru, ci mai multe. Coordonarea dintre ele este miraculoasă. Așa de exemplu, poate credeți că fluxul sanguin ar putea fi un amestec de substanțe biochimice, având în vedere numărul uimitor de mare de hormoni, substanțe nutritive și diverse molecule-mesager care plutesc în suspensie prin el. De fapt, fluxul sanguin este atât de exact echilibrat, încât toate aceste molecule se îndreaptă spre locul unde este nevoie de ele cu o uimitoare coordonare în timp și în proporție perfectă.

În mod similar, creierul uman este capabil să se adapteze fără nicio urmă de confuzie tuturor termostatelor noastre care se intersectează și se suprapun. O porțiune mică din materia cenușie din encefal, numită hipotalamus, care nu cântărește mai mult de 4,73 g, este responsabilă pentru echilibrarea unui număr uimitor de mare de funcții diverse, inclusiv metabolismul grăsimii și al carbohidraților, somnul și trezirea, apetitul, setea, secrețiile digestive, nivelul de lichide, creșterea, temperatura corpului – pe scurt, tot ceea ce funcționează în mod automat în interiorul corpului nostru. Dacă există ceva la care nu este nevoie să vă mai gândiți, are grijă hipotalamusul (denumit uneori „creierul creierului").

Concluzia este că echilibrul e o funcție care ține de inteligență. De fapt, noi nu suntem o colecție de termostate, pentru că un termostat nu se poate seta singur, însă noi putem să o facem. Setarea inițială, cu care ne-am născut, este prakruti al nostru sau natura cu care am fost înzestrați. Ea ne servește drept ghid, însă, în același timp, o putem manevra. Să spunem că cineva s-a născut cu o setare Pitta-Vata, ca în cazul lui Norman. Putem ilustra acest prakruti printr-un simplu grafic, după cum urmează:

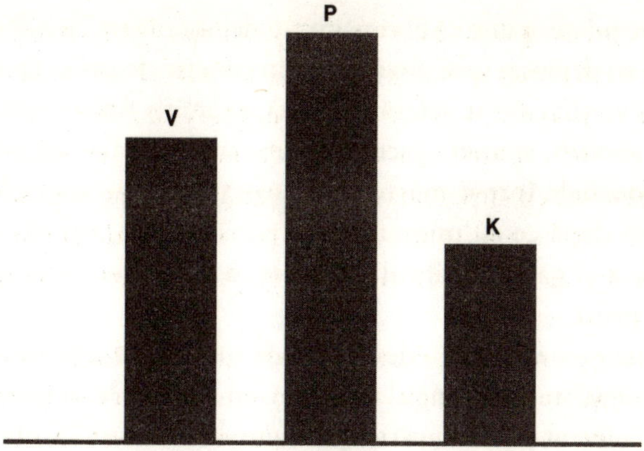

PRAKRUTI

La naștere, acest punct de setare determină echilibrul ideal al celor trei doshe pentru întreaga viață. Toate cele câteva sute de termostate din corpul uman se supun acestei setări etalon, exact cum se supun și hipotalamusului. Însă doshelor voastre puteți să vă adresați mult mai ușor decât o faceți cu hipotalamusul. În mod previzibil, Vata crește când o agravează orice influență, cum ar fi vremea rece, aerul uscat sau curenții de aer, teama, gustul picant al alimentelor și dacă stați treaz până târziu în noapte. Aceste influențe sunt cuvinte care îi spun organismului „mai multă Vata" (Pitta și Kapha au proprii lor catalizatori.)

Nou-născutul care a venit pe lume ca un tip Pitta-Vata ar putea să se dezvolte ajungând să fie cu totul diferit când va fi un adult:

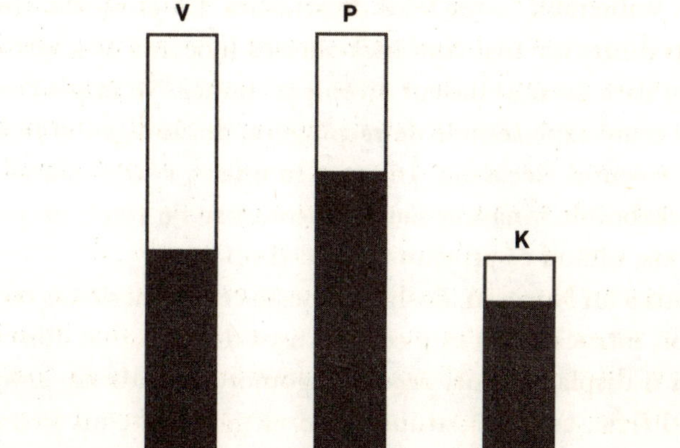

VIKRUTI

Acum, se poate spune că el este un tip de organism Vata-Pitta, deoarece doshele s-au deplasat spre poziții noi, în funcție de influențele zilnice de pe parcursul vieții, care se referă la hrană, exerciții fizice, somn și emoții. Tot ceea ce gândiți, spuneți, faceți, vedeți, simțiți, mirosiți sau gustați vă deplasează doshele într-o măsură mai mică sau mai mare. Menirea lor este să revină după ce au migrat spre o nouă poziție, urmându-și fiecare instinctul de a-și găsi echilibrul. În acest caz, ca și în cazul lui Norman, ceva a mers prost.

Zona hașurată este acum devansată de una liberă, care exprimă dezechilibrele acumulate de-a lungul timpului. În Ayurveda, acestea sunt denumite *vikruti*, cuvânt care semnifică „deviere de la natură". Cei doi termeni, prakruti și vikruti, sunt astfel opuși, unul referindu-se la ceea ce este natural pentru o persoană, iar celălalt, la ceea ce nu este. Nu vă puteți transfera doshele specifice organismului vostru într-o configurație care este mai bună decât cea cu care v-ați născut; puteți doar să creați distanța dintre voi și natură. Săriți o masă, și veți mai adăuga ceva la vikruti al vostru; nu dormiți o noapte, și veți adăuga ceva mai mult. O alimentație greșită, un somn neregulat, emoții negative și o tensiune fizică sau mentală, toate acestea fac viața mai puțin naturală, până când, în cele din urmă, veți descoperi că vă aflați în cea mai nenaturală dintre toate condițiile, o boală în stare avansată.

În același timp, propria imagine de sine se va modifica – în locul reacțiilor pozitive, veți începe să scoateți la iveală unele negative. Vikruti vă face mai vulnerabil la tot felul de stresuri. Ea erodează emoțiile mai subtile. Câți dintre noi mai simt încă puterea inocentă de a iubi și de a avea încredere cu care un nou-născut a venit pe lume? Ne împovărăm celulele din corp cu toate experiențele de respingere, dezamăgire și îndoială, care ne bântuie trecutul fiecăruia. În acest moment, s-ar putea să credeți că sunteți un războinic înnăscut sau un insomniac pe viață, un pesimist sau un plângăcios, uitând că ați ajuns aici în timp.

În vikruti a lui Norman, dosha Vata este cel mai serios agravată. Deloc surprinzător, întrucât Vata este cel mai ușor de perturbat dintre toate doshele. Vatei îi displac lucruri precum zgomotele stridente, aglomerația și disconfortul fizic, astfel că, atunci când vă găsiți într-un tren aglomerat, organismul vostru va înregistra experiența stresului. Cu cât veți călători mai mult, cu atât Vata va fi mai agravată. În timp, ideea însăși de navetă spre locul de muncă va declanșa reacții neplăcute: vă veți adapta, dar nu veți fi fericit niciodată. În acest fel, doshele ne îndrumă spre obiceiurile corecte și ne îndepărtează de cele greșite.

„Corect" înseamnă pur și simplu cât mai aproape de natură. Este corect să-i acordăm doshei Vata o perioadă de pace absolută și de liniște în fiecare zi; aceasta îi va permite să-și găsească punctul de echilibru. Este greșit să agravăm Vata cu zgomote stridente și supraaglomerație, pentru că toate acestea o îndepărtează și mai mult de echilibru. S-ar putea să gândiți: „Fiecare trebuie să își câștige existența", urcând în același tren aglomerat și mâine, și poimâine, și în fiecare zi. Însă nimic nu va face ca Vata să se bucure de această experiență. Acest lucru constituie, de fapt, cel mai fericit lucru ce ni se poate întâmpla, pentru că doar speranța de a reveni la echilibrul perfect este instinctul pe care orice dosha îl are pentru a rezista unui tratament greșit și de a se întoarce acolo unde îi este locul.

Lui Norman îi este foarte ușor să recunoască această situație. „Să ne transformăm într-un tip Vata-Pitta nenatural este ceva obișnuit în societatea noastră", fusese el informat, „având în vedere cât de mult se deteriorează lucrurile în jurul nostru, în mediul înconjurător."

„Dar vikruti este o mască, o iluzie construită din stres. În spatele ei se află setarea noastră ideală inițială, acea combinație unică de Vata, Pitta și Kapha, tu cel adevărat. Dacă ea poate fi recuperată, simptomele tale Vata vor dispărea. Frumusețea medicinei ayurvedice este că ea reușește să însănătoșească oamenii, întorcându-i la sinele lor adevărat."

Următorul pas a fost să-i propunem lui Norman o nouă rutină pe care să o urmeze, una care să-i calmeze doshele tulburate. I-am înmânat o listă cu lucrurile care să-i aducă Vata agravată înapoi în starea de echilibru – proces numit „domolirea doshei". (La sfârșitul acestui capitol, veți găsi recomandările generale pentru domolirea celor trei doshe; vă vor fi oferite detalii pe măsură ce vom pătrunde mai adânc în practica medicinei ayurvedice.) Prima pe listă a fost respectarea cu sfințenie a acelorași obiceiuri zilnice. În cazul lui Norman, el și-a fixat rapid un ritual al programului de seară:

„Cu o oră înainte de a merge la culcare, fac o baie caldă – puțin mai rece în timpul verii. Apoi, îmi masez ușor fruntea, tâmplele și picioarele cu ulei de susan timp de cinci minute și beau un pahar de lapte cald în care am dizolvat o *rasayana*." (Rasayanele sunt sute de feluri de compuși ai unor plante, folosite în medicina ayurvedică; Norman consideră că Biochavan, cea mai comună rasayana, este foarte eficientă, însă există și alte plante specific ayurvedice care pot fi folosite.)

„Apoi, mă așez liniștit și citesc timp de douăzeci de minute. Pentru mine, cea mai relaxantă lectură este poezia sau literatura beletristică. În cele din urmă, sting lumina și ascult o muzică odihnitoare până ce ajung să simt că îmi este somn, apoi mă bag imediat în pat.

Am urmat acest obicei cu sfințenie timp de patru luni și de fiecare dată am adormit fără nicio problemă și am dormit cel puțin șase ore neîntrerupt, ceea ce este suficient ca să pot spune că mă simt odihnit și pregătit pentru o nouă zi."

Una peste alta, o finalitate mai mult decât fericită pentru o problemă de care suferă milioane de oameni fără nicio speranță, în ciuda faptului că, dacă judecăm după estimări, unul din cinci americani ia somnifere în mod regulat. Aceasta nu este doar o metodă de vindecare a insomniei, dacă ne gândim și la faptul că Norman se bucură în același timp și de alte avantaje pentru că a atins din nou echilibrul. El nu se mai plânge acum de răceli frecvente sau de dureri minore. Acum nu mai este îngrijorat, și nici nemulțumit. Arată mai odihnit și privește viața dintr-o perspectivă mai optimistă.

ȘASE ETAPE ALE BOLII

Timp de mii de ani, scopul medicinei a fost să pună pacienții din nou în legătură cu propria lor natură – nu este ceva neobișnuit pentru Ayurveda. Totuși, în Occident, am fost fascinați de medicina științifică, cu explicațiile ei strict fizice când vine vorba de boală. Astăzi, medicina occidentală admite că boala își poate avea originea fie în corpul uman, fie în minte. Odată cu zorii medicinei sistemului minte-corp omenesc, nu se mai poate concepe ideea că acestea două pot fi separate. Un șoc mental brusc, cum ar fi decesul unuia dintre soți, poate crea un talmeș-balmeș în organism, afectând sistemul imunitar și deschizând calea spre boală, ceea ce explică o rată ridicată a numărului de decese printre cei rămași de curând văduvi. Este una dintre cauzele pentru care femeile singure, lipsite de persoana care să le ofere suportul emoțional, spre deosebire de celelalte, înregistrează un număr mai mare de cazuri de cancer de sân.

Această schimbare, de a căuta explicații în funcție de sistemul minte-corp a avut și părți bune, dar și rele. De exemplu, obișnuiam să afirmăm că pneumonia începe odată ce bacteriile pneumococcus invadează plămânii și încep să se multiplice acolo într-un mod incontrolabil. În medicina sistemului minte-corp, orice explicație își are rădăcinile într-o etapă anterioară, în momentul când sistemul imunitar a fost slăbit de o influență mentală negativă. Aceasta este o explicație mai cuprinzătoare decât una pur fizică, dar, din păcate, este și ea destul de vagă. Interacțiunea dintre minte și sistemul imunitar este atât de fluidă, încât medicii nu pot de fapt să stabilească cu exactitate momentul critic când gândurile negative atacă globulele albe ale organismului.

În Ayurveda, avem capacitatea să fim mult mai exacți. Conform textelor străvechi, procesul bolii are șase etape distincte sau șase pași clari. Primele trei sunt invizibile și pot fi legate fie de corp, fie de minte; ultimele trei se raportează la simptome, care pot fi detectate atât de pacient, precum și de medic. Fiecare etapă reprezintă o pierdere a echilibrului, dar aspectul ei se modifică pe măsură ce procesul continuă:

1. Acumularea – procesul începe cu intensificarea uneia sau mai multor doshe.

2. Agravarea – excesul de dosha se acumulează până la nivelul la care începe să se răspândească, depășind limitele normale.

3. Diseminarea – dosha se răspândește prin tot corpul.

4. Localizarea – dosha care se mișcă prin corp se localizează într-o zonă diferită de locul specific.

5. Manifestarea – simptomele fizice își fac apariția la nivelul la care s-a localizat dosha.

6. Perturbarea – o boală în stare avansată erupe.

Pentru a ilustra aceste etape, să spunem că există un exces de Pitta, poate din cauză că sunteți un tip Pitta care este acum în stare de stres accentuat sau care pur și simplu suferă de pe urma disconfortului cauzat de o vară toridă. Odată ce există un exces de Pitta acumulat, acesta începe să se deplaseze prin tot corpul, părăsind zonele unde se presupune că ar fi trebuit să rămână. În scurt timp, va găsi un loc unde este prezentă *ama* (toxinele din corp); acum s-a „blocat“ în ama.

Acest eveniment încheie primele trei etape ale bolii. La acest nivel, un medic occidental nu ar putea pune un diagnostic, deoarece nu s-a instalat nicio afecțiune clasică, însă este sigur, din punct de vedere al medicinei ayurvedice, că organismul nu mai este perfect sănătos. Dacă vă cunoașteți bine propriul organism, puteți simți începutul unui dezechilibru al doshei. Fiecare își dă seama de schimbările subtile care indică faptul că urmează să se declanșeze o gripă sau o viroză. Pentru multe alte afecțiuni, sentimentul că „te simți mai altfel decât de obicei" este perceput ca un vag disconfort care nu poate fi localizat sau identificat. Și, de obicei, îl buimăcește pe medic, care face eforturi să descopere simptome, dar întâmpină dificultăți pentru că are de-a face cu o constelație confuză de dureri, slăbiciune musculară, febră ușoară sau doar o oboseală persistentă. Acest gen de premoniție vagă în organism se dovedește adevărată chiar și în cazul unui infarct sau atac cerebral, care în puține cazuri survine brusc. Victima primește de obicei avertismente din timp de la doshele sale, însă nu ține seama de ele.

Odată ce o dosha rămâne blocată într-un anumit loc, ea își face simțită prezența în cele patru etape, când primele simptome distincte ale îmbolnăvirii încep să se manifeste. Dacă Pitta s-a instalat în piele, s-ar putea să simțiți o ușoară mâncărime a pielii sau o inflamație. Dacă s-a localizat la stomac, s-ar putea să simțiți arsuri sau nervi la stomac. (Nu acuzăm doar Pitta pentru simptomele bolii. Orice dosha se poate instala oriunde. Dacă Vata în exces s-a localizat într-o articulație, unul dintre locurile cu cele mai multe șanse să o găzduiască, deoarece articulațiile strâng imediat ama, ați putea să resimțiți un acces dureros de artrită.) Cu excepția unor astfel de semne vagi, nu există totuși nicio indicație că o boală este pe cale să se manifeste curând.

Întrucât Ayurveda operează la un nivel atât de subtil al organismului, simptomele pot fi ameliorate, ceea ce pare deseori destul de misterios pentru normele occidentale, inclusiv durerea inexplicabilă, anxietatea, depresia, oboseala și așa mai departe. Medicina tradițională tinde să afirme că acestea sunt probleme psihosomatice, cu alte cuvinte, că își au originea în mintea pacientului. În realitate, ele au început în etapele timpurii ale dezechilibrului unei doshe. Este ușor să le gestionezi atâta vreme cât sunt încă în etapa 1, 2 sau 3, când dieta, plantele, exercițiile fizice, rutinele zilnice și o tehnică specială de purificare pentru organism, denumită *panchakarma* (care urmează să fie descrisă în continuare) pot să fie eficient folosite.

Odată ce ne ocupăm de o boală ajunsă în stare gravă, prejudiciul adus țesuturilor din corp merge mult mai departe decât ar putea să rezolve aceste tratamente. Astfel, va trebui să facem progrese, apelând la terapii ayurvedice mai avansate, sau să apelăm la medicina tradițională, care a fost articulată pentru a trata boli acute de tot felul.

Cum vom ști când este etapa a 4-a pe punctul de a se declanșa – prima manifestare a simptomelor? Pentru cei mai mulți adulți care au depășit vârsta de 40 de ani, nu este nevoie să privească mult prea departe, întrucât trăiesc experiența unor vagi dureri cu o frecvență tulburător de mare. Corpul care este supus unui dezechilibru de dietă, comportamental și emoțional timp de ani de zile va colecta întotdeauna ama, iar aceasta, prin natura ei, va atrage o dosha care și-a părăsit locul. Totuși, nu este motiv de îngrijorare. Ceea ce vă spune organismul în etapa a 4-a nu este că vă aflați într-un mare pericol, ci că trebuie să vă purificați țesuturile de excesul doshelor. Odată ce faceți acest lucru, Vata, Pitta și Kapha își vor fi redobândit echilibrul lor natural. Abordarea de bază, aceea de a vă „adresa" doshelor prin schimbări simple în dietă și în rutinele zilnice, poate conduce la rezultate fantastice, chiar și în cazul unei boli grave.

Cum să vă echilibrați doshele

În următoarele pagini, voi oferi liniile directoare generale ce trebuie urmate pentru a aduce Vata, Pitta și Kapha înapoi în starea de echilibru. Sunt patru zone mari ale vieții cotidiene, la care se poate apela pentru a atinge echilibrul:

- Dieta
- Exercițiile fizice
- Rutina zilnică
- Rutina sezonieră

Voi dedica fiecăreia capitole separate în a treia parte a cărții; deocamdată, toate acestea vor fi analizate în termeni mai generali, pentru a vă pune la dispoziție o înțelegere fundamentală a felului în care puteți să vă influențați doshele – esența pentru a ști să trăiți bucurându-vă de organismul vostru clădit după principiile cuantice.

Un avertisment demn de luat în seamă: ideile semnalate aici urmăresc *doar prevenirea*. Ele nu sunt indicate pentru tratarea bolilor sau înlocuirea îngrijirii medicale din partea unui doctor avizat. Dacă aveți vreun simptom de boală, este absolut vital să restabiliți echilibrul doshei, dar lucrurile nu se opresc aici. Veți avea nevoie de o examinare detaliată din partea unui medic specializat, care urmează să vă îndrume în direcția unui regim medical complet, adaptat situației voastre specifice.

Totuși, pentru fiecare dintre noi care se bucură că are o sănătate bună, informațiile ce urmează sunt de nepreţuit și deosebit de importante. Constatările noastre au la bază experiența acumulată timp de peste cinci ani, timp în care am adunat vechi texte ayurvedice, am strâns din înțelepciunea de viață a unor autorități în domeniu din India, specializate în cunoștințe ayurvedice, și am apelat la propria noastră experiență alături de mii de pacienți din Statele Unite în cadrul Centrului Chopra.

Rugămintea noastră este să dați dovadă de flexibilitate în privința sfaturilor ce vă sunt oferite în cartea de față. Ele nu constituie reguli rigide care să vă supună la suferințe. Puteți să pierdeți o viață întreagă alergând să vă împliniți visul de a atinge echilibrul și să nu reușiți niciodată, pentru că doshele se modifică oră de oră, zi de zi, minut după minut. Și, cu toate acestea, să atingi echilibrul este un lucru foarte simplu. Natura v-a înzestrat deja organismul cu propriile lui instincte; principiile noastre doar vă ajută să le descoperiți și să le rafinați.

Pentru cei mai mulți dintre noi, cea mai nefericită tentație este dieta. Probabil că toți dăm dovadă de un grad de fanatism când vine vorba despre alimentele care considerăm noi că ne fac sau nu bine. Având în vedere că Ayurveda are atât de multe de spus despre alimentație, poate fi cu ușurință folosită pentru a veni în sprijinul obsesiei legate de dietă. Dar dacă o veți înțelege în adevărata ei lumină, toate aceste informații noi sunt doar o modalitate de a vă trezi organismul la realitate. Ayurveda nu decide dacă un aliment este „bun" și altul este „rău". În schimb, veți descoperi singuri ce este bun și ce este rău dacă veți ști să vă ascultați doshele.

Așadar, nu vă lăsați prinși în detalii care vorbesc despre alimentația voastră de genul prea fierbinte sau prea rece, prea grea sau prea ușoară, prea grasă sau prea uscată. De fiecare dată când o dosha se deplasează prin organism, se poate apela la un anumit aliment pentru a ajuta organismul să nu-și piardă echilibrul. Dar dacă vom aborda echilibrul în acest fel, procesul va degenera rapid în fanatism. Nu acesta este modul de a atinge autocunoașterea. Fiecare zi este un dialog între voi și organismul vostru; sugestiile de mai jos indică genul de discuție preferat de tipul vostru de organism.

O VIAȚĂ ECHILIBRATĂ – PUNCTE DE REPER

Echilibrarea doshei Vata

- Obiceiuri regulate
- Liniște
- Consumați mai multe lichide
- Lăsați-vă mai puțin afectați de stres
- Odihnă multă
- Căldură
- Nu săriți peste mesele zilei
- Faceți masaj cu ulei de susan (*abhyanga*)

Deoarece Vata este „regele“ doshelor, echilibrarea ei este o cerință esențială pentru oricare dintre noi; când Vata este adusă în stare de armonie, va antrena după ea Pitta și Kapha.

Cheia pentru echilibrarea doshei Vata este respectarea orelor regulate. Vata este atât de sensibilă și atât de predispusă la schimbare, încât poate cădea imediat victimă suprasolicitării. Persoanele Vata sunt fericite când au parte de diversitate, dar când lucrurile se modifică prea mult, excitarea lor se transformă în oboseală. Este motivul pentru care multe dintre persoanele Vata se simt extenuate și obosite nervos. Sursa stării lor de agitație o constituie faptul că dosha Vata nu-și mai fixează singură ritmurile în organism. În loc să mănânce, să doarmă și să facă sport cu regularitate, persoanele Vata ieșite din starea de echilibru înfulecă atunci când au ocazia, sar peste mese, se apucă de sport, apoi renunță și merg la culcare la cele mai ciudate ore.

Un astfel de stil de viață este greșit pentru toate doshele, dar cel mai rău este pentru Vata. Multe tipuri de organisme Vata persistă să se agațe de acest gen de viață. Din păcate, se încăpățânează singuri să creadă că o existență dezordonată este sinonimă cu una excitantă. Remediul ar putea fi să înceapă să cultive obișnuințe echilibrate, acordând puțin mai multă atenție programului regulat de zi de zi.

Dacă prezentați semne ale unui dezechilibru al doshei Vata, aceste puncte de reper vă vor ajuta să vă remodelați rutina zilnică pentru a deveni mai agreabilă doshei:

- Odihniți-vă cât mai mult – este extrem de important pentru orice problemă Vata. Atunci când simțiți că ați depus un efort susținut sau ați exagerat cu o anumită activitate (inclusiv una mentală), opriți-vă și odihniți-vă cinci minute. Să vă faceți somnul odihnitor în fiecare noapte este extrem de important; nu trebuie să vă resemnați că sunteți condamnat la insomnia obișnuită, chiar dacă s-a instalat de ani de zile. Cea mai bună odihnă, în afară de somn, este relaxarea profundă asigurată de meditație. În cadrul Centrului Chopra, noi oferim fiecărui pacient oportunitatea să învețe Adevărata Meditație Primordială (AMP) pentru a putea experimenta relaxarea profundă. Dintre toate doshele, cea care va fi cea mai avantajată este Vata, care se dovedește complet refăcută și împrospătată după doar câteva minute de meditație.

  Totodată, mai există un avantaj mult mai profund ce poate fi dobândit. Meditația ajută la întărirea legăturii dintre minte și corp. Aceasta, la rândul ei, permite fiecărui ciclu natural din organism să închidă cercul complet, să evolueze lin, parcurgând etapele de început, de mijloc și de sfârșit. Când persoanele Vata descoperă că împlinirea este o stare permanentă ce sălășluiește chiar în ființa lor, și nu o floare rară, mai fac un pas uriaș în descoperirea adevăratului lor ego.
- Rămâneți cald – fiind o dosha rece, Vata beneficiază de pe urma căldurii; Vata mai este și uscată, astfel că trebuie să vă asigurați că aerul din camera voastră are suficientă umiditate. Este de dorit să evitați curentul, deoarece persoanele Vata sunt extrem de sensibile la curenții de aer.
- Stabiliți-vă o dietă care să domolească Vata. De asemenea, este important să aveți mese regulate, pentru că dosha Vata este agravată de un stomac gol. Tipurile de organism Vata vomită cu ușurință când simt greață sau încetează să mănânce în mod regulat. Trebuie să se hrănească pe tot parcursul zilei, chiar dacă apetitul lor va fi diferit. Va trebui să stați jos atunci când luați cele trei mese ale zilei, inclusiv un mic dejun cald, hrănitor, alcătuit din alimente hrănitoare, precum cereale cu lapte fierbinte. Dacă veți consuma puțin ghimbir proaspăt, acesta va stimula apetitul înainte de masa respectivă și va ajuta digestia.
- Beți multe lichide *calde* pe timpul zilei pentru a preveni deshidratarea. Ceaiul de plante Vata, disponibil dacă îl comandați pe e-mail, este cea

mai bună alegere; puteți să beți până la patru cești pe zi. Ceaiul proaspăt de rădăcini de ghimbir, preparat prin adăugarea unei lingurițe de ghimbir proaspăt ras într-o jumătate de litru de apă fierbinte, amestecat într-un termos, constituie de asemenea un remediu de domolire a doshei Vata. Evitați alimentele și băuturile foarte reci.

- Masați-vă corpul dimineața cu ulei de susan. Această rutină ayurvedică este numită *abhyanga*.
- Faceți o baie sau un duș cald prelungit dimineața, înainte de meditație. Căldura umedă este bună pentru durerile Vata.
- Evitați stresul mental și suprasolicitarea. Muzica tare, filmele violente și ore prelungite în fața televizorului, îndeosebi seara, toate sunt factori potențial agravatori pentru Vata.
- Faceți din tot ceea ce vă înconjoară un mediu luminos și strălucitor. Vata reacționează bine la lumina soarelui și la culorile vesele. Dacă sunteți bolnav, este o idee bună să stați în fața unui geam închis în plină bătaie a razelor de soare. Totuși, rezistați în fața tentației să ieșiți afară imediat ce vă simțiți puțin mai bine. Întâlniți-vă cu acele persoane care vă fac să zâmbiți, citiți cărți amuzante, urmăriți spectacole plăcute, care vă destind. Tot ceea ce reușește să vă redea entuziasmul natural al doshei Vata și reduce îngrijorarea vă va fi de mare ajutor.
- Nu consumați alcool în timp ce faceți eforturi de echilibrare a doshei Vata, și nici stimulenți, precum cafea, ceai sau nicotină. Toate acestea trebuie consumate cu mare grijă de către o persoană susceptibilă să aibă dezechilibre Vata. Ideal este să renunțați la toate aceste dependențe.
- Persoanele Vata au sinusurile nazale uscate în timpul iernii, ceea ce contribuie la răceli repetate. Pentru a compensa acest lucru, puneți o picătură de ulei de susan pe vârful degetului și frecați ușor interiorul fiecărei nări. Apoi strângeți ușor între degete nasul și începeți să inhalați, apoi eliberați rapid și strângeți din nou, pentru a-i permite uleiului de susan să pătrundă în cavitățile nazale – nu presați, totuși, și nici nu încercați să deblocați sinusurile.

Acest tratament este deosebit de calmant pe o vreme uscată și rece – multe dintre persoanele Vata constată că le-a fost de mare ajutor, întărind rezistența organismului la răceli și viroze – dar, totodată, tonifică sinusurile în general și este recomandat oricui, nu doar tipurilor Vata. Tratamentul poate fi repetat de până la douăsprezece ori pe zi. (Totuși, dacă aveți sinusurile blocate, nu ar trebui să urmați acest tratament; uleiul agravează dosha Kapha, aflată deseori în spatele sinuzitei cronice.)

Echilibrarea doshei Pitta

- Moderație
- Ieșiți în aer liber, să admirați frumusețea naturii
- Liniște
- Stabiliți un echilibru între odihnă și muncă
- Nu ignorați distracția
- Reduceți stimulentele

Cheia pentru echilibrarea doshei Pitta o reprezintă moderația, faptul că luați toate măsurile pentru a nu vă expune prea tare extenuării și stresului. Dintre toate tipurile de organism, Pitta este dăruită cu cea mai puternică determinare, agresivitate și energie. Cei din Pitta sunt persoane care iau viața în piept și savurează provocările. Deviza lor: cu cât e mai dificil, cu atât mai bine. Dar această determinare interioară este adesea sursa sentimentului zădărniciei. Pitta vă încarcă cu o energie incandescentă; dacă o veți folosi în exces, veți arde intens. Persoanele obsedate de muncă din lumea aceasta sunt în general tipuri Pitta în dezechilibru, în special dacă tonul lor emoțional este furios și exagerat.

Persoanele Pitta trebuie să își dea seama când să se retragă în fața anumitor semne de pericol, cele mai evidente fiind dispariția gingășiei din emoțiile lor și lipsa de moderație în apetitul de orice fel. Mai există în același timp o iubire înnăscută pentru frumusețe, foarte importantă în natura celor din Pitta. Printre toate reperele punctate mai jos, tema principală pentru Pitta este: „Viața trăită cum trebuie este aceea care urmează un vis de aur".

Dacă prezentați semne ale unui dezechilibru al doshei Pitta, următoarele puncte de reper vă vor ajuta să vă echilibrați rutina zilnică și să o faceți mai agreabilă pentru dosha Pitta:

- Acordați-vă timp pentru a pune capăt unei activități – alternarea momentelor de odihnă cu timpul alocat unei activități reprezintă ritmul fundamental al vieții. Pentru că au o capacitate atât de mare de muncă, persoanele Pitta au tendința să ignore cealaltă latură a ciclului. Trebuie să descoperiți o insulă de calm la capătul unei zile de muncă. Seara, serviți în liniște masa, închideți-vă telefonul și rezistați eroic în fața tentației de a vă aduce acasă ceva de lucru. Pentru fiecare dintre noi, această insulă de calm este de fapt în noi înșine. Persoanele Pitta care au ieșit din starea de echilibru pierd adesea din vedere acest lucru.

- Meditația este foarte utilă pentru redobândirea calmului interior și a echilibrului. Ea vă permite, în același timp, să nu uitați că odihna este sursa unei activități dinamice. Secretul marilor competitori nu este, la urma urmelor, strădania lor, ci constă în forța pe care și-o găsesc în ei înșiși în momentul de pornire, înainte să facă primul pas. Când cei din Pitta descoperă că cea mai mare forță personală este atinsă fără agresivitate, fac un pas uriaș înainte, descoperind cine sunt cu adevărat.
- Calmul sub orice formă ajută persoanele superactive Pitta să se contrabalanseze. Mențineți temperatura în dormitor sub 19°C în timpul somnului și nu stați prea mult în cada cu apă fierbinte; prea multă căldură umedă vă poate face să vă simțiți amețit sau vă poate provoca greață când Pitta este în dezechilibru. Dacă vă simțiți încins la un moment dat, puneți o compresă rece pe frunte și la spate, pe gât, în loc să beți multă apă rece. (Apa rece, care stinge focul digestiv, este criticată în medicina ayurvedică.) De asemenea, sunt recomandabile băuturile reci, dulci, nu prea acre (sucul de mere, de grepfrut, apa minerală). Beți cât mai multe lichide în perioada verii toride sau dacă vă simțiți rău; cei din Pitta au tendința să transpire mai mult, pierzând astfel multă apă. Puteți să comandați pe internet un ceai de plante special pentru persoanele din Pitta; puteți bea până la patru cești pe zi din acest ceai.
- Consumați alimente care domolesc Pitta. Este important să nu mâncați excesiv, ceea ce persoanele din Pitta au tendința să facă dacă își forțează prea mult digestia, altfel excelentă. Totodată, nici nu vreți să vă simțiți inconfortabil de înfometați – cei din Pitta suferă dacă trebuie să sară peste mese. Decât să alegeți extremele, mai bine luați mese regulate la ore regulate, de trei ori pe zi. Dacă aveți o digestie greoaie, un lapte cald cu zahăr și aromat cu nucșoară vă ajuta să aduceți Pitta înapoi în starea de echilibru. Dacă aveți în permanență un apetit excesiv și o sete nepotolită, va trebui să vă ponderați digestia, alegând o dietă de domolire a Pitta.
- Dacă veți constata că aveți un apetit scăpat de sub control, nu vă forțați să mâncați mai puțin. În schimb, serviți treptat mese mai ușoare,

începând cu aproape trei pătrimi din ceea ce mâncați în mod obișnuit. Consumați această cantitate timp de o zi sau două, apoi reduceți la jumătate cantitatea pe care obișnuiați să o mâncați. Acum ar trebui să aveți un nivel acceptabil de consum. Continuați cu această cantitate doar dacă nu simțiți că ați ajuns la un nivel inconfortabil de foame, caz în care ar trebui să vă întoarceți la prima variantă. Dacă ați ajuns să mâncați aproximativ două mâini de alimente la fiecare masă, ați atins idealul ayurvedic. (Acest regim a fost prescris de fapt de Charaka, cea mai mare autoritate străveche în Ayurveda.) Gustul alimentelor amare taie apetitul mai mult decât orice altceva, așa încât încercați să beți apă tonică înaintea unei mese sau să consumați o salată de legume verzi amărui, cum ar fi cicoarea, andivele, varza roșie și lăptuca.

- Evitați stimulentele artificiale, toate reușind să ridice nivelul Pitta. Alcoolul, sub orice formă, este asemenea kerosenului aruncat peste focul Pitta (nici drojdia fermentată din pâine nu este considerată bună pentru echilibrarea doshei Pitta). Nu trebuie să întețești focul în cuptorul digestiv adăugând zero calorii din alcool. Neajunsul cofeinei din cafea și al teinei din ceai este că stopează energia, în timp ce persoanele de acest tip nu au nevoie decât de domolirea arderilor.
- În mod tradițional, Ayurveda consideră tratamentul laxativ (*virechana*) cel mai bun mod de a reduce excesul de Pitta, deoarece golirea intestinelor pentru o scurtă perioadă de timp răcorește „focul digestiv". Puteți încerca să luați o linguriță de ulei de ricin înainte de culcare o dată la fiecare patru sau șase săptămâni (însă nu mai des). În mod specific, laxativul o să vă fragmenteze somnul, pentru că veți merge la baie de două sau trei ori pe noapte; beți un pahar de apă călduță după fiecare eliminare, pentru a evita deshidratarea. A doua zi, când organismul se va simți ușurat și relaxat, mâncați puțin, putând chiar înlocui mâncarea cu câteva pahare de suc de fructe. Dacă mâncați hrană solidă, evitați orice este greu, gras, rece sau uleios. Odihniți-vă cât mai mult. *Totuși, nu luați niciun fel de laxativ dacă aveți dureri intestinale, sângerări sau ați avut în trecut probleme digestive.*
- Fiți atenți să ingurgitați numai alimente, apă și aer proaspete, deoarece Pitta este sensibilă în mod special la impurități de orice gen. Aditivii alimentari, chiar dacă se consideră că nu sunt nocivi la scară mare,

pot genera dezechilibre metabolice, care, oricât ar fi de mici, vin în contradicție cu scopul vostru de a atinge echilibrul perfect.

- Evitați efortul fizic exagerat sau supraîncălzirea din mediul exterior. Persoanele din Pitta obosesc ușor într-un mediu foarte cald. Pielea lor albă netolerând soarele dogoritor, vor înțelege singuri când e timpul să intre în casă. Ayurveda le recomandă să se expună cu moderație la soarele fierbinte din timpul verii. Începeți cu zece minute expunerea directă la soare și măriți timpul treptat, până la o jumătate de oră, dar asigurați-vă în același timp că ați folosit o loțiune cu filtru UV. În loc să ieșiți în miezul zilei, încercați s-o faceți dimineața și după-amiaza târziu.
- Bucurați-vă de frumusețea naturii cât mai des cu putință – în mod tradițional, Ayurveda recomandă persoanelor din Pitta să admire apusul de soare, luna plină și să se plimbe pe malul lacurilor și al apelor curgătoare. Toate acestea sunt lucruri agreate de dosha Pitta. În general, persoanele Pitta găsesc un peisaj superb foarte potrivit pentru a se odihni după o muncă intensă; le va absorbi atenția așa cum nu ar putea să o facă dacă ar sta pe verandă. Evitați să citiți cărți sau să urmăriți spectacole violente, șocante sau contradictorii – toate cele trei influențe agravează puternic Pitta. Rezervați-vă zilnic o perioadă mai mare de timp pentru a vă amuza cu ceva care să vă destindă, să vă facă să râdeți sau să vă deconecteze – astfel de influențe contribuie la atenuarea tensiunii acumulate de Pitta. Totodată, ele reușesc să vă contracareze tendința voastră de a deveni prea dependent de atingerea țintelor bine definite pe care vi le-ați fixat. Persoanele Pitta sunt în elementul lor atunci când sunt serioase; ele au nevoie să se tonifice râzând cu poftă, mai mult decât orice alt tip de organism. În multe privințe, acesta este cel mai bun medicament împotriva agravării Pitta pe care l-a putut concepe natura.

Echilibrarea doshei Kapha

- Stimulare
- Experiențe variate
- Exerciții fizice regulate
- Căldură, uscăciune
- Controlul greutății
- Reducerea consumului de dulciuri

Cheia pentru echilibrarea doshei Kapha este stimularea. Prin natura ei, această dosha este constantă și înceată, lucru care conduce la dependență și rezistență. Însă persoanele cu un dezechilibru al doshei Kapha respectă cu sfințenie statu-quoul; ele au nevoie de stimularea declanșată de noi imagini și sunete, persoane și întâmplări noi. Același lucru este valabil și din punct de vedere fizic. În lipsa activității, cei din Kapha pot deveni apatici și plictisiți, trăsătură direct legată de digestia lor înceată. După cum am văzut, când alimentele nu sunt digerate complet (sau dacă sunt prea grele, grase sau greu digerabile), reziduurile toxice, numite ama, pot bloca sistemul, conducând în cele din urmă la boală. Cei de tipul Kapha sunt în mod special predispuși la această problemă și trebuie să se asigure că-și mențin focul interior prin practicarea exercițiilor fizice regulate și printr-o dietă variată.

Persoanele Kapha trec mai greu dintr-o parte în cealaltă a balanței, astfel că e bine să fie constante în menținerea acestei doshe în echilibru. Agravând Vata astăzi, aveți toate șansele să simțiți efectele mâine. Dar puteți consuma alimente care să agraveze Kapha pe tot parcursul iernii și să nu vă dați seama că ați greșit până când va sosi primăvara și dosha acumulată începe „să se topească", iar voi veți face o răceală de primăvară sau o sinuzită tipică. Dacă veți arunca o privire peste lista celor douăzeci și cinci de gune, veți remarca faptul că Vata și Kapha nu au nimic în comun, în afară de răceală. Ca urmare, tendința persoanelor Kapha este să aibă nevoie exact de opusul a ceea ce au nevoie cele din Vata. Acesta este motivul pentru care strategia Kapha de stimulare este opusă regulii de odihnă pentru cei din Vata. Persoanele Vata sunt asemenea iepurilor; persoanele Kapha, asemenea elefanților.

Dacă prezentați semne ale unui dezechilibru al doshei Kapha, următoarele puncte de reper vă vor ajuta să faceți din rutina voastră zilnică una mai agreabilă pentru dosha voastră dominantă.

- Căutați să descoperiți diversitatea în viață. Cei din Kapha trebuie să facă un efort conștient de a căuta noi experiențe. Ei fac un adevărat cult din iubirea față de propriul cămin, iar acest lucru îi ajută să depășească pericolul de a se simți dezrădăcinați. Însă se manifestă o tendință evidentă de stagnare, ceea ce duce la stări de depresie, defectul multor persoane cu un dezechilibru al doshei Kapha. Ca și în cazul celorlalte doshe, meditația este extrem de utilă și aici; ea permite celor din Kapha să descopere agerimea esențială a naturii lor.

Ceea ce face ca viața să devină într-adevăr un factor stimulator nu este diversitatea externă, ci uimitoarea agerime din interior. Natura ne-a creat astfel încât să căutăm cu neobosită curiozitate idei noi, chipuri noi și inovații creatoare. (Se spune că omul este unica ființă capabilă să traverseze un ocean doar ca să vadă cum arată alți semeni dincolo de marea întindere de apă.) Dacă vor practica puțină meditație, cei din Kapha, care se mulțumesc doar să privească parada ce trece prin fața lor, vor decide că își doresc cu adevărat să se alăture și ei mulțimii care defilează. Aceste persoane sunt tentate să acumuleze în viață, să pună de-o parte și să economisească tot ce le iese în cale, fie că este vorba despre bani, energie, statut sau iubire. Când vor descoperi că pot să renunțe la toate acestea și să se folosească de rezistența lor solidă ca de un motor al schimbării, vor fi făcut încă un pas uriaș în evoluția lor personală. Capacitatea lor fantastică de a iubi și de a ști să se facă iubiți va fi devenit atunci de două ori mai puternică.

- Optați pentru dieta de domolire a doshei Kapha – este important să nu mâncați excesiv dacă sunteți un organism de tip Kapha, întrucât tendința de a deveni supraponderal este în mod evident prezentă. Un ceai fierbinte de ghimbir la mesele principale ajută la stimularea papilelor gustative; în același timp, eficientizează digestia înceată, la fel cum o face și o linguriță de semințe de chimen dulce, mestecate după masă. Dacă este vorba despre o congestionare accentuată, Ayurveda recomandă alegerea alimentelor uscate și a celor cu gust astringent (care îți fac „gura pungă"). Pâine prăjită uscată, mere, grisine, șofran de India și multe legume în stare crudă, toate sunt indicate pentru a evita consolidarea excesului de Kapha și pentru a tonifica tractul digestiv.
- Reduceți consumul de dulciuri. Kapha este singura dosha care se identifică pe deplin cu gustul dulce. Indiferent de numărul de calorii, cei din Kapha vor lua în greutate și vor ieși din starea de echilibru dacă dieta lor abundă în dulciuri. Dacă veți evita înghețata, laptele, deserturile cu zahăr, pâinea de grâu și untul (toate fiind considerate alimente dulci în Ayurveda), veți constata o schimbare radicală în privința răcelilor cu nas plin de secreții, sinusuri blocate, alergii și stare de somnolență, de care suferă cei din Kapha atunci când dosha lor este în dezechilibru. Pe termen lung, prea multe dulciuri ar putea favoriza instalarea diabetului, o boală gravă pentru persoanele de tip Kapha. Din fericire, există un

îndulcitor natural – mierea în stare pură, foarte indicată pentru Kapha. Dacă veți lua o linguriță sau două (dar nu mai mult) în fiecare zi, va ajuta la eliminarea excesului de Kapha din sistemul vostru minte-corp.

- Rămâneți în stare caldă. Fiind o dosha rece, Kapha beneficiază de pe urma căldurii. Căldura uscată este cea mai indicată dacă sunteți congestionat, o suferință de care se plâng în mod frecvent cei din Kapha. O lampă cu ultraviolete, îndreptată spre piept, sau o sursă de încălzire a spatelui, poate ajuta în multe situații în cazul excesului de Kapha.
- Evitați umezeala. Cei din Kapha sunt în mod deosebit sensibili la condițiile atmosferice reci și la vremea umedă. Fiți atenți să nu vă expuneți nasul, gâtul și plămânii la aerul rece de iarnă dacă nu vă simțiți bine.
- Faceți un masaj uscat al corpului pentru a stimula circulația. Această procedură este numită *garshana* și se face cu mănuși speciale din mătase pură (disponibile pentru comandă pe e-mail). Nu este nevoie să se folosească uleiuri când este vorba despre agravarea doshei Kapha, întrucât este o dosha uleioasă. Un masaj serios de stimulare timp de zece minute este foarte indicat; nu depuneți un efort susținut, pentru a nu vă extenua prea mult. Dacă nu dispuneți de mănuși, o lufă uscată poate fi foarte eficientă.
- Beți lichide *calde* în timpul zilei; dar numai în cantitate moderată, deoarece Kapha este deja umedă. Pentru a scăpa de starea de congestie și de durerea de gât, un ceai dintr-un sfert de linguriță de ghimbir uscat și șofran de India la o ceașcă de apă este foarte eficient. Un alt ceai special de domolire a doshei Kapha mai poate fi comandat pe e-mail. Puteți bea până la patru cești pe zi.
- Practicați în mod regulat un sport, de preferat în fiecare zi, este unul dintre cele mai bune moduri de a evita stagnarea și instalarea toxinelor în organism. Pentru că sunt în general corpolenți și cu mușchi puternici, cei din Kapha au tendința să fie cei mai buni atleți la tinerețe; odată cu responsabilitățile vârstei de adult, persoanele de tip Kapha devin însă cele mai sedentare. Este păcat, pentru că au avantajul de a profita cel mai mult de pe urma sportului, ar trebui să rămână activi la orice vârstă.
- Fiți corecți față de voi înșivă atunci când sunteți bolnavi și trebuie să vă recuperați forțele. Cei din Kapha au o rezistență excelentă și se bucură de activitățile fizice practicate; de asemenea, au un prag foarte ridicat

al durerii și nu cad la pat decât atunci când sunt cu adevărat bolnavi. Dacă sunteți o astfel de persoană, nu uitați să vă îngrijiți când sunteți bolnav, pentru a nu vă agrava starea. Probabil că în acel moment sunteți de două ori mai bolnav decât oricine altcineva. Persoanele Kapha pot fi destul de depresive dacă simt că nu se bucură de grija și atenția celor din jur, așa încât lăsați prietenii și familia să vă înconjoare cu atenția lor atunci când simțiți că sunteți cu moralul la pământ.

- Congestia capului este o problemă obișnuită a celor din Kapha, dar poate fi preîntâmpinată dacă se face apel la o tehnică simplă. Dizolvați un sfert de linguriță de sare în apă călduță. Aplecându-vă deasupra unei chiuvete, luați în căușul palmei puțină apă cu sare. Presați nara stângă, închizând-o, și inhalați apă de câteva ori pe nara dreaptă, până când simțiți că pătrunde în sinusuri. Obturați acum nara dreaptă și repetați inhalarea pe nara stângă. Nu inhalați adânc (ceea ce ar conduce apa în plămâni) și nu vă forțați respirația dacă aveți sinusurile blocate. S-ar putea să strănutați sau să vă curgă nasul, ceea ce este un semn bun. Repetați de două sau trei ori, după cum este nevoie. Acest tratament este mai eficient după un duș cu apă călduță, care a favorizat înmuierea mucoasei sinusurilor. Dacă simțiți vreo durere sau ați fost diagnosticat cu o infecție a sinusurilor, întrerupeți imediat tratamentul. El este menit să mențină tonificate pasajele nazale, și nu să vindece o disfuncție odată ce ea s-a instalat.

Cum să executați garshana

Acest masaj uscat ar trebui făcut dimineața, timp de 3-4 minute, înainte să faceți baie și să vă îmbrăcați. Purtând mănuși speciale de mătase și folosindu-vă de amândouă mâinile, frecați-vă pielea cu mișcări rapide și viguroase. De-a lungul oaselor lungi ale brațelor și picioarelor, aplicați mișcări ample, înainte și înapoi. Alternați cu mișcări scurte, circulare în dreptul articulațiilor – la umeri, coate, încheieturile mâinilor etc. Pentru început, 10-20 de mișcări ample sunt suficiente; în timp, se poate se poate ajunge la 40 de mișcări.

1. Începeți prin masarea capului, prin mișcări energice circulare și continuați cu mișcări ample, pe măsură ce înaintați spre zona gâtului și

a umerilor. Pe măsură ce coborâți spre brațe, alternați cele două tipuri de mișcări: mișcări circulare aplicate la articulația umerilor, mișcări ample în jos spre brațe, din nou mișcări circulare la coate, apoi mișcări ample la antebrațe, circulare la încheietura mâinilor, lungi la mâini și, în cele din urmă, mișcări ample circulare peste articulațiile degetelor.

2. Înaintând spre zona pieptului, masați orizontal, prin mișcări ample, însă evitați să masați direct în dreptul inimii și al sânilor.

3. Masați orizontal în dreptul stomacului cu două mișcări ample, apoi faceți două mișcări în diagonală. Folosind acest ritm alternativ, înaintați spre abdomenul inferior, zona lombară a spatelui, fese și coapse, acordând o atenție suplimentară oricărei zone unde s-a instalat un strat suplimentar de grăsime. (Aceasta pentru a favoriza circulația în zonele respective și pentru a elimina acele toxine asociate cu excesul de Kapha și grăsime.)

4. Ridicați-vă în picioare și masați articulațiile femurale prin mișcări circulare. Acum, coborâți spre picioare, așa cum ați procedat cu brațele: mișcări ample în dreptul oaselor lungi ale picioarelor și mișcări circulare la genunchi și glezne, încheind cu mișcări ample peste laba piciorului.

Garshana, în combinație cu exercițiile yoga, este extrem de utilă pentru a scăpa de celulită.

PARTEA A II-A

Organismul uman creat după legile cuantice

Capitolul 6

Medicina cuantică în slujba organismului uman creat după legile cuantice

În călătoria fără sfârșit a cunoașterii de sine, cele trei doshe sunt un important punct de referință. Ele ne poartă în universul nostru interior, unicul loc în care inteligența, sub toate formele ei – gânduri, emoții, motivații, instincte, dorințe și credințe –, poate fi modificată. Însă doshele sunt doar o casă pe jumătate terminată. Dincolo de ele putem avea revelații mult mai profunde. În cea de-a doua parte a acestei cărți, aș vrea să ating aceste profunzimi explorând organismul uman creat după legile cuantice – termenul folosit în Ayurveda pentru acel software invizibil care transformă, controlează și creează sinele fizic.

În primul capitol, am amintit câteva dintre principiile esențiale care stau la baza existenței organismului uman creat după legile cuantice: este vorba despre o rețea de forme de manifestare a inteligenței, un know-how întregit din tot ceea ce adună creierul, dar și celelalte 50 de trilioane de celule din organism; această rețea urmează să răspundă imediat la cel mai mic gând sau cea mai ușoară emoție, dând naștere unui flux și schimb permanent, esențial pentru natura noastră; ea nu este localizată în spațiu și timp, ci este cu mult mai generală, extinzându-se în toate direcțiile, ca un câmp. Nu veți reuși să vă vedeți propriul organism cuantic, pentru că el este compus în întregime din vibrații ușoare, fluctuații în câmp, dar puteți deveni conștienți de existența lui – într-adevăr, simțurile voastre sunt indestructibil armonizate cu câmpul cuantic, a cărui activitate este mult mai importantă decât a materiei și energiei. Faptul că puteți fi conștient de existența unui nivel din natură de 10 până la 100 de ori mai subtil decât al atomului pare atât de surprinzător încât mi-am dorit să am ocazia să detaliez acest concept.

În explorarea universului nostru interior

Știți deja că doshele sunt un fel de cameră a comenzilor, unde gândurile se transformă în materie. La început, pare ceva de neimaginat. Materia este solidă și stabilă; poate fi văzută cu ochiul liber și atinsă, măsurată și cântărită. Pe de altă parte, gândurile plutesc și sunt invizibile; ele nu pot fi văzute sau atinse, iar măsurarea lor (în cazul unei electroencefalograme – EEG) ar fi o chestiune rudimentară. După cum se exprima un înțelept fiziolog, să înțelegi creierul uman cu ajutorul unei EEG este ca și cum ai încerca să înțelegi regulile fotbalului lipind electrozi pe peretele exterior al astrodomului și ascultând vuietul mulțimii.

Interpretările rezultate în urma analizei sumare a creierului sunt și ele extrem de limitate. Mulțumită tehnologiei ultramoderne denumite TEP (tomografie cu emisie de pozitroni), este posibil astăzi să ne imaginăm o emoție puternică sau o percepție în timp ce o persoană trăiește acea experiență. (Acest lucru implică urmărirea unor tipare făcute de radioizotopi pe măsură ce creierul derulează procesul de gândire.) Însă aceste tipare, oricât de relevante ar fi, nu ne spun ce fel de gând este în curs de procesare. Nu putem face distincția dintre iubire și ură; nu putem să ne imaginăm diferența dintre o minte sănătoasă și una bolnavă, ca să nu mai vorbim despre decodificarea incredibilei subtilități și miraculoasei varietăți a conexiunii dintre minte și corpul uman.

Singurul mod de a pătrunde acest tărâm este unul subiectiv, pornind din interiorul organismului uman creat după legile cuantice. Aici este locul unde miracolul transformării minții în materie este de fapt gestionat. Dacă întâlnirea cu un șarpe într-o pădure vă înspăimântă, inima începe să bată cu putere, gâtul vi se usucă, iar genunchii sunt ca de cauciuc. Până în momentul când se instalează frica, în interiorul vostru a avut loc o transformare într-o fracțiune de secundă. Impulsul vostru mental – totalmente abstract și nonmaterial – s-a manifestat din punct de vedere fizic sub forma unor molecule de adrenalină, care sunt concrete și absolut materiale. Decizia care face posibil acest lucru are loc în mod subiectiv; ați ales să transmiteți o ușoară intenție organismului vostru creat după legile cuantice și, fără nicio ezitare, acesta îndeplinește comenzile. Să alegeți frica nu este însă singura opțiune. Dacă nu v-ar fi frică de șerpi, nu ar mai exista adrenalină; în schimb, s-ar putea să generați acei produși chimici care declanșează fericirea și încântarea, freamătul descoperirii sau ați putea avea deopotrivă o reacție mult mai firească.

Astfel se deschide calea spre Ayurveda, care spune că mintea noastră ne transmite controlul, capacitatea de a avea *orice* reacție pe care ne-o dorim. Marele dezavantaj este că fiecare dintre noi este programat conform unor direcții extrem de rigide. Nu avem decât câteva reacții în loc de o infinitate. Din această cauză, avem un preț de plătit. Conexiunea minte-corp omenesc nu mai este lipsită de efort și naturală; începe să se acumuleze stresul, iar semnalele negative transmise de minte încep să deterioreze celulele. Un vechi proverb indian spune în felul următor: „Dacă vrei să vezi cum erau ieri gândurile tale, privește-ți trupul de azi. Dacă vrei să vezi cum îți va fi trupul mâine, privește-ți gândurile de azi". Cei mai mulți dintre noi ar fi destul de triști dacă ne-am supune acestui test. Adevărata medicină de care are nevoie organismul nostru este medicina care ne ajută să ne conștientizăm.

Medicina cuantică

Odată ce am înțeles că există un organism cuantic paralel cu cel fizic, multe lucruri, misterioase până acum, par să capete sens. Iată două explicații interesante pentru atacul de cord. Prima: mai multe infarcturi au loc lunea, la ora nouă dimineața decât la orice alte ore și zile din timpul săptămânii. A doua: persoanele cel mai puțin predispuse să sufere un infarct fatal sunt cele care manifestă un nivel ridicat al satisfacției față de munca lor.

Punând laolaltă aceste două constatări, începeți să realizați că opțiunea joacă un rol important în acest caz. Cu toate că infarcturile se presupune că au loc aleatoriu, reiese totuși că măcar unele sunt controlate de persoanele care le-au suferit. Anumite persoane care-și urăsc jobul își exprimă sentimentul lunea dimineața inducându-și singuri un infarct, în timp ce acele persoane care își iubesc slujba nu o fac. (Să lăsăm deoparte întrebarea de ce persoanele care își urăsc jobul nu aleg o exprimare mai puțin dramatică pentru frustrările lor.) În medicina convențională, nu există niciun mecanism cunoscut pentru a-ți induce singur un infarct folosindu-ți mintea. Totuși, din perspectivă ayurvedică, inima este o copie a acelorași impulsuri care ocupă mintea, inclusiv a dezamăgirilor, temerilor și frustrărilor minții. La nivelul mecanicii cuantice, mintea și corpul sunt una și aceeași; așadar, nu ne mai surprinde că o insatisfacție profundă, înăbușită, ascunsă într-un ungher al minții, ar trebui să se manifeste într-un echivalent fizic – un atac de cord.

Într-adevăr, orice insatisfacție *trebuie* să se manifeste fizic, deoarece toate gândurile noastre se transformă în compuși chimici. Când sunteți fericiți, compușii chimici din creier circulă prin tot corpul, spunând fiecărei celule cât de fericit sunteți. Când primesc mesajul, celulele „devin fericite“ și ele, la rândul lor; cu alte cuvinte, încep să funcționeze mai eficient, influențându-și propriile procese chimice. Dacă sunteți deprimat, pe de altă parte, se întâmplă exact contrariul. Tristețea voastră este transmisă fiecărei celule, generând durerea de inimă, de exemplu, iar sistemul imunitar slăbește. Orice gândim și facem începe în interiorul organismului nostru cuantic, pentru ca apoi să iasă la suprafață și să prindă viață.

Ați auzit probabil despre experimente în care subiecți aflați în stare de hipnoză ajung să aibă mâinile mai calde, să le apară pete roșii pe piele sau chiar erupții doar prin forța sugestiei. Acest mecanism nu funcționează doar în cazul hipnozei. Și noi o facem tot timpul, doar că nu avem de obicei un control voluntar asupra ei. O victimă tipică a infarctului ar fi șocată să afle că și l-a provocat singură. Și totuși, dacă veți privi dincolo de implicațiile morbide, vestea cu adevărat interesantă este că avem puteri uriașe, neexploatate încă. În loc să creăm în mod inconștient boli, am putea să creăm sănătate în mod conștient.

*

Pentru că este chiar el medic, Gerald Rice știe foarte bine cât de bolnav este. După ce a practicat medicina internă la Boston timp de douăzeci și cinci de ani, la vârsta de 50 de ani a fost diagnosticat cu o leucemie cronică sau, altfel spus, un cancer al globulelor albe din sânge. Gerald era cuprins de o panică teribilă de câteva luni de zile, de când aflase diagnosticul. Obsedat de boala lui, stă acum în miez de noapte aplecat asupra tratatelor medicale. Tot ceea ce citește este însă descurajant. Pacienții diagnosticați cu această formă de leucemie mai trăiesc de obicei doar câțiva ani.

Dar mai este încă timp. Gerald nu a remarcat până acum vreun simptom, în afară de faptul că se simte nefiresc de obosit pe tot parcursul zilei, însă numărul total al globulelor albe a sărit de 40 000, mai mult de patru ori decât nivelul normal, cuprins între 4 000 și 11 000. La un institut de renume în tratamentul cancerului, din New York, a fost sfătuit să încerce unele forme noi de chimioterapie, dar el se teme să se expună efectelor colaterale ale medicației când nu prezintă de fapt niciun fel de simptome. A decis să mai aștepte, în ciuda faptului că lipsa de tratament îl înspăimântă și mai tare. Câțiva oncologi i-au recomandat același lucru: de îndată ce numărul globulelor albe va ajunge la 50 000, va trebui să acționeze. Gerald stă treaz în noapte, gândindu-se obsesiv la această cifră; este o frontieră pe care se teme să o treacă.

Cu puțină vreme în urmă, după ce a citit despre cazurile de cancer care au evoluat favorabil sub tratamentul ayurvedic, a venit la centrul nostru. Atitudinea lui era extrem de circumspectă, iar primele sale întrebări trădau o mare neliniște referitoare la ceea ce avea să i se întâmple. „Care este protocolul dumneavoastră pentru tratarea leucemiei cronice?“, a întrebat el imediat. „Nu este vorba despre o formă clinică de cancer“, i-am răspuns. „Toți pacienții noștri aflați într-un stadiu avansat al bolii încep în mod esențial cu același tratament.“

Această afirmație l-a șocat, întrucât, conform standardelor sale de practică, orice varietate specifică de cancer merită propria sa abordare intensă, puternic focusată. În Ayurveda, noi urmăm o cu totul altă logică. Ținta noastră este să atingem un nivel al echilibrului perfect, care există în universul interior al fiecărui pacient, indiferent cât ar fi de bolnav. Experimentarea acestui nivel aduce după sine însănătoșirea trupească și cea a sinelui, apelând la metode adaptate fiecărui organism.

„În acest moment, boala pe care o aveți este dominată de sentimente de frică și panică“, i-am spus. „Transmiteți semnale intense de tulburare a propriului sistem imunitar și știți prea bine, în calitate de medic, că sistemul imunitar este deosebit de sensibil la astfel de mesaje.“ A trebuit să recunoască faptul că aveam perfectă dreptate.

„Ceea ce ne propunem este să vă aducem cunoștința înapoi, la un nivel mai sănătos, într-un loc unde această afecțiune nu este atât de amenințătoare. În cele din urmă, ne-am dori să puteți descoperi locul în care ea nici nu mai există."

La auzul acestor cuvinte, el s-a opus cu vehemență: „Dar ea există; *este* o realitate. Îmi cereți cumva să rămân orb în fața acestui adevăr? Dacă sunt panicat, leucemia este cea care mă face să mă simt astfel", a protestat el. Începuse să devină agitat. Făcea eforturi să păstreze controlul absolut și stăpânirea de sine chiar din momentul în care primise diagnosticul devastator. Perspectiva schimbării atitudinii sale rigide, temătoare era aproape mai înfricoșătoare pentru el decât propria boală. Am încercat imediat să-l liniștim. Și alte tipuri de tratamente medicale, fie că era vorba despre cel ayurvedic, fie despre cel occidental, îi erau mereu la îndemână. Urma să ne consultăm cu medicul său personal și cu specialiști de renume din zona Bostonului. Cu toate acestea, fără un tratament pentru sinele său interior, un tratament extern pe bază de medicamente sau radiații nu ar fi dat rezultate deosebite.

În cazul unei boli grave sau care îi amenință viața pacientului, pot să existe multe paliere ale dezechilibrului, care ascund profunzimile unde există vindecarea. Fiecare palier este un fel de mască, în spatele căreia se ascunde sinele de el însuși – unii pot să petreacă o viață întreagă fără să bănuiască că există organismul creat după legi cuantice. Sănătatea perfectă este o realitate existentă la nivelul cel mai profund posibil și așteaptă să fie scoasă la suprafață, în viața noastră. Începutul perfecțiunii, le spunem pacienților noștri, este să ignori imperfecțiunea. În acest scop, tradiția ayurvedică ne-a transmis multe tehnici, atât fizice, precum și mentale, la care medicul poate apela.

„Dacă puteți trece dincolo de masca bolii și să intrați în contact cu sinele vostru interior, chiar și doar pentru câteva minute pe zi, veți face pași uriași spre însănătoșire", i s-a explicat lui Gerald. „Nimeni nu poate garanta că vă veți recupera definitiv, însă această perspectivă a medicinei este validă și dă rezultate."

Gerald a mulțumit pentru aceste sfaturi cu un amestec de speranță și scepticism. Sunt perfect conștient de cât de vulnerabili se simt pacienții în această situație. Sunt predispuși la atacuri severe de anxietate și vinovăție. Se întreabă în secret dacă merită această soartă și, prin urmare, fără voia lor au declanșat-o; se învinovățesc singuri că nu au mâncat mai bine, că nu au trecut mai des pe la medic sau că nu au trăit mai sănătos, în general; își acuză soarta, și totuși se roagă pentru un răgaz.

Tot acest chin nu este deloc necesar, de aceea nici nu trebuie să fie atacat frontal. Singurul adevăr este că atunci când se instalează o boală, aduce odată cu ea o realitate bolnavă, și cu cât este mai gravă boala, cu atât este mai distorsionată perspectiva noastră față de o realitate care poate prinde viață. Pentru oricine se află prins în chingile unei boli cu adevărat necruțătoare, frica este copleșitoare. Totuși, aceasta nu o face inevitabilă. Frica este scenariul pe care îl urmăriți când trăiți într-o realitate bolnavă. Dacă veți schimba acea realitate, care s-a născut în interiorul vostru, se va schimba și scenariul.

„De mâine puteți începe tratamentul", i s-a spus lui Gerald în urma examenului fizic medical. „Nu trebuie neapărat să credeți în el – tot ce trebuie să faceți este să-l urmați."

A rămas așezat, fără să spună nimic. „Sunt dispus să încerc orice", a răspuns el într-un târziu cu o voce joasă. A fost imediat cazat în centru. Având în vedere prin ce trecuse până atunci, nu era deloc surprinzător că testul inițial de sânge, luat în aceeași după-amiază, era lamentabil. Numărul total de globule albe se ridicase la 52 000, cu mult mai mare decât înainte, astfel că primul gând a fost că nu mai era nimic de făcut.

Apoi lucrurile s-au precipitat. De îndată ce a sosit, Gerald a fost absorbit de rutinele specifice, menite să-i echilibreze doshele, prezentate pe larg în capitolul 5. A fost diagnosticat ca fiind un tip Pitta și i s-a fixat o dietă de domolire a acestei doshe. Dieta conținea multe salate, o varietate mare de fructe, orez, pâine și feluri reci de mâncare, cu un conținut redus de grăsimi și sare. Accentul era pus pe gustul dulce, toate acestea pentru a ajuta la reliefarea doshei Pitta.

A învățat să practice meditația încă din prima dimineață petrecută la noi și a urmat ședințele de meditație de două ori pe zi, înainte de micul dejun și masa de seară. Fiind el însuși medic, Gerald era uimit de tot ce descoperea în jurul lui. Centrul este conceput să transmită o atmosferă extrem de optimistă și încurajatoare. Nimic nu face trimitere la aspectul medical din perspectiva convențională. Nu există nici cea mai mică urmă de sobrietate neprimitoare în aer, niciun miros de substanță antiseptică, nicio încăpere dezolantă de îngrijire a cazurilor critice, unde să bipăie încontinuu monitoarele.

Ayurveda încurajează existența unui cadru natural, preferabil unul plăcut, pentru recuperare. Cele cinci simțuri alimentează în permanență cu semnale organismul nostru creat după legile cuantice și fiecare semnal este metabolizat, pătrunzând în lăcașul unde sunt stocate imaginile, sunetele, mirosurile și așa mai departe. Dacă lucrurile pe care simțurile le văd, aud, ating și miros vă amintesc de boală, atunci ceva nesănătos este asimilat în corp. Cum puteți să vă reînnoiți realitatea dacă vă reamintiți singur, mereu, într-un mod subtil, de vechea realitate?

Lui Gerald îi făceau plăcere plimbările prelungite de dimineață de-a lungul țărmului, dar, în același timp, era nedumerit. „Nu văd să se întâmple ceva ce ar avea o legătură cu medicina aici", protesta el din când în când. I-am cerut doar să-și continue tratamentul.

Cea mai activă terapie la care a fost supus Gerald este denumită *panchakarma* (termenul sanscrit pentru „cele cinci acțiuni" sau „cele cinci tratamente"), o rutină extinsă de purificare a organismului de toxinele pe care le-au creat boala și o dietă inadecvată. În medicina occidentală, știm că substanțele reziduale continuă să se depună în fiecare celulă din organism. Se consideră că aceste reziduuri rezultate din oxidarea determinată de moleculele cu radical liber joacă un rol activ în generarea erorilor comise de ADN (cauza celor mai multe cazuri de cancer); este aproape sigur că aceste reziduuri subminează funcționarea celulei, ducând la o îmbătrânire mai rapidă și, în cele din urmă, la moartea celulelor din organism. Ceea ce nu se știe cu exactitate este cum ajung ele în celule. Ayurveda susține că tocmai aceste reziduuri pe care le lasă în urmă doshele aflate în dezechilibru constituie dovada vie că un anumit proces imperceptibil a funcționat greșit.

Maeștrii medicinei ayurvedice au găsit un singur termen pentru reziduurile toxice din organism, și acela este *ama*, pe care ei l-au perceput ca o substanță urât mirositoare, lipicioasă, nocivă, care trebuie evacuată din organism cât mai complet cu putință. Unele măsuri de purificare pot fi administrate acasă (după cum vom explica mai târziu), însă panchakarma la o scară mai mare este un tratament specializat, care implică supraveghere medicală, precum și metode de laborator speciale, gestionate de specialiștii în medicină ayurvedică.

Panchakarma nu determină evacuarea reziduurilor fizice din celule, însă se spune că ajută la eliminarea excesului de doshe, odată cu ama, care

„se lipește“ de ele, folosind propriile canale de eliminare ale organismului (glandele sudoripare, tractul urinar, intestinele și așa mai departe). Din punctul de vedere al pacientului, masajele zilnice și băile cu uleiuri sunt foarte plăcute și relaxante; din perspectiva cuantică, canalele care aduc semnale de însănătoșire în celule sunt curățate și revigorate. Panchakarma, trebuie să mă repet, nu este un tratament împotriva cancerului. Este administrat tuturor pacienților, pentru le a restabili starea de echilibru.

După doar câteva zile, Gerald simțea deja că oboseala pe care o acumulase se scurgea din propriul lui organism, ca și cum ani de epuizare erau acum eliminați din corpul lui. În mod normal, fiind o persoană hotărâtă și extrem de motivată, el descoperea acum că avea nevoie cu disperare de multe ore de odihnă și somn. Când ne-a vorbit despre această constatare, i-am explicat că, așa cum își lăsa oboseala să-i părăsească trupul, la fel se întâmpla și cu stresul. Oboseala este umbra tuturor formelor mai vechi de stres, care s-au acumulat în sistemul nervos. Fiind medic, lui Gerald nu-i era străin stresul, dar pregătirea lui medicală îl împiedica să recunoască faptul că stresul avea vreo legătură cu boala lui.

I-am explicat că celulele din organismul lui purtau amprenta memoriei stresului și, în timp, ele își vor fi pierdut capacitatea de a funcționa perfect. Bucle de inteligență se desfăceau, rămânând deschise, ca un circuit electric întrerupt. Întreaga inteligență a celulelor se slăbește, iar rezultatul final este boala. În cazul lui, boala purta numele de leucemie; dar ar fi putut fi mii de alte afecțiuni. Ideea este că aceeași intenție se aplică în cazul oricărei alte boli – refacerea propriei inteligențe a organismului.

La o săptămână după sosirea lui în centru, Gerald era pregătit să se întoarcă acasă, fiind convins în continuare că nu trăise niciun fel de experiență medicală. În ultima discuție avută cu el, i s-au prezentat rezultatele unui test de sânge luat dimineața. Conform raportului de laborator, numărul globulelor albe scăzuse cu peste 40%, de la 52 000 la 28 000. Era uluit. Era o îmbunătățire semnificativă. Dacă Gerald ar fi urmat o formă de chimioterapie convențională, o reducere cu 10 000 de globule albe în doar câteva zile ar fi fost considerată foarte încurajatoare.

Fără vreun efect secundar, el se simțea mai sănătos decât fusese în ultimii ani, nu doar de când fusese diagnosticat cu leucemie. Un alt simptom serios al bolii sale dispăruse complet – numărul nefiresc de mare de globule albe imature produse de măduva osoasă a pacienților cu leucemie.

Sângele infectat din care i se prelevase o probă în prima zi petrecută la noi evidențiase existența multor celule bolnave; acum nu mai era niciuna. „Nu poate fi vorba decât despre o întâmplare fericită, nu-i așa?", a întrebat el. „Probabil că testul de sânge este greșit." Însă știa că astfel de teste de rutină au un procent ridicat de probabilitate să fie corecte – și el se baza pe astfel de teste în fiecare zi în propria practică medicală.

Puterea de a conștientiza

Părerea mea este că secretul recuperării în cazul lui Gerald constă în schimbarea petrecută la nivelul conștiinței. El învățase că există mai mult autocontrol când te lași dus de val decât când încerci să-ți controlezi organismul prin forță. Perioada care a urmat a dovedit cât de adevărat era acest mod de gândire. După ce a părăsit centrul nostru, Gerald s-a dedicat trup și suflet muncii sale, supunându-se singur stresului obișnuit, iar la vizita următoare, trei luni mai târziu, numărul globulelor albe din sânge se ridicase catastrofal la peste 45 000. A fost cuprins de o depresie teribilă, dar cu ajutorul tratamentului ayurvedic, numărul lor a scăzut din nou. Extrem de ușurat și recunoscător, a plecat acasă și s-a concentrat cu o și mai mare dăruire muncii lui, reluându-și stilul vechi de viață. Deloc surprinzător, numărul globulelor albe s-a ridicat din nou la o cifră incredibilă, pentru a treia oară.

Când a revenit pentru o altă săptămână de tratament, i-am pus o întrebare la care nu se aștepta: „Cred că este foarte dureros pentru tine de câte ori te întorci acasă, nu-i așa?" „Ce vrei să spui?", m-a întrebat el cu precauție. „Adevărul este că sunt bolnav." „Mă refer la ceea ce este dincolo de boala ta."

Nu a răspuns nimic. Mi se părea mai mult decât evident că leucemia de care suferea fusese diagnosticată la numai patru luni după decesul soției lui. Aceasta murise în urma unui infarct suferit puțin după ce împlinise 50 de ani. Gerald îi simțea mult lipsa. Mai mult decât atât, când ajungea acasă noaptea târziu, avea tot felul de discuții cu fiica lui de curând divorțată, care se mutase cu el să-l poată îngriji mai bine.

Ceea ce a fost nevoit să recunoască era adevărul că boala de care suferea era legată de starea lui de conștientizare. Mintea îi influența profund organismul. „Imaginează-ți că starea ta de conștientizare este ca o coardă de vioară. Struna aceea poate interpreta orice notă, înaltă sau joasă, în funcție de locul unde o atingi cu degetele tale. În acest moment, nu faci altceva decât să emiți tot felul de note false. Nu contează doar numărul de globule albe, care crește într-un ritm amețitor, ci și faptul că starea ta de spirit se modifică, la fel ca și așteptările nervoase, durerea și suferința, toate sunt note pe care le-ai eliberat din aceeași poziție a degetelor pe o coardă muzicală.

În medicina tradițională, doar aceste note contează. O cantitate uriașă de energie este cheltuită pentru a omorî globulele albe bolnave. Dar la fel de important este să îți schimbi poziția degetelor pe acea strună de vioară. Abia atunci vei fi creat o nouă realitate, completată cu note noi. Nu asta încercăm să facem în permanență? Gândește-te la acest lucru."

Gerald trebuia să recunoască faptul că se simțea tot mai bine cu fiecare zi pe care o petrecea în centru și tot mai prost acasă. „Doar nu vreți să spuneți că leucemia regresează pentru că mă simt bine?", m-a întrebat el.

„Dacă să te simți bine face parte din însănătoșire, atunci răspunsul este afirmativ, chiar asta vreau să spun. De fapt, nu este vorba despre starea ta de spirit. Este firesc ca dispoziția să se schimbe în timpul evoluției unei boli grave – te poți simți fericit sau deznădăjduit, plin de speranță sau disperat fără vreun avertisment prealabil.

În spatele acestor dispoziții care se schimbă într-un mod imprevizibil se găsește nivelul cuantic al conștientizării, care a fost tulburat. Modificările petrecute la acest nivel sunt cele care declanșează schimbările stării tale sufletești; atunci când conștientizarea profundă se modifică, dispoziția ta o va urma precum o giruetă ce se mișcă în vânt. Ar mai trebui să ne așteptăm să vedem indicii similare în organism, iar numărul de globule albe din sângele bolnav este cel mai bun exemplu. Schimbarea la nivelul conștientizării este extrem de importantă. În calitate de medic, nu poți spune că nu are niciun fel de urmări și apoi să afirmi că emoțiile negative tulbură sistemul imunitar. Trebuie să fie la fel de adevărat că stările pozitive de conștientizare te vor ajuta să te faci bine."

Gerald era de acord că toate acestea aveau sens. Cântărind lucrurile cu pregătirea lui medicală convențională, care îl făcea sceptic la ideea superiorității „minții față de materie" în procesul de vindecare, el trebuia să-și revizuiască propria gândire și experiența de netăgăduit. Am avut această conversație în urmă cu câteva luni. La ora actuală, el continuă să beneficieze de tratamentul aplicat în centrul nostru, însă este nevoie de timp ca să renunțe definitiv la vechile tipare și obișnuințe. Totuși, părerea noastră este că a reușit să depășească acea etapă. A dovedit că nu mai este nevoie să facă eforturi ca să depășească etapa dificilă de la început. A dat frâu liber uneia dintre credințele lui cele mai dragi, aceea că trebuie să lupte pentru viață cu fiecare atom al ființei sale. Acum a început să accepte posibilitatea existenței unui adevăr ayurvedic extrem de profund: dacă poți să ignori imperfecțiunea, perfecțiunea va veni de la sine.

Capitolul 7

Să deschidem canalele vindecării

Cel mai prețios scop urmărit în Ayurveda este întoarcerea la contactul cu propriul nostru organism creat după legile cuantice. Noi denumim acest proces „vindecarea cuantică". Așa cum sunt înțelese conform medicinei moderne, capacitățile de vindecare ale organismului sunt aproape infinite, însă vindecarea cuantică chiar *este* infinită. Fluxul de inteligență izvorât din organismul creat după legile cuantice poate fi canalizat în nenumărate moduri pentru a atinge orice rezultat în corpul fizic, inclusiv vindecarea unor boli grave, cu risc mare pentru viața pacientului, ba chiar încetinirea procesului de îmbătrânire.

Toate aceste aspecte vor fi tratate în detaliu în următoarele pagini, pe măsură ce vom expune tehnicile importante de vindecare ale medicinei ayurvedice. Toate sunt tehnici medicale pe care le punem în aplicare în centrul nostru, dar cele mai bune au și o versiune pentru acasă, pe care puteți să v-o însușiți din cartea de față sau urmând câteva ore de pregătire cu un instructor calificat în *Crearea sănătății.* Sintagma „tehnică de vindecare" ar trebui înțeleasă în sensul ei cel mai larg, care se aplică oricărei persoane ce-și dorește să se apropie cât mai mult de atingerea unei sănătăți perfecte, nu doar persoanelor suferinde. Cele șapte tehnici care trebuie aprofundate sunt:

Panchakarma
Meditația
Vindecarea prin sunete
Vindecarea prin vizualizare
Terapia Marma
Aromoterapia
Terapia prin muzică

PANCHAKARMA – PURIFICAREA ORGANISMULUI

Impuritățile fizice, asemenea prafului așezat pe o oglindă, au rolul de a ascunde de noi înșine natura noastră perfectă. Dar astfel de impurități se aștern mai adânc decât praful și au efecte mai profunde decât cele fizice: întreaga psihologie a omului este strâns legată de starea lui fizică. Importanța panchakarmei este că ne pune la dispoziție un tratament sistematic pentru dislocarea și fluidizarea toxinelor din fiecare celulă, făcând apel la aceleași organe pe care le folosește corpul uman – glandele sudoripare, vasele de sânge, tractul urinar și intestinele.

Vechile texte elogiază panchakarma ca pe un tratament sezonier de asigurare a echilibrului pe termen lung. În ciuda unui standard ridicat de sănătate care ne face pe cei mai mulți dintre noi să ne simțim perfect sănătoși în cea mai mare parte a timpului, în general, americanii nu ajung la o vârstă înaintată fără să se plângă de vreo boală. Într-adevăr, mai puțin de o treime din persoanele în vârstă nu prezintă niciun semn de cancer, suferință a inimii, artrită, diabet, osteoporoză și alte boli endemice degenerative până la vârsta a treia. Pentru toate aceste boli nu există o cauză specifică; în ochii medicilor occidentali, nu sunt decât tulburări complexe care se acumulează odată cu trecerea timpului, ca un bulgăre uriaș de zăpadă care se rostogolește și crește odată cu fiecare fulg diafan de zăpadă. Niciunul dintre fulgii mici de zăpadă nu reprezintă cauza care a provocat bulgărele uriaș și totuși, prin fiecare fulg care cade, bulgărele devine tot mai mare și mai mare. În termenii organismului uman, fulgii de zăpadă sunt mici particule de ama, și nu se poate concepe că am putea ajunge într-un echilibru perfect până când ele nu vor fi fost îndepărtate la fel de repede cum s-au acumulat.

Etapele panchakarma

Deși, dacă ar fi să traducem *ad literam*, ar însemna „cele cinci acțiuni", panchakarma implică de fapt o serie de etape concepute conform tipului de organism și care necesită o supraveghere a tratamentului timp de aproape o săptămână. Ne-a luat aproximativ cinci ani să clarificăm aceste proceduri și să le adaptăm pentru a putea fi folosite în Occident. La fel ca și în cazul altor aspecte ale medicinei ayurvedice tradiționale, panchakarma a fost dezavantajată de confuzie și de aplicarea unor moduri diferite de practică pe teritoriul Indiei. În Centrul Chopra, panchakarma este alcătuită din următorii pași:

Tratamentul cu oleaginoase (snehana). Pacientul ia semințe de susan sau *ghee* pe bază de plante (unt clarificat) timp de mai multe zile consecutiv, dimineața, pentru a ușura doshele și a facilita acțiunea digestivă. (În termenii ayurvedici, persoana își liniștește pentru o perioadă *agni,* focul digestiv.)

Tratamentul laxativ (virechana). Un laxativ ușor, cum ar fi siminichia, este luat pentru a degaja tractul intestinal, scăzând Pitta și domolind în continuare agni.

Masajul cu uleiuri (abhyanga). Asistenții administrează un masaj complet al organismului, abhyanga, la fel ca acela făcut acasă în cadrul rutinei zilnice, dar cu o durată de două ori mai mare și mult mai complet. Plantele folosite pentru masajul cu uleiuri sunt potrivite pentru fiecare tip de organism. Se va folosi mai multă forță pentru a îndepărta excesul de doshe și a-l direcționa spre organele care îl pot elimina. Mai există și un tratament conex, denumit *shirodhara,* în timpul căruia uleiul de susan călduț, pe bază de plante, este lăsat să picure în jet subțire pe frunte, în ideea de a relaxa cât mai profund sistemul nervos și de a echilibra Prana Vata, subdosha Vata, care exercită un control important asupra creierului.

Tratamentul prin transpirație (swedana). Un abur rezultat din fierberea plantelor deschide porii și ajută organismul să înceapă să scape de impurități prin glandele sudoripare.

Clisma (basti). Clismele sub supravegherea medicală, din care Ayurveda numără mai mult de o sută, sunt folosite din diverse motive; în general, acest tratament se face pentru a elimina doshele slăbite în afară, prin tractul intestinal.

Administrările nazale (nasya). Uleiurile medicinale sau mixturile pe bază de plante sunt inhalate, curățind sinusurile, drenând excesul de mucoasă și determinând descreșterea doshei Kapha acumulate, care are tendința să se consolideze la nivelul capului.

Următoarele două studii de caz prezentate în continuare ar putea să vă ofere o imagine mai clară a eficienței acestor proceduri.

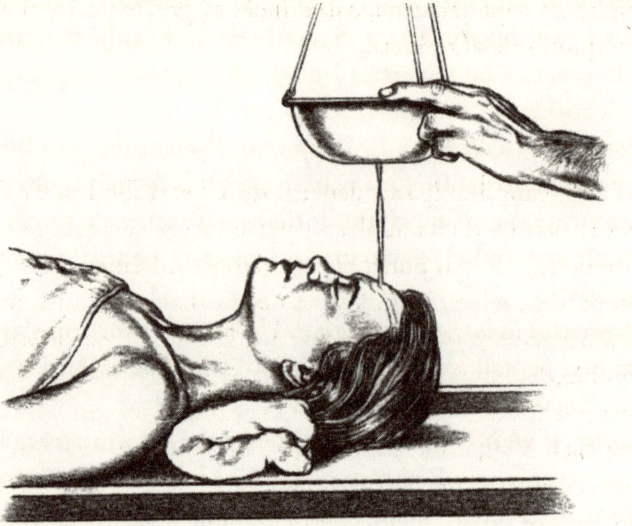

Shirodhara liniștește profund sistemul nervos.

*

Daniel Frazier, un antreprenor trecut cu mult de 40 de ani, începuse să sufere de dureri repetate de spate în urmă cu zece ani. După cum se întâmplă adeseori, medicii pe care îi consultase nu reușiseră să descopere cauza durerilor sale; deși erau atât de chinuitor de reale pentru el, radiografiile nu dezvăluiau însă nimic îngrijorător. După ce consultase o serie de specialiști, se resemnase cu ideea că avea să trăiască mereu cu o durere acută. Când se instala un nou atac de durere, rămânea acasă țintuit în pat și lua o medicație de relaxare a mușchilor, până când trecea criza.

Un medic instruit după principiile Ayurveda l-a consultat pe Daniel și l-a informat că, după toate probabilitățile, durerea se datora unui dezechilibru al subdoshei Vata, Apana Vata, care controlează zona lombară a spatelui și tractul intestinal. I-a fost prescrisă o rutină de calmare a doshei Vata, pe lângă o săptămână de ședințe de panchakarma și yoga. La sfârșitul tratamentului, durerile îi dispăruseră complet, pentru prima oară în ultimii zece ani. De atunci, Daniel nu a mai suferit deloc de dureri de spate sau, în orice caz, durerile sunt mult mai mici; a revenit periodic pentru ședințe suplimentare de panchakarma, astfel încât să prevină orice posibilă revenire a afecțiunii sale anterioare.

*

La 17 ani, când i-a apărut acneea, lui Cheryl De Luca i se întâmpla ceva specific pentru vârsta adolescenței; și totuși, la 31 de ani, când încă nu scăpase de ea, nu mai putea fi considerată un semn. Din fericire pentru ea, erupția era relativ blândă și nu foarte vizibilă. Totuși, nu-i era ușor să trăiască permanent cu o acnee cronică și ajunsese să fie îngrijorată de această problemă. După cum se întâmplă adesea, remediile procurate fără prescripție medicală nu dăduseră niciun rezultat; iar reducerea consumului de ciocolată, roșii, alimente prăjite și a altor lucruri bănuite că ar fi favorizat acneea au avut un impact minor.

Când trecuse de 20 de ani, dermatologul îi administrase lui Cheryl tetraciclină, un antibiotic prescris pe scară largă pentru acnee la adulți. Ocazional, a experimentat unele efecte secundare, cum ar fi dureri de stomac și sensibilitate la lumina puternică a soarelui. Așa cum considera medicul ei, era un preț modic față de avantajul de a controla boala. Pe de altă parte, pe Cheryl o îngrijora ideea că avea să ia zilnic antibiotice pentru o perioadă de timp nelimitată. Când a consultat un medic din cadrul centrului nostru, a fost diagnosticată cu un dezechilibru al doshei Pitta. (Una dintre cele cinci subdoshe ale Pitta, Bhrajaka Pitta, dă strălucire pielii atunci când este în echilibru, dar deseori este responsabilă pentru problemele de piele, dacă iese din starea de echilibru.)

Tratamentul era foarte simplu. Lui Cheryl i s-a prescris o dietă de domolire a doshei Pitta și a fost instruită să respecte rutina zilnică ayurvedică. A urmat ședințe de panchakarma timp de o săptămână în cadrul centrului. Acneea a început să dea înapoi și a dispărut complet după șase luni. Acum a scăpat de boală și de medicația prelungită pe timp de un an.

Panchakarma în zilele noastre

Astăzi, în India, tratamentul sezonier al panchakarma este apanajul celor bogați și al celor care au aderat cu convingere la tradiția ayurvedică. Cu toate acestea, principiile clasice susțin fără niciun dubiu că oricare dintre noi are nevoie de panchakarma. Cel mai bine ar fi de trei ori pe an, în mod ideal la începutul primăverii, al toamnei și al iernii. De asemenea, este recomandabil să se practice într-un cadru special organizat, întrucât organismul se odihnește mai bine atunci când nu este nevoie să se deplaseze zilnic la clinică. Cu toate acestea, și tratamentul ambulatoriu este extrem de eficient. *In extremis*, ați putea să încercați o săptămână de panchakarma o dată pe an, dacă sunteți sănătos. Pacienții cu probleme de sănătate ar trebui să urmeze astfel de ședințe de panchakarma ambulatoriu doar cu acordul unui medic instruit în Ayurveda. De asemenea, doar la recomandarea unui medic se poate administra acest tip de tratament copiilor sub vârsta de 12 ani.

Meditația – o tehnică pentru a „pătrunde dincolo“

Impuritățile fizice din celule își au echivalentul la nivelul minții: teama, furia, lăcomia, lipsa de măsură, îndoiala și alte emoții negative. Operând la nivel cuantic, ele pot fi la fel de nocive pentru noi ca oricare toxină chimică. După cum am văzut, conexiunea dintre minte și corp transformă stările negative în toxine chimice, așa-numiții „hormoni ai stresului", care au fost legați de multe boli diferite. Ayurveda adună laolaltă toate înclinațiile negative ca un fel de „ama mentală" care trebuie îndepărtată din minte. Dar cum?

Nu se poate să ne purificăm mintea doar gândindu-ne la acest lucru. O minte furioasă nu reușește să-și controleze propria furie; teama nu poate să alunge teama. În schimb, este nevoie să se recurgă la o tehnică care merge dincolo de zona unde teama, furia și alte forme specifice pentru ama mentală au o mare influență. Această tehnică este meditația. Dacă este învățată și practicată într-un mod adecvat, meditația îi permite unei persoane să se elibereze de ama prin gândurile și emoțiile sale. În cadrul centrului nostru, prescriem Adevărata Meditație Primordială (AMP), ca o modalitate simplă, firească de atingere a acestui scop.

Ca tânăr medic în anii '70, am fost atras de meditație din două motive, unul personal, celălalt profesional. Motivul personal era acela că îmi făcusem mie însumi promisiunea că o să evoluez în universul interior, atingând starea mentală extinsă și dezvoltarea spirituală. Motivul profesional îl constituia bogăția de studii de cercetare despre meditație, care concluzionau că această meditație era „reală", altfel spus, rezultatele ei se traduceau prin avantaje palpabile.

Meditația nu forțează mintea să fie liniștită; ea înseamnă să îți găsești liniștea care este deja în tine. De fapt, când vom analiza rădăcinile statice ale îngrijorării, resentimentelor, iluziilor deșarte, fanteziilor, speranțelor neîmplinite și ale visurilor deșarte din mintea noastră, devine evident că dialogul intern care se derulează în sinea noastră nu face altceva decât să ne controleze. Fiecare dintre noi este victima memoriei – este felul în care maeștrii în Ayurveda au diagnosticat cu mii de ani în urmă acest fenomen.

În spatele ecranului unde se derulează dialogul nostru intern, există ceva complet diferit: liniștea minții neîncătușate în trecut. Este liniștea pe care ne dorim să o aducem în conștiința noastră prin meditație. De ce este atât de importantă? Deoarece liniștea este locul din care ia naștere fericirea. Liniștea este locul unde accedem la scânteia inspirației, trăirile tandre de compasiune și empatie, sentimentul nostru de iubire. Toate acestea sunt emoții delicate, iar strigătul haotic al dialogului interior le poate destrăma foarte ușor. Însă atunci când descoperim liniștea din mintea noastră, nu mai trebuie să fim atenți la toate acele imagini aleatorii care declanșează îngrijorarea, furia și durerea.

Dacă aveți de gând să vă bucurați de avantajele spirituale complete ale meditației, vă recomand să căutați un maestru instruit, a cărui tradiție spirituală o respectați. Dar, în același timp, există tehnici meditative pentru a accede la liniștea voastră interioară pe care le puteți învăța chiar acum, întrucât sunt în mod fundamental fiziologice. Ele se bazează pe liniștea naturală care este deja instalată în sistemul minte-corp uman, atunci când este relaxat.

Când sunteți pregătit să începeți, așezați-vă liniștit, cu mâinile așezate lateral, pe lângă corp sau în poală. Acum, ținând ochii închiși, începeți să respirați încet și ușor. Lăsați-vă atenția să vă urmeze ușor respirația. Simțiți cum aerul vă pătrunde prin nări și se scurge în jos în plămâni. Nu inspirați adânc și nu vă țineți respirația, respirați normal. Când expirați, urmăriți cu atenție cum aerul iese din plămâni și apoi este eliminat cu blândețe prin nări.

Nimic nu este forțat. Respirația se desfășoară ușor și cu delicatețe, atenția voastră o urmărește cu blândețe pe măsură ce părăsește corpul, unduindu-se. În timp ce respirația se relaxează, faceți astfel încât ea să devină mai ușoară. Din nou, nu faceți nimic forțat, însă atunci când simțiți că respirația vrea să devină puțin mai densă și mai ușoară, lăsați să se întâmple exact așa. Dacă începeți să simțiți că vă pierdeți treptat respirația, nu vă îngrijorați. Înseamnă că aveți nevoie de puțin mai mult aer și că senzații mai intense de tensiune ies afară. Sau s-ar putea să vă fi forțat respirația să fie mai ușoară decât ar vrea ea să fie. Reveniți la ritmul de respirație pe care organismul vostru îl acceptă ca fiind confortabil.

Când vă veți simți confortabil în privința acestui proces lipsit de efort, puteți adăuga procedurii mantra *so hum*, gândindu-vă în tăcere la cuvântul „so" de fiecare dată când inspirați și la „hum" de fiecare dată când expirați.

Continuați acest exercițiu de timp de 2-5 minute, în timp ce țineți ochii închiși și vă concentrați asupra respirației ușoare, firești și repetați în tăcere „so hum" odată cu fiecare ciclu al respirației voastre.

Care este efectul acestui exercițiu? Probabil ați remarcat că atunci când vă concentrați atenția asupra respirației voastre, vă cufundați tot mai adânc în starea de relaxare și, în tot acest timp, mintea devine în mod firesc mai liniștită. Ați simțit acest lucru? Dacă da, probabil că ați trăit experiența câtorva crâmpeie de liniște absolută, pe care este posibil să nu le fi remarcat pentru că eu nu v-am cerut să le sesizați. Dacă ați fi căutat să accedeți la liniște, nu s-ar fi întâmplat. Și totuși, îmi imaginez că au fost perioade scurte de timp când ați pierdut contactul cu timpul, ceea ce constituie un indiciu real că ați fost foarte aproape să vă atingeți scopul. Cei mai mulți trăiesc experiența unor gânduri mult mai estompate decât de obicei, ceea ce este un alt semn bun.

Pe măsură ce câștigați experiență în practicarea meditației, veți începe să simțiți cum se reinstaurează energia tinerească și vitalitatea, eliberate de la un nivel mai profund al sistemului nervos. Este o schimbare foarte profundă, izvorul nesecat al tinereții.

Deși meditația a fost învăluită timp de multe secole într-o aură de misticism, la baza ei se află acest proces, extrem de practic și lipsit de orice urmă de misticism, de liniștire a minții. Acesta este cel mai sigur mod de a deschide un canal de vindecare.

Mintea se vindecă singură

Viața lui Matt se schimbase radical în ultimul an de liceu, când părinții lui începuseră un proces de divorț foarte dur. În toți anii de școală fusese un elev strălucit, capabil să obțină cele mai bune rezultate cu minimum de efort; pe baza rezultatelor sale școlare remarcabile, câștigase o bursă de studii la Massachusetts Institute of Technology. Părinții lui îl adoraseră întotdeauna. Decizia lor de a divorța era un pas dificil pentru fiecare membru al familiei; Matt își amintește cum stătea întins în pat și auzea, de dincolo de pereții camerei lui, cearta aprinsă dintre părinți.

Pe măsură ce toate aceste scandaluri continuau, el începea să aibă tot mai des dureri de cap. În loc să fie atent și să se concentreze, Matt a constatat că avea perioade de depresie. A plecat la colegiu, însă ruptura de casă a înrăutățit simptomele. Durerile lui de cap deveneau extrem de acute, declanșând o suferință gravă, amețeală și stări de vomă. Depresia se accentua și, înainte de încheierea primului semestru, totul se terminase, fusese nevoit să abandoneze cursurile. Cu greu reușea să se concentreze ca să poată citi un ziar sau să asculte muzică.

Matt s-a mutat cu tatăl lui, un avocat de renume, profund dezamăgit de ceea ce i se întâmplase fiului său. L-a angajat pe Matt în propria sa companie ca funcționar și i-a plătit terapia la psihiatru. Acesta a încercat terapia, precum și administrarea de antidepresive. Nimic nu a dat rezultate prea bune sau cu efect pe termen lung. Nici tratamentul medical împotriva durerilor de cap nu a avut un efect mai bun. La vârsta de 21 de ani, Matt era atât de deprimat încât ajunsese să facă eforturi să nu se lase pradă gândurilor de suicid.

În acea perioadă a auzit Matt de la un prieten despre meditație; medicii lui au agreat ideea că meditația l-ar fi putut ajuta și l-au sfătuit să încerce. Matt a învățat că meditația este o tehnică pur medicală, la care se poate apela timp de douăzeci de minute dimineața și seara. I s-a încredințat o *mantra*, aleasă nu neapărat pentru semnificație, ci strict pentru sunetul ei. Acel sunet unic atrage mintea și o conduce fără nici cel mai mic efort și în mod firesc la nivele mult mai subtile ale procesului de gândire.

Pe măsură ce mantra se instalează și intră în conștiința unei persoane, ea începe să caute nivele tot mai subtile de gândire până când, în cele din urmă, orice gând este lăsat în urmă. La acest nivel, noi spunem că mintea a ajuns să transceandă. Pentru că nu mai este prinsă în gânduri de niciun fel, mintea se dezvăluie naturii sale celei mai profunde, conștientizării pure. Tăcerea acesteia este extrem de reconfortantă pentru minte, care descoperă că este tot mai ușor să nu mai depindă de vechile tipare de gândire; obiceiuri rigide de gândire și simțire încep să dispară de la sine. Când se întâmplă acest lucru, mintea învață de fapt să se vindece ea singură.

La primele ședințe de meditație, Matt a început să perceapă o schimbare evidentă în starea sa mentală. Începeau să se contureze mici oaze de limpezire, când se simțea complet învigorat, eliberat de apatie sau depresie și pătruns de fericire. Odată cu trecerea timpului, acele oaze creșteau, devenind tot mai mari; Matt își ducea zilele așteptând cu disperare momentele când avea să le descopere din nou. Totuși, oazele de limpezire se limitau doar la acele momente de meditație. Când era activ, depresia revenea în plină forță. După câteva luni, a apelat la un medic.

„Experiențele pe care le trăiești", i-am spus eu, „sunt diferite nivele de conștientizare. Depresia ta se găsește la un nivel, durerile tale de cap la un altul, iar oazele de limpezire într-un alt nivel. Meditația te duce tot mai profund în sinea ta, până când vei atinge acea zonă neatinsă de boală. Acolo se află fațeta reală a sinelui tău.

Dacă vei continua să meditezi, aceste momente de limpezire se vor extinde și vor deveni ceva normal. Exact în acest moment, ai rămas blocat pe anumite tipare ale conștientizării tale, iar organismul tău își dă seama de acest lucru. Depresia ți-a captat atenția, acesta este motivul pentru care ți se pare dificil, dacă nu chiar imposibil, să te concentrezi asupra altor lucruri.

Însă, așa cum ai remarcat, poți să lași lucrurile să meargă în voia lor. Meditația înseamnă să lași lucrurile să meargă în voia lor, lăsându-ți sinele să fie așa cum este el. Și când vei lăsa să se întâmple asta, atenția ta se va îndrepta întotdeauna spre locul liniștit, fericit și imperturbabil, căruia noi îi spunem simplu sinele nostru. Sinele este căminul unde locuiește mintea, iar când ne întoarcem la el, lăsăm mintea să se scalde în pace și liniște."

Am desenat o diagramă simplă.

„Făcând apel la tehnica meditației, oricine își poartă mintea dincolo de orice activitate, pe tărâmul liniștii. După câteva secunde sau minute, mintea va reveni în mod firesc în locul de unde a pornit, asemenea unui scufundător ce revine la suprafața apei. Ce o aduce înapoi? Același impuls care ne mână pe noi zi de zi – dorințele noastre. O dorință, oricât de mică, generează un freamăt de activitate în mijlocul liniștii, apoi freamătul crește și, în cele din urmă, se naște un gând.

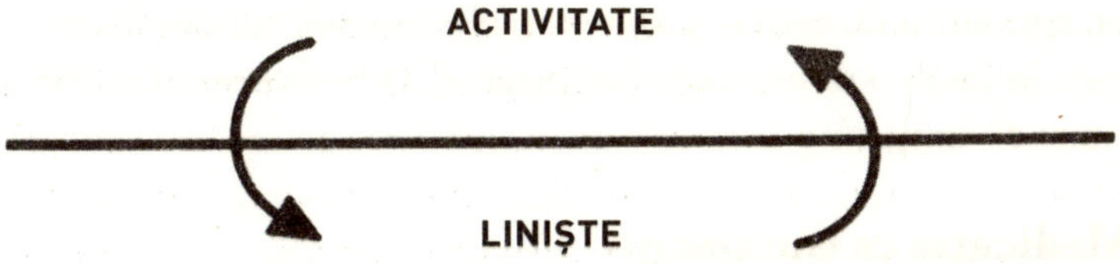

„Cu toate acestea, acest gând nu este același cu gândul dinainte. El va avea o aură de fericire și prospețime, tocmai pentru că l-ați adus dintr-un nivel mai profund al sinelui vostru."

Matt mi-a povestit că de curând se confrunta cu un nou fenomen. Când simțea apropierea unui moment de limpezire, își imagina dintr-odată rândurile unui poem. Era un întreg poem, care nu-i apărea în minte cuvânt cu cuvânt sau printr-un proces firesc de gândire. Pur și simplu îi apărea din senin.

„Este un semn bun", am spus eu. „Pe măsură ce te apropii tot mai mult de centrul tău creativ, întregul stil de gândire ți se schimbă. În locul părților disparate, lucrurile îți vor apărea ca un întreg. În locul conflictelor chinuitoare, nu va mai fi niciun conflict. Sinele este un peisaj diferit, un scenariu nou pentru minte, în care ea se cufundă. Atâta vreme cât te găsești în acel peisaj, îți vei experimenta sinele într-un mod cu totul diferit."

Cu compasiune în glas, am adăugat: „Suferința intensă pe care o trăiești în mintea ta este o distanțare de realitate. Realitatea este că poți să te îndrepți spre acele oaze de pace ori de câte ori vrei. Ele sunt părți permanente din tine însuți; dacă ai trăi hrănindu-te din ele în permanență, nu ar mai fi posibil ca depresia să te cuprindă. Ceea ce te învață meditația este că realitatea, în sensul plenitudinii, are un efect puternic de atracție. Ea încearcă să te atragă acasă, spre sinele tău. Se pare că deja ai început să intri în acest proces, nu-i așa?"

Matt a recunoscut că așa stăteau lucrurile, adăugând că durerile de cap scăzuseră mult în intensitate și că începuse să întrevadă posibilitatea împlinirii unui vis mai vechi, acela de a deveni scriitor.

„Recăpătarea acestei încrederi este alt semn bun“, am spus eu. „Începi să-ți amintești de sinele tău. Să-ți descoperi adevăratul sine este un proces foarte profund, care nu are sfârșit. Organismul tău ia aminte acum la semnale mai sănătoase și atâta timp cât vei continua să-ți îndrepți mintea înapoi, spre sursa ei, mereu și mereu, acele semnale vor deveni tot mai sănătoase. Ai făcut o descoperire importantă; să te faci bine nu este decât o chestiune de timp.“

Medicația ca tratament

Aceasta este povestea încurajatoare a unui pacient, însă aplicarea meditației în cazul tulburărilor de sănătate de amploare este, și ea, extrem de promițătoare. Unul dintre cele mai bune exemple este tensiunea ridicată a vaselor de sânge sau hipertensiunea, „ucigașul tăcut“ care nu prezintă aproape niciun fel de simptom și totuși este implicat în marea majoritate a cazurilor de infarct și congestie cerebrală.

Nu mai puțin de o treime dintre americanii adulți fac parte din categoria mare a bolnavilor hipertensivi; aproape 30 de milioane de persoane, cât se estimează că ar fi în prezent, au fost deja avertizate de medicii lor, și totuși nu urmează niciun tratament. Acești bolnavi răspund în general foarte bine când urmează ședințele de meditație. Legătura a fost pentru prima oară stabilită în 1974, în urma unui studiu întreprins de Harvard Medical School. Douăzeci și doi de pacienți hipertensivi au fost monitorizați de douăsprezece mii de ori, înainte și după ce au urmat ședințe de meditație. De-a lungul unei perioade care s-a extins de la o lună la cinci ani, media nivelurilor a scăzut de la 150/94 la 141/88. Această situație a fost suficientă pentru a aduce cifra mai mică (presiunea diastolică) înapoi la o medie acceptabilă; nu a crescut cifra mai mare (presiunea sistolică) suficient de mult – în cazul de față, 120 sau 130 este considerat normal –, dar cel puțin s-a înregistrat o îmbunătățire semnificativă. Aceste rezultate au fost repetate cu ocazia multor altor studii, indiferent dacă subiecților le-a fost administrată o medicație contra presiunii arteriale.

Poate credeți că reducerea doar cu câteva linii a hipertensiunii nu este o mare realizare, chiar dacă o creștere nesemnificativă a presiunii vaselor de sânge este considerată extrem de periculoasă pe termen lung. Jumătate din numărul total de decese asociate cu hipertensiunea fac parte din această categorie. Companiile de asigurări se folosesc de indicele presiunii arteriale ca de cel mai semnificativ indicator pentru speranța de viață. Un bărbat de vârstă medie care are o presiune arterială normală (120/80) se așteaptă să trăiască cu 16 ani mai mult decât cineva care are o hipertensiune moderată (150/100). Prin practicarea meditației, cele mai multe persoane sub vârsta de 40 de ani s-ar putea aștepta să se situeze sub limita stabilită pentru hipertensiune normală, care este 130/90.

Meditația poate, de asemenea, să ducă la scăderea semnificativă a nivelurilor ridicate de colesterol. Colesterolul constituie un factor de risc esențial pentru cazurile de infarct, deoarece colesterolul în exces aflat în sânge este direct legat de stratul de grăsime care se depozitează, blocând arterele ce duc la inimă. La prima vedere, pare uimitor faptul că mintea ar putea controla serul de colesterol. Acesta este determinat de interacțiunea complexă dintre diverși factori, toți de natură fizică: dietă, vârstă, ereditate, digestie eficientă și funcția ficatului, toate având un rol important de jucat. În urmă cu câțiva ani, doi cercetători din Israel, M.J. Cooper și M.M. Aygen, au selectat 23 de pacienți cu niveluri ridicate de colesterol; dintre aceștia, doisprezece au fost instruiți să practice meditația și au făcut acest lucru timp de unsprezece luni, în timp ce ceilalți 11 nu au practicat-o. La finalul acestei perioade, grupul care practicase meditația a înregistrat o scădere substanțială a nivelurilor de colesterol, de la o medie de 255 la 225 (nivelul de 200 este considerat ideal pentru adulții din Statele Unite). Cei care nu practicaseră meditația nu au înregistrat o scădere considerabilă a nivelului de colesterol. Subiecții au fost monitorizați astfel încât vârsta, dieta, greutatea și exercițiile fizice să nu reprezinte factori majori. Reduceri similare au fost obținute într-un studiu separat întreprins de aceeași echipă, de data aceasta dovedindu-se că nivelul colesterolului ar putea fi redus în cazul persoanelor care aveau niveluri mai apropiate de normal ale colesterolului.

Aceste rezultate sugerează că întregul sistem minte-corp uman poate fi influențat printr-o singură tehnică mentală și, într-adevăr, rezultatele încurajatoare legate de hipertensiune și colesterol au fost de curând extinse și asupra multor alte boli. Dr. David Orme-Johnson, un psiholog din domeniul cercetării, a analizat nivelul sănătății unui eșantion de două mii de persoane practicante ale meditației. Toți subiecții selectați de Orme-Johnson aparțineau unui grup de practicanți ai meditației, care aveau încheiată polița de asigurare de sănătate. Ca bună regulă, fiecare persoană a semnat un document în care se afirma că practica în mod regulat meditația; de asemenea, și-au dat acordul că acceptă să fie verificați periodic din punct de vedere medical pentru a avea siguranța că practicau în mod corect meditația. O importantă societate națională de transporturi, care acoperea sute de alte grupuri de oameni, a subscris acestei polițe. Nu s-au înregistrat interdicții referitoare la dietă sau stil de viață.

Orme-Johnson își dorea să înțeleagă cât de des o persoană care practica meditația în mod regulat mergea la medic, în comparație cu media pe persoană. S-a dovedit că diferența era destul de izbitoare. Cei care practicau meditația au urmat un tratament ambulatoriu:

- mai puțin de 46,8% în cazul copiilor (0 – 19 de ani)
- mai puțin de 54,7% în cazul adulților tineri (19 – 39 de ani)
- mai puțin de 73,7% în cazul adulților maturi (40+)

Situația de mai sus evidențiază o îmbunătățire remarcabilă a sănătății subiecților. O persoană practicantă a meditației aflată la maturitate, de exemplu, și-a vizitat medicul o dată față de patru dăți, cât a făcut-o media per persoană. Faptul că persoanele mai în vârstă au beneficiat cel mai mult de acest serviciu este de asemenea extrem de semnificativ. În privința bolilor specifice, studiul a arătat că în cazurile de infarct și cancer, cele două cauze majore care duc la decese în America, numărul acestora s-a diminuat sub normă. Persoanele practicante ale meditației au înregistrat:

87,3% mai puține internări în spital pentru infarct

55,4% mai puține internări pentru tumori benigne și maligne de toate tipurile.

Niciuna dintre aceste categorii nu a înregistrat scăderi de acest gen în cazul folosirii unor tehnici convenționale de prevenire a bolilor. Dacă un medicament de reducere a colesterolului ar putea conduce la scăderea numărului de infarcturi cu 50%, acest lucru ar fi titlu de știri în întreaga lume (cu siguranță, acest lucru nu s-a întâmplat). Situația este de două ori mai elocventă în cazul cifrelor legate de cancer. Orice scădere în această direcție ar fi o descoperire epocală. După 50 de ani de cercetări intense puternic susținute financiar, ratele medii ale cazurilor de cancer în Statele Unite rămân în mod esențial neschimbate, iar perioada de timp în care pacienții supraviețuiesc începând cu momentul diagnosticării abia dacă a înregistrat o ușoară creștere pentru cele mai multe tipuri de tumori cu caracter malign. (Situația este valabilă pentru toți pacienții, luați ca un întreg; desigur, în cazurile individuale, situația ar putea fi mai bună decât este indicată de statistică, iar în cazul anumitor tipuri de cancer, cum ar fi leucemia la copii și cancerul de sân localizat, medicina a făcut progrese remarcabile.)

Pentru a face o comparație corectă, Orme-Johnson a folosit un eșantion de 600 000 de angajați ai aceleiași companii de transport care a încheiat polițe de asigurare. El a analizat toate solicitările înregistrate pe o perioadă de peste cinci ani, pentru a se asigura că nu exista o abatere pe termen scurt de la situația normală. În concluzie, în medie, persoanele care practică meditația, fie că era vorba despre un copil, un adult tânăr sau o persoană în vârstă, și-a înjumătățit drumurile la medic față de un american.

Cum să învățăm să medităm

Întrucât este o tehnică subtilă și specializată, practica meditației este cel mai bine să fie învățată de la un instructor calificat; nu este la fel de ușor să fie învățată corect dintr-o carte. În cadrul Centrului Chopra, am instruit și atestat peste cinci sute de maeștri în Meditația Adevărată Primordială. Costul cursului de instruire este de 225$ pentru adulți, conform cu alte programe de autoperfecționare. Instrucția calificată ne dă siguranța că tehnica este corect explicată în fiecare detaliu și este adaptată nevoilor individuale ale fiecăruia.

Personal, recomand să se înceapă cu tehnica simplă de meditație prin conștientizarea respirației. Odată ce v-ați bucurat de avantajele liniștirii minții, căutați un instructor calificat în tehnicile de meditație, astfel încât să vă asigurați că practicați în mod corect meditația. Informații despre modul de localizare a instructorilor autorizați în Meditația Adevărată Primordială sunt furnizate în Anexa A.

VINDECAREA PRIN SUNETE – CELE MAI FINE VIBRAȚII ALE NATURII

Natura furnizează o gamă variată de vibrații, pentru a ne reaminti de natura noastră fundamentală. Orice sunet care contribuie la liniștirea și extensia minții poate fi considerat un sunet vindecător. Conform principiilor

Ayurveda, aceste sunete subtile nu sunt singulare: natura întreagă este compusă din ele. În nemișcarea absolută a universului construit după mecanica cuantică, se nasc sunetele primordiale, constituind tipare și, în timp, îmbracă forma materiei, energiei și a unei varietăți infinite de lucruri compuse din materie și energie – stele, copaci, stânci și ființe umane. Strigătele păsărilor sălbatice, bâzâitul albinelor, zgomotul valurilor ce se sparg de țărm, foșnetul frunzelor în briza verii – toate aceste sunete pot vindeca. Propuneți-vă să petreceți o parte din timp în mijlocul naturii și să ascultați sunetele care vindecă din jurul vostru. Dacă locuiți într-un mediu urban aglomerat, unde nu aveți acces în mod periodic la sunetele din natură, aduceți natura mai aproape de voi, bucurându-vă de înregistrări din pădurea tropicală, ale valurilor oceanului sau ale unor cascade. Teoria ce stă la baza tratamentului prin sunete se bazează pe faptul că mintea se poate întoarce la nivelul cuantic, să introducă anumite sunete care s-ar putea să fi fost distorsionate undeva pe parcurs și astfel acestea să aibă o profundă influență de vindecare în organism. Conectarea în mod periodic la aceste sunete care vindecă reprezintă un mod strălucit de tratament.

Realitatea cuantică

Având în vedere că un astfel de concept este deocamdată străin persoanelor înrădăcinate în realitatea materială, așa cum suntem cu toții, să ne acordăm câteva momente pentru a gândi în perspectivă despre sunetul primordial. Fizicienii occidentali admit deja că la cel mai profund nivel al lumii naturale descoperim câmpul cuantic. O cuantă este definită ca fiind cea mai mică unitate de lumină, electricitate sau altă formă de energie care este posibil să existe. (Cuvântul *quantum* provine din latină, unde înseamnă „cât de mult".) Realitatea cuantică sfidează noțiunea noastră legată de simțul practic. De exemplu, ea nu conține materie solidă. De obicei, un atom este considerat cea mai mică particulă de materie în teoria creației. Cuvântul *atom* vine de fapt din limba greacă, unde înseamnă „imposibil să fie divizat". Și totuși, un atom este compus din particule infim de mici de materie care se învârt cu viteza luminii în jurul unui imens gol – atât de mare, încât poate rivaliza cu vidul spațiului intergalactic; spațiul dintre doi electroni este în mod proporțional mai mare decât acela care separă pământul de soare.

Dacă ne referim la toate aceste particule ale materiei subatomice, ele nu sunt în niciun fel materiale, ci mai degrabă simple vibrații de energie care au îmbrăcat aparența de materie solidă. Această descoperire, conform căreia materia este o fluctuație de energie ce îmbracă diferite aspecte, a alimentat revoluția cuantică al cărei lider a fost Einstein alături de colaboratorii lui la începutul secolului trecut. În loc să se bazeze pe particule solide care se mișcă aleatoriu, asemenea bilelor de biliard pe o masă plană, fizicienii s-au confruntat cu vibrațiile abia sesizabile, care păreau substanțiale timp de un minut și abstracte în următorul.

Revoluția cuantică a făcut să devină inevitabilă schimbarea perspectivei noastre privitoare la lume. Fizica cuantică a dovedit că varietatea infinită de lucruri din jurul nostru – stele, galaxii, munți, copaci, fluturi și amibe – este conectată prin câmpuri cuantice infinite, eterne, nelimitate, un fel de pătură invizibilă pe care sunt brodate toate detaliile creației. Obiecte care nouă ni se par separate și distincte sunt de fapt țesute toate în desenul acestei imense pături. Muchiile dure ale oricărui obiect, cum ar fi un scaun sau o masă, sunt o iluzie care ne este impusă de propriile noastre limite ale vederii. Dacă am avea ochii obișnuiți cu universul cuantic, am vedea aceste muchii în contururi difuze și, în cele din urmă, amestecate, generând câmpuri cuantice nelimitate. Descoperirea acestui nivel cuantic al naturii a avut aplicații practice; ne-a oferit razele X, tranzistorii, superconductorii și razele laser, lucruri de neconceput până în momentul în care știința a pătruns mai adânc în țesătura creației.

Se consideră la ora actuală că există un unic supercâmp, denumit câmpul unificat, realitatea supremă care susține tot ceea ce există în natură. La fel cum într-un copac crenguțele duc la crengile mari, iar acestea la ramificațiile ample și apoi la trunchiul masiv, întreaga complexitate a naturii se îmbină în acest câmp atotcuprinzător. Întrucât și noi suntem o parte a naturii, trebuie să fim și o componentă a acestui câmp unificat. El este în noi și în jurul nostru neîncetat.

Este posibil să trăim experiența acestui câmp atotcuprinzător în propria noastră minte, prin meditație. Iată cum descrie experiența trăită o persoană care practică meditația:

„Simt cum granițele minții sunt împinse mai departe, asemenea circumferinței tot mai lărgite a unui cerc, până când cercul dispare și rămâne doar infinitul. Este un sentiment de mare libertate și în același timp unul de naturalețe, cu mult mai real și mai natural decât să-ți fie îngrădită existența într-un spațiu mic."

Cu siguranță, aceasta este o schimbare majoră de conștientizare, care determină mintea să ajungă la un adevăr nou, profund – acela că o ființă umană este mai mult decât o masă de carne și sânge localizată în timp și spațiu. În realitate, avem două cămine, unul local, celălalt infinit. Dacă ne gândim la fizică, vom descoperi că în universul simțurilor noastre, electronii, cu arcurile și alte particule elementare pot fi la rândul lor localizate în timp și spațiu. Dar odată ce ne-am aventurat dincolo de pragul cuantic, fiecare particulă este creasta unui val care se desfășoară la nesfârșit în toate direcțiile prin dimensiunea spațiu-timp. Aceasta înseamnă că nu poți fi tu însuți cu adevărat până când nu devii conștient de ambele tale identități.

Același meditator continuă:

„Uneori, sentimentul infinitului este atât de puternic, încât pierd senzația de corp sau materie într-o stare de conștientizare infinită, nelimitată, un continuu etern, imuabil al conștiinței."

Este puțin probabil ca această descriere să fie doar o iluzie subiectivă. Nenumărate altele similare au fost înregistrate în fiecare dintre tradițiile spirituale ale omului, fie că erau din lumea estică sau din cea occidentală.

Sunetul care ne vindecă

O întrebare se ridică în mod firesc: cum suntem noi conectați la câmpul unificat? Prin „fire" invizibile, compuse din vibrații abia perceptibile, pe care Ayurveda le denumește „sunetul primordial". Din nou, acest aspect este plauzibil din punctul de vedere al fizicianului zilelor noastre. Este evident că în momentul în care doi electroni stau laolaltă într-un atom de heliu, în ciuda vidului imens care îi separă, se realizează o legătură invizibilă, însă extrem de puternică. În același timp, această legătură trebuie să aibă un element de design în ea, întrucât fiecare atom din univers este perfect și rămâne perfect pentru totdeauna.

Înțelepții care au inițiat Ayurveda afirmau că descoperiseră aceste legături, care acționează ca un adeziv al universului, prin acele sunete care pătrundeau în starea lor de conștientizare. Pentru că au avut capacitatea să le audă, înțelepții puteau și să le reproducă și să le transmită mai departe. Un sunet primordial poate fi reprodus sau incantat cu voce tare; totuși, devine și mai puternic dacă este folosit intern, ca un sunet mental. Dovada că un sunet primordial este real rezidă în aplicarea lui în practică. Dacă organismul uman este esențialmente ținut într-o structură unică prin sunete, după cum susțineau înțelepții, atunci prezența unei boli înseamnă că anumite sunete trebuie să fi ieșit în afara armoniei melodice.

*

Nici nu împlinise bine vârsta de 75 de ani, că Molly Sanders începuse să aibă ceva probleme cu inima. Începuse să sufere crize repetate de dureri sâcâitoare în piept, diagnosticate drept angină pectorală. Molly nu știa când toate acestea aveau să ducă la un atac mai serios – ar fi putut să se întâmple când stătea liniștită sau în miez de noapte.

Își notase în jurnalul ei cincisprezece episoade de genul acesta, din ianuarie până în mai, când se instalase angina, și aproape trei atacuri de angină pectorală în fiecare lună. Unele erau mai slabe și treceau după unul sau două minute, altele mai severe, care smulgeau durere din adâncul pieptului timp de aproape zece minute, slăbindu-i puterile. „Nu am trăit atât de mult făcându-mi griji pentru ceea ce mi se întâmplă", le spunea ea prietenilor. Cu toate acestea, experiențele trăite îi dădeau o senzație de teamă.

Când a mers la cardiolog, testele lui Molly nu au evidențiat blocaje serioase ale arterelor coronariene. La fel ca în cazul celor mai multe persoane în vârstă, arterele se întăriseră într-o oarecare măsură, însă nu se observau depuneri de țesut gras care să sărăcească în oxigen mușchiul inimii. Totuși, mai există un gen de angină, care este provocat de spasmele vaselor coronariene, exact boala de care suferea Molly. Arterele din corpul ei erau atât de înguste încât cel mai mic efort sau stres, chiar insesizabil, le bloca într-atât încât să declanșeze un atac de angină.

„Nu știm nimic despre această boală", îi spunea medicul ei. „Însă cel mai bine ar fi să nu mai faceți eforturi susținute de acum înainte."

„Când ai șaptezeci și cinci de ani", a intervenit imediat Molly, „nu mai faci decât să o iei mai ușor."

Deși începuse să urmeze o medicație standard pentru stabilizarea situației vaselor de sânge, ea își dorea să facă tot posibilul pentru a evita tratamentul pe termen lung. La începutul lunii iunie, la sfatul fiului ei, Molly a devenit unul dintre pacienții noștri. După ce am analizat patologia bolii, i-am prescris să urmeze meditația și am încurajat-o să înceapă să asculte sunetele naturii în fiecare zi.

Apoi, am învățat-o să incanteze cu voce tare sunetul asociat cu centrul inimii. În conformitate cu Tantra, o tradiție spirituală foarte apropiată de principiile ayurvedice, fiecare dintre noi deține șapte centre de energie, cunoscute drept *chakre*. Aceste chakre pot fi concepute ca puncte de joncțiune între minte și materie.

Primul centru, aflat la baza coloanei vertebrale, este asociat cu problemele fundamentale de supraviețuire. Cel de-al doilea, din zona aparatului de reproducere, guvernează creativitatea. Cel de-al treilea, localizat în plexul solar, este legat de puterea personală. Al patrulea centru, aflat în inimă, este important pentru relațiile omului. Cea de-a cincea chakra, localizată în gât, este responsabilă pentru modul în care ne exprimăm. Cea de-a șasea este localizată între ochi (cunoscută de obicei sub denumirea de „al treilea ochi“) și este centrul pentru introspecție și intuiție. În sfârșit, cel de-al șaptelea centru se găsește ca o coroană deasupra capului și se spune că se deschide când experimentăm stadii mai înalte ale conștiinței.

Fiecare chakra are o mantră asociată cu ea. În conformitate cu Tantra, prin exprimarea mantrei în timp ce îți concentrezi atenția în chakra ta, se pot elibera energii care ar putea fi blocate în acea zonă a corpului.

Mantrele pentru fiecare dintre cele șapte centre de energie sunt următoarele:

Chakra	*Localizare*	*Mantra*
Prima chakra	Baza coloanei vertebrale	Lam
A doua chakra	Organele genitale	Vam
A treia chakra	Plexul solar	Ram
A patra chakra	Inima	Yum
A cincea chakra	Gâtul	Hum
A șasea chakra	Al treilea ochi	Sham
A șaptea chakra	Coroana	Om

Am încurajat-o pe Molly să incanteze sunetul pentru chakra inimii de mai multe ori pe zi. Două luni mai târziu, aveam să primesc o scrisoare de la ea din care se simțea cât era de fericită și care începea așa: „Mi-a dispărut orice durere!“ Atacurile de angină încetaseră la doar o săptămână după ce începuse să folosească mantra chakrei inimii și nu mai reveniseră de atunci. Rândurile primite de la ea erau pline de încântare și ușurare. Se simțea minunat și era în formă – cei mai mulți dintre bolnavii suferinzi de angină sunt extrem de sceptici când vine vorba despre însănătoșirea lor, chiar și într-o formă ușoară. În cursul verii, a prins curaj și s-a înscris ca studentă la zi la un colegiu de studii. Acum îmi scrie mândră de ea că este cea mai vârstnică studentă din întreaga istorie a colegiului.

Cum explică Ayurveda efectele folosirii sunetelor pentru a ne vindeca? Din punct de vedere intelectual, nu este posibil să analizăm toate vibrațiile care ne influențează viața. Oscilația atomilor din care se compun celulele corpului nostru, bătăile inimii, ritmurile planetelor – fiecare dintre acestea ne influențează viața în moduri abia perceptibile, dar profunde. În conformitate cu Ayurveda, multitudinea de vibrații diferite care ne compun existența „se dezarmonizează" uneori. Această dizarmonie sădește semințele bolii ce se va instala.

În această situație, Ayurveda ne spune că este bine să apelăm la un anumit sunet, special ales, ca și cum ar fi un mulaj sau un model dezlipit de pe celulele tulburate, pentru a le determina să intre din nou în armonie. Nu din punct de vedere fizic, ci refăcând secvența de sunet din miezul fiecărei celule. În cazul unor afecțiuni precum angina, noi știm că de obicei creierul transmite semnale specifice care duc la constricția arterelor, operând prin molecule-mesager ce stimulează celulele nervoase și ale mușchilor din straturile de mijloc ale vaselor de sânge. Contracțiile pe care le simțea Molly erau cauzate de un mesaj inadecvat. Unele medicamente se bazează exact pe acest aspect atunci când inhibă acțiunea mesagerilor chimici ai creierului, astfel încât mesajul lor să nu fie niciodată transmis. Dar sursa reală a acestor molecule este mintea; dacă un astfel de sunet a avut acces direct la procesul de gândire și a corectat impulsurile creierului, atunci tratamentul ar trebui să fie chiar mai eficient și mai blând. Acesta este scopul urmărit de sunetele vindecătoare.

Nivelul de vindecare atins de sunete variază de la o persoană la alta. După câțiva ani în care am prescris un asemenea tratament, am fost martorii a sute de cazuri în care pacienți suferinzi de boli de inimă, cancer, scleroză multiplă și chiar SIDA au înregistrat ameliorarea durerii, a anxietății și a altor diverse simptome îngrijorătoare. Toate acestea sunt doar înregistrări aleatorii, ceea ce înseamnă că nu au fost studiate din punct de vedere statistic, făcându-se apel la metodele adecvate de control de care este nevoie pentru validare științifică. Prin urmare, ele nu pot constitui dovada că această tehnică subtilă de vindecare este eficientă; conform standardelor medicinei științifice, este un drum lung de parcurs înainte ca dovada strict acceptată să fie și disponibilă. Pe de altă parte, abordarea ayurvedică își are rădăcinile în mii de ani de experiență și aplicarea ei poate mări avantajele unui tratament medicamentos standard.

Descoperirea conform căreia organismul uman este în mod fundamental o rețea de sunete a venit ca o revelație, iar când a fost pusă în practică, a condus la rezultate remarcabile. În numai câteva ore, propria imagine de sine a unei persoane se schimbă complet; deseori, oamenii relatează transformări dramatice ale puterii lor de percepție. Faptul că putem să ne folosim de un sunet care să vindece este ilustrarea perfectă a proverbului ayurvedic care spune că „lumea este așa cum ești tu". Când percepția ta se deschide „în lumea din sinea ta", la fel se întâmplă și „dincolo, în afara ta".

Vindecarea prin vizualizare – să apelăm la atenție și intenție

Să ne concentrăm atenția asupra unei zone din organismul nostru care trebuie vindecată și să facem apel la intenție este o tehnică terapeutică puternică. Ayurveda spune: „Oricare ar fi locul asupra căruia ne îndreptăm atenția, acela devine mai puternic în viața noastră". Dacă veți petrece două ore pe zi la o sală de fitness pentru a vă lucra corpul, se poate să obțineți mușchi de invidiat, dar rezultatele școlare să scadă. Dacă vă petreceți serile și weekendurile la birou, se poate ca businessul să crească, dar relațiile voastre cu ceilalți membri ai familiei să aibă de suferit.

Ayurveda susține că puteți să vă folosiți atenția pentru a activa vindecarea în organism. Vă puteți transforma mintea și corpul direcționând conștientizarea în mod deliberat spre aspectul despre care considerați că merită atenție.

Un alt principiu ayurvedic este că „intenția are o putere de organizare infinită". Acest lucru înseamnă că în momentul când știm foarte clar care este finalitatea dorită, putem avea un efect profund asupra atingerii țelului nostru, fără să trebuiască să ne ocupăm neapărat de detalii. Când vreți să aruncați o minge de baseball, nu este nevoie să analizați gradul de contracție și de relaxare al fiecărui mușchi din corp – pur și simplu aveți intenția, iar inteligența voastră internă coordonează zecile de milioane de activități care trebuie să aibă loc pentru ca voi să aruncați mingea. Eliberarea zahărului din ficat, metabolismul zahărului în energie, schimbările din fluxul sangvin și tiparele de respirație sunt organizate de natură fără niciun control deliberat al vostru. Dacă ar trebui să acordați în mod deliberat atenție detaliilor, nu ați realiza nimic niciodată.

Puteți folosi aceste principii pentru a revigora forțele de vindecare din organismul vostru, chiar dacă s-ar putea să nu fi înțeles că puteți să le influențați. Trezirea motorului interior de vindecare necesită un set diferit de proceduri față de felul în care realizați de obicei lucrurile. Când doriți să ridicați mâna, trimiteți un semnal de la creier spre măduva spinării, determinând contractarea anumitor mușchi și relaxarea altora. Când vreți să coborâți presiunea arterială sau să vă îmbunătățiți funcția imună, va trebui să faceți apel la o abordare mai subtilă, care se bazează pe atenția și intenția voastră.

Încercați să folosiți vizualizarea pentru a înțelege dacă sunteți capabil să influențați funcțiile din organismul vostru, lucru pe care probabil nu îl credeați posibil până acum.

Vizualizarea care vindecă

Stați liniștit, cu ochii închiși, timp de câteva momente. Apoi îndreptați-vă atenția spre inimă și recunoașteți toate acele lucruri pentru care aveți un sentiment de mulțumire.

Acum, manifestați-vă intenția de a vă elibera de orice sentiment de nefericire, regret sau ostilitate pe care poate încă-l mai purtați în suflet sau minte. Mai târziu, dacă faceți această alegere, puteți să aduceți înapoi toate aceste sentimente dureroase în conștiința voastră. Dar atâta timp cât practicați această meditație, ignorați-le.

În continuare, timp de un moment sau două, repetați în liniște următoarele cuvinte: „Facă-se voia ta". Adresați aceste cuvinte propriei voastre viziuni despre conștiința universală, indiferent că vă referiți la Dumnezeu, Spirit sau oricum ați dori să-i spuneți. Repetați „Facă-se voia ta" ca pe o mantră.

Manifestați intenția de liniștire a dialogului pe care îl aveți cu sinele vostru – și lăsați-vă atenția să vă străbată întregul corp. Dacă în acest timp descoperiți o zonă de tensiune, manifestați-vă intenția ca ea să se relaxeze.

Apoi, îndreptați-vă atenția asupra respirației. La început, fiți doar un observator – apoi, manifestați-vă intenția de a respira mai lent.

Acum, îndreptați-vă conștientizarea spre inimă. Conștientizați bătăile inimii, ca sunet și ca simțire. Manifestați-vă intenția ca ritmul bătăilor inimii voastre să încetinească. Acum, îndreptați-vă atenția asupra mâinilor. Simțiți pulsația bătăilor inimii în mâini. Simțiți ticăitul bătăilor inimii și căldura care emană din inimă. Manifestați intenția de a crește fluxul sangvin și temperatura mâinilor.

Îndreptați-vă conștientizarea spre ochi. Simțiți pulsația bătăilor inimii în ochi și apoi pe toată fața.

Acum, lăsați-vă propria conștientizare să se miște liberă prin tot corpul vostru. Simțiți căldura, pulsația și ritmul inimii în oricare parte a corpului doriți voi. Dacă descoperiți o parte a corpului vostru pe care credeți că trebuie să o vindecați, manifestați-vă intenția de a o învălui în căldură. Dacă nu sunteți conștient de așa ceva, aduceți conștientizarea înapoi spre inimă. Dar aduceți căldura pulsațiilor în ritmul bătăilor inimii voastre spre oricare parte a corpului pe care doriți să o hrăniți și vindecați.

Acum, fiind conștient și având intenția de a vindeca o anumită parte a corpului, repetați timp de câteva minute aceste cuvinte, ca un fel de mantră: *vindecare și transformare.*

Aduceți conștientizarea înapoi spre inimă, de data aceasta fără nicio intenție. Fiți doar conștient de bătăile inimii voastre. Apoi îndreptați-vă conștientizarea spre propria voastră respirație. După câteva momente, deschideți ochii, pentru a finaliza meditația de vindecare.

*

Această meditație ridică, în primul rând, temperatura corpului și fluxul sangvin spre acele părți ale corpului care au nevoie să se hrănească cu atenția voastră și, în al doilea rând, introduce intenția de a vindeca. Este o meditație foarte puternică și e important să vă amintiți să parcurgeți întreaga secvență, inclusiv intențiile de exprimare a recunoștinței și de ignorare a sentimentelor dureroase. Practicați meditația de vindecare oricât de des este posibil. Odată cu trecerea timpului, veți fi capabil să experimentați căldura și pulsația inimii oriunde vă alegeți în corpul vostru și veți putea să activați energia de vindecare din organism prin atenție și intenție.

TERAPIA MARMA – STIMULAREA PUNCTELOR ÎN CARE SE ÎNTÂLNESC MINTEA ȘI CORPUL

Pentru că în fiecare celulă din organismul uman există inteligență, mintea și corpul se întâlnesc oriunde, nu numai în creier. De fapt, odată ce i-ați înlăturat masca fizică, o celulă este într-adevăr un punct de joncțiune între materie și conștiință, o stație unde se intersectează organismul uman creat după legile cuantice și universul exterior. Cu toate acestea, anumite puncte de joncțiune sunt mai importante decât altele. Ayurveda face apel la puncte extrem de sensibile, localizate în piele. Există 107 de astfel de *marme*, după cum sunt denumite. Deși imperceptibile cu ochiul liber, marmele sunt accesibile prin simțul tactil și sunt considerate majore pentru menținerea echilibrului întregului organism. O tehnică de masaj denumită terapia Marma le stimulează; în cadrul centrului nostru este oferită această terapie și, odată asimilată, poate fi practicată acasă.

Textele vechi ayurvedice privitoare la operațiuni chirurgicale îi avertizau pe așa-zișii doctori să nu taie niciodată de-a curmezișul marmelor, totul fiind schițat cu mare precizie conform locului și funcției reprezentate în organism. Este similar, însă nu exact același lucru, cu meridianele trasate în acupunctura chineză; terapia Marma precedă metoda chinezească și este posibil să fie strămoșul său direct. Să eviți să aduci vreun posibil prejudiciu marmelor este o măsură înțeleaptă de precauție. Deși ele nu se intersectează de obicei cu principalele vase de sânge sau nervi, marmele sunt la fel de importante, întrucât marchează locul pe unde curge fluxul inteligenței noastre interne, indicând puncte de sensibilitate maximă și conștientizare.

Stimularea marmelor

Prin stimularea marmelor, legătura dintre conștiință și fiziologie poate fi întărită. Există diferite moduri de activare a unei marme. Unul dintre ele este prin mișcări ușoare de yoga, așa cum sunt indicate spre a fi practicate în partea a III-a a cărții. Pe măsură ce corpul vostru intră într-o poziție yoga, nu faceți decât să întindeți cu mișcări delicate puncte de marma specifice. Uleiul picurat pe frunte, folosit în panchakarma (shirodhara), este extrem de liniștitor pentru că acea căldură a uleiului coboară direct pe un punct de marma importantă în centrul frunții. În mod similar, masajul zilnic cu ulei (abhyanga), instruit a fi practicat ca o rutină zilnică, ajunge la toate marmele din piele. Acest contact este imediat înregistrat de întreg sistemul nervos. În acest fel, punctele de marma vă ajută să vă „adresați" direct doshei Vata și să o mențineți în stare de echilibru.

Întrucât marmele nu se află la nivel superficial, ci pătrund adânc în sistem, pot fi stimulate mental. Meditația activează toate marmele, dar în mod special cele trei „mari marme" (*Mahamarma*), situate în zona capului, inimii și abdomenului inferior. Ele nu sunt localizate la suprafață la nivelul pielii și trebuie să fie stimulate conectându-ne direct la organismul nostru creat după legile cuantice; ele sunt în același timp marmele pe care vă doriți să le stimulați cel mai mult, întrucât au o puternică influență asupra marmelor mai mici.

Marmaterapia clinică

În cadrul Centrului Chopra, oferim o terapie marma specială, care include instructajul pentru tratamentul ce poate fi aplicat acasă. Punctele marma sunt identificate odată cu fiecare dintre cele trei doshe și stimulate cu o mixtură de uleiuri esențiale potrivită pentru acest scop. La început, pacientul este diagnosticat în funcție de dezechilibrele specifice. Să spunem că o durere de cap cronică a fost asociată cu un dezechilibru al subdoshei Prana Vata, care este localizată la cap. Specialiști instruiți vor masa ușor, într-o ordine bine stabilită, acele puncte de marma care corespund subdoshei Prana Vata, aplicând pe piele uleiurile de plante prescrise. Pacienții consideră acest tratament extrem de relaxant, înregistrând o ameliorare a durerii și a altor simptome cronice îndelungate.

Marmele acasă

Deoarece marmele trebuie să fie localizate de către un ochi de specialist, fiind ușor diferite de la o persoană la alta, terapia clinică nu poate fi învățată din paginile unei cărți. Cu toate acestea, învățând despre marme, putem obține multe avantaje într-un sens mai general. O constelație a celor mai importante puncte este localizată pe talpa piciorului. Pentru a le activa, este recomandat un masaj ușor al piciorului cu ulei de susan, care să dureze de 3-5 minute zilnic. Cel mai potrivit moment este înainte de ora de culcare, deoarece efectul de calmare asupra sistemului nervos și asupra doshei Vata în special face din acest masaj un preludiu potrivit pentru somn.

De asemenea, atunci când practicați abhyanga zilnic, acordați o atenție specială celor trei marme importante.

Una este localizată între sprâncene, extinzându-se până în centrul frunții. Masajul ușor al acestei zone, în timp ce țineți ochii închiși, este benefic pentru îndepărtarea stării de îngrijorare, ameliorarea durerilor de cap, atenuarea stresului mental și a altor probleme ale doshei Vata din zona superioară a corpului. Marma legată de inimă (localizarea ei este de fapt exact sub stern, unde se termină coastele în cutia toracică) se referă la calmarea emoțiilor care declanșează supărarea. Marma localizată în abdomenul inferior, câțiva centimetri mai jos de ombilic, se referă la constipație,

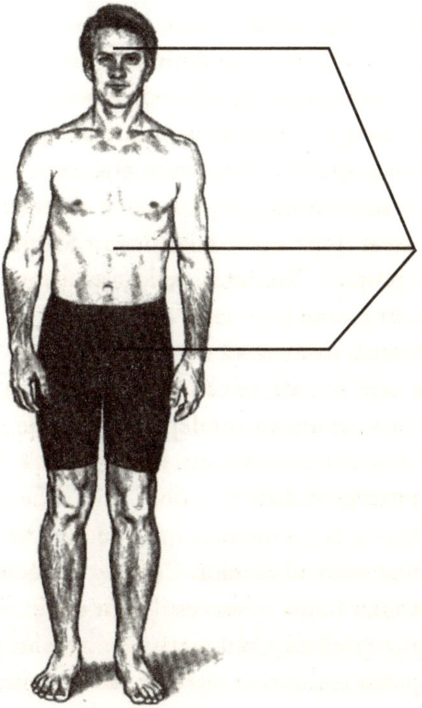

Cele trei puncte ale marmelor pe care să le masați singuri

gaze și alte probleme ale doshei Vata în zona inferioară. Masați cu mișcări circulare ușoare, insistând câteva minute asupra fiecărei zone. Marma din dreptul frunții poate fi aleasă pentru a vă ajuta să vă faceți somnul de noapte, atâta vreme cât v-ați asigurat că nu ați apăsat prea tare sau ați iritat zona – acest lucru ar putea să vă tulbure Vata, în loc să aibă ca efect calmarea ei.

Să accedem la încântarea naturii

Dacă aveți în minte vreo experiență care v-a adus în culmea fericirii – venirea pe lume a unui copil, un asfințit de soare măreț sau imaginea unui lac alpin în zorii zilei – și apoi vă transpuneți sentimentele dincolo de o anumită clipă, accedeți la un stadiu superior, numit „bucurie pură“. Ayurveda ne spune că bucuria pură este o trăsătură fundamentală a vieții. În sanscrită, această trăsătură este denumită *ananda* și este de obicei tradusă prin „încântare“.

Odată cu amploarea pe care a cunoscut-o popularizarea învățăturilor răsăritene în Occident, oamenii au ajuns să folosească cuvântul *încântare* pentru a exprima multe feluri de emoții pozitive. Ca să fim mai exacți, „încântare“ este un cuvânt prea abstract pentru a putea fi experimentat în sine. Prin analogie, cum puteți trăi experiența de a fi inteligent? Ca și inteligența, încântarea este o noțiune abstractă. Ea își are originea în organismul creat după legile cuantice în formă pură și iese la iveală numai în condiții propice. Nu puteți vedea sau atinge miile de procese care au loc în creier și în corpul omenesc, care trebuie să fie coordonate pentru a genera încântarea, însă există un sentiment clar – bucuria pură –, care poate fi simțit și care dovedește că încântarea există.

După cum spuneau înțelepții în textele ayurvedice, toate senzațiile noastre de bucurie izvorăsc din bucuria pură. Este lumina strălucitoare pe care nu o percepem direct, ci doar prin reflexia ei în frânturi mai mici de bucurie. Aceste fascicule mai mici de lumină nu ar putea exista fără mănunchiul mai mare al razelor. Chiar și în societatea occidentală, unde banii, frumusețea fizică și succesul sunt egale cu fericirea, fiecare are parte de clipe imprevizibile când viața pare absolut perfectă și plină de bucurie. Dacă am putea trăi într-o stare de pură bucurie la infinit, am deține adevăratul miracol al unei sănătăți perfecte.

Să intrăm în armonie cu darurile naturii

Natura furnizează o sursă bogată de energie și vitalitate care are efecte vindecătoare atât asupra corpului, precum și a minții. Învățați să fiți deschiși în fața darurilor Naturii prin cele cinci simțuri:

- Pășiți cu picioarele goale pe pământ timp de câteva minute zilnic. Îndreptați-vă atenția asupra picioarelor și asupra pământului, cu intenția de a absorbi vitalitatea pe care o emană acesta din urmă.
- Plimbați-vă de-a lungul cursurilor naturale de apă. Lăsați influența răcoritoare și coerentă degajată a apei să vă pătrundă toată ființa.
- Lăsați lumina și căldura soarelui să vă pătrundă în corp. Fiți recunoscători față de forța dătătoare de energie a soarelui, sursa vieții pe pământ.
- Faceți plimbări în locuri unde există o vegetație bogată și inhalați adânc respirația plantelor. Timpul ideal pentru a primi forța revigorantă a plantelor este exact înaintea răsăritului de soare și imediat după apus.
- Priviți îndelung stelele noaptea. Lăsați-vă conștiența să se plimbe pe cer și prin univers pentru a vă încărca cu energia acestora.

Naturalețea încântării

Fiecare dosha exprimă o altă fațetă a bucuriei, iar în starea de echilibru perfect, oricine este capabil să le experimenteze pe toate:

Vata – stimulat, revigorat, vioi, vesel, optimist, maleabil

Pitta – mulțumit, bucuros, amabil, plăcut, cu mintea limpede

Kapha – statornic, puternic, tolerant, curajos, generos, afectuos, senin

La fel ca în cele mai multe cazuri, Vata este liderul celorlalte doshe. Ea transmite bucurie prin sistemul nervos, declanșând modificări în celulele din tot corpul. Însă dacă nu ar exista echilibrul dintre cele trei doshe, fiziologia nu ar putea susține bucuria pură pe durate extinse de timp. Un scop major urmărit de Ayurveda este să schimbe această stare, curățind ferestrele propriei percepții. Percepția noastră firească în stare activă este de obicei slab înzestrată pentru a înțelege cât de multă bucurie există în noi înșine.

Deoarece psihologia convențională se concentrează atât de mult asupra stărilor ieșite din comun, a nevrozelor și psihozelor, a avut până acum puține de spus despre efectele bucuriei, iar medicina internă, mai nimic.

Cu siguranță, unele momente de extaz au fost prețuite – de poeți, figuri religioase și oameni obișnuiți –, dar legătura cu stări mai bune de sănătate nu a fost făcută până când psihologul Abraham Maslow, în anii '50 și '60, a început să studieze un grup de persoane care dobândiseră succesul în viață și pe care i-a denumit „oameni care s-au autoinventat". Astfel de indivizi, avea să descopere rapid Maslow, duceau existențe extrem de diverse și particularizate. În aparență, nu era nicio asemănare evidentă între un antreprenor de succes, un scriitor renumit și un mare dirijor. Și totuși, în spatele stilurilor lor diferite de viață, Maslow a descoperit că mulți dintre ei avuseseră parte de ceea ce el a denumit „experiențe de vârf", momente de intensă stare de bine și bucurie.

În timpul momentelor lor de vârf, acești oameni au simțit o transformare totală a realității lor personale. Obstacole care păreau imense în viața de zi cu zi deveneau fleacuri. Un sentiment copleșitor de putere îi învăluia. Se simțeau extrem de liniștiți și în deplină armonie cu viața.

Cei mai talentați atleți și performeri de toate genurile vor confirma existența acestor momente când ei și-au depășit fără un efort prea mare propriile capacități. După cum descrie campioana la baschet feminin Patsy Neal, „există momente de glorie care depășesc așteptările umane, sunt mai presus de capacitatea fizică și emoțională a individului. Ceva *inexplicabil* preia controlul și insuflă spiritul vieții în viața existentă deja. Atleta merge dincolo de ea însăși; ea transcende firescul – aproape că *plutește* spre performanță, bazându-se pe puteri de care până atunci nici nu era conștientă".

Maslow avea să descopere că o experiență de vârf era extrem de potrivită să fie terapeutică. Pacienții lui atribuiau schimbările majore din viața lor faptului că, în momentele de vârf, înțeleseseră brusc adevăratul sens al vieții: o încredere și creativitate cu totul nouă, soluții neașteptate pentru rezolvarea unor dileme dificile și o siguranță pe care nicio teamă nu o putea contamina. În unele cazuri, câte o depresie prelungită și vreo astenie dispăreau peste noapte pentru a nu mai reveni niciodată.

Maslow era foarte impresionat, iar studiul lui de pionierat s-a extins mult asupra unei diversități de experiențe pozitive, care au ajuns să fie considerate normale pentru spiritul uman. Totuși, el nu a descoperit o cale de a oferi oricui un moment de vârf și nici sursa acestuia. Fără a deține o tehnică pentru a transcende, el nu putea decât să aștepte acele momente sporadice când se trage cortina și spiritul vede dincolo de starea sa obișnuită de veghe.

Superfluiditate

Nu cu mult timp în urmă, psihologii clinici au descoperit o stare lipsită de efort la care acced deseori persoanele creative, denumită popular „avânt" (*flow*). Pe parcursul perioadelor de „avânt", proiectele de lucru par să progreseze cu o ușurință naturală și chiar cea mai profundă concentrare nu necesită niciun efort. Atâta timp cât experimentează starea când își iau avânt, persoanele creative de toate genurile resimt sentimentul plăcut că sunt purtate mult mai departe, mai presus de potențialul lor obișnuit. Neajunsul în privința avântului este că nu poate fi explicat celorlalți sau dezvoltat în continuare în sinele fiecăruia. Mai puțin de 10% din oamenii obișnuiți l-au trăit, iar cei care au făcut-o intră în această stare doar în mod intermitent. Totuși, el a reprezentat un pas înainte pentru grupul destul de mic al persoanelor care s-au realizat în viață și pe care Maslow l-a estimat ca fiind nu mai mare de o zecime dintr-un procent din populația totală.

Numai atunci când știința a început să analizeze în mod serios meditația, inefabilul acestor fenomene a putut fi definitiv explicat. Se dovedește astfel că o experiență de vârf sau senzația că ți-ai luat avânt indică o stare mai profundă, mai susținută, pe care cercetătorii au etichetat-o drept „superfluiditate". Superfluiditatea se aseamănă avântului, în sensul că este nevoie de un efort mai mic pentru a îndeplini o activitate, dar efortul este redus la minimum necesar. Într-o stare de superfluiditate, acțiunea devine complet automată – cel care o îndeplinește se contopește cu sarcina lui, gânditorul cu gândurile lui, artistul cu arta lui.

În continuare, vă prezentăm descrierea așa cum am primit-o de la un meditator: „Un sentiment blând, dar viguros de încântătoare uniformizare este prezent în cea mai mare parte a timpului atât în mintea, precum și în trupul meu. Din punct de vedere fizic, este o experiență pe care o trăiesc ca pe o însuflețire extrem de încântătoare a întregului organism. Această uniformizare este atât de profundă și de stabilă încât se menține și față de o activitate susținută – atenuează orice șoc posibil și face din orice activitate una ușoară și agreabilă".

Termenul de *superfluiditate* provine dintr-o clasă de materiale speciale denumite superfluide, care au fost descoperite în fizică în urmă cu mai mult de 50 de ani. De exemplu, când este adus heliu lichid la o temperatură atât de joasă încât se apropie la doar câteva grade de zero absolut, – 273°

C, el dobândește capacitatea de a ieși din containerul în care se găsește, de a trece prin toate orificiile, oricât de mici, care i-ar sta în cale și, dacă se pune în mișcare, de a curge la infinit. Motivul acestei transformări inexplicabile în comportament este chiar efectul de răcire. La o temperatură suficient de scăzută, atomii de heliu încetează să se mai deplaseze în cerc într-un mod aleatoriu și se ordonează în schimb, aproape complet, asemenea unei armate care se grupează în formație de paradă după ce s-a învârtit în cerc. Atomii de heliu super-răciți sunt atât de bine înregimentați încât ajung la o stare de supercurgere lipsită de cea mai mică frecare. O proprietate similară a materialelor super-răcite este superconductivitatea, capacitatea de a conduce electricitate fără fricțiune. Superconductivitatea pare și ea, la rându-i, să sfideze legile normale ale naturii, dar, în realitate, este o proprietate specială care se manifestă absolut natural atâta timp cât anumite condiții speciale sunt îndeplinite.

În același mod se manifestă superfluiditatea în conștientizare când meditația „răcește" procesul de gândire. Mintea descoperă mai multă ordine la nivele mai liniștite ale procesului de gândire până când reușește să se apropie de rânduiala liniștii pure fără să alunece complet în ea. Exact în acest punct, la granițele cuantice ale minții, mai este încă posibil să se poată gândi și acționa, dar conform unor reguli diferite. Unii pot să experimenteze expansiunea lipsită de orice efort și un gen de creativitate „lipsită de cea mai mică fricțiune", ce nu poate fi descoperită într-o stare obișnuită de veghe.

Aromoterapia – atingerea echilibrului prin simțul mirosului

Fiecare dintre cele cinci simțuri este compus dintr-o vibrație diferită din organismul creat după legile cuantice. Vibrațiile luminii care cad peste retina noastră declanșează un răspuns care este destul de diferit față de vibrațiile simțului tactil care vă mângâie degetele. Acesta este felul în care „supa de energie" a universului ajunge să fie împărțită în imagini, sunete, mirosuri și așa mai departe. Cele trei doshe sunt și ele într-o armonie perfectă cu natura. Fiecare dintre ele preferă să răspundă față de unul sau mai multe din cele cinci simțuri:

Vata – auz și atingere

Pitta – vedere

Kapha – gust și miros

Aceste preferințe pot fi cu ușurință remarcate la persoanele ale căror tipuri de organism sunt dominate de câte o dosha. Cele care sunt Vata pură sunt extrem de sensibile la zgomotul puternic, iar pielea lor simte cea mai ușoară atingere. Tipurile Pitta, îndeosebi dacă sunt blonde și au pielea albă, nu pot suporta lumina strălucitoare a soarelui nici măcar o secundă și sunt în același timp foarte receptive la frumusețea vizuală. Cele din Kapha, persoanele cele mai ancorate în realitate dintre toate tipurile, iubesc atmosfera de tihnă și căldura căminului; pentru ele, gusturile și mirosurile din bucătărie sunt în mod special mulțumitoare.

Întrucât fiecare dintre noi deține câte ceva din Vata, Pitta și Kapha, aceste preferințe sunt relative. Orice tip de organism poate răspunde la terapia Marma, de exemplu, care operează prin simțul tactil; ea nu se limitează doar să aibă efect asupra celor din Vata. Străvechile texte ayurvedice ne furnizează liste lungi de stimuli senzitivi care ajută la echilibrarea doshelor, începând de la privitul lunii pline și plimbările de-a lungul unui curs de apă (foarte bun pentru Pitta), la a asculta cum foșnește vântul prin crengile copacilor (foarte bun pentru Vata). În afară de aceste cunoștințe, a fost dezvoltat un tratament special, denumit aromoterapie; pacienții noștri găsesc absolut încântător acest gen de tratament.

Vocabularul aromelor

Fiecare dosha poate fi echilibrată prin aromele care i se potrivesc. Această corespondență perfectă dintre ele este realizată prin *rasas* sau gusturi, care sunt date de alimente. Voi analiza în detaliu amănunte legate de rasă în partea a III-a, dedicată dietei. Pentru moment, trebuie amintit că în Ayurveda sunt recunoscute șase gusturi, cele patru binecunoscute, dulce, acru, sărat și amar, plus cel astringent (gustul uscat, care îți face gura pungă, asociat cu fasolea grasă, rodia și șofranul) și cel înțepător (condimentele). Alimentele dulci țin în echilibru atât Vata, cât și Pitta, același efect având-l și mirosul parfumat al trandafirului. Gusturile acre agravează Pitta, la fel ca și mirosurile acre și cele urât-mirositoare în general. Mirosurile jilave, aspre fac Kapha să crească. Mirosurile amărui și astringente agravează Vata în mod deosebit.

Limbajul gustului este limitat la dulce, acru, sărat, amar, astringent și înțepător. Pe de altă parte, nasul percepe un vocabular bogat de mirosuri, care se ridică la aproape zece mii de miresme diferite, dacă aveți un nas fin bine antrenat. Miresmele care pot fi detectate de nas trebuie mai întâi să se dizolve în umezeala țesutului nazal, iar după aceea sunt împinse mai departe de către anumite celule olfactive specializate, direct în hipotalamus, în creier. (De fapt, aceste celule olfactive sunt celule nervoase, singurele expuse direct în afara organismului din tot corpul uman, deși sunt protejate de învelișul subțire al mucoasei. În același timp, ele reprezintă singurii nervi care se regenerează, înlocuindu-se singuri aproximativ o dată la fiecare trei săptămâni.)

Faptul că mirosurile ajung direct în hipotalamus este extrem de semnificativ, întrucât acest organ redus ca dimensiuni este responsabil pentru regularizarea a zeci de funcții din organism, inclusiv temperatura, setea, foamea, nivelurile de zahăr din sânge, creșterea, somnul, veghea, dorința sexuală și unele emoții cum ar fi mânia și fericirea. Să miroși ceva anume înseamnă să transmiți un mesaj imediat „creierului din creier“ și de acolo mai departe în întreg corpul.

În același timp, mesajul unui miros merge la sistemul limbic al creierului, care procesează emoțiile, și spre o zonă numită hipocamp, partea creierului responsabilă pentru memorie. De aceea mirosurile ne readuc amintiri din trecut atât de proaspete – mirosurile din grădină, miresme de flori și parfumuri care declanșează acel sentiment de *déjà vu*. Grădina prin care v-ați plimbat odinioară a reapărut, transformându-se în voi, devenind o parte din ființa voastră, grație impresiilor persistente lăsate de parfumul ei asupra creierului vostru.

Cum să punem în aplicare aromoterapia

În Ayurveda, aromele sunt folosite pentru a transmite semnale specifice, care echilibrează cele trei doshe. În general, trebuie reținute următoarele informații:

Vata este echilibrată prin folosirea unei mixturi de arome calde, dulci, acre, precum busuiocul, portocala, geranium, cuișoare și alte mirodenii.

Pitta este echilibrată prin folosirea unei mixturi de arome dulci și răcoritoare, precum lemnul de santal, trandafirul, menta, scorțișoara și iasomia.

Kapha, în mod similar cu Vata, este echilibrată prin folosirea unei mixturi de arome calde, însă cu tonalități mai condimentate, precum ienupărul, eucaliptul, camforul, cuișoarele și maghiranul.

Picurați în jur de zece picături de ulei aromatic în apă fierbinte și parfumați încăperea cu o aromă ușoară timp de o jumătate de oră; puteți mări această perioadă cât de mult doriți. (Veți găsi în comerț tot felul de dispozitive pentru lumânări cu diferite arome, dar la fel de eficient este să folosiți o ceșcuță de ceai pe care să o încălziți cu o cafetieră în miniatură.) Cel mai potrivit moment pentru a inhala aroma este înainte de a merge la culcare, întrucât diferitele imagini și sunete ale zilei au tendința să predomine în defavoarea mirosurilor și să le blocheze efectul. Aroma ajută multe persoane să adoarmă și poate fi păstrată în încăpere toată noaptea.

Mai există în același timp și un aspect medical al aromoterapiei. Pacienților care au fost diagnosticați cu unele dezechilibre specifice li se prescriu uleiuri potrivite pentru subdosha care a ieșit din starea de echilibru. Într-adevăr, este posibil să se restabilească echilibrul prin folosirea unei anumite arome dacă veți ști ce subdosha doriți să echilibrați și ce aromă o domolește.

La un moment dat, în cursul lunii februarie, Betsy Allen a contractat o răceală puternică la plămâni, care a țintuit-o la pat timp de o săptămână și de care nu mai scăpa. Chiar după ce s-a însănătoșit, o tuse seacă, sâcâitoare a continuat să o deranjeze. A durat aproape o lună, apoi încă una și când a continuat și a treia lună fără să se rezolve, a venit la noi pentru o evaluare ayurvedică.

A fost diagnosticată ca fiind un tip de organism Vata-Pitta și i s-a localizat un dezechilibru al doshei Vata în pleura plămânilor. Această afecțiune poate fi tratată în mai multe moduri. Medicul ei a ales aromoterapia și i-a prescris un ulei specific pentru persoanele Vata, pe care urma să-l inhaleze noaptea. Betsy a mers acasă, fără să știe la ce să se aștepte.

„Nu am așteptat să vină ora de culcare", își amintește ea, „pentru că eram stăpânită de o mare curiozitate. Am pus la fiert apă cât pentru o ceașcă de ceai, am picurat înăuntru câteva picături din acest ulei dulce-mirositor și m-am întins pentru a inhala aerul. Reacția care avea loc în corpul meu era puternică și total neașteptată. Parcă fiecare celulă, începând din creștetul capului până în vârful degetelor de la picioare, se trezea brusc la viață. Stăteam pur și simplu nemișcată, inspirând tot mai adânc cu fiecare respirație, una după alta – nu mă mai puteam opri să inspir acel miros!

Am folosit aroma prescrisă și în timpul nopții, așa cum ar fi trebuit, stând întinsă în pat și aceeași energie revigorantă mi-a străbătut corpul din nou. Mintea îmi spunea că era scandalos să obții un așa efect doar de la un *miros,* dar corpul meu era deja convins." Foarte rapid, Betsy a încetat să mai tușească și reușea să adoarmă mai ușor decât în ultimele luni de zile.

Fără un diagnostic exact, aromoterapia poate să aibă efecte generale: se poate să fie calmat un simptom sau doar să ni se pară relaxant și plăcut. Uneori, am fost surprinși să constatăm că migrene generate de dureri de cap, dureri de spate, erupții ale pielii și insomnii, care nu fuseseră rezolvate cu alte tratamente, deseori perioade lungi de timp, au dat rezultate după terapia cu arome. Acest lucru evidențiază justețea principiului ayurvedic că orice poate fi folosit ca medicament dacă îți cunoști suficient de bine pacientul.

Cum să învățăm să punem în aplicare aromoterapia

Această tehnică nu necesită alte instrucțiuni în afară de tipul de ulei aromat care trebuie folosit. Pentru acele persoane care nu pot veni la noi pentru evaluarea medicală, este suficient doar să vă urmăriți dosha dominantă din organismul vostru – în general, aceea pe care vă străduiți să o domoliți. Puteți comanda uleiuri potrivite pentru Vata, Pitta sau Kapha de pe internet; sunt disponibile totodată recipiente și dispozitive de răspândire a aromelor.

TERAPIA PRIN MUZICĂ – FRAGMENTE MUZICALE PENTRU A ATINGE ECHILIBRUL NATURII

Probabil că erați doar un copil când ați înțeles influența pe care o poate avea muzica asupra corpului și minții voastre. Cântecul de leagăn pe care mama vi-l cânta să adormiți reușea să vă adoarmă. Cântecele interpretate în taberele de vară aveau legătură cu tradițiile locului, mergând cu câteva generații în urmă. Când cântați colindele de Crăciun vă simțeați inspirat.

Ayurveda recunoaște că se poate apela la muzică din punct de vedere terapeutic pentru a echilibra mintea și corpul. Pacienții din centrul nostru petrec o bucată de timp zilnic ascultând acele fragmente de muzică potrivite pentru a le echilibra doshele. Terapia prin muzică poate asigura o metodă complexă de schimbare a fiziologiei. Muzica înseamnă mai mult decât „liniștire" sau „însuflețire". În primul rând, de ce o ascultăm? Din plăcere, bineînțeles, dar orice plăcere transformă într-un anumit fel organismul. În mod obișnuit, nu ne măsurăm tensiunea arterială să vedem dacă muzica lui Bach sau Mozart ar putea să o influențeze, însă dacă am dori să reducem presiunea arterială, un antidot perfect ar fi să ascultăm muzică lentă, clasică.

Muzica înseamnă terapie

Faptul că muzica poate constitui o terapie a fost o idee pe care am îmbrățișat-o când mă aflam la New Delhi, la o conferință a medicilor care dezbătea tematica aplicațiilor clinice ale muzicii. La un moment dat, o doamnă, medic specializat în terapiile ayurvedice, s-a ridicat și a afirmat că ar fi fost mai bine ca, în loc să discutăm acest subiect, să demonstrăm că terapia prin muzică era de fapt subiectul.

Ne-a rugat să ascultăm timp de câteva minute câteva fragmente muzicale vedice, pe care le-a interpretat ea însăși și care erau menite să echilibreze în mod specific dosha Vata. Am închis cu toții ochii, în timp ce vocea ei interpreta un refren ritmat, exotic, care ne captiva. Apoi, medicul care ne cântase ne-a rugat să luăm pulsul persoanei care stătea lângă noi. După ce am făcut acest lucru, am constatat că fiecare dintre cei prezenți înregistrase o scădere semnificativă a pulsului în comparație cu nivelul normal de 70-80 bătăi pe minut. Apoi, a început să cânte o melodie mai ritmată, care se baza pe o altă raga, altfel spus, o secvență de tonalități. Din nou, am ascultat timp de câteva minute și am luat pulsul celui de lângă noi. Absolut în toate cazurile, pulsul crescuse cu mult peste normal. Într-adevăr, organismul fiecăruia dintre noi fusese manipulat de sunet în direcția pe care și-o dorise medicul nostru. Această tehnică fundamentală, cu zeci de variații adaptate la diferite părți din organismul nostru, constituie cunoașterea medicală a terapiei prin muzică. Ceea ce se găsește dincolo de ea este conceptul de sunet echilibrat, vibrații care liniștesc doshele.

La fel ca și în cazul gusturilor, culorilor și mirosurilor, o dosha este echilibrată de anumite tonalități și tulburată de altele. Când o muzică este interpretată într-un ritm mai alert sau mai lent, când armoniile sunt interpretate de instrumente cu sunete ascuțite sau joase și sunt concepute tipare ritmice complexe, se realizează tehnici ce urmăresc transformarea răspunsului din partea ascultătorului. Textele de muzică vedică menționează care raga sunt adecvate pentru a fi ascultate dimineața, la prânz, seara și în alte momente ale zilei. Când Vata se ridică la un vârf al zilei de muncă la ora patru după-amiaza, de exemplu, muzica poate facilita tranziția spre o funcționare mai relaxată la începutul serii. Când sunt interpretate într-un mod adecvat anumite fragmente muzicale, se spune că au un efect universal. Organismul nostru reacționează, suferind transformări care oglindesc varietatea ritmurilor din natură.

Nu numai pulsul este cel care se liniștește seara, după o zi întreagă; la fel, fiecare plantă și fiecare animal reacționează conform ciclurilor sale proprii de seară. Terapia prin muzica vedică întruchipează vibrațiile esențiale care pulsează prin natură în fiecare clipă.

Cum să aplicăm terapia prin muzică

Terapia prin muzică constituie o parte standard a programelor realizate în centrul nostru. Pentru a fi folosită acasă, pot fi comandate pe internet un set de înregistrări sau compact-discuri și ascultate pe fragmente pe tot parcursul zilei. Dacă vă este greu dimineața să începeți ziua plin de energie, puteți asculta o muzică revigorantă. Dacă vă este greu să puneți capăt activității mentale până târziu în noapte, anumite sunete de liniștire pot să vă fie de un real ajutor. Am descoperit în centrul nostru

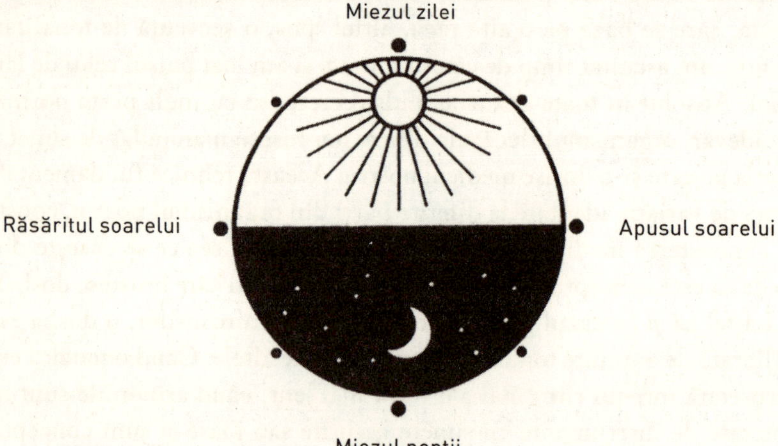

că există muzică indiană, precum și adaptări contemporane foarte utile în reinstaurarea echilibrului pentru sistemul minte-corp omenesc.

După cum fiecare început de anotimp face ca fiecare dosha să fie în mod special vulnerabilă în fața unui posibil dezechilibru (cauzând răceli de primăvară și alergii de vară târzie), organismul vostru mai este sensibil și la anumite momente ale zilei. Toate funcțiile organismului au momente de vârf la anumite ore și de declin la alte ore. Terapia prin muzică echilibrează aceste momente într-un flux unic și continuu al activității uneori intense și alteori relaxate, eliminând schimbările bruște, precum și tranzițiile abrupte. Dacă veți încerca să adormiți, însă nu veți reuși pentru că mintea încă aleargă să mai rezolve unele treburi neterminate din timpul zilei, experimentați absența unei tranziții line. Este exact ceea ce terapia prin muzică își propune să corecteze.

Puteți beneficia de zece minute de terapie prin muzică:

- pentru a vă trezi într-un mod agreabil dimineața
- după ce ați luat masa, pentru a calma digestia
- chiar înainte de a merge la culcare, pentru a vă ajuta să adormiți
- în perioada de recuperare, după ce ați trecut prin suferința cauzată de o boală.

Cel mai potrivit mod de a asculta muzică este să stați liniștit cu ochii închiși. Lăsați-vă atenția să fie purtată ușor de ritmurile muzicii. Dacă simțiți cum mintea vă zboară la alte gânduri, aduceți-o încet înapoi la sunetele muzicii. Când sunteți pregătit să vă ridicați, închideți sursa de muzică și mai rămâneți timp de un minut sau două în liniște.

Dacă v-ați propus să pierdeți în greutate, ar trebui să ascultați zilnic în mai multe reprize timp de câte cinci minute genul de muzică pentru echilibrarea Kapha, iar acest lucru o să vă ajute să vă accelerați metabolismul. Dacă aveți probleme din pricina iritabilității sau a arsurilor de stomac, propuneți-vă să ascultați muzică menită să calmeze Pitta. De fiecare dată când simțiți că sunteți neliniștit sau îngrijorat, lăsați-vă atenția să plutească ușor și plăcut pe acordurile unei muzici de echilibrare a doshei Vata, pentru că astfel veți contribui la liniștirea acestei doshe turbulente.

Descoperiți muzica aceea care rezonează cu felul vostru natural de a fi. Poate să fie muzică occidentală clasică, raga indiană tradițională, pot fi ritmuri ale aborigenilor australieni sau muzică instrumentală clasică. Descoperiți acele vibrații care vă încarcă cel mai mult energetic și intrați în armonie cu efectele pe care sunetele le au asupra fiziologiei voastre. Dacă ascultând muzică vă simțiți revigorat într-un mod plăcut, luminos și energic, înseamnă că terapia prin muzică a funcționat.

CAPITOLUL 8

Eliberarea de dependențe

Astăzi este cât se poate de evident că societatea în care trăim devine cu fiecare an care trece una tot mai dependentă. Medicina high-tech, campaniile publice în jurul ideii „Să spunem NU“ și o industrie de reabilitare a afacerilor de multimiliarde de dolari nu au reușit să soluționeze această problemă socială majoră. Pentru fiecare pas înainte se pare că există câte un regres descurajant. Rata totală a consumului de țigări a scăzut cu aproximativ 15% de la vârful înregistrat în 1960, însă astăzi mai mult de 50 de milioane de americani continuă să fumeze și alte grupe de persoane, îndeosebi adolescentele și bărbații din categoria forței de muncă angajate, sunt fumători, iar cifrele sunt unele record. (Ca rezultat, unul dintre efecte îl reprezintă numărul în continuă creștere al cazurilor de cancer la plămâni în rândul femeilor.) Se estimează că 70% din numărul fumătorilor de țigări, care s-au apucat de fumat începând de la vârsta adolescenței, vor continua să fumeze timp de 40 de ani de acum înainte.

Consumul de alcool a trecut de la băuturile tari la bere și vin, însă alcoolismul în sine a coborât până la o șocant de fragedă vârstă; mulți dintre elevii din primele clase de liceu au fost nevoiți să urmeze campanii antialcool. Programele de tratament antialcool și antidrog depun eforturi susținute pentru a-i ține pe participanții lor departe de orice gen de dependență, însă succesul lor este unul limitat. Consumul de droguri de mare risc a proliferat într-un ritm alarmant, iar conexiunea dintre droguri și delictele violente se află în permanență la limita superioară. Din nou, tinerii au ajuns să fie implicați tot mai mult – vânzarea de cocaină pură (cocaină sintetică, ce poate fi fumată) copiilor de vârstă școlară este una din cele mai recente tendințe și este extrem de îngrijorătoare.

Dependențe întipărite în memorie

Esența vindecării cuantice este aceea că memoria perfecțiunii nu poate fi pierdută, doar estompată. Dacă ne uităm la o persoană dependentă de alcool, țigări sau droguri, este clar că s-a instalat o gravă pierdere de echilibru și că mesajele clare, sănătoase, transmise de organismul creat după legile cuantice sunt fie extrem de distorsionate, fie nu există. Ce poate face Ayurveda pentru a îmbunătăți această situație? În primul rând, să explice într-un mod cu totul nou dependențele, ca o distorsionare a inteligenței existente la un nivel foarte profund în ființa subiectului dependent.

În locul unei dezbateri care să analizeze dacă dependența este fizică sau mentală, dobândită sau moștenită, noi arătăm că, la nivel cuantic, toate aceste influențe fuzionează. Ceea ce în Ayurveda este denumit *smriti* sau memorie controlează toate alegerile pe care le facem în calitatea noastră de organisme biologice. Pentru ca o celulă să se schimbe, ea trebuie să se raporteze la tiparul din interiorul ei, acolo unde toate amintirile, funcțiile și tendințele ei sunt stocate. Dacă acest tipar este distorsionat, atunci rezultatul va fi o celulă distorsionată.

*

Una dintre amintirile mele cele mai vii este legată de Walter, un tânăr de culoare care crescuse în mahalalele din South Boston, petrecându-și cea mai mare parte a timpului pe străzi. Renunțase la școală la vârsta de 16 ani și se înrolase în armată la 18 ani. Plecase în Vietnam, unde participase efectiv la lupte și scăpase fără să fie rănit, însă la întoarcerea lui acasă, doi ani mai târziu, devenise dependent de heroină. Mulți dintre soldați foloseau acest drog, sperând că războiul ar fi devenit astfel o experiență mai puțin traumatizantă. Totuși, spre deosebire de cei mai mulți dintre soldați,

Walter nu avea niciun motiv să-și dorească să renunțe la această obișnuință distrugătoare când revenise acasă. În cele din urmă, a fost prins de poliție și, prin hotărâre judecătorească, ajunsese unul dintre pacienții Spitalului pentru Administrarea Veteranilor de Război.

La început, preocuparea majoră a medicilor, în ceea ce îl privea pe Walter, era detoxificarea. În mod normal, nu s-ar fi bucurat de nicio atenție suplimentară după acest episod. Însă în perioada sa de recuperare, am început să-i fac vizite în calitatea mea de medic al departamentului specializat al acelei clinici. Îmi era foarte clar că Walter nu era un caz obișnuit. În ciuda situației lui disperate, continuase să spere și manifesta o dorință ieșită din comun de a lupta cu propria lui dependență. Făcea progrese reale într-un timp relativ scurt, iar tratamentul dădea rezultate. În decurs de un an după detoxifiere, avea deja o slujbă stabilă și vorbea cu entuziasm despre visurile și planurile lui de viitor.

Acest viitor însă nu a ajuns niciodată să se materializeze. Într-o bună zi, când mașina i se stricase, fusese nevoit să meargă cu metroul până la locul lui de muncă, ceea ce nu se mai întâmplase de câteva luni de zile. Se urcase într-o garnitură în direcția Dorchester, o linie veche de când lumea, cu vagoane neîngrijite și murdare. Pe Walter îl deranja zgomotul asurzitor și, chiar dacă făcea eforturi, nu reușea să-l ignore. Era o zi apăsătoare de iulie, iar aerul condiționat nu funcționa. Obișnuit să stea în atmosfera închisă, dar confortabilă din propria lui mașină, după numai câteva minute, vagonul de metrou i se părea insuportabil. După alte câteva minute, devenise extrem de agitat și, în momentul când cobora în stație, se transformase într-un tip irațional. Nimic nu-l putea tempera pe Walter și agitația care pusese stăpânire pe el. A doua zi, când a fost adus înapoi la spital, era dependent de heroină, mai rău decât fusese înainte. De data aceasta, nu mai avea nicio dorință să renunțe.

Iată cum sunau notițele mele de observație: „Ce s-a întâmplat cu acest om? O explicație chimică pentru incidentul din vagonul de metrou nu este suficientă. Nu pot să nu mi-l imaginez îmbrăcat în costumul lui elegant în dungi, îndreptându-se spre locul de muncă, pregătit să înceapă cu încredere o nouă viață, pentru ca apoi să pășească în vagonul în care avea să cadă pradă grijilor și dependenței mai vechi. Printr-o înșelătoare farsă jucată de memorie, trecutul revenise în viața lui și, odată cu el, dorința de a depinde de ceva. Unde rămăsese ascunsă această dorință timp de un an, până să-și facă din nou apariția? Celulele din organismul fiecărui om vin și pleacă, însă dispariția lor nu este suficientă să rupă vraja care îl prinde pe cel dependent în mrejele ei. Într-un anumit fel, această medicină tocmai începe să își dezvăluie potențialul, iar o amintire a celulei este suficient de veche pentru a supraviețui însăși celulei".

Dacă așa stau lucrurile într-adevăr, atunci omul trebuie să-și schimbe tiparul existent în memorie pentru a se elibera de dependențe. Nu este suficient doar să îndepărtăm toxinele fizice din celule, să oferim consiliere sau să încercăm să-i explicăm persoanei dependente cum să-și însușească diferite tipare de comportament. Acești pași merită să fie urmați într-adevăr, dar, până la urmă, dependența este întipărită în memorie și de acolo trebuie îndepărtată.

Un remediu liber consimțit

După cum stau lucrurile astăzi, programele specifice pentru tratarea persoanelor dependente recurg la tactici defensive, subliniind nevoia unei permanente vigilențe pentru a preveni o posibilă întoarcere la o obișnuință puternic înrădăcinată. „Ai maimuța pe umăr", i se spune celui dependent, „și va sta acolo până la sfârșitul vieții tale." Motivația acestei insistențe este că dependenții inveterați nu vor fi vindecați complet până când nu se vor transforma în abstinenți inveterați.

În Ayurveda, se pune accentul pe exact opusul acestei logici. Baza programului nostru de eliberare de dependențe este ca dependentul să renunțe la obișnuința lui în mod automat, când i se oferă o sursă mai mare de satisfacție. Noi considerăm că sursa dependenței este căutarea satisfacției. Alcoolul, țigările și drogurile provoacă un mare rău organismului, însă pentru cei care apelează la ele sunt o sursă de plăcere sau cel puțin o ușurare de stresul uriaș pe care l-ar resimți altfel. Dependenții își păstrează obiceiul din dorința de a avea o ieșire. Accesele de vinovăție, rușine, remușcare și autoînvinovățire au un efect mult prea slab pentru a-i ajuta în vreun fel.

Însă atunci când își expun mintea unei surse mai mari de satisfacție, tendința naturală va fi să scape de dependență, deoarece o satisfacție mai mare este mai atractivă. Suport pentru această nouă perspectivă exista de aproape 20 de ani. Acum mulți ani, studii realizate în Statele Unite și în

Europa au arătat în mod repetat că atunci când persoanele dependente sunt învățate să mediteze, nivelul lor de anxietate descrește, determinând în același timp și reducerea consumului de alcool, țigări sau droguri. Dacă dependența este interceptată într-o fază incipientă, un număr mare de subiecți vor înceta să mai facă abuz de substanțe care creează dependență. Acest punct de vedere este foarte important, întrucât vindecarea este posibilă îndeosebi în faza incipientă.

Prin distragerea atenției de la stres, meditația reînvie memoria echilibrului din sistemul nervos. Meditația repetată zi de zi exersează memoria în mod regulat, până când, odată cu trecerea timpului, celulele revin la o stare normală, schimbându-și receptorii deviați cu un tipar mai firesc. De îndată ce sunt refăcute traseele urmate de inteligență, celulele vor selecta în mod automat semnalele sănătoase ale organismului, așa cum altădată le acceptau în mod automat pe cele distorsionate. Circuitul întrerupt de dependență a fost acum refăcut.

Diferitele studii consacrate meditației și dependenței au condus la următoarele rezultate:

- În anul 1972, fiziologul Robert Keith Wallace și colaboratorii săi au inițiat un studiu pe un număr de 1 860 de subiecți care practicau meditația, în cea mai mare parte studenți ai aceluiași colegiu, cu privire la consumul diferitelor tipuri de droguri. După începerea ședințelor de meditație, numărul consumatorilor de droguri a scăzut în mod semnificativ pentru toate categoriile de substanțe folosite (marijuana, narcotice, barbiturice, substanțe halucinogene și amfetamine). Cu cât studenții practicau mai mult meditația, cu atât erau mai puțin dependenți de droguri, până când, după douăzeci și una de luni, cei mai mulți au încetat să mai consume în exces droguri. Marijuana mai era totuși consumată „foarte rar“ de 12% din subiecții respectivi; toate celelalte categorii se încadrau într-un registru de 1% până la 4%.
- Un studiu realizat în 1974 cu privire la consumul de marijuana făcea o comparație între subiecții care practicau meditația și cei care nu erau meditatori practicanți, iar rezultatul a fost că după o lună sau maximum trei de meditație, aproape jumătate dintre meditatori consumau o cantitate mai redusă sau chiar renunțaseră la consumul de droguri, în comparație cu cel de-al doilea grup, unde mai puțin de o șesime dintre subiecții care nu practicau meditația încetaseră să mai

consume marijuana sau reduseseră consumul. Aceste rezultate s-au îmbunătățit în mod substanțial pe măsură ce subiecții continuau să practice meditația. Dintre cei care practicaseră meditația timp de doi ani, un procent de 92% au redus consumul de marijuana, iar 77% au renunțat definitiv. Un studiu similar a ajuns la aceleași rezultate în ceea ce privește dependența de alcool.

- Un studiu care a avut drept subiecți tinerii de liceu și de colegiu a intervievat 150 de practicanți ai meditației și 110 nonmeditatori, analizându-le trecutul referitor la dependența de droguri. S-a constatat o reducere semnificativă a consumului de marijuana, de vin, bere și băuturi tari în cazul meditatorilor, în timp ce la cei care nu practicau meditația nu s-a înregistrat nicio scădere relevantă.

Toate aceste rezultate sunt bazate pe subiecți care nu au mai fost niciodată implicați în vreun fel de program de reabilitare. Nu li s-a cerut să renunțe la dependență, să facă un progres în acest sens, și nici nu li s-a promis vreo răsplată pentru o eventuală abstinență. Cel mai important, niciunul nu a fost selectat pentru că ar fi avut vreo motivație să se abțină; într-adevăr, în mediul unui colegiu sau al unui liceu, presiunea vine din direcția opusă, din partea colegilor care, la rândul lor, fac abuz de alcool, țigări și droguri. Scăderea consumului înregistrată în rândul acestora sugerează că doar prin reducerea stresului și a anxietății și prin ridicarea nivelului unei satisfacții interioare o persoană poate să se motiveze pentru a pune capăt obiceiurilor distructive.

O verificare mai strictă a acestui principiu poate deveni mai elocventă în mediul instituțional. Anumite studii s-au concentrat asupra efectelor meditației printre persoanele întemnițate, care au o motivație scăzută sau chiar inexistentă de a renunța la dependența lor. O privire de ansamblu referitoare la cinci astfel de studii dovedește că rezultatele au fost suficient de elocvente pentru a garanta introducerea meditației în închisori, ca tratament contra abuzului de droguri. Un studiu realizat în Germania s-a concentrat asupra unui eșantion de șaptezeci și șase de consumatori de droguri, care au participat la un program de reabilitare. După douăsprezece luni de practicare a meditației, s-a constatat scăderea consumului de droguri la toate substanțele folosite, inclusiv în cazul heroinei, barbituricelor și amfetaminelor, care sunt printre cele mai greu de abandonat dintre dependențe.

Prin însăși natura lor, studiile statistice au tendința să fie generalizatoare. Personal, prefer să mă refer la poveștile individuale, cum ar fi cea pe care mi-a relatat-o un consilier în probleme de reabilitare, cu multă experiență, din New York. Se ocupase de cazul unei tinere adolescente care începuse să bea înainte de a fi împlinit vârsta de 12 ani și care până la 15 ani ajunsese o alcoolică dependentă. Se dovedise extrem de rezistentă la orice încercare de reabilitare și, în cele din urmă, după luni întregi de frustrare, consilierul a recunoscut că se lasă păgubaș. Nu mai era nimic de făcut. Exact în momentul când întocmea formularele pentru a scoate tânăra din programul pe care îl inițiase, a întrebat-o întâmplător: „De ce nu încerci meditația?". Ea s-a arătat imediat interesată, însă consilierul nu a mai urmărit cazul.

Câțiva ani mai târziu, într-un centru comercial, atenția i-a fost atrasă de o tânără mamă cu un aspect atrăgător. Dintr-o privire a înțeles că era aceeași adolescentă de care se ocupase altădată, dar care acum arăta ca un om fericit și radia alături de fiica ei de doi ani. S-a îndreptat spre ea să o felicite.

„Ce s-a întâmplat cu tine?", a întrebat el. Din spusele tinerei mămici, a aflat că începuse să practice meditația la scurt timp după ce renunțase la programul de reabilitare și, după numai câteva luni, încetase să mai bea. Avusese încredere în puterea și efectele meditației, pe care încă o mai practica. Asta o scăpase de dependența profundă și probabil îi salvase viața. Începând din acel moment, consilierul a ajuns să includă meditația în metodele folosite, propunând și altor persoane dependente să urmeze această cale de vindecare.

Dependența și doshele

Toate cele de mai sus arată clar că în sinea persoanei dependente există un mecanism de autocorectare, care poate fi declanșat pur și simplu dacă își va lăsa mintea să-l contacteze. Puteți vedea acest mecanism la lucru și în termenii doshelor. Persoanele care fumează și beau excesiv sau care abuzează de droguri fac singure eforturi să scape de aceste dependențe dintr-o dorință firească a organismului de a ajunge la echilibru. La început, capacitatea de a-și controla impulsurile pare să fie destul de fragilă; la acest nivel, persoanele dependente consideră că încă mai dețin controlul asupra obișnuinței lor.

Apoi urmează o perioadă care se întinde pe mai multe luni sau chiar ani, când toate cele trei doshe ajung să fie agravate cronic. Fiecare dependență are propriul ei profil de simptome, însă în rândul acestor persoane dependente am descoperit întotdeauna că Pitta este profund agravată, ceea ce conduce la stări iraționale de violență, înroșirea pielii, senzație exagerată de transpirație și sete și diverse tulburări digestive, între altele.

Se pare că dosha Vata este în mod special importantă deoarece dezechilibrul ei este responsabil pentru comportamentul impulsiv. Atunci când Vata este în mod sever agravată, te vei supune oricărui impuls de a bea, de a fuma încă o țigară sau de a mai lua o doză. Deoarece controlul asupra impulsului începe să se deterioreze, se intensifică sentimentul de vinovăție pentru că persoana dependentă îl identifică cu lipsa sa de control. Fără să știe că duce la îndeplinire o comandă primită de la Vata (așa cum toți o facem, dar în forme mai sănătoase), persoana dependentă nu înțelege decât că deciziile ei de a renunța eșuează mereu într-un mod lamentabil.

În esență, chiar dosha Vata este dependentă. Etapele acestei dependențe se aseamănă cu cele ale oricărei tulburări a sistemului nervos central. Acesta este motivul pentru care un tremur al mâinii, care poate avea drept cauză lipsa de somn, boala Parkinson, bolile mentale sau alcoolismul par toate cam același lucru pentru un ochi neantrenat. În general, Vata va parcurge următoarele etape de declin:

Un dezechilibru ușor: agitație, un amalgam de gânduri fragmentate; un sentiment tot mai accentuat de îngrijorare; spaimă nejustificată; pierderi de memorie și incapacitate de concentrare; absența unei prospețimi interioare.

Un dezechilibru moderat: insomnii; lipsa de coordonare a mișcărilor; tremurul mâinii; neliniște, nervozitate; pierderea apetitului; gândire incoerentă; sentimentul pasager de slăbiciune fizică și inutilitate.

Un dezechilibru grav: insomnie cronică; percepție eronată (lucrurile par să se afle la distanță și ireale); tremurul necontrolat al capului și al mâinilor; lipsă de apetit; apatie, pierderea generală a oricărei dorințe; iluzii și halucinații.

La limita extremă a dependenței de alcool sau droguri, Vata este adesea atât de mult în dezechilibru, încât simptomele sunt practic greu de delimitat de o boală mentală. Un alcoolic în faza de acutizare a alcoolismului cronic, *delirium tremens*, și un schizofrenic sunt cazuri specifice de Vata împinsă până la cele mai îndepărtate limite.

Etapele de început și de mijloc ale dependenței sunt cele mai tratabile, pentru că organismul poate fi îndrumat să se reechilibreze singur. Situația fără ieșire a oricărei dependențe se produce atunci când aceleași simptome ale suferinței sunt cauzate și de obișnuință, și de stoparea acesteia. Această afirmație are logică dacă ne uităm cu mai multă atenție la ceea ce înseamnă dosha Vata, care a ajuns să fie instruită să accepte prezența unui drog. De îndată ce nicotina sau alcoolul este respins, Vata încearcă să se debaraseze de instruirea defectuoasă pe care a primit-o și se întoarce la normal. Și totuși, când se pornește înapoi spre intrarea în echilibru, ceea ce necesită îndepărtarea excesului de Vata, organismul este și mai Vata decât a fost vreodată, de unde și tremurul, insomnia și anxietatea care însoțesc renunțarea.

Atunci când sistemul nervos a ajuns să fie în dezechilibru din punct de vedere chimic, Vata nu mai are niciun sprijin, nici ritmul zilnic normal de odihnă și activitate, pentru a stabiliza celelalte sute de ritmuri ale organismului ce trebuie coordonate în structura unei persoane sănătoase. Meditația practicată în mod regulat asigură stabilitatea, susținută de alternarea odihnei profunde cu activitatea. Acesta este motivul pentru care persoanele aflate în fazele inițiale ale consumului de țigări și de droguri descoperă că pot să renunțe la obișnuințele lor fără niciun efort.

Cum să renunțăm la fumat

În cazul țigărilor, să-ți convingi propriul organism să renunțe la dependență pare mult mai logic decât să-l forțezi. Oamenii reușesc să renunțe la acest viciu experimentând o stare groaznică, însă renunțarea subită la nicotină grăbește instalarea unui stres accentuat. Se spune că Sigmund Freud fuma douăzeci de trabucuri pe zi de mai mulți ani, până când a început să sufere de palpitații. A încercat să renunțe la fumat la sfatul medicului său, dar palpitațiile au revenit cu o intensitate și mai mare în momentul în care a pus capăt obișnuinței, ceea ce l-a determinat să se întoarcă la vechiul obicei. Freud îi spunea biografului său că, dacă ar face efortul să nu mai fumeze, ar fi „o tortură dincolo de cât ar putea să îndure ființa umană“.

În Ayurveda, le spunem fumătorilor să continue să transmită semnale organismului creat după legile cuantice pentru a-i spune că ei chiar își doresc să se elibereze. Aceste semnale pot fi de diferite genuri. Să renunțe la țigări pentru o zi din când în când ar fi o modalitate – mulți, dacă nu cei mai mulți dintre cei care au renunțat definitiv, au făcut-o oprindu-se pentru scurte perioade de foarte multe ori. Un mesaj mai puternic este transmis organismului uman cuantic prin meditație. Chiar dacă sunteți un fumător înrăit, ceea ce trebuie să faceți este simplu. Un studiu retrospectiv efectuat pe un număr de cinci mii de persoane ce practicau meditația a arătat că doar 1% din bărbați și 4% din femei erau fumători, chiar dacă înainte să înceapă să practice meditația un procent substanțial de 34% declarau că au fumat cel puțin ocazional.

Există metode suplimentare care să vă ajute să renunțați la acest viciu. Când pacienții sosesc în clinicile specializate în medicina ayurvedică și întreabă cum pot să renunțe la fumat cât mai puțin dureros cu putință, iată ce le spunem. Trei reguli de bază sunt stabilite în prealabil:

1. Nu încercați să renunțați la fumat – determinarea cu obstinație nu face decât să fundamenteze eșecul. Nicotina conduce la dependență, la fel și obișnuința de a ajunge la o țigară. Pentru a pune capăt acestor obișnuințe, trebuie să vă abțineți singur, în același mod inconștient cum ați început.

2. Păstrați-vă la voi țigările – strategia de a pune deoparte țigările pare să aibă o logică, însă nu face decât să ducă la deplasări precipitate pentru a achiziționa mai multe și la stânjeneala de a apela la prieteni și străini.

3. Remarcați gesturile reflexe care vă determină să vă doriți să fumați și disociați-vă de ele singuri.

Cea de-a treia regulă este de fapt regula-cheie și necesită unele explicații. Toți fumătorii își aprind în mod automat țigările în funcție de un reflex. Pentru unii dintre ei, reflexul este să ridice receptorul telefonului, pentru alții să pornească televizorul, să înceapă o conversație sau la finalul unei mese. Probabil că vă cunoașteți singur aceste reflexe; dacă nu, alocați-vă o zi să le observați. Aceste reflexe sunt semnale pentru Vata, care vă face să acționați din impuls. Nu sesizați că de fapt vă aprindeți țigara, deoarece, în realitate, totul vi s-a șters din minte preț de o secundă. Vata a preluat controlul.

Va trebui să opriți acest pilot automat. Calea spre reușită este surprinzător de simplă: fumați în mod conștient, acordând atenție actului în sine. Cea mai bună metodă, de ajutor pentru mulți dintre pacienții noștri care doreau să renunțe într-o perioadă scurtă de timp, este următoarea:

- Când vă surprindeți aprinzând țigara, opriți-vă o secundă și întrebați-vă dacă vă doriți cu adevărat țigara aceea.
- Dacă da, mergeți afară și stați în liniște doar cu voi înșivă. Fumați țigara fără să vă lăsați atenția distrasă de altceva.
- În timp ce fumați, acordați atenție corpului. Urmăriți cum fumul intră în plămâni; concentrați-vă asupra oricărei senzații pe care o resimțiți în gură, nas, gât, stomac sau în oricare altă parte din corp.
- Scoateți o bucată de hârtie sau jurnalul vostru personal și notați imediat ceea ce ați simțit și momentul când ați fumat țigara. Păstrați socoteala fiecărei țigări, indiferent dacă a fost un act conștient sau unul automat și cum l-ați simțit.

Nu vă preocupați de cât de mult fumați; doar înregistrați fiecare țigară fumată, chiar dacă vi se pare că la sfârșitul unei conversații telefonice nu știți cum a fost posibil să ajungă cele trei mucuri de țigară în scrumiera din fața voastră. Dacă veți urma această procedură întocmai, veți deveni un fumător conștient, în loc de un automat de fumat. Noi am descoperit că mulți dintre pacienții noștri și-au redus doza zilnică de două pachete, ajungând la patru sau cinci țigări – lucru care arată cât de mult își doreau ei de fapt să fumeze. Reducerea dozei este aproape la fel de importantă ca și stoparea; este astfel pregătită calea de a abandona viciul și, totodată, reduce riscul direct pe care îl ridică pentru sănătate această obișnuință.

Vindecarea unei dependențe acasă

În trecut, multe persoane dependente preferau să se complacă și să continue cu acest obicei distructiv, indiferent cât de chinuitor era, în loc să îl scoată la iveală în fața celorlalți. Acest sentiment este de înțeles, fără îndoială, și consider întotdeauna că ar trebui respectat, atâta timp cât faceți însă pași reali spre renunțare. Un curs complet al tratamentului acasă ar putea să includă următoarele:

- Să învățați să meditați

- Să începeți detoxificarea sistemului, fie acasă, fie sub supraveghere medicală
- Să urmați o dietă adecvată tipului vostru de organism (începând cu alimente de domolire a doshei Vata, până ce semnele unui dezechilibru al acesteia au dispărut)
- Practicați cu regularitate exerciții ayurvedice
- Urmați rutina zilnică de masare cu uleiuri (abhyanga) pentru a calma Vata tulburată.

Personal, recomand să începeți învățând să practicați meditația într-un centru din zona unde locuiți, iar apoi să vedeți un medic ayurvedic pentru un consult fizic complet și o diagnosticare a dezechilibrelor. Vorbiți cu acesta despre dorința voastră de a renunța la obișnuință în mod deschis și onest. Vă va explica modul în care să începeți detoxificarea organismului și cum să vă echilibrați doshele prin dietă și rutină zilnică. Este recomandabil să-l vizitați o dată pe săptămână, în primă fază, întrucât perioada de început este cea mai stresantă pentru organismul vostru. Dar aceasta este în mod esențial o autovindecare. Nimeni nu vă obligă să urmați cu strictețe acest program; nu există nicio constrângere sau presiune.

În același timp, asigurați-vă că vă rezervați timp în fiecare dimineață pentru abhyanga aplicată pe întreg corpul; este de asemenea recomandabil un al doilea masaj, mai scurt, seara târziu, cu mișcări încete și blânde pe care să le aplicați deasupra capului, umerilor și picioarelor. Și nu uitați, când vreți să renunțați la un obicei distructiv, legea de bază este regularitatea. Cu cât veți respecta orele regulate ale activităților pe parcursul zilei, cu atât mai bine și mai rapid veți aduce Vata înapoi la o stare de normalitate. Nu ar trebui să forțați revenirea ei la starea de echilibru, întrucât ar fi imposibil; vreți doar să o determinați să revină la normal și să se liniștească. Cel mai potrivit moment din viața voastră să faceți acest lucru ar fi atunci când vă reechilibrați organismul.

Mai există însă câteva alte tratamente care pot completa tabloul general:

- Terapia prin muzică
- Aromoterapia
- Suplimentele alimentare pe bază de plante (cunoscute în Ayurveda ca *rasayanas*).

Să ascultăm muzică în timp ce ne purificăm organismul este extrem de odihnitor pentru sistemul nervos. Este recomandată o ședință de cincisprezece minute dimineața, urmată de o altă ședință seara târziu, înainte de a merge la culcare. Să umpleți camera cu arome potrivite pentru domolirea doshei voastre vă ajută, în același timp, să vă relaxați înainte de culcare. Folosirea suplimentelor alimentare de refacere pe bază de plante începe să refacă conexiunea minte-corp la nivelul celulelor și întărește țesuturile.

Suntem de părere că niciun tratament contra dependenței nu poate reuși pe termen lung fără compasiunea și înțelegerea celor din jur. Dacă ați decis să apelați la consiliere, căutați sprijin în persoana unui psiholog, preot, medic sau a unui bun prieten. Un neajuns împovărător al metodei convenționale de reabilitare este acela că permanenta vigilență înseamnă un stres constant. Maimuța nu se dă niciodată jos de pe umăr. În schimb, credem că persoanele dependente trebuie să învețe să aibă încredere în ele și să se simtă bine cu stilul lor de viață. Orice posibilă intensificare a sentimentelor de teamă și anxietate este total neproductivă, chiar dacă se presupune că stresul ar ajuta la a pune capăt unei obișnuințe. Rațiunea care stă la baza acestei abordări liber consimțite este că putem să avem încredere în natură. Un organism dependent se va întoarce la starea de echilibru dacă este tratat în mod corect.

Dacă sunteți serios dependent de alcool sau droguri, s-ar putea să simțiți că v-ați distrus întreaga existență; cele mai multe persoane cu astfel de dependențe au adus suferință și familiilor lor, și lor înșile. Vital este să înțelegeți că *această negativitate nu vă reprezintă*. Ea este rezultatul unei ama fizice și mentale, care a fost construită în timp. Ar trebui să abordați aceeași atitudine față de ea, așa cum vă comportați când aveți pielea murdară – scăpați de murdărie dacă vă spălați, după care o dați uitării. Dacă alții doresc să vă reamintească cât de distructiv ați fost în trecut, acceptați cât mai calm cu putință critica lor. Trecutul s-a dus. Nu-l mai puteți reînvia și nici nu ar trebui să vi-l mai amintiți.

Este extrem de important să vă asociați cât mai mult cu putință cu persoane sănătoase, normale din viața voastră. Veți putea alege dacă să vă înscrieți într-un grup de reabilitare – multe persoane dependente resimt acest pas ca pe o parte importantă a întoarcerii lor la o viață normală –, însă faceți tot ce vă stă în putință să găsiți un consilier plin de compasiune și pozitiv. Ar trebui evitată orice persoană care abordează dependența printr-o atitudine conflictuală sau fanatică, pentru propriul vostru bine.

În sfârșit, este normal să aveți și recidive pe parcursul revenirii la normal. Cu siguranță că veți fi dezamăgit, dar încercați să înțelegeți că nu e vorba despre un eșec personal. Organismul are nevoie de timp pentru a intra singur în normal. Dacă simțiți nevoia unui pahar în plus sau a unei țigări ori pastile, vorbesc de fapt doshele, care, din obișnuință, vă forțează să solicitați mai mult. Doshele sunt puternice, dar voi sunteți cu mult mai puternici decât pot fi ele vreodată. Sinele vostru fundamental nu este atins de vreo dependență. El este fericit, liber, mai presus de orice problemă și într-o stare de pace. Odată ce ați început să atingeți sinele vostru adevărat, totul va funcționa cum trebuie. Aveți răbdare și lăsați-vă să vă contopiți în el pentru a cunoaște libertatea.

Măsura succesului vostru nu înseamnă câte zile ați reușit să mergeți mai departe fără să recidivați. Mai degrabă, ar trebui să căutați acele semne ale acceptării de sine; fericire, momente de bucurie și plăcere; revenirea apetitului și a plăcerii de a mânca; un somn mai bun, vise mai odihnitoare; lipsa mirosului neplăcut al gurii și al pielii, mai puțină transpirație; rezistență fizică și anduranță; o funcționare regulată a capacităților fizice (digestie, respirație, coordonare motorie și așa mai departe).

Toate acestea vor veni de la sine odată cu trecerea timpului. Marea bucurie de a ajunge curat este că organismul adoră să fie astfel. Personal, nu pledez pentru folosirea termenului *reabilitare.* Ceea ce faceți de fapt este să vă curățați singur, în sinea voastră și pe dinafară. Este un proces natural ce va aduce rezultate tot mai mari pe măsură ce va continua mai mult. Unele recidive temporare nu sunt decât niște obstacole minore, atâta timp cât manifestați dorința să reveniți la normal și să vă mai acordați o șansă. O lume sănătoasă și frumoasă vă așteaptă, iar voi vă apropiați tot mai mult de ea cu fiecare pas pe care îl faceți.

Capitolul 9

Să îmbătrânești este o eroare

Cu toate că fiecare dintre noi cade pradă procesului de îmbătrânire, nu s-a putut dovedi vreodată că acesta este și necesar. Un mare avantaj al organismului creat după legile cuantice este acela că nu îmbătrânește, trăsătură ce poate fi remarcată la nivelul cuantic al naturii. Protonii și neutronii nu îmbătrânesc; nici electricitatea sau gravitatea. Viața, care constă din aceste particule și forțe fundamentale, este uimitor de durabilă; ADN-ul nostru a rămas în mare parte același ca în urmă cu 600 de milioane de ani. Un crab în formă de potcoavă târându-se în resturile de pe fundul milenar al mării nu poartă niciun semn care să ne amintească de asemănarea cu un dinozaur sau a acestuia din urmă cu o gorilă, însă din perspectiva avantajoasă a ADN-ului, acestea sunt doar ușoare variații ale unei teme fără sfârșit.

Atâta timp cât legăturile sale chimice funcționează, ADN-ul nu este închegat în entitatea lui mai ferm decât o frunză sau o particulă de polen. Ați putea crede că o asemenea legătură destul de slab unită de atomi ar putea să se destrame în decursul timpului, ca o tapiserie veche și decrepită. Cu siguranță, forțele care operează pentru a zădărnici supraviețuirea ADN-ului sunt imense: uzură fizică, mutații distructive aleatorii, invazia unor microbi concurențiali și, mai presus de toate, entropia, tendința universului fizic de a-și diminua din sfera lui de influență, asemenea unui ceas de perete prăfuit și uitat.

ADN-ul le-a supraviețuit tuturor. Lanțuri muntoase au fost măcinate de timp, ajungând niște dealuri, fără să limiteze durata de viață a ADN-ului, și totuși el nu a fost clintit nici măcar cu o miime de milimetru. Adezivul care unește structura organismului creat după legile cuantice este prea rezistent. Dacă inteligența internă a ADN-ului este atât de puternică, sfidând timpul și elementele epoci de-a rândul, se pare că îmbătrânirea nu este deloc un proces natural. Ayurveda operează bazându-se pe această ipoteză. Lăsând deoparte adevărul că fiecare dintre noi îmbătrânește, ajungem la o întrebare într-adevăr importantă: „Dar este oare necesar?". Înțelepții străvechi, renumiți pentru neobișnuita lor longevitate, atribuiau îmbătrânirea unei „erori a inteligenței" (*pragya aparadh*, în sanscrită).

Această eroare constă în identificarea unei persoane exclusiv cu corpul fizic. Pentru a prelungi durata de viață este nevoie să fie corectată eroarea inteligenței și, în schimb, să fie identificată cu organismul creat după legile cuantice. Dacă vă transferați mintea la un nivel de funcționare care nu ține cont de vârstă, atunci organismul vostru va căpăta aceeași calitate. El va îmbătrâni într-un ritm mai lent pentru că mintea îi spune să facă astfel, la cel mai profund nivel. Dacă voi vă percepeți eliberat de îmbătrânire, așa veți fi. Acesta este un principiu uimitor de simplu, dar, așa cum vom afla în continuare, unul justificat.

ÎMBĂTRÂNIRE *VERSUS* VINDECARE

Procesul de îmbătrânire pare să fie atât de complicat, încât este dificil până și să spunem cu exactitate ce este de fapt. O celulă specifică ficatului îndeplinește cinci sute de funcții diferite, care dau naștere altor cinci sute de modalități diferite de a greși. Toate aceste posibilități constituie felurile în care se poate îmbătrâni. Pe de altă parte, perspectiva conform căreia îmbătrânirea este complexă s-ar putea să fie greșită. În ciuda miilor de valuri pe care singur și le aduce în adâncul lui oceanul, mareea este un fenomen unic, generat de o singură forță. Același lucru ar putea fi valabil în cazul îmbătrânirii ființei umane, deși noi o percepem prin sute de valuri de schimbări: dureri fără o legătură aparentă, riduri noi în jurul ochilor și riduri adânci la colțul gurii, o ușoară, dar inevitabilă creștere a presiunii sangvine, o scădere a acuității auzului și vederii și nenumărate alte inconveniente minore.

Ayurveda ne spune să nu ne lăsăm păcăliți de acest spectacol complex și dezolant. Îmbătrânirea înseamnă *doar un singur lucru*: pierderea inteligenței. După cum am văzut, vindecarea este capacitatea inteligenței de a se face bine singură. Îmbătrânirea este exact opusul: să începi să uiți cum să faci ceva bine după ce totul a ieșit prost.

Să ne gândim la celulele din organismul unui nou-născut, care sunt de o prospețime fără egal și pline de vigoare, neîntinate de trecerea timpului. Dacă ar fi să le punem sub lupa microscopului alături de celulele unui adult, vom asista la un contrast izbitor. Țesutul vechi al celulei adulte se degradează, deformându-se; celulele sale par ponosite și uzate. La urma urmelor, este o perspectivă microscopică asupra unui organism îmbătrânit. Sunt vizibile porțiuni umbrite pe alocuri, acolo unde s-au acumulat substanțe de care organismul se poate dispensa, iar țesutul moale s-a transformat într-unul fibros.

Această schimbare radicală pare să fie rezultatul unei uzuri, dar ADN-ul, care controlează toate funcțiile celulelor, este virtual invulnerabil la uzură, după cum am constatat. Astfel, ajungem la concluzia că, de fapt, operează un fel de degradare invizibilă. De exemplu, o arteră începe să funcționeze în ciclul vieții cu un aspect perfect neted, lucios și alb, asemenea unui tub chirurgical din cauciuc, proaspăt ieșit din fabrică. Însă acest tub este în realitate o comunitate de celule care s-au constituit laolaltă într-o structură și au preluat sarcina de a forma o arteră, stăpânind precizia de care secvențele aveau nevoie. Înainte să se unească într-un avanpost al lor specializat, fiecare celulă ar fi putut să-și termine traseul ca o parte componentă a creierului, inimii sau stomacului – fiecare posibilitate era disponibilă, deoarece fiecare celulă conține același ADN.

Și totuși, evoluția a hotărât că doar aceste celule trebuie să își asume o singură menire, aceea de a fi o arteră. Oricât de specializată ar fi, menirea lor nu este simplă. Tuburile de cauciuc stau impasibile și permit lichidului să se scurgă prin ele. Pe de altă parte, arterele din corpul vostru reacționează față de tot ceea ce vi se întâmplă, iar reacțiile lor trebuie să fie active și inteligente. Conform principiilor biologiei, am dobândit convingerea că o celulă se divide iarăși și iarăși până când vremea ei ia sfârșit, după aproape cincizeci de divizări, moment în care ea moare. Dar aceasta este o perspectivă extrem de simplistă și chiar una falsă. O celulă are propriile ei experiențe. Ea își amintește ce se întâmplă cu ea.

Este capabilă să-și piardă proprietățile dacă legăturile din informația ei înnăscută se pierd sau sunt întrerupte. Din aceeași perspectivă, o celulă ar putea fi nouă în permanență, fără să se degradeze, dacă și-ar păstra stocul complet de inteligență. Diferența dintre viață și moarte pentru o celulă constă în *smriti* – memoria ei. Dacă abordăm perspectiva temporală, memoria perfectă dintr-o celulă ar conduce la atingerea nemuririi, pentru că moartea nu ar putea surveni atâta vreme cât reînnoirea continuă fără defecte sau erori.

Știința nu a reușit niciodată să dovedească faptul că ADN-ul este limitat în capacitatea sa de a gestiona o celulă într-o ordine de funcționare optimă. Fiecare dintre arterele noastre conține același ADN care compunea și arterele ființelor umane din epoca de piatră, în urmă cu cincizeci de mii de ani. Dacă ADN-ul a fost capabil să creeze artere perfecte timp de cinci sute de mii de ani, fiecare cuprinzând milioane de celule cu o funcționare fără cusur, nu există nicio rațiune logică pentru care ADN-ul *vostru* ar trebui să dea greș în îndeplinirea misiunii sale după numai șaizeci de ani.

Și, cu toate acestea, el dă greș, și de multe ori înainte de șaizeci de ani. La vârsta de 12 ani, o arteră tipică își schimbă vizibil aspectul. Începe să dezvolte unele neregularități sub forma unor raze galbene de consistența grăsimii. La nivel microscopic, se poate constata că aceste neregularități încep să apară ca urmare a unor fisuri infime ale peretelui interior al arterei. Un biolog specializat în studiul celulelor poate analiza o celulă pornind de la nivelul unei astfel de artere și va înțelege semnele evidente ale vârstei. În următoarele cinci decenii, semnele vor deveni evidente chiar și pentru un necunoscător. Dacă ar fi să participați la o intervenție chirurgicală care începe cu deschiderea cutiei toracice și ați atinge o parte dintr-o aortă îmbătrânită, principala arteră care vine de la inimă, ați avea impresia că atingeți o țeavă dintr-un material dur (adesea la fel de dur precum un os, dacă ateroscleroza a avansat destul de mult). În interior, ar fi plină de punguțe de grăsime denumite placă. Nu va fi greu să constatați că o greșeală îngrozitoare s-a strecurat undeva.

Cum se poate construi o punte între o realitate – veșnicia ADN-ului – și alta – durata de viață atât de precară a ființei umane? În realitate, cele două realități sunt foarte apropiate. Nu există nicio distanță fizică între noi și ADN-ul nostru. Există doar o distanță ce dăinuie în tărâmul nonfizic al cunoașterii.

După cum am specificat de atât de multe ori până acum, Ayurveda îmbrățișează o altă abordare față de ideea că celula este un complex fizic de molecule, considerând în schimb că aceasta este un complex de informații. După cum ilustrează figura de mai jos, cunoașterea este dinamică. Nu se constituite ca un dat imuabil, ci într-o formă vie, ca o interacțiune permanentă între trei elemente.

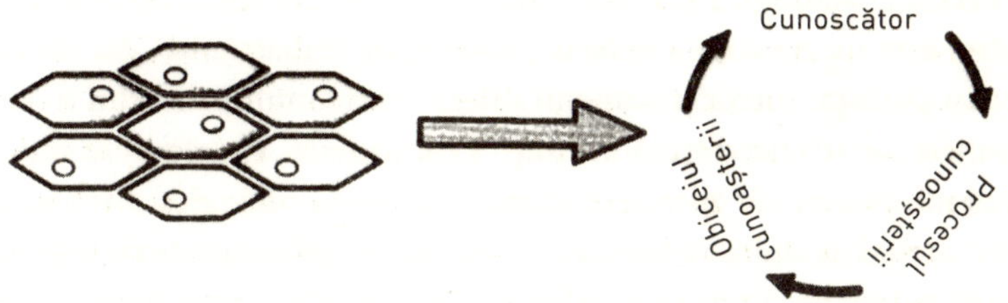

Pentru a fi în posesia cunoașterii dinamice, trebuie să existe un cunoscător, un obiect pe care acesta îl cunoaște și procesul cunoașterii, care leagă primele două elemente. Termenii vedici pentru această triadă de bază sunt: *rishi* (cunoscătorul), *devata* (procesul cunoașterii) și *chhandas* (obiectul cunoașterii) – împreună, ei constituie plenitudinea actului cunoașterii sau *Samhita,* starea absolută a purei conștientizări. În acest fel, mintea omenească este o creație trei-în-unu. Organismul uman are nevoie de aceleași ingrediente simple, repetate de nenumărate ori la diferite nivele ale fiziologiei. Voi sunteți cunoscătorul, organismul vostru este obiectul pe care îl conștientizați prin propria voastră cunoaștere, iar milioanele de funcții celulare ce au loc în interiorul vostru reprezintă procesul cunoașterii. Și ADN-ul este un cunoscător, dar la o scară diferită, împărțindu-și propria cunoaștere sub forma compușilor biochimici. La altă scară, un corpuscul de sânge este un cunoscător, care știe cum să se atașeze de atomii de oxigen pentru a fi transportat spre toate celulele din organism.

Acest triplu model de cunoaștere ne permite să înțelegem felul în care un lucru – inteligența noastră internă – se diversifică de la sine în combinații nelimitate. Cele 50 de trilioane de celule din organism, legate împreună ca o comunitate prin sute de enzime, proteine, peptide, aminoacizi și așa mai departe, reprezintă desfășurarea impresionantă a lui unu divizat. Totuși, este periculos să te pierzi într-o dispunere amplă. „Eroarea inteligenței noastre“ are loc atunci când mintea uită care este adevărata ei sursă – acea inteligență care străbate fiecare celulă – și ajunge să se piardă fără urmă în mulțime. Pentru a dovedi că nu este vorba doar despre o perspectivă filosofică, să ne întoarcem la câteva experimente fundamentate care evidențiază o soluție uimitor de simplă pentru procesul de îmbătrânire. Pentru a înțelege aceste experimente, avem nevoie să ne reamintim câteva concepte din fiziologie.

Vârsta cronologică (cât de bătrâni suntem conform certificatului de naștere) este un mod de a aprecia procesul de îmbătrânire, dar nu cel mai exact cu putință, întrucât oamenii diferă foarte mult prin felul în care organismele lor se transformă în timp. Prin urmare, fiziologii se referă la o a doua modalitate de apreciere, denumită vârsta biologică, care apreciază nivelul actual de îmbătrânire din sistemele celulelor, țesuturilor și organelor unei persoane. Vârsta cronologică corespunde vârstei biologice numai la tinerețe. Doi tineri sănătoși de 20 de ani se pot asemăna până aproape de identitate, dacă le comparăm inima, ficatul, pielea, vederea și așa mai departe. După perioada vârstei mature însă, nu vom găsi doi oameni care să fi îmbătrânit la fel. Doi oameni în vârstă de 70 de ani prezintă profile extrem de diferite: unul are artrită, celălalt o boală de inimă; unul are miopie, celălalt nu; și așa mai departe. Aceasta înseamnă că îmbătrânirea biologică, deși este o apreciere exactă din punct de vedere teoretic, este dificil de etichetat, în lipsa analizei fiecărui organ din corpul omenesc. Din fericire, există modalități acceptate de apreciere a vârstei biologice, care cuprind lucruri precum miopia, acuitatea auzului și presiunea sistolică a sângelui (presiunea din vasele de sânge când inima continuă să pompeze). Acești markeri biologici ai îmbătrânirii se degradează de obicei în mod constant odată cu trecerea timpului; de aceea, pot oferi o aproximare destul de exactă a vârstei biologice a întregului organism la un anumit moment al vârstei cronologice.

În urmă cu doar câțiva ani, o echipă de cercetători a făcut uimitoarea descoperire că markerii biologici ai îmbătrânirii pot fi întârziați sau chiar stopați prin meditație. Studiul a fost condus de dr. R. Keith Wallace, un fiziolog care a studiat 84 de persoane ce practicau meditația, având o medie a vârstei cronologice de 53 de ani. El a împărțit subiecții în două grupe, în funcție de cât de regulat practicau aceștia meditația. Un grup o făcea de cel puțin cinci ani, iar al doilea de mai puțin de cinci ani.

Wallace a ajuns la concluzia că meditația îi transformase din punct de vedere biologic pe subiecții săi, aceștia părând cu mult mai tineri decât vârsta lor reală: meditatorii pe termen scurt păreau cu cinci ani mai tineri decât vârsta lor cronologică, iar meditatorii pe termen lung – cu peste doisprezece ani. Cu alte cuvinte, o femeie de 60 de ani care practicase meditația timp de cel puțin cinci ani avea în mod specific organismul uneia de 48 de ani, din punct de vedere biologic. (Nu sunt incluse aici transformările cosmetice ale pielii și părului, deși mulți dintre subiecți aveau un aspect uimitor de tineresc.) Aceste rezultate nu au depins de niciun fel de alt factor; subiecții au fost monitorizați luându-se în calcul dieta urmată, exercițiile fizice și alte obișnuințe. Extrem de interesant, verificările au evidențiat că lipsa consumului de carne roșie era corelată cu o vârstă biologică ușor mai mică, în conformitate cu diferite descoperiri referitoare la prelungirea duratei de viață a vegetarienilor.

Rezultatele la care a ajuns Wallace erau fără precedent la acea epocă. Studiile au fost continuate în Anglia, confirmând veridicitatea cercetărilor sale. Într-unul dintre grupuri, meditatorii erau cu șapte ani mai tineri ca vârstă biologică. Când aceleași persoane au fost evaluate din nou, un an și jumătate mai târziu, au mai înregistrat o scădere de vârstă, cu încă un an și jumătate, ceea ce sugerează că un an de meditație anulează unul din vârsta biologică.

Mai recent, dr. Jay Glaser, un fizician cu multă experiență în domeniul meditației, s-a decis să studieze unul dintre compușii chimici care apar în mod natural în organismul nostru și care poate fi pus în legătură cu longevitatea. El a măsurat nivelul unui hormon de adrenalină denumit DHEA (dehidroepiandrosteron) din corpul persoanelor care practică meditația. Cu toate că funcția exactă a acestui hormon este deocamdată necunoscută, se știe că atinge cel mai ridicat nivel în jurul vârstei de 25 de ani, după care cunoaște un declin aproape în linie dreaptă, an de an, până la vârsta de 70 de ani, când rămâne în corp doar în procent de 5%. Entuziasmul inițial declanșat de descoperirea DHEA s-a manifestat când a fost injectat în doze mari în animalele de laborator și a scos la iveală proprietăți uimitoare antiîmbătrânire. Animalele mai bătrâne prezentau o vigoare neobișnuită, o imunitate crescută, un tonus muscular mărit și o mai bună memorie.

Glaser a descoperit că unele niveluri ale DHEA erau în mod semnificativ mai mari în cazul tuturor persoanelor care practicau meditația, indiferent de vârstă, în comparație cu persoane care nu meditau. Rezultatele erau identice în cazul bărbaților și al femeilor, cea mai mare diferență manifestându-se în cazul subiecților celor mai în vârstă. De exemplu, Glaser a descoperit că meditatorii mai în vârstă aveau același nivel al DHEA ca și non-meditatorii mai tineri cu cinci până la zece ani. El a interpretat aceste rezultate pentru a sugera că într-un fel meditația intensifică producerea naturală a acestui hormon special.

Cercetătorii au studiat efectele administrării DHEA în cazul persoanelor cu rezultate mixte. Deși experimentele cu acest hormon au arătat că declanșează schimbări ale nivelurilor hormonale și poate îmbunătăți starea de spirit a subiecților, încă nu s-a descoperit că ar avea aceleași efecte benefice asupra memoriei sau vitalității ființei umane ca în cazul animalelor. Totuși, este de necrezut cum o simplă tehnică mentală de meditație poate induce transformări la nivelul unui hormon care pare să joace un rol important în procesul de îmbătrânire. Acest reflex biochimic vine în sprijinul experienței pe care o dobândesc persoanele care meditează și care deseori declară că se simt mai tinere mental și fizic.

RASAYANELE – PLANTE CARE ASIGURĂ LONGEVITATEA

Plantele medicinale constituie un capitol impresionant din medicina ayurvedică, asupra căruia nu ne-am aplecat încă. Mai multe mii de plante medicinale sunt prescrise în Ayurveda, iar medicii specializați în medicină ayurvedică le includ deseori în tratamente, deoarece plantele nu pot substitui medicamentele, dar au un efect mai general și mai blând. Cel mai simplu mod de apreciere a plantelor este să le percepem ca pe un aliment concentrat. Unul dintre modurile în care sunt clasificate în mod tradițional plantele este pe baza gustului, a celor șase rasas – dulce, acru, sărat, amar, înțepător și astringent – care se aplică alimentelor.

Totuși, plantele au o acțiune mai puternică și mai specifică. O plantă amară cum este chinina poate calma imediat o persoană Pitta, ceea ce o face utilă în scăderea febrei și reducerea inflamațiilor. Un ardei iute poate drena instantaneu excesul de mucoasă, așa cum poate reduce excesul de Kapha. O mirodenie astringentă ca șofranul de India poate usca secrețiile din gâtul inflamat în doar câteva minute. În capitolul dedicat dietei din partea a III-a a cărții de față, voi prezenta câteva dintre plantele obișnuite care pot fi prezente în gospodărie și pot fi folosite acasă pentru a vă echilibra doshele. Un obicei sănătos este folosirea plantelor în combinație cu alimentele.

Pentru tratarea unor boli sunt folosite plante mai puternice, care trebuie monitorizate din punct de vedere medical. În centrul nostru, folosim anumite plante în contextul mai larg al unei abordări holistice. Ierburile ayurvedice sunt de obicei extrase din planta ca atare, ceea ce diminuează posibilitatea unor efecte colaterale nocive. Principiul în acest caz este că ingredientul activ al plantei reprezintă parte componentă a plantei întregi alături de alte substanțe chimice care stau în jurul ei ca un tampon, contrabalansând posibila ei acțiune nedorită. Cu alte cuvinte, în Ayurveda, planta întreagă este o parte din farmacia naturii. Cu toate acestea, în medicina occidentală, numai ingredientul activ este privit ca fiind util.

Cum acționează plantele ayurvedice

Când se referă la longevitate, textele ayurvedice dețin liste ale unor plante speciale, singure sau în combinație, care sunt clasificate ca *rasayana.* Traducerea cuvântului este, în mare, „să hrănești esența vieții". Rasayanele nu sunt poțiuni ale tinereții. Ele sunt corectori pentru pierderea memoriei din celule. Fiecare plantă este un cumul de vibrații care corespunde în mod specific unei vibrații din organismul creat după legile cuantice.

Ficatul, de exemplu, este constituit dintr-o secvență specifică de vibrații la nivel cuantic. În cazul funcționării defectuoase a ficatului, vina o poartă o anumită întrerupere a secvenței corespunzătoare din aceste vibrații. Conform Ayurveda, o plantă există odată cu această secvență specifică, iar atunci când este aplicată, reface funcționarea ficatului.

Principiul care funcționează în acest caz este denumit *complementaritate.* Complementaritatea susține că „natura gândește oriunde la fel", un slogan vedic care semnifică faptul că natura se folosește de aceleași materiale atunci când creează plantele, mineralele, mantrele sau organismul uman. Nu este vorba doar de molecule similare (deși același carbon compune și cărbunele, și diamantele, și zahărul, și sângele). Încă mai specifice sunt vibrațiile subtile care țin moleculele unite laolaltă; acestea sunt adevăratele elemente fundamentale ale naturii, conform înțelepților vedici. Aceste elemente sunt într-un asemenea grad universale, încât lucruri aparent necorelate între ele, cum ar fi un cuvânt sanscrit și o frunză de dafin, pot fi considerate înrudite, dacă știm cum să privim adânc în esența lor. Deoarece există asemănare oriunde în natură, un medic ayurvedic se bazează pe plante, sunete primordiale, pietre semiprețioase, culori, arome și alimente, la fel de potrivite să acționeze ca un medicament. Așa cum sunt folosite în medicina ayurvedică, plantele nu au același efect asupra organismului ca medicamentele folosite în medicina occidentală. Medicamentele noastre sunt anestezice, relaxează mușchii, înlocuiesc insulina deficitară sau hormonul tiroidei și așa mai departe; rasayanele introduc un semnal subtil în fiziologie – ele „vorbesc" doshelor și influențează în mod direct fluxul inteligenței interne.

Rasayanele sunt în mod strâns asociate cu mâncarea indiană, de aceea în Statele Unite sunt vândute ca suplimente alimentare pe bază de plante, și nu ca medicamente. Unele soiuri de fructe dulci, cum ar fi agrișele indiene (*amla* sau *amalaki*), sunt considerate niște rasayane extrem de bune. (De fapt, acest fruct în mod special constituie baza celor mai multe dintre tonicele de sănătate care au fost administrate începând din vremuri imemoriale în India, așa cum este ginsengul în China.) Pentru toți cei interesați de plantele medicinale, tradiția rasayana este fascinantă, dar în același timp complexă. Se consideră că zeci de plante sunt capabile să reîntinerească organismul. Printre cele care au nume comune și în cultura occidentală amintim:

- Gotu kola și usturoiul, specifice pentru Vata
- Aloe vera și șofranul, specifice pentru Pitta
- Omanul/iarba-mare și mierea, specifice pentru Kapha (deși nu este o plantă, mierea este considerată *shukra* – cea mai pură esență din universul plantelor).

Însă această listă nu include cele mai puternice rasayane, care au doar nume indiene, printre care: *amla, guggul, shatavari* și *ashwaghanda.*

Ceea ce face rasayanele complexe nu este doar faptul că își trag esența din fructe și plante. Pentru a extrage efectul dorit dintr-un ingredient, trebuie să știm exact când să fie cules, cât de mult să-l pregătim termic și prin ce metodă și în ce proporție să-l amestecăm cu alte extracte de plante. Rețeta pentru o singură rasayana poate avea nevoie de cincizeci de ingrediente, fiecare dintre acestea trebuind să fie cu grijă combinate.

Revitalizarea cu ajutorul plantelor

După mai mulți ani de studiu și experimente, am ajuns la concluzia că rasayana este un domeniu valoros. Ea a ajutat la conturarea câtorva formule autentice, care au fost recreate pornind de la rețetele străvechi. Deși rasayanele au fost folosite timp de mii de ani de doctorii ayurvedici pentru a întări energia și imunitatea, noi suntem abia la începutul cercetării științifice cu privire la avantajele pentru sănătate ale acestor compuși din plante. Reglementările cu privire la plante din țara noastră permit distribuirea rasayanelor doar ca un adjuvant al dietei alimentare; în această calitate, le recomandăm pentru uz general. Nu s-a înregistrat nicio plângere în privința lor, nici nu există intenția de a fi folosite pentru tratament. (Dacă ați fost diagnosticat cu o anumită boală, vă rugăm să nu luați aceste plante sau altele fără să consultați în prealabil un medic instruit în medicina ayurvedică.)

Printre cele mai cunoscute rasayane este *Chavanprash*, care se bazează pe fructul indian de agrișe. Acest fruct, cea mai bogată sursă naturală de vitamina C, este cunoscut drept *Amla* sau *Dhatri* în sanscrită, termeni care înseamnă să ai calitățile de vindecare ale unei surori medicale sau mame. A fost în mod tradițional folosit ca un elixir al revigorării pentru sânge, inimă, plămâni și țesuturile reproductive. Am recompus o versiune modernă pentru Chavanprash, cunoscută sub denumirea de *Biochavan*.

O altă rasayana clasică importantă în medicina ayurvedică este *Brahmi Rasayana*, care se bazează pe gotu kola. Este folosită tradițional ca un revitalizant pentru creier și sistemul nervos. Se crede că are puterea de a calma agitația și de a intensifica starea de conștientizare.

Uimiți de bogăția literaturii clasice ayurvedice, cercetătorii au întreprins studii în țara noastră și în Europa pentru a determina ce acțiuni farmacologice au aceste preparate. Ingredientele din aceste rasayane par să dețină efecte antioxidante puternice și pot în același timp să inhibe apariția de cheaguri de sânge în cascadă, asociată cu declanșarea hormonilor stresului.

Deși este în mod evident prea devreme să extrapolăm studiile întreprinse pe animale asupra oamenilor, este încurajator faptul că acești compuși străvechi naturali ai plantelor se bucură acum de o serioasă atenție din partea lumii științifice. Cercetări în curs de desfășurare ar trebui să conducă la clarificarea rolului pe care aceste formule îl pot juca în menținerea sănătății și reversibilitatea unei boli.

Explicațiile oferite în privința posibilelor beneficii sugerate de studii preliminare evidențiază un posibil rol al compușilor chimici cu radical liber într-o serie largă de boli. Radicalii liberi sunt peroxizi nedoriți, care au fost mult timp implicați în grăbirea procesului de îmbătrânire; unul dintre principalele motive pentru popularitatea vitaminelor E, C și a beta-carotenului ca suplimente antiîmbătrânire este capacitatea lor de a se combina cu radicalii liberi și de a-i curăța înainte ca aceștia să devină nocivi pentru țesuturile din organism. Din fericire, dacă vom reuși să înțelegem mai departe mecanismul și modul de a acționa al rasayanelor, vom subscrie străvechilor convingeri legate de avantajele acestor tonice naturale despre care se spune că întăresc vitalitatea organismului pe tot parcursul vieții.

În cadrul Chopra Center for Well Being din La Jolla, California, folosim preparate rasayana pentru a întări energia și vitalitatea pacienților noștri. Deținem formule separate pentru persoanele de sex masculin și cele de sex feminin și suntem încurajați de rezultatele raportate de pacienții noștri. Informații suplimentare referitoare la modul cum puteți accede la aceste formule sunt furnizate în Anexa A.

Întrebare: cât de bine îmbătrânesc?

În Ayurveda, nu există un program separat de „prelungire a duratei de viață“, din simplul motiv că toate metodele sale de abordare – dietă, exerciții fizice, rutine zilnice și sezoniere, meditație și diverse tehnici de vindecare – sunt concepute să asigure longevitatea. Luând în considerare nivelul ridicat de sănătate al pacienților noștri de astăzi, ne exprimăm cu încredere speranța că deja o mare descoperire a avut loc în privința procesului de îmbătrânire. Textele clasice ayurvedice menționează vârsta de o sută de ani ca o durată normală de viață, în lipsa unei infirmități sau boli. Noi ne propunem să atingem cel puțin această durată de viață.

Puteți să vă dovediți singur că întineriți dacă veți urma acest program? Oricât de simplu ar suna, să te simți fericit și sănătos este etalonul perfect; să ai inima tânără este un indiciu de viață lungă recunoscut. Pornind de la o bază mai obiectivă, cercetătorii de la Duke University au întocmit o scurtă listă a factorilor de sănătate corelați cu longevitatea. Din punct de vedere statistic, persoanele care obțin rezultate bune la fiecare dintre aceste puncte au cele mai mari șanse să trăiască mai mult decât media.

Chestionarul care urmează se bazează pe lista întocmită de specialiștii de la Duke University. Cel mai potrivit mod de a-l utiliza este corelat cu o examinare fizică completă, dar o evaluare personală informală vă va spune multe, oricum. Fiți cât se poate de cinstit și obiectiv, răspundeți la fiecare întrebare și calculați-vă singur punctajul, după cum urmează:

10 puncte pentru *excelent*
5 puncte pentru *mediu*
0 puncte pentru *sub mediu*

După ce veți ajunge la rezultatul final, urmați un program de tratament ayurvedic timp de șase luni, iar apoi parcurgeți din nou acest chestionar și apreciați-vă singur rezultatul obținut. Sunt șanse foarte mari să constatați o îmbunătățire surprinzător de mare, care poate avea loc cu mult înainte să se fi încheiat cele șase luni.

Următorii indicatori sunt listați fără să urmărească un criteriu al importanței:

A. BOALĂ CARDIOVASCULARĂ

Ați avut vreun părinte sau bunic care să fi suferit de un atac prematur de inimă sau congestie cerebrală (înainte de vârsta de 60 de ani)?

Niciunul	10 puncte	
Unul sau doi	5 puncte	
Trei sau mai mulți	0 puncte	________

Ultimul rezultat al nivelului de colesterol a fost:

Excelent (sub 200 mg)	10 puncte	
Mediu (220 mg)	5 puncte	
Slab (peste 240 mg)	0 puncte	________

Ultimul rezultat al nivelului presiunii arteriale a fost:

Excelent (120/70)	10 puncte	
Mediu (130/90)	5 puncte	
Slab (140/95 sau mai mare)	0 puncte	________

(Pentru o evaluare corectă, presiunea arterială ar trebui măsurată de trei ori, la intervale diferite de timp.)

B. SATISFACȚIA GENERATĂ DE LOCUL DE MUNCĂ

Când mă îndrept spre locul de muncă, mă simt:

Dornic să mă confrunt cu noi provocări 10 puncte

Pregătit să-mi îndeplinesc sarcinile,
dar nu încântat 5 puncte

Neinteresat – este doar o slujbă 0 puncte ________

C. CONSUMUL DE ȚIGĂRI

În ultimii cinci ani:

Nu am fumat niciodată 10 puncte

Am fumat ocazional 5 puncte

Am fumat în mod regulat 0 puncte ________

D. FUNCȚIA FIZICĂ:

Această categorie include o mare varietate de indicatori, cum ar fi coordonarea fizică, respirația eficientă, timpul rapid de reacție, o bună circulație etc. Pentru a vă calcula singur punctajul, comparați starea fizică actuală cu modul în care se comporta organismul vostru în urmă cu zece ani.

Mă simt aproape la fel ca atunci. 10 puncte

Am remarcat că lucrurile nu stau
la fel de bine. 5 puncte

Sunt sub tratament pentru o
problemă medicală. 0 puncte ________

E. FERICIREA:

Având în vedere cele de mai sus, consider că acum îmi pot aprecia viața ca fiind:

Foarte norocoasă 10 puncte

Destul de bună în cea mai mare parte 5 puncte

Aproape la fel de bună ca și a altora 0 puncte ________

F. AUTOEVALUAREA NIVELULUI SĂNĂTĂȚII:

Anul acesta, starea mea generală de sănătate a fost:

Excelentă 10 puncte

Bună 5 puncte

Modestă sau slabă 0 puncte ________

G. NIVELUL GENERAL DE INTELIGENȚĂ:

La o testare a nivelului IQ am obținut:

Peste medie (120 și peste)	10 puncte
Mediu (100 – 110)	5 puncte
Sub medie (90 sau mai puțin)	0 puncte ________

REZULTAT FINAL ________

Dacă vă evaluați singur: un scor ideal (90 de puncte) arată că este foarte probabil să aveți toate șansele să trăiți mult, posibil mult mai mult decât media națională (în mare, aceasta este vârsta de 78 de ani pentru femei și 72 de ani pentru bărbați). Un scor peste medie (între 65 și 90 de puncte) sugerează că speranța de viață în cazul dvs. va fi cel puțin cu trei ani mai mare decât media pe țară, dar mai mult dacă ați depășit deja perioada de mijloc a vârstei maturității. Un scor mediu (45-65) indică o medie a speranței de viață. Un scor sub medie (mai puțin de 40) arată că trebuie să acordați mai multă atenție sănătății. Nu este un motiv de îngrijorare, deoarece urmând programele Ayurveda, ați putea să vă îmbunătățiți nivelul de sănătate foarte rapid.

Pentru a avea o idee mai clară despre cum stați, puteți să vă completați rezultatul obținut luând în considerare alți câțiva factori:

Vârsta: rezultate mai mari înseamnă mai multe speranțe pe măsură ce înaintați în vârstă. Dacă ați depășit vârsta de 50 de ani, un scor între 75 și 90 indică o șansă mai mare de a avea o viață lungă; același scor nu va fi la fel de relevant dacă aveți doar 30 de ani.

Obișnuințe ale stilului de viață: în absența unui eveniment imprevizibil, obișnuințele regulate sunt corelate cu o viață lungă; acestea se referă la respectarea celor trei mese ale zilei, a somnului de opt ore în fiecare noapte, a mersului la culcare la timp și așa mai departe. De asemenea, căsătoria este un indicator pentru speranța de viață mai mare, în comparație cu persoanele singure. Consumul de alcool ar trebui redus la minimum sau eliminat; se știe că alcoolismul reduce speranța de viață.

Greutatea: este indicată menținerea unei greutăți ideale, deși nu este niciun pericol să aveți câteva kilograme în plus. În cazul obezității (15% sau mai mult peste greutatea voastră ideală) sau dacă ați avut o greutate foarte fluctuantă timp de mai mulți ani, viața voastră va fi mai scurtă.

Cum să vă îmbunătățiți rezultatul

Ca rezultat al cercetării extinse referitoare la efectele meditației, putem afirma că programul nostru ayurvedic poate îmbunătăți fiecare dintre factorii de prelungire a duratei de viață stabiliți de cercetătorii de la Duke University. Dacă situăm rezultatele în contextul Ayurveda, ca un întreg, ele devin chiar mai puternice.

- Cercetarea legată de rasayane sugerează faptul că acestea pot echilibra mai multe aspecte care favorizează procesul de îmbătrânire, având inclusiv un efect benefic asupra evitării cheagurilor de sânge și o frecvență redusă a carcinogenelor. Unele studii preliminare sugerează că rasayanele pot fi eficiente prin calitatea lor de curățare a radicalilor liberi, care au un impact pozitiv asupra procesului de îmbătrânire.
- Un studiu-pilot referitor la efectele panchakarmei sugerează faptul că această procedură de purificare întărește efectul de întinerire al meditației (zece subiecți care au practicat meditația timp de un an au devenit în medie cu șase ani mai tineri din punct de vedere biologic, cât timp li s-a administrat în mod regulat panchakarma, spre deosebire de alți subiecți care au practicat doar meditația și au devenit, în medie, doar cu un an și jumătate mai tineri).

Toate aspectele menționate mai sus evidențiază faptul că un program complet ayurvedic ar putea fi mult mai eficient decât meditația în sine și poate, de fapt, să conducă la obținerea unor efecte foarte puternice de întinerire, așa cum erau promise în textele străvechi. Un program esențial va include meditația, dieta ayurvedică adecvată tipului de organism, suplimentată cu rasayane, exerciții fizice regulate, tratamente panchakarma cel puțin o dată pe an și punctele esențiale specificate prin rutina zilnică sau *dinacharya*, care urmează să fie discutate în capitolul unsprezece.

PARTEA A III-A

Să trăim în armonie cu natura

Capitolul 10

Impulsul de a evolua

Sintagma „să trăim în armonie cu natura“ înseamnă ceva foarte exact în Ayurveda: să ai dorințe sănătoase, pe măsura nevoilor tale reale. Așa cum v-a creat natura, ar trebui ca nevoile și dorințele voastre să nu fie în contradicție, deoarece toate dorințele își au originea la nivelul cuantic, ca niște vibrații ușoare, a căror interacțiune dinamică este întotdeauna echilibrată. Dacă mintea sau corpul ies din starea de echilibru, un impuls corector este transmis din organismul cuantic, iar voi îl veți înregistra ca pe ceva ce vă doriți.

În acest moment, milioane de impulsuri circulă prin sistemul nervos, transformându-se în acțiunile pe care le îndepliniți în fiecare zi. Să-ți dorești un pahar de apă, de exemplu, satisface nevoia distinctă a cel puțin 50 de trilioane de celule din corpul vostru, fiecare dintre acestea transmițând un mesaj pentru a fi decodificat de receptori speciali din hipotalamus. La rândul lui, hipotalamusul realizează conexiunea minte-corp producând neurotransmițători specifici sau molecule-mesager care te fac să gândești: „Mi-e sete“.

O dorință firească de orice gen urmează un drum similar. O nevoie se ivește undeva în organismul creat după legile cuantice, în creier se realizează conexiunea minte-corp uman, după care veți experimenta impulsul de a acționa. Atâta timp cât nevoile și dorințele voastre se potrivesc, înseamnă că trăiți în armonie cu natura; calea dorinței nu este blocată. În mod ideal, fiecare bucățică de mâncare pe care o ingurgitați ar trebui să aibă un gust delicios pentru voi și, în același timp, să satisfacă o cerință exactă de substanțe nutritive. Este posibil ca pielea voastră să solicite mai multă vitamina C pentru a reface vreo arsură solară, osul iliac aflat în suferință să solicite mai mult calciu, iar un mușchi contractat al brațului, mai mult potasiu.

Din păcate, este foarte ușor să ne abatem de la acest drum, iar când se întâmplă asta, nu reușim să intrăm în armonie cu natura. În loc să avem încredere în organismul nostru echilibrat să ne spună de ce substanțe nutritive are nevoie, mult prea des luăm fără discernământ vitamine, mâncăm excesiv, fără să ne putem abține, ne dorim cu disperare prea multe dulciuri și *junk food* de toate felurile. Moda actuală a „prelungirii duratei de viață" se bazează pe lipsa noastră de încredere față de organism, încercând să anticipăm care-i sunt slăbiciunile și îndopându-l cu megadoze de vitamina E, beta-caroten, seleniu sau orice altă substanță nutritivă la modă.

Până acum nu s-a dovedit că, dacă luăm suplimente cu vitamine și minerale, durata de viață se poate prelungi. Dimpotrivă, diferite studii realizate în sudul Californiei au arătat că persoanele mai în vârstă care iau în mod obsesiv vitamine și consumă numai „alimente sănătoase" nu trăiesc mai mult decât media, în timp ce persoanele care au un stil de viață echilibrat (merg devreme la culcare, iau trei mese pe zi, consumă alcool doar moderat) trăiesc cu aproximativ unsprezece ani mai mult decât media.

Nu trebuie să alegeți extremele pentru a vă exploata organismul la maximum. Organismul vostru este inteligent. La nivelul cuantic, el știe exact de ce are nevoie, până la ultimul atom și moleculă de mâncare, gura de oxigen pe care o inspirați, cea mai mică mișcare pe care o faceți. În următoarele capitole îmi propun să prezint genurile de alimente, exerciții fizice și rutine zilnice și sezoniere pe care Ayurveda le consideră a fi în armonie cu natura. Deși foarte specifice, aceste linii directoare nu sunt niște reguli, ci doar niște repere care să vă pună în contact cu propriul vostru organism creat după legile cuantice. Odată ce ați ajuns din nou la acest nivel, acțiunea merge de la sine, opțiunile corecte devin unele obișnuite, iar greșelile mai puțin frecvente.

Mai înainte însă, aș dori să mai spun câte ceva despre direcția urmată de evoluție.

Cum să facem alegerea corectă

Pentru a continua să evoluăm și să progresăm în viață, trebuie să facem alegerile corecte în ceea ce ne privește, zi de zi, minut după minut. Opțiunile sunt infinite, deoarece și provocările în viață sunt infinite, astfel că pare imposibil să evităm toate alegerile greșite. Însă Ayurveda spune că, în realitate, nu este deloc dificil – odată ce începem să ne ascultăm propria natură, cea mai profundă.

Pentru fiecare decizie pe care o luăm, fie ea una majoră sau minoră, organismul cuantic percepe numai opțiunea corectă, deși mintea ar putea să recunoască multe altele. Această confuzie dă naștere unui conflict intern. De ce un fumător este nerăbdător să-și aprindă o altă țigară, deși știe perfect cât de rău îi face? De ce un mâncăcios își dorește și a doua porție, chiar dacă nu-i este foame? Este inutil să luptăm cu aceste impulsuri – acțiunile noastre se bazează pe mult prea multe procese individuale, toate într-o permanentă schimbare. Să ucidem viruși letali sau bacterii este o joacă de copil în comparație cu încercarea de a combate obișnuințele distructive ale oamenilor. De exemplu, fiecare dintre noi știe că există persoane supraponderale cronic, care au încercat să se vindece, să ia medicamente, să meargă la psihiatru, să-și modifice comportamentul, ba au acceptat chiar intervenția chirurgicală, cu mai mult sau mai puțin succes.

În Ayurveda, noi propunem o soluție mai simplă. În locul luptei înverșunate cu toate opțiunile greșite pe care oamenii le pot face sub imperiul unor dorințe nesănătoase, noi ne punem pacienții în contact cu sursa dorințelor lor. La origine, fiecare are dorințe sănătoase. În limba sanscrită, acest lucru este denumit *sattva*, cuvânt tradus de multe ori ca „puritate". O traducere mai apropiată a sa este „impulsul de a evolua"; vă voi demonstra de ce.

În Ayurveda, există trei impulsuri naturale care operează în orice situație dată. Unul este *sattva*, impulsul de a evolua, de a merge mai departe, de a progresa. Cel de-al doilea impuls este *tamas*, exact opusul, impulsul de a rămâne neschimbat sau de a regresa. Exact la jumătate între acestea două se află *rajas*, un impuls mai neutru, care decide să acționăm de dragul acțiunii. Un grafic al celor trei impulsuri arată în felul următor:

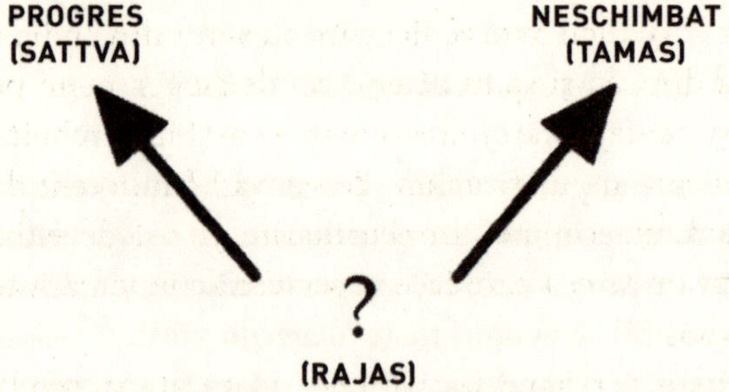

După cum puteți vedea, rajas este cel care ridică întrebarea: „Cum ar trebui să acționez în această situație?". Sattva favorizează opțiunile care conduc spre evoluție, tamas pe cele care sunt stabile. Toate cele trei impulsuri sunt necesare pentru viață. Dacă stați până târziu noaptea, pradă tentației de a urmări încă un film la TV, oricât ar fi de târziu, un impuls vă spune să mergeți la culcare, în timp ce opusul lui vă îndeamnă să rămâneți la TV. Este un exemplu pentru conflictul dintre sattva și tamas, în care rajas acționează ca un stimul, îndemnându-vă să alegeți.

Natura ne-a creat în așa fel încât mintea noastră să opereze instinctiv, conform acestor trei gune sau tendințe (care mai sunt uneori denumite și „doshele mentale"). Oamenii pot fi clasificați în funcție de aceea dintre gune care este predominantă.

Persoanelor rajasice le place să acționeze. Mintea lor aleargă fără oprire, iar ei tind să devină nerăbdători, impulsivi și au manifestări chinetice de toate genurile.

Persoanelor sattvice le place progresul. Mintea lor nu rămâne fixată într-o acțiune de dragul ei, ci se orientează spre o acțiune creativă și sănătoasă, care să susțină viața.

Persoanelor tamasice le place să rămână neschimbate. Mintea lor nu este dispusă să acționeze; ele se bucură de rutinele deja stabilite și respectă statu-quoul.

Aceste tipuri nu sunt unice, întrucât fiecare include elemente din celelalte. Dar fiecare dintre noi știe cum sunt tipurile pur rajasice – extravertite, pline de o energie debordantă, persoane care dau năvală acolo unde și îngerilor le e teamă să pășească. Și știm și cum sunt tipurile pur tamasice – lenți în mișcări, sceptici când vine vorba despre idei novatoare, tradiționaliști convinși, pentru care cele mai bune lucruri în viață sunt întotdeauna cum erau în trecut. (Medicii ayurvedici care au venit din India în America de multe ori dau din cap și spun că noi, cei de aici, suntem persoane rajasice fără doar și poate, a căror creativitate și ambiție trebuie îmblânzite cu o atingere delicată și purificatoare de sattva.) Indiferent de cum am fost creați de natură, un scop pe care îl urmărim este să devenim mai sattvici, pentru că sattva este cea care face o persoană mai creativă, mai sănătoasă și mai fericită.

Secretul unei persoane sattvice este că ea are în mod firesc dorințe sănătoase. În oricare dintre noi pot răsări dorințe nesănătoase din cauza amei mentale. Vă reamintiți că „ama mentală“ este termenul utilizat pentru impurități sau tendințele negative din minte. Sattva este forța purității, care le combate. Înțelepții ayurvedici spun că ama mentală este generată de:

- Emoții negative – mânie, teamă, autocritică, lăcomie, resentimente
- Stres psihologic – probleme de familie, tensiuni la locul de muncă, pierderea banilor sau a locului de muncă, divorț, un deces în familie
- Apatie, inerție mentală
- Contexte care declanșează sentimentul de inutilitate
- Contactul cu persoane care manifestă o negativitate puternică
- Cărți sau alte forme de divertisment violente, dure sau șocante

Conform principiilor Ayurveda, dezbaterea pe tema dacă este corect din punct de vedere moral să vedem la televizor manifestări ale violenței pierde din vedere un aspect esențial. Imaginea violenței ajunge să fie tradusă în compuși chimici nesănătoși în organismul uman, conducând la constituirea amei în gândurile noastre, precum și în celulele din corp. Fiecare are dreptul său de a se lăsa influențat de ceea ce își dorește, dar rolul medicului este să îl prevină în privința acelor influențe care îi afectează starea de bine. De aceea, evitarea amei mentale este considerată o măsură preventivă împotriva dezechilibrelor care duc în cele din urmă la boală.

Nu vă puteți obliga propriul organism să facă alegeri evoluționiste. Dacă voi consumați alimente nesănătoase, fumați fără oprire, beți băuturi alcoolice în exces sau optați pentru orice alt gen de alegeri nesănătoase în viața de zi cu zi, există un blocaj undeva pe drumul dorinței. O anumită impuritate vă ține departe de sinele vostru cuantic. Am propus deja mai multe tehnici de îndepărtare a acestor genuri de blocaje. Toate acestea, începând cu panchakarma și până la meditație sau tehnica încântării, îndepărtează cantități considerabile de impurități de fiecare dată când apelați la ele.

După o perioadă, după ce veți fi continuat să practicați tehnicile ayurvedice, veți simți cum se manifestă latura voastră sattvică, indiferent cât de blocat a fost sistemul vostru la început. Când se întâmplă acest lucru, vă apropiați de locul numit sănătatea perfectă. Sattva se găsește cel mai aproape de sufletul naturii, întrucât în natură totul se dezvoltă, evoluează și crește. Sattva există în noi sub forma instinctului de a atinge echilibrul, în atitudinile noastre de întărire a sentimentului că trăim cu adevărat, în demnitatea noastră interioară și respectul față de alții și în iubirea noastră. Pe măsură ce creștem sattva, vom ajunge să trăim fără niciun fel de efort în puritate și să ne îndreptăm în direcția unei evoluții mai înalte. Atunci și numai atunci sintagma „să trăim în armonie cu natura" își dezvăluie adevărata semnificație.

Cum să facem sattva să crească

Ayurveda spune că există multe feluri de influențe diferite care pot să facă sattva să crească și în tot acest timp să putem menține ama la un nivel minim. Unele dintre recomandări ne sună cunoscut: să consumăm alimente și apă curate, să evităm unele toxine cum ar fi pesticidele și să dormim un număr suficient de ore pe noapte. O odihnă adecvată este necesară pentru a avea o minte clară și o atitudine optimistă.

Petreceți cât mai mult timp în aer liber, în mijlocul naturii, cutreierând păduri și munți sau în apropierea mărilor, oceanelor, lacurilor și cursurilor de apă; ascultați sunetul vântului, foșnetul copacilor și trilurile păsărilor – toate acestea purifică simțurile și le aduc înapoi la sursa lor din natură. Conform principiilor Ayurveda, noi credem că orice contribuie la susținerea vieții este sattvic și de aceea este important să nutriți emoții pozitive și să păstrați relațiile cu ceilalți – absența sentimentelor de iubire și grijă din viața voastră va afecta sattva mult mai mult decât orice dietă greșită.

În plus, următoarele aspecte, specificate cu mii de ani în urmă în textele vedice și reluate apoi în cele mai adevărate tradiții din fiecare cultură, sunt puncte de reper verificate în timp, pentru a face sattva să crească în viața de zi cu zi:

- Fiți plăcut și tolerant față de oricine din jurul vostru.
- Acționați după ce ați reflectat profund, și nu după primul impuls.

- Stăpâniți-vă mânia și spiritul critic, chiar dacă simțiți că ar fi justificate (persoanele sattvice nu atrag atenția asupra slăbiciunilor celorlalți „pentru binele lor").
- Faceți-vă zilnic timp să vă amuzați, să faceți glume, să vă relaxați și să fiți într-o companie plăcută.
- Treziți-vă odată cu răsăritul soarelui, admirați apusul soarelui și de câte ori aveți ocazia, faceți plimbări sub clar de lună, îndeosebi dacă este lună plină.
- Consumați alimente ușoare, mai ales lapte, șofran, orez și *ghee* (unt clarificat).
- Fiți generos cu ceilalți în toate modurile – oferiți cadouri și împărțiți complimente celor din jurul vostru, lăsând pe fiecare să scoată la iveală tot ce are mai bun, determinându-i pe alții să vă aprecieze în loc să o faceți voi singuri. Pentru o persoană sattvică, orice relație există în primul rând ca o oportunitate de a dărui. În completarea acestei atitudini, natura ne va dărui suficient pentru a ne satisface nevoile. Când acest gen de generozitate și încredere dă cu adevărat roade, o persoană sattvică nu are în viață nimic de care să se teamă, ci doar să primească de la ea; poate să lase viața să-și urmeze cursul fără să i se împotrivească.

Capitolul 11

Rutina zilnică – să stăpânim valurile naturii

În fiecare zi, soarele răsare, în fiecare zi, soarele apune și mii de lucruri speciale se întâmplă între aceste două momente. Natura este atât de încântător concepută încât oricât de diferite sunt aceste lucruri, ele intră într-un ritm unic. De fapt, este vorba de mai multe ritmuri înglobate într-unul singur, roți potrivite în alte roți. Medicina modernă a dezvăluit multe dintre ciclurile existente în organismul nostru – faptul că inima bate la fiecare trei pătrimi dintr-o secundă, plămânii își măresc volumul pentru a inspira aer de zece până la paisprezece ori pe minut. Însă multe dintre modificările petrecute în organism rămân învăluite în mister. De ce ființa umană, în mod specific, cântărește cel mai mult la ora șapte seara, după cum s-a descoperit științific? De ce ne sunt mâinile mai fierbinți în jurul orei două dimineața?

Răspunsul pe care ni-l dă Ayurveda este că există „cicluri dominante" în noi, guvernate de organismul creat după legile cuantice. În fiecare zi, două valuri de schimbare trec peste noi, fiecare aducând cu sine un ciclu Kapha, apoi unul Pitta și, în sfârșit, un ciclu Vata. Aceste trei etape au loc în perioada cuprinsă între răsăritul și apusul soarelui, apoi din nou de la apus până la răsărit. Perioadele cu aproximație sunt următoarele:

PRIMUL CICLU
6 a.m. – 10 a.m. = Kapha
10 a.m. – 2 p.m. = Pitta
2 p.m. – 6 p.m. = Vata

AL DOILEA CICLU
6 p.m. – 10 p.m. = Kapha
10 p.m. – 2 a.m. = Pitta
2 a.m. – 6 a.m. = Vata

Unul dintre cele mai fundamentale aspecte care caracterizează felul nostru de a trăi în armonie cu natura este respectarea acestor cicluri dominante, care sprijină existența noastră fizică. Suntem croiți să stăpânim valurile naturii, nu să ne luptăm cu ele. În realitate, organismul nostru le stăpânește deja sau face tot ce îi stă în putință când este confruntat cu obișnuințe potrivnice.

La răsăritul soarelui, ziua începe într-o perioadă Kapha. Este ușor de înțeles de ce începutul dimineții este considerat Kapha – când ne trezim, organismul este mai lent, se simte greoi, relaxat și calm, toate acestea fiind trăsături Kapha. Cea mai activă perioadă din punct de vedere fizic și în același timp vârful apetitului este miezul zilei, în mijlocul primei perioade Pitta. Pitta este responsabilă pentru metabolizarea hranei, pentru distribuirea energiei și pentru o funcționare fizică mai eficientă în general. Acest lucru ne ajută să înțelegem de ce munca într-o unitate de producție atinge vârful eficienței la ora 12. Acest prim ciclu ia sfârșit odată cu perioada Vata care începe la ora 2 p.m. Vata controlează sistemul nervos și, de fapt, cercetătorii au descoperit că oamenii fac față cel mai bine în privința testelor mentale după-amiaza. Perioada când puteți lucra cel mai rapid cu cifre (3 p.m.) și puteți dovedi cea mai mare dexteritate manuală (4 p.m.) este cuprinsă în această perioadă Vata.

Cel de-al doilea ciclu al zilei repetă fiecare secvență din Kapha, Pitta și Vata, dar la un nivel diferit de complexitate. Seara este relaxată și se desfășoară într-un ritm mai lent, la fel ca dimineața foarte devreme, dar apusul soarelui aduce organismul înapoi într-un loc stabil de odihnă. Acum, Kapha este cea care înclină spre inerție. În mod similar, apetitul Pitta nu este la fel de puternic noaptea precum în miezul zilei. Pitta digeră masa consumată, după ce ați mers la culcare, dar, pentru că organismul doarme, căldura se extinde pentru a vă ține ridicată temperatura corpului și pentru a alimenta refacerea țesuturilor, ceea ce se întâmplă în mare parte noaptea. Perioada Vata din timpul primelor ore ale dimineții se exprimă pe sine prin sistemul nervos, dar în loc să gândiți rapid, așa cum procedați după-amiaza, cădeți într-un somn activ (MRO, somn cu „mișcare rapidă a ochilor"), când impulsurile creierului sunt la cel mai activ nivel din întreaga noapte. Și, în acest fel, cercul zilei este complet.

O ZI ÎNTR-UN RITM PERFECT

Dacă veți încerca să învățați să stăpâniți aceste valuri de Vata, Pitta și Kapha, organismul vostru se va armoniza instinctiv cu subciclurile sale, va pătrunde în mecanismul rotițelor care sunt înglobate de alte roți mai mari, pentru a intra într-un ritm. Cum ar fi dacă ați trăi o zi într-un ritm perfect? Ayurveda ne furnizează o schemă ideală denumită *dinacharya* sau rutina zilnică, care ne arată cum să atingem acest deziderat.

Dinacharya: Rutina zilnică

Patru momente esențiale fixează ritmul unui ciclu complet al zilei:

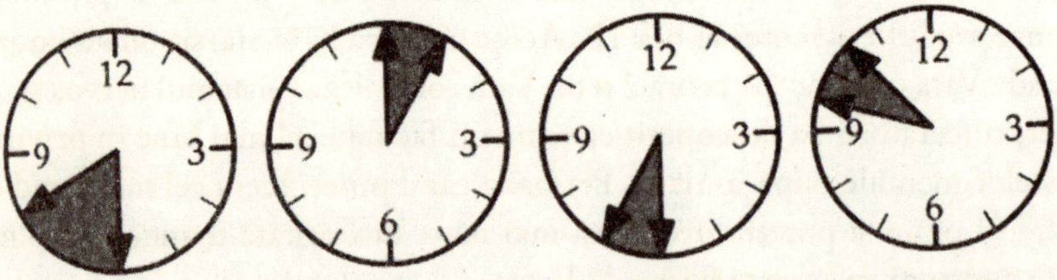

6 – 8 a.m. Răsăritul soarelui | Miezul zilei – 1 p. m. Prânzul | 6 – 7 p.m. Cina | 9.30 – 10.30 p.m. Ora de culcare

Orele menționate sunt orientative pentru începerea unei activități – dimineața începe între 6 și 8 am, prânzul începe oricând între ora 12 ziua până la 1 p.m. și așa mai departe. Aceste momente sunt aproximative și se modifică odată cu trecerea la alt anotimp. Ayurveda preferă să urmați mișcarea soarelui și să vă treziți cu o oră înainte de răsărit în fiecare zi a anului. Dacă vă treziți în miezul unei perioade Vata, veți dobândi din trăsăturile doshei Vata legate de luminozitate, exuberanță și prospețime. Acestea vă pătrund în corp exact înaintea răsăritului de soare și durează pe tot parcursul zilei.

Dacă veți aștepta prea mult timp în perioada Kapha care urmează (6 – 10 a.m.), veți ajunge să vă treziți cu simțământul plictiselii, greutății și apatiei. Aceste trăsături vă vor urma pe tot parcursul zilei; într-adevăr, dacă aveți obiceiul să vă treziți târziu, an de an, veți imprima aceste trăsături Kapha doshelor voastre și o să vă simțiți „adormit" în mod cronic.

Dacă ați dori să vă organizați o zi ideală, ar trebui s-o organizați în mod firesc în jurul celor patru momente esențiale:

Trezirea: 6 – 8 a.m.

- Treziți-vă fără să fie nevoie de ceasul deșteptător
- Beți un pahar de apă călduță (pentru a impulsiona mișcările regulate de dimineață ale organelor interne)
- Urinați; puneți-vă în mișcare intestinul subțire (fără să forțați)
- Spălați-vă pe dinți
- Curățați-vă limba, dacă este acoperită cu un strat albicios
- Masați-vă corpul cu ulei de susan (abhyanga)
- Faceți o baie (în apă călduță, nici prea fierbinte, nici prea rece)
- Faceți exerciții: „Salutul soarelui"
- Practicați pozițiile yoga
- Echilibrați-vă ritmul respirației
- Meditați
- Nu săriți peste micul dejun
- Faceți o plimbare pe jos dimineața (timp de o jumătate de oră)

Prânzul: 12 ziua – 1 p.m.

- Luați devreme masa de prânz (ar trebui să fie cea mai consistentă masă a zilei)
- După ce ați mâncat, așezați-vă liniștit să vă relaxați cel puțin cinci minute
- Faceți mișcare pentru a vă ajuta digestia (5 până la 15 minute)
- Meditați într-un moment potrivit al după-amiezii

Masa de seară: 6 – 7 p.m.

- Serviți o masă moderată
- După masă, așezați-vă liniștit să vă relaxați timp de cinci minute
- Faceți o plimbare pe jos pentru a vă ajuta digestia (5 până la 15 minute)

Ora de culcare: 9:30 – 10:30 p.m.

- Alegeți să faceți o activitate plăcută seara
- Mergeți devreme la culcare, însă la cel puțin trei ore după ce ați mâncat
- Nu citiți, nu mâncați și nu priviți la televizor în timp ce stați culcat în pat

În mod firesc, acesta este un program complet, dar trebuie să spun că sute de pacienți de-ai noștri (și familiile lor) respectă dinacharya și le rămâne suficient timp pentru o viață activă. Dacă ezitați să vă modificați programul, fiți siguri că puteți fi la fel de ocupat ca un doctor, dacă nu știți cum să stăpâniți valurile naturii. Adevărata strategie pentru a face ordine în programul unei zile este ca întreaga activitate să devină mai sănătoasă, mai plăcută și mai eficientă. Veți câștiga mai mult timp, în loc să-l irosiți, adică un timp de calitate.

Ați remarcat, probabil, că exercițiul de bază menționat mai sus este plimbarea pe jos, alături de pozițiile yoga și de meditație. Cele mai multe dintre celelalte aspecte sunt explicit prezentate. Aș dori în continuare să subliniez unele chestiuni legate de fiecare perioadă a zilei.

Trezirea: 6 – 8 a.m.

Dimineața este un moment special în Ayurveda, când natura își trimite cele mai delicate mesaje, iar noi suntem în cel mai înalt grad sensibili față de ele. Sistemul nostru nervos a fost creat așa încât priveliștea răsăritului, liniștea domoală care ne învăluie trupul, sunetele timide ale păsărilor și animalelor ce se trezesc la viață, toate să fie un preludiu dinainte fixat pentru reîntoarcerea la viață. Atent la cel mai delicat semn din afară, organismul nostru rămâne tăcut în așteptare și pregătit să-l primească într-un echilibru delicat.

Când ne trezim, ar trebui să ne simțim vioi și cu mintea limpede, fără nicio grijă din ziua precedentă, indicând că sistemul nostru nervos este pregătit să se reînnoiască. Ar fi păcat să zădărnicim sau să ignorăm această oportunitate specială de a fi în mod natural recreați. Scriitoarea Joan Mills exprima atât de frumos unicitatea răsăritului de soare: „Din clipele atât de simple ale răsăritului de soare răsar momente ale căror semnificație și forță depășesc cu mult orice sentiment al nostru. Există dimineți în care o mică rază de bucurie poartă cu ea mai multă speranță decât o lună de suferință".

Din punct de vedere medical, organismul își calibrează cu precizie echilibrul biochimic corect pentru activitățile unei zile pline. În același timp, el golește sistemul de resturile nefolositoare din ziua precedentă, acesta fiind motivul pentru care eliminarea acestora în timpul dimineții este bine să aibă loc înainte de a începe ciclul unei zile. Pentru o intensificare a mișcării intestinelor în acest moment al zilei, ar trebui să o încurajați ușor cu un pahar de apă călduță și apoi să vă acordați cinci minute la baie, să vedeți dacă organismul vrea să-și pună intestinele în mișcare. Dacă nu, nu trebuie să vă îngrijorați. În timp, dacă vom continua această practică cu regularitate, cei mai mulți dintre noi vom descoperi că urmează să apară un instinct pentru eliminarea de dimineață.

Când vă spălați pe dinți, Ayurveda spune că ar trebui să vă curățați stratul albicios de pe limbă dacă s-a format așa ceva pe parcursul nopții. Acesta conține reziduurile amei, fie în urma mesei din seara precedentă, fie în urma unui dezechilibru mai profund. Nu fiecare se trezește cu un astfel de strat albicios pe limbă, deci acest pas este unul opțional. În măsura în care dieta voastră se îmbunătățește și intrați într-o stare mai bună de echilibru, această problemă tinde să dispară.

Dinacharya vă solicită să faceți multe lucruri diverse dimineața devreme. Este nevoie de o oarecare disciplină ca să le puteți face pe toate. Vă veți prelungi rutina cu aproape o oră, ceea ce înseamnă o schimbare deosebită. Dar și răsplata va fi pe măsură. Când pacienții noștri își respectă perfect rutina de dimineață, înregistrează un nivel superior de sănătate, greu de atins de cei care sunt neglijenți sau o fac la întâmplare.

Încercați să adăugați elemente noi programului actual și veți constata cât de bine vă veți simți. În ordine, cele mai importante lucruri care trebuie adăugate sunt:

1. Să vă treziți devreme (la răsăritul soarelui)
2. Să practicați meditația
3. Să practicați exerciții ayurvedice: „Salutul soarelui", poziții yoga
4. Să vă masați cu uleiuri

Importanța meditației a fost deja analizată, iar exercițiile ayurvedice vor fi discutate mai târziu, într-un capitol separat. Mai rămâne să vorbim despre masajul cu uleiuri (abhyanga), una dintre cele mai agreabile părți din dinacharya, precum și modalitatea esențială de echilibrare a doshei Vata.

Prin practicarea unui masaj ușor pe întreg corpul cu o peliculă subțire de ulei înainte de baie, pielea voastră se va simți caldă și suplă, un echilibru perfect pentru uscăciunea rece a doshei Vata. Pacienții noștri care sunt persoane Vata au observat că sunt mai puțin predispuși la stări de anxietate sau confuzie pe parcursul zilei dacă fac masajul de dimineață cu regularitate. De fapt, oricine ar putea beneficia imens din echilibrarea doshei lui

Vata chiar la începutul zilei. Pielea conține mii de nervi cutanați care sunt conectați la fiecare parte a organismului. Totodată, și știința recunoaște că pielea este un producător important de hormoni endocrini.

În termeni științifici, masajul vostru de dimineață operează prin liniștirea celor două sisteme dominante ale organismului, sistemul nervos și sistemul endocrin. Nu este deloc de mirare că, în vremuri străvechi, Charaka nu contenea cu laudele la adresa practicării abhyanga, susținând că întinerește pielea, tonifică mușchii, elimină impuritățile și favorizează menținerea aspectului tânăr. Să vă masați singur este de asemenea o modalitate bună de a începe pur și simplu ziua relaxat, ceea ce Ayurveda consideră extrem de important. Persoanele care încep ziua ca pe o cursă contra cronometru nu au prea mari șanse să atingă echilibrul perfect.

În continuare, vă prezentăm cum se realizează abhyanga.

Cum să facem un masaj cu ulei (abhyanga)

Întrucât este un masaj foarte ușor, nu veți folosi mai mult de un sfert de ceșcuță de ulei călduț. Folosiți un ulei rafinat din miez de nucă sau semințe, se găsește în magazinele ce comercializează produse dietetice. De asemenea, puteți comanda uleiuri din plante. Tipurilor Vata li se potrivește cel mai bine uleiul de susan sau migdale; persoanelor Pitta, cel de măsline sau nucă de cocos, iar cei care sunt Kapha beneficiază de senzația plăcută și caldă a unor uleiuri cum sunt cel de floarea-soarelui sau susan.

Pentru a-l încălzi, puneți trei sau patru linguri de ulei într-un ceașcă curată din plastic sau o sticluță și așezați-o într-un recipient cu apă foarte fierbinte. Așteptați un minut sau două, până când uleiul atinge temperatura corpului uman, sau puteți turna uleiul într-un pahar de sticlă și să-l încălziți timp de zece sau cincisprezece secunde la microunde, *fiind atenți să nu se supraîncălzească*.

Tehnic vorbind, cel mai bine este să se folosească ulei special pentru acest gen de tratament, care a fost înainte încălzit la o temperatură ridicată pentru o scurtă perioadă de timp. Puteți apoi încălzi cu atenție uleiul potrivind temperatura sursei de căldură la 150°C, fiind atenți să îl supravegheați în permanență, pentru a nu provoca un incendiu.

Cel mai indicat loc pentru masaj este baia. Oricât de bine i-ar face corpului vostru, fără îndoială abhyanga provoacă și ceva neplăceri în spațiul unde se desfășoară. Indiferent cât de grijuliu ați fi, tot se poate întâmpla ca uleiul să se împrăștie în jur. Pentru a preîntâmpina acest neajuns, folosiți o folie de plastic (dintr-un rulou de pungi de plastic) pentru a proteja podeaua cât timp vă masați. Sau puteți să vă așezați un mic scăunel din plastic chiar în cadă și să faceți acolo masajul. Minimasajul pe care îl descriem la sfârșitul acestui capitol este mai puțin supărător din perspectiva inconvenientelor create.

Un masaj complet al corpului (5 – 10 minute)

Începeți cu zona capului: turnați conținutul unei linguri de ulei călduț pe scalp. Folosindu-vă de podul palmei și de degete, masați energic. Acoperiți-vă întregul scalp, cu mișcări scurte, circulare, ca și cum ați aplica șamponul. Îndreptați-vă spre față și urechi, masând cu delicatețe. Masajul ușor al tâmplelor și în spatele urechilor este în special indicat pentru calmarea doshei Vata.

Luați puțin ulei în mâini și masați-vă gâtul, fruntea și capul la spate, apoi umerii. Folosiți-vă de podul palmelor și degete.

Masați-vă energic brațele, cu mișcări circulare în dreptul umerilor, coatelor și antebrațelor, cu mișcări înainte și înapoi de-a lungul membrelor.

Este important să nu masați prea energic când ajungeți în dreptul trunchiului. Aplicând mișcări ample, delicate, circulare, masați-vă pieptul, stomacul și abdomenul inferior. (În mod tradițional, Ayurveda recomandă ca mișcările să fie în direcția acelor de ceasornic.) O mișcare longitudinală, de sus în jos, este aplicată în dreptul sternului.

Luați un strop de ulei în palme și atingeți fără să apăsați prin masaj spatele și coloana vertebrală – veți face mișcări de sus în jos sau orice alte mișcări vă sunt la îndemână.

Masați-vă energic picioarele, la fel cum ați procedat cu brațele – cu mișcări circulare la glezne și genunchi, înainte-înapoi de-a lungul membrelor.

Începeți abhyanga prin masarea energică a scalpului

Cu stropul de ulei care v-a rămas, masați energic laba piciorului și degetele de la picioare.

Spălați-vă uleiul de pe corp. Se consideră că este extrem de benefic pentru tonifierea pielii, echilibrarea doshei Vata și menținerea mușchilor încălziți pe tot parcursul zilei să păstrați o peliculă subțire, aproape nesesizabilă de ulei pe corp. Prin urmare, ar trebui să vă spălați cu apă călduță, în niciun caz fierbinte, și un săpun delicat. Dacă obișnuiți să purtați părul dat cu gel, lăsați puțin ulei pe scalp, însă cele mai multe persoane vor avea nevoie să-și spele părul cu șampon.

Minimasaj (1 – 2 minute)

Uneori durează prea mult să practicați abhyanga pe tot corpul în condițiile unei dimineți aglomerate, însă este adevărat că e benefic să facem un scurt masaj de câte ori se poate. Cele mai importante părți ale corpului care trebuie masate sunt capul și labele picioarelor. Acest lucru se poate face pe marginea căzii, timp de un minut, dimineața. Pentru acest minimasaj nu este nevoie decât de două linguri de ulei.

Luați o lingură de ulei călduț și frecați-l ușor pe pielea scalpului, cu aceleași mișcări scurte, circulare descrise mai sus. Cu podul palmei și vârful degetelor, masați ușor.

Masați fruntea, de la o tâmplă la alta, cu podul palmei.

Masați ușor tâmplele, folosindu-vă de mișcări circulare, apoi frecați ușor zona exterioară a pavilioanelor urechilor.

Masați-vă gâtul la spate și în față.

Folosiți conținutul celei de-a doua linguri de ulei și masați-vă labele picioarelor cu podul palmei. Răspândiți ulei în jurul degetelor de la picioare folosindu-vă de vârful degetelor de la mâini. Masați energic talpa piciorului cu mișcări rapide dinspre înapoi spre înainte cu dosul palmelor. Stați liniștit timp de câteva secunde pentru a vă relaxa și a lăsa uleiul să pătrundă în piele, apoi continuați baia.

Prânzul: ora 12 ziua – 1 p.m.

Pentru a beneficia din plin de momentul Pitta al zilei la apogeul lui, cel mai bine este să luați devreme masa de prânz, la 12 ziua sau chiar mai devreme. Pitta alimentează *agni*, focul digestiv, în cel mai intens mod chiar la această oră; de aceea Ayurveda recomandă ca prânzul să fie cea mai consistentă masă a zilei. Întrucât cei mai mulți dintre noi nu practicăm munci fizice grele, prânzul nu trebuie să fie foarte bogat și energetic. Mâncați doar ceea ce preferați să serviți în mod normal la prânz.

Pentru a evita să deveniți somnolent după-amiaza, nu consumați alcool la masa de prânz; apa călduță este băutura care facilitează cel mai bine digestia. În orice situație, consumați în cantitate cât mai redusă ceai cu gheață, apă rece ca gheața sau răcoritoare foarte reci. Toate acestea scot în afara echilibrului agni și nu fac decât să îngreuneze digestia.

Două alte momente îi vor aminti organismului vostru ritmul zilnic. Primul este să stați timp de cinci minute așezat la masă, după ce ați terminat de mâncat, preferabil în liniște. Al doilea, să faceți o scurtă plimbare sau să vă întindeți timp de cinci minute după ce ați servit masa. Ambele stabilizează sistemul și ajută începerea procesului de digestie.

Masa de seară: 6 – 7 p.m.

Când ați ajuns acasă după o zi de muncă este momentul pentru meditația de după-amiază. Vă puteți pregăti pentru ea executând un set de poziții yoga și cinci minute de respirație echilibrată, exact ca dimineața. Faptul că stați întins timp de câteva minute înainte de meditație ajută totodată la îndepărtarea ultimelor ecouri ale unei zile de muncă încărcate și face ca meditația să fie mult mai profundă.

La fel ca și în cazul mesei de prânz, masa de seară trebuie luată devreme, pentru a prinde un moment prielnic în ciclul zilei. În acest caz, ora 6 p.m. reprezintă începutul unei perioade Kapha, când organismul își dorește să se liniștească. Nu este o idee prea bună să vă alimentați sistemul cu prea mult combustibil în acest moment, deoarece Pitta nu va fi acolo să digere alimentele pe care le-ați consumat până la ora 10 noaptea, când sunteți deja în pat. Puterea digestivă este la apogeu după-amiaza, când aveți și timpul propice pentru o digestie completă. Ayurveda este foarte strictă în privința unei digestii complete, întrucât alimentele care sunt doar pe jumătate digerate sunt cele care generează ama.

Masa de seară ar trebui să fie mai puțin bogată decât prânzul. Pentru multe persoane, un castron cu supă fierbinte și pâine prăjită alături, un ceai de plante și fructe proaspete reprezintă o masă adecvată. Probabil că nu sunteți obișnuit să mâncați mai ușor la masa de seară decât la prânz, dar ar trebui să încercați, pentru a face pasul spre schimbare. Veți fi plăcut surprins cât de bine și de confortabil se va simți organismul când nu va fi nevoit să digere mult pe timpul nopții. Ayurveda avertizează în privința alimentelor fermentate cum sunt brânza, smântâna și iaurtul consumate seara; trebuie evitată carnea roșie cât mai mult, pentru că este greu de digerat.

La masa de seară este bine să consumăm apă călduță sau ceai de plante. Ayurveda se opune consumului de alcool, susținând că este toxic și nu are ce căuta într-o viață sănătoasă, dar eu personal trebuie să recunosc că sunt multe persoane care consumă băuturi tari după o zi de muncă. Regula de bază este să nu se consume alcool doar de dragul de a bea și în niciun caz cu gheață. Este recomandabil să se evite momentul cocktailurilor și să se ia devreme masa de seară. Alcoolul consumat la masa de seară ar trebui să fie ceva ușor – un pahar de vin, de exemplu, sau o bere.

Câțiva pași făcuți după masă vor ajuta digestia și vor pregăti sistemul pentru o seară liniștită petrecută citind, ascultând muzică sau discutând cu prietenii și familia. Evitați să vizionați filme de acțiune noaptea târziu, pentru că nu vă doriți să aveți parte de prea multă stimulare înainte de a merge la culcare.

Ora de culcare: 9:30 – 10:30 p.m.

Dacă vreți să vă treziți devreme, trebuie să mergeți devreme la culcare. Fiind în armonie cu ciclul Kapha, care ia sfârșit seara, tipurile Kapha simt nevoia să meargă la culcare în jurul orei zece; acesta este idealul ayurvedic pentru oricine. El permite ritmurilor din organism să încetinească într-un mod firesc, face somnul mai profund, mai relaxant și îi asigură corpului nostru timpul necesar pentru a genera țesuturi noi, toate acestea petrecându-se în timpul nopții. (Am menționat deja că respectarea unui somn profund și complet pe timpul nopții este corelată cu longevitatea.)

Dacă stați treaz mult după ora zece seara, perioada Pitta care urmează vă va stimula să fiți din nou activ – acesta fiind motivul pentru care oamenii se simt somnoroși seara devreme, doar ca să poată avea o creștere a energiei în jurul miezului nopții, vârful absolut al perioadei Pitta. Este absolut necesar să mergeți devreme la culcare atâta timp cât este vorba despre ritmurile organismului vostru. Prin urmare, vă recomand să mergeți la culcare la momentul ayurvedic potrivit. O săptămână de autodisciplină poate să vă aducă satisfacții când veți descoperi cât de bine vă simțiți a doua zi. Pentru a trăi o zi într-un ritm perfect, aveți nevoie de o noapte cu un somn perfect.

Capitolul 12

Dieta – să mâncăm pentru a atinge un echilibru perfect

În Ayurveda, o dietă echilibrată nu se învârte în jurul grăsimilor, carbohidraților și proteinelor, și nici nu se acordă o atenție deosebită caloriilor, vitaminelor sau mineralelor. Cunoaștem aceste substanțe nutritive din ceea ce am citit și învățat, nu dintr-o experiență directă. Nu puteți detecta prezența vitaminei C în sucul de portocale și cu atât mai puțin puteți face diferența dintre aceasta și vitamina A. În cea mai mare parte, nutriția occidentală este cunoscută din analiza de laborator. Nutriția ayurvedică vine direct din natură. Când papilele noastre gustative intră în contact cu un aliment, o cantitate uriașă de informații utile este livrată doshelor. Operând numai pe baza acestor informații, Ayurveda ne lasă să avem o dietă echilibrată din punct de vedere natural, ghidați de propriile noastre instincte, fără să transformăm nutriția într-o problemă intelectuală complicată.

Când alimentele vorbesc doshelor noastre, ele spun multe lucruri, deoarece diferitele gune – greu și ușor, uscat și gras, fierbinte și rece – sunt prezente în acele alimente. Însă informația esențială este conținută în gustul acestora. Ayurveda recunoaște șase gusturi sau rasas: dulce, acru, sărat și amar sunt cele patru pe care deja le cunoaștem, plus celelalte două, picant și astringent. Toate alimentele picante sunt înțepătoare. Gustul astringent este cel care vă face gura pungă. Taninul din ceai este astringent, la fel și gustul uscat al fasolei grase.

În Ayurveda, o dietă echilibrată trebuie să conțină toate cele șase rasas la fiecare masă. Următorul meniu ar fi unul echilibrat:

Salată de lăptucă Bibb (amărui, astringent)

Pui la grătar cu orez pregătit în baie de abur (sărat, acru, picant, dulce)

Înghețată de vanilie (dulce)

Chiar dacă eliminați înghețata de la desert, această masă va rămâne în echilibru, întrucât deține încă toate cele șase gusturi. Dacă puiul la grătar ar fi înlocuit cu pui copt, rasas ale gustului înțepător și acru ar lipsi; ele ar putea fi înlocuite dacă se adaugă câteva felii de roșie (dulce și acru) și ridiche (picant) într-o salată.

Nu este neapărat nevoie să supraîncărcăm o masă cu fiecare gust. Doar un iz de plante aromate și mirodenii vor adăuga gustul de picant și amar unei mese. La fel, nu este recomandabil să lăsăm aceleași gusturi să predomine zi de zi. Regula de bază este pur și simplu să oferim organismului toate cele șase rasas la fiecare masă, astfel încât să aibă parte de o alimentație completă.

Să satisfacem doshele

Gustul mai poate fi folosit pentru a echilibra o dosha agravată, întrucât fiecare dosha este în căutarea gusturilor care o aduc în starea de echilibru.

Vata este echilibrată de *sărat*, acru și dulce.

Pitta este echilibrată de *amar*, dulce și astringent.

Kapha este echilibrată de *picant*, amar și astringent.

(Gustul subliniat prin italice are efectul cel mai puternic în descreșterea unei doshe.)

Aceste informații de bază deschid calea unei bogății de informații despre ceea ce ar trebui să mănânce tipul vostru de organism. În subcapitolele care urmează vom extinde perspectiva acestui câmp imens. Analiza noastră acoperă următoarele subiecte:

Diete în funcție de tipul organismului:

DIETE ÎN FUNCȚIE DE TIPUL ORGANISMULUI

Cel mai indicat ghid pentru ceea ce ar trebui să mâncați este chiar tipul vostru de organism. Dacă sunteți o persoană Vata, această dosha își dorește să fie echilibrată cu gusturi diferite față de acelea specifice doar pentru Pitta sau Kapha. Să presupunem că două persoane iau masa de prânz la o cafenea în aer liber și amândouă comandă *chef salad* (salata casei), ceai cu gheață și *lemon sherbet* (sorbet de lămâie). Dacă o persoană este Pitta, acesta este un prânz excelent, pentru că gustul dulce și senzația răcoritoare a alimentelor ajută la echilibrarea doshei Pitta. Dar dacă cealaltă persoană este Vata, acest meniu nu este deloc bun. Legumele verzi nepregătite termic, îndeosebi dacă sunt amărui, băuturile reci și lipsa unei hrane solide vor scoate Vata din starea de echilibru. Când vor fi terminat prânzul, cele două persoane vor pleca mai departe simțindu-se diferit, chiar dacă au consumat același meniu. Pitta se va simți lejer și revigorat, în timp ce Vata se va simți nemulțumit și lipsit de energie.

Acesta este motivul pentru care e atât de important ca dieta să corespundă cu prakruti, creatorul tău natural. În continuare, prezentăm un tabel cu acele calități ale alimentelor care influențează doshele.

CE ECHILIBREAZĂ VATA		CE AGRAVEAZĂ VATA	
Dulce	Greu	Picant	Ușor
Acru	Gras	Amar	Uscat
Sărat	Fierbinte	Astringent	Rece

CE ECHILIBREAZĂ PITTA		CE AGRAVEAZĂ PITTA	
Dulce	Rece	Picant	Fierbinte
Amar	Greu	Acru	Ușor
Astringent	Uscat	Sărat	Gras

CE ECHILIBREAZĂ KAPHA		CE AGRAVEAZĂ KAPHA	
Picant	Ușor	Dulce	Greu
Amar	Uscat	Acru	Gras
Astringent	Fierbinte	Sărat	Rece

După cum puteți constata, fiecare secțiune include trei gusturi și trei gune sau calități. Știți deja care sunt cele șase gusturi: dulce, acru, sărat, amar, picant și astringent. Cele șase gune, care sunt pereche, sunt următoarele:

- Greu sau ușor – grâul este greu, orzul este ușor, carnea de vită este grea, carnea de pui este ușoară, brânza este grea, laptele smântânit este ușor
- Gras sau uscat – laptele este gras, mierea este uscată, boabele de soia sunt grase, boabele de linte sunt uscate, nuca de cocos este grasă, varza este uscată
- Fierbinte sau rece (încinge sau răcorește corpul) – piperul arde, menta este rece, mierea este fierbinte, zahărul este rece, ouăle sunt fierbinți, laptele este rece

Aceste calități se adresează direct limbii și stomacului. Principiul funcțional este „ceea ce îmi place vorbește acolo unde-i place". Dacă vreți să echilibrați Pitta, evitați alimentele care împărtășesc trăsăturile sale. Un ardei iute, deoarece este picant, fierbinte și gras, va determina în mod firesc agravarea doshei Pitta.

Este bine să rețineți aceste calități. Deși textele ayurvedice oferă liste lungi de alimente care se potrivesc gusturilor și gunelor lor, această cunoaștere există deja în organismul vostru. Dacă sunteți în echilibru, o să vă doriți alimente fierbinți când vă este frig și alimente ușoare când aveți senzația de greutate. Același lucru este valabil pentru gust. Dacă sunteți tipul Kapha, faptul că vă este poftă de salată verde vă spune de fapt că sunteți în echilibru, întrucât legumele verzi sunt în general amare și astringente (acestea sunt două gusturi recomandate pentru dumneavoastră).

Pe scurt, acest lucru înseamnă să trăiești în armonie cu natura – ceea ce vă place să mâncați este ceea ce îi trebuie organismului pentru a fi în echilibru. Pe de altă parte, dacă sunteți tot o persoană Kapha și sunteți înnebunit după cartofi prăjiți (sărat), înghețată (dulce) și brânză (acru), instinctele voastre nu sunt în echilibru și nu va fi nici dosha voastră Kapha. Simplul remediu ar fi să începeți să consumați alimente având toate cele șase gusturi, din nou, și să renunțați la cele la care poftiți. În acest fel, veți începe să vă reechilibrați și, pe măsură ce se întâmplă acest lucru, vă veți recăpăta în mod natural instinctele pierdute. Nu înseamnă că veți renunța la înghețată și cartofi prăjiți, însă o salată verde vă va da o satisfacție la fel de mare, pentru că satisface dosha voastră predominantă.

Cum să alegeți dieta adecvată tipului vostru de organism

Acum, când cunoașteți principiile generale pe care se sprijină dieta ayurvedică, putem să ne ocupăm de alimentele specifice fiecărui tip de organism. Este foarte simplu să alegeți ce dietă să urmați.

1. *Alegeți dieta care vă echilibrează dosha dominantă.* Dacă sunteți o Vata pură, de exemplu, veți urma în general o dietă care să domolească Vata. Același lucru este valabil dacă sunteți o persoană Vata-Pitta, deși puteți să vă sprijiniți mai mult pe dieta Pitta, când este cazul (în perioade când sunt temperaturi foarte ridicate sau dacă organismul vostru dă semne de agravare a doshei Pitta, de exemplu).

Dacă nu sunteți decis pe care dintre cele două doshe să le liniștiți, reflectați asupra alimentelor pe care le preferați în mod obișnuit și apreciați singur dacă vă simțiți sănătos și echilibrat. Toate acestea vă vor indica foarte clar care este dieta potrivită. Dacă sunteți genul de persoană, foarte rar întâlnită, cu un tip de dosha trei-în-unu, puteți în mod normal să alegeți orice gen de dietă ayurvedică și să rămâneți în echilibru, însă, din nou, acceptați să vă fie ghid instinctele, anotimpul în care vă aflați și starea sănătății.

2. Dacă ați consultat un medic instruit în medicina ayurvedică și acesta v-a recomandat să echilibrați o anumită dosha, urmați dieta prescrisă.

3. Îndreptați-vă dieta în direcția indicată de anotimpul pe care îl traversați. Schimbările de anotimp solicită anumite modificări în dieta voastră de bază (nu o să beți ceai cu gheață iarna, de exemplu, chiar dacă sunteți o persoană puternică de tipul Pitta). Aceste modificări în funcție de anotimp sunt analizate în capitolul 14, *Rutina sezonieră*.

Dieta de domolire a doshei Vata

Pentru:
Alimente calde, consistență moderat solidă
Un plus de unt și grăsimi

Gusturi: sărat, acru și dulce

Alimente care calmează și generează sațietate

Vata este o dosha rece, uscată, iar alimentele calde, hrănitoare, pe care le consumăm de obicei iarna – tocănițe și supe concentrate, preparate gătite ușor, pâine proaspăt coaptă și plăcinte cu fructe – constituie o dietă adecvată, care liniștește această dosha. La capătul opus al spectrului, alimentele în jurul cărora gravităm vara – salate reci, băuturi reci, legume în stare proaspătă, nepregătite termic – nu sunt foarte agreabile pentru această dosha. Tipurile Vata au de obicei o digestie inegală, de aceea alimentele complet pregătite termic, pe care le digeră ușor, îi ajută mult.

În același timp, dosha Vata este foarte sensibilă la atmosfera din jurul locului unde se servește masa. Nici cea mai gustoasă mâncare din lume nu va fi suficient de bună pentru aceste persoane, dacă tensiunea care plutește la masă îi face să aibă o strângere de stomac. În schimb, tot ceea ce contribuie la crearea unui ambient mai calm, mai tihnit, va conduce la liniștirea doshei Vata.

*

Dieta de domolire a doshei Vata, pe care am propus-o aici, este prima dintre opțiuni pentru toate tipurile de organisme Vata, exceptând situația în care diagnosticul unui medic instruit în medicina ayurvedică a condus la alte indicații. În numai câteva zile de la începerea acestei diete, ar trebui să remarcați clar că nivelul energiei voastre este constant și că vă simțiți mai echilibrat, mai calm și mai fericit. Dacă suferiți de pe urma unor simptome ușoare de dezechilibru al doshei Vata, cum ar fi insomnii, nervozitate sau stări de îngrijorare, această dietă este de asemenea o alegere potrivită. Încercați să o urmați timp de două săptămâni și observați dacă simptomele anterioare au fost depășite.

După părerea noastră, următoarele aspecte vă sunt de un real sprijin când începeți dieta de domolire a doshei Vata:

- Toate alimentele care liniștesc sunt în general recomandate pentru calmarea doshei Vata perturbate: lapte (de preferat cald), smântână, unt, supe calde și tocănițe scăzute pe foc, cremă de cereale și pâine proaspăt coaptă. Toate includ dulcele, gustul cel mai liniștitor pentru organism; cele mai multe dintre acestea sunt în același timp calde și grele.

- Un mic dejun hrănitor, preferabil unul mai consistent, va îmbunătăți Vata pentru întreaga zi. O cremă de orez sau de grâu reprezintă cea mai indicată alegere pentru Vata, însă nimic cald, cu adaos de lapte; dulcele este benefic.
- Multe tipuri Vata experimentează o cădere drastică de energie în partea a doua a după-amiezii. O idee bună este să consumați un ceai fierbinte cu biscuiți sau orice alt dulce. Amintiți-vă de ceaiul de la ora cinci al englezilor. Ceaiul de plante este mai liniștitor decât un ceai obișnuit, al cărui conținut de teină perturbă tipurile Vata. Puteți încerca ceaiul de gotu kola. Această plantă indiană, despre care se spune că este excelentă pentru calmarea nervilor, este disponibilă în magazinele cu produse naturale. Puteți, de asemenea, să o comandați sub formă de pliculețe de ceai ayurvedic. Dacă vă veți acorda un răgaz de cinci minute pentru a bea o ceașcă de ceai într-un loc liniștit, înainte să vă relansați într-o altă rundă de lucru, veți descoperi că sfârșitul zilei este mai puțin istovitor.
- Gustul înțepător nu se regăsește printre cele preferate de Vata, dar alimentele picante se dovedesc în general satisfăcătoare pentru tipurile Vata, întrucât în cea mai mare proporție mâncarea mexicană condimentată sau cea indiană sunt calde și conțin grăsime din abundență. Ghimbirul este cea mai picantă aromă pentru Vata și este adesea folosit pentru a îmbunătăți digestia Vata. De asemenea, consumul de mirodenii dulci, cum ar fi scorțișoara, chimenul și nucșoara, ajută la refacerea unui apetit redus, la care sunt predispuse de obicei persoanele Vata.
- Alimentele calde, umede sunt foarte indicate pentru calmarea celor de tipul Vata. În acest caz, o alimentație bazată pe cereale reprezintă cea mai bună alegere. Când vă simțiți nervos, îngrijorat sau supus unei stări de presiune, un castron de păsat de ovăz sau o ceașcă de cremă de legume o să vă facă să vă simțiți mult mai bine decât o bucată de ciocolată sau un pahar de băutură.
- Deși dulcele este indicat pentru Vata, zahărul consumat ca atare generează o explozie bruscă de energie care poate provoace agitație. Laptele cald este el însuși un aliment dulce; este foarte potrivit pentru Vata, îndeosebi dacă se dizolvă în el puțin zahăr sau miere. Dulciurile zaharate ar trebui consumate în combinație cu alimente hrănitoare, cum este laptele.

- Snack-urile uscate și sărate nu sunt bune pentru Vata, așa cum sunt alunele sărate, care sunt mai grele și grase, două calități care domolesc Vata. Cea mai bună alegere o reprezintă migdalele. Ayurveda recomandă întotdeauna ca migdalele să fie curățate de pieliță înainte să fie consumate; sfatul standard este să se lase la înmuiat douăsprezece migdale întregi într-un pahar cu apă pe timpul nopții, apoi să se curețe și să fie consumate dimineața pentru a echilibra Vata. Întrucât sâmburii și semințele sunt dificil de digerat, persoanele Vata trebuie să le consume în cantități reduse, preferabil măcinate și amestecate cu diferite tipuri de unt. Tahini (pastă de susan) este o sursă excelentă de ulei de susan, unul dintre cele mai indicate alimente pentru a încălzi și echilibra Vata.
- Toate fructele dulci sunt bune pentru Vata, dar strugurii și mango sunt cele mai bune. Fructele astringente, cum ar fi merele și perele trebuie gătite înainte de a fi consumate. Trebuie evitate fructele necoapte, pentru că sunt foarte astringente, în special bananele necoapte.
- Orice aliment rece, ușor, lipsit de calorii, face Vata să crească și vă dă senzația de insatisfacție. Dacă vă plac mult salatele, așteptați să mai stea puțin la temperatura camerei și adăugați un dressing pe bază de ulei pentru a le face mai echilibrate. Același lucru este valabil și pentru legumele în stare proaspătă. Consumați-le cu zgârcenie și să nu fie reci. În general, ar trebui să gătiți toate legumele pe care le consumați cu puțin ulei, în loc să le preparați prin fierbere la aburi. În acest fel, multe dintre legumele „nepotrivite“ vor fi acceptate mai bine de dosha Vata.
- Când ieșiți în oraș, cereți să vi se aducă la masă apă călduță, în loc de apă cu gheață, alegeți o supă fierbinte în locul salatei și consumați din belșug pâine cu unt și un desert (preferabil, un desert cald, cum ar fi o plăcintă cu mere, în locul înghețatei, a cărei răceală împiedică digestia la dosha Vata.)
- Cerealele cu lapte fierbinte pentru masa de seară, deși nu sunt ceva obișnuit, conferă un gust extrem de plăcut pentru oricine suferă de o cădere bruscă a doshei Vata. De asemenea, foarte indicat este să se consume seara orez cu pastă de linte, precum și o supă consistentă de genul *minestrone*. Pastele gătite în toate formele posibile sunt foarte liniștitoare. O idee bună este și o cană de lapte cald înainte de a

merge la culcare, însă dacă este băut foarte târziu seara, o să vă ajute cu siguranță să adormiți, dar organismul nu se va simți în largul lui a doua zi dimineața.

- *Lassi*, o băutură tradițională indiană, este potrivită pentru a scăpa de excesul de Vata din organism. Pentru pregătirea acesteia, amestecați o jumătate de ceașcă de iaurt cu o jumătate de ceașcă de apă; adăugați un praf de ghimbir pisat, un vârf de sare sau chimion. *Lassi* din mango dulce, pregătit din cantități egale de iaurt și pulpă de fruct de mango (proaspăt sau din conservă) este în mod special delicios și în același timp echilibrează Vata. Pentru a obține o băutură mai ușoară, se diluează lassi, adăugând între o jumătate și o ceașcă întreagă de apă. O modalitate eficientă și rapidă de calmare a doshei Vata este să se presare o cantitate mică de pudră picantă specială, denumită *Vata churna*, peste felul de mâncare pe care îl serviți la masă.

Alimente pentru domolirea doshei Vata

Legume

PENTRU	DE REDUS
Sparanghel	Broccoli
Sfeclă	Varză de Bruxelles
Morcovi	Varză
Castravete	Conopidă
Fasole verde	Țelină
Okra [legumă asiatică]	Legume cu frunze verzi
Ceapă și usturoi (nu în stare crudă)	
Ridichi	Ciuperci
Cartofi dulci	Mazăre
Nap	Ardei gras
	Cartofi
	Germeni încolțiți
	Dovlecel
	(*Toate acestea sunt acceptate doar gătite cu ulei.*)

Fructe

PENTRU	**DE REDUS**
Caise	Mere
Avocado	Merișoare
Banane	Pere
Fructele cu semințe	Rodii
Cireșe	(*Toate acestea ar fi indicat să fie gătite.*)
Nucă de cocos	Fructe uscate în general; fructe necoapte (*în special bananele*)
Smochine	
Curmale	
Struguri	
Mango	
Pepene	
Nectarine	
Portocale	
Papaya	
Piersici	
Ananas	
Prune	
Gemuri de fructe	
Fructe dulci, bine coapte, în general	

Cereale

PENTRU	**DE REDUS**
Ovăz (pregătit, nu uscat)	Orz
Orez	Hrișcă
Grâu	Porumb
	Ovăz uscat
	Mei
	Secară

Lactate

Sunt acceptate toate lactatele, cu excepția cazurilor când știți că aveți o deficiență de lactoză.

Carne

PENTRU	DE REDUS
Pui	Carne roșie
Fructe de mare, în general	
Curcan	

Păstăi

PENTRU	DE REDUS
Năut	Toate, cu excepția celor menționate.
Fasole mung	
Linte roșie	
Tofu	

Uleiuri

Sunt recomandate toate uleiurile; în mod special cel de susan.

Îndulcitori

Sunt acceptați toți îndulcitorii.

Sâmburi și semințe

Toate sunt acceptate în cantități mici; cele mai bune sunt migdalele.

Plante aromate și mirodenii

PENTRU	DE REDUS
Aproape toate, cu moderație, punându-se accentul pe acele plante care sunt dulci/sau încălzesc și mirodenii, cum ar fi:	Nicio mirodenie nu trebuie folosită în cantități mari; reduceți orice plantă amăruie și astringentă și mirodenii, cum ar fi:
Cuișoare englezești	Coriandru
Asafoetida	Schinduf
Busuioc	Pătrunjel
Frunze de dafin	Șofran
Piper negru	

Chimion
Nucșoară
Scorțișoară
Cuișoare
Chimen
Chimen dulce
Ghimbir
Semințe de ienupăr
Rădăcină de lemn-dulce
Măghiran
Oregano
Salvie
Tarhon
Cimbru
Șofran de India

Dieta de domolire a doshei Pitta

Pentru:
Alimente reci sau calde, dar nepregătite la abur
Consistență moderat de grea
Gusturi amărui, dulci și astringente
Mai puțin unt și mai multă grăsime

Tipurile Pitta au din naștere o digestie puternică și eficientă în mod natural, care rămâne astfel, în cazul în care nu este perturbată. Ei se apropie cel mai mult de idealul de a fi capabil să mănânce câte puțin din toate. Prin urmare, trebuie să aibă grijă să evite orice exces de dietă. Dacă vor folosi prea multă sare, vor exagera cu alimente acre și picante, dar vor și mânca excesiv, atunci vor avea de-a face cu agravarea doshei lor.

Întrucât este singura dosha fierbinte, Pitta apreciază alimentele reci, îndeosebi vara. Este o idee bună să se orienteze în mod special spre gusturi amărui și astringente (asigurate în cea mai mare parte de salate și legume). Aceste două rasas taie apetitul, usucă umiditatea excesivă și mențin simțul gustului dezvoltat. Tot ele contrabalansează efectul neinteresant pe care îl transmit excesul de sare și de zahăr papilelor gustative, ajutându-i pe cei din Pitta să-și modereze apetitul, după cum intenționa natura în privința lor. Orice face din masa pe care o consumă o experiență mai liniștitoare și mai ordonată va ajuta totodată la domolirea acestei doshe.

Dieta de domolire a doshei Pitta, pe care o prezentăm în continuare, constituie opțiunea firească pentru tipurile de organism Pitta, exceptând situația în care un medic instruit în medicina ayurvedică nu a prescris o altă dietă. Pacienții noștri care se înscriu în tipul Pitta relatează că se simt mai echilibrați urmând această dietă, mai energici, însă încărcați cu o energie „mai blândă". Apetitul lor exagerat se domolește și el. Dacă suferiți de unele simptome ușoare ale unui dezechilibru al Pitta, cum ar fi arsuri de stomac, iritabilitate sau o sete excesivă, această dietă este de asemenea potrivită. Încercați să o urmați timp de o lună și trageți singur concluziile dacă simptomele anterioare au fost depășite.

Câteva aspecte care să vă ajute să implementați această dietă sunt următoarele:

- Alimentele reci, răcoritoare sunt cele mai potrivite pentru tipurile Pitta în timpul verii, cu un aport redus de sare, ulei și mirodenii, pentru că toate acestea încălzesc organismul. Salatele conțin două gusturi, amar și astringent, care echilibrează Pitta și sunt în același timp reci și ușoare.
- Excesul de Pitta face ca organismul să resimtă prea intens gustul acru; pentru a contracara acest lucru, ar trebui în general să evitați murăturile, iaurtul, smântâna și brânza. O excepție o reprezintă sucul de lămâie proaspăt, care poate fi folosit în locul oțetului în dressingurile din salate. Alimentele fermentate și băuturile alcoolice agravează Pitta din cauza acrelii lor, la fel ca și acizii din cafea. Dacă vă veți obișnui să consumați ceai de plante, de mentă, de rădăcină de lemn-dulce sau ceaiul special de domolire a doshei Pitta, pe care puteți să le comandați, veți constata diferența și vă veți bucura de dispoziții mai ponderate.
- Un mic dejun cu cereale reci, *toast* cu scorțișoară și suc de mere reprezintă cel mai potrivit înlocuitor pentru cafea, gogoși și suc de portocale. Acestea din urmă perturbă Pitta.
- Grăsimea din carnea roșie, care încălzește și ea organismul, nu este preferată de persoanele Pitta. Deși le place carnea, în special dacă sunt oameni în continuă mișcare și agitați, cei din Pitta se simt mai bine dacă urmează o dietă vegetariană, spre deosebire de oricare alt tip de organism. Dacă nu sunteți vegetarian, trebuie să vă asigurați că dieta voastră include cantități considerabile de lapte, cereale și legume.

Toate acestea îi fac pe cei din Pitta să se simtă extrem de bine. Odată ce s-au obișnuit să frecventeze restaurantele cu preparate dietetice, persoanele Pitta le preferă celor unde puteau consuma obișnuita lor friptură de porc, deoarece se simt mai calme și mai mulțumite cu noua lor dietă.

- Alimentele prăjite sunt grase, fierbinți, sărate și grele, trăsături pe care persoanele Pitta trebuie să le evite. Pe de altă parte, alimentele care conțin amidon – legume, cereale și păstăi – generează satisfacție și taie pofta de mâncare exagerată a persoanelor Pitta. Energia constantă a unei diete bogate în carbohidrați va contrabalansa tendința de a mânca excesiv atunci când sunt în stare de stres.
- Tocăturile și alimentele de tip fast-food sunt dominate de gustul sărat și cel acru; este recomandabil ca aceste persoane să le evite cât mai mult cu putință. Întrucât persoanele Pitta sunt atrase de tot ceea ce înseamnă lux, un restaurant discret, dar elegant scoate la iveală tot ce este mai bun din ele. Mâncarea japoneză sau chinezească, fiind relativ slabă în grăsimi și carne, constituie cea mai bună alegere pentru persoanele Pitta. Când mâncați în oraș, comandați apă rece, dar nu cu gheață, alegeți o salată în locul unei supe fierbinți, optați pentru o felie de pâine cu puțin unt și nu ezitați să alegeți și desertul. Alimentele picante sunt extrem de dăunătoare pentru Pitta; dacă vă place mâncarea mexicană, reduceți cât de mult se poate brânza și smântâna și alegeți o salată de guacamole pentru a contrabalansa agravarea puternică a doshei Pitta, cauzată de consumul de ardei iute.
- Persoanele Pitta răspund bine la dietele cu o cantitate redusă de sare, dar dacă sunt obligate să consume alimente care nu au gust, vor reacționa fără întârziere. Un compromis acceptat ar fi să nu aduceți sarea la masă și să adăugați în mâncare doar când o gătiți, în cantitate redusă. Orele de cocktail, cu snackuri sărate, sunt mai rele pentru tipurile Pitta decât pentru toate celelalte. Alimentele uscate și sărate se combină cu alcoolul pentru a le deschide apetitul și se așază în straturi noi de grăsime pe pereții stomacului.
- Pentru a calma Pitta agravată, o recomandare standard este să amestecați două linguri de *ghee* (unt clarificat) într-un pahar de lapte cald. Această combinație acționează ca un laxativ, care ajută la eliminarea excesului de Pitta din sistem. Luați-vă doza de ghee și lapte în

locul mesei de seară sau la două ore după o masă ușoară de seară. Puteți, de asemenea, să o luați în locul micului dejun. (Totuși, nu luați ghee dacă aveți o problemă care ține de colesterolul mărit.)

- Un mod eficient și rapid de a calma Pitta este să se presare o pudră specială, denumită *Pitta churna*, peste mâncarea pe care o serviți la masă.

Alimente pentru domolirea doshei Pitta

Legume

PENTRU	DE REDUS
Sparanghel	Usturoi
Broccoli	Ardei iute
Varză de Bruxelles	Ceapă de orice fel
Varză	Ridichi
Conopidă	Roșii
Țelină	
Legume cu frunze verzi	
Lăptucă	
Ciuperci	
Okra [legumă specifică pentru Asia]	
Mazăre	
Cartofi	
Muguri încolțiți	
Ardei gras	
Cartofi dulci	
Dovlecei	

Fructe

PENTRU	DE REDUS
Mere	Caise
Avocado	Fructe cu semințe
Cireșe	Cireșe (gust acru)
Nucă de cocos	Merișoare
Smochine	Grepfrut
Struguri	Lămâie

Mango	Persimone [fruct specific pentru Tropice]
Pepene	De asemenea, evitați fructele acre sau necoapte.
Portocale	Strugurii, portocalele, ananasul și prunele trebuie să fie dulci.
Pere	
Prune	
Struguri fără sâmburi	

(Toate trebuie să fie dulci și coapte.)

Cereale

PENTRU	DE REDUS
Orz	Orez brun
Ovăz	Porumb
Grâu	Mei
Orez alb	Secară

Lactate

PENTRU	DE REDUS
Unt	Lapte bătut
Albuș de ou	Brânză
Ghee (unt clarificat)	Smântână
Înghețată	Iaurt
Lapte	

Carne

PENTRU	DE REDUS
Pui	Carne roșie și fructe de mare, în general
Creveți	
Curcan	

Păstăi

PENTRU	DE REDUS
Năut	Linte
Fasole mung	
Tofu și alte produse din soia	

Uleiuri

PENTRU	**DE REDUS**
Nucă de cocos	Migdale
Măsline	Porumb
Soia	Șofrănaș
Floarea-soarelui	Susan

Îndulcitori

Sunt acceptați toți îndulcitorii, cu excepția mierii și a melasei.

Sâmburi și semințe

PENTRU	**DE REDUS**
Nucă de cocos	Toate, cu excepția celor menționate.
Semințe de dovleac	
Semințe de floarea-soarelui	

Plante aromate și mirodenii

PENTRU	**DE REDUS**
Mirodeniile, în general trebuie reduse, întrucât produc căldură, dar unele care sunt dulci, amărui și	Toate plantele și mirodeniile înțepătoare, cu excepția celor menționate; totodată, consumați doar cantități mici din:
Nucșoară	Sos pentru grătar
Coriandru	Ketchup
Scorțișoară	Dressing de salată acrișor
	Muștar
Mărar	
Chimen dulce	
Mentă	
Șofran	
Șofran de India	

plus cantități mici de chimion și piper negru.

Dieta de domolire a doshei Kapha

Pentru:
Alimente calde, ușoare
Mâncare uscată, gătită fără prea multă apă
Minimum de unt, ulei și zahăr
Gusturile înțepător, amar și astringent
Alimente care stimulează

Kapha este o dosha greu de influențat prin alimentație, dar, cu timpul, aceste tipuri ajung să iasă din starea de echilibru, ca urmare a consumului exagerat de dulciuri și alimente sățioase. În societatea occidentală, unde zahărul și grăsimile reprezintă jumătate din caloriile consumate în medie de o persoană, cei de tip Kapha trebuie să fie în gardă față de această tendință. De asemenea, trebuie acordată o mai mare atenție consumului de sare, pentru că, în exces, conduce la retenția de lichide în organismul multor Kapha.

Trebuie încurajat orice intensifică senzația de lejeritate – o masă frugală, ușoară la micul dejun și seara, alimentele preparate ușor (să nu fie prăjite prea mult), fructe și legume în stare proaspătă. Consumul de alimente picante vă ajută digestia și vă încălzește organismul; alimentele amărui și astringente vă ajută în sensul că vă taie apetitul exagerat. În general, orice contribuie la stimularea poftei de mâncare ajută la echilibrarea doshei Kapha și evită pericolul, prezent oricând în cazul celor mai multe persoane Kapha, de a exagera cu excesele culinare.

Dieta de domolire a doshei Kapha, pe care o propunem în continuare, este opțiunea firească pentru tipurile de organisme Kapha, cu excepția situației în care un medic instruit în medicina ayurvedică nu a prescris altceva pacientului. Alegerea unei astfel de diete îi ajută pe mulți dintre pacienții noștri Kapha să se simtă mai echilibrați, energici, ușori și mai fericiți. Dacă suferiți de unele simptome de dezechilibru al doshei Kapha, cum ar fi nasul înfundat sau care curge, dificultatea de a intra în ritmul zilei sau stări de somnolență, această dietă este de asemenea recomandată. Încercați să o urmați timp de șase săptămâni și trageți singur concluziile dacă simptomele anterioare au fost depășite.

Următoarele sugestii îi pot ajuta pe cei care doresc să urmeze o dietă de domolire a doshei Kapha.

- Dacă aveți această posibilitate, alegeți alimente fierbinți în locul celor reci, la fiecare masă – un aperitiv fierbinte în locul unui sandviș, o plăcintă fierbinte cu mere în locul unei înghețate, pește la grătar în locul unei salate cu ton. Încălzirea digestiei unei persoane Kapha reci este indicată pentru a atinge echilibrul. Este recomandabil să se recurgă la metode de pregătire a alimentelor prin gătitul uscat (coacere, alimente fripte sau coapte la grătar, soteuri), acestea fiind mai potrivite decât cele pregătite în mult lichid (la abur, prin fierbere sau pregătite în apă clocotită în loc de ulei încins) pentru persoanele Kapha.
- Înainte de a începe masa, stimulați-vă apetitul cu gusturi amărui sau înțepătoare în locul celor sărate sau acre. Amăreala lăptucii romane, a andivelor sau a unui pahar de apă tonică o să vă excite papilele gustative fără să vă încurajeze să mâncați excesiv. De asemenea, este recomandat ceaiul de ghimbir sau chiar puțin praf de ghimbir proaspăt. În general, trebuie să aveți grijă ca la fiecare masă să aveți întotdeauna alimente cu gust amărui și astringente. Pentru a le procura, nu este nevoie să căutați alimente amărui într-o cantitate mare. Un strop de gust amărui sau astringent furnizat de verdețuri într-o salată este suficient. Printre mirodeniile din gospodăria fiecăruia, chimenul, schinduful, semințele de susan și șofranul de India sunt deopotrivă amărui și astringente.
- Unul dintre cele mai bune moduri de a echilibra Kapha este să adăugați gustul înțepător dietei voastre folosind mirodenii. Orice aliment care este condimentat cu mirodenii este bun, inclusiv mâncarea mexicană sau indiană, care este atât de picantă încât vă dau lacrimile. Această reacție nu face decât să curețe membranele mucoase. Contrar convingerii noastre eronate, alimentele picante, condimentate și aromate sunt cele mai indicate nu vara, ci iarna; ele vor echilibra răceala și umezeala pe care o resimte un organism Kapha.
- Persoanele Kapha au nevoie să consume micul dejun mai mult pentru a le da energia cu care să pornească o nouă zi, și nu pentru o alimentație hrănitoare. În loc să vă bazați pe șocul energetic furnizat de cofeina dintr-o ceașcă de cafea, mai bine treziți-vă organismul cu alimente ușoare care reduc din greutatea Kapha, cum ar fi un cidru puternic aromatizat, clătite din hrișcă cu umplutură de gem de mere, brioșe din făină de grâu și cacao amăruie cu lapte smântânit și puțină miere.

În general, orice aliment fierbinte și ușor este recomandat și orice este rece, greu sau dulce nu este potrivit pentru Kapha. Cerealele reci, sucurile sau laptele rece și foitajele dulci au tendința să creeze un stomac congestionat, îndeosebi în perioada umedă de iarnă. Baconul și cârnații sunt alimente care agravează Kapha din cauza conținutului lor de sare și ulei. Dacă nu simțiți că vă este foame dimineața, este în regulă să săriți peste micul dejun, pe care Ayurveda îl consideră opțional, în special pentru tipurile Kapha.

- Dacă vă treziți dimineața cu senzația de stomac congestionat, un semn al excesului de Kapha, cele mai indicate sunt mierea, un pahar de apă fierbinte, sucul de lămâie și ghimbirul. Un ceai fierbinte de ghimbir este excelent în general pentru tipurile Kapha, întrucât stimulează sistemul și conduce la eliminarea excesului de Kapha. Dacă se întâmplă să săriți peste o masă – o idee bună pentru multe persoane Kapha –, o lingură de miere dizolvată într-un pahar de apă fierbinte o să vă ajute să ieșiți la liman.
- Pentru multe dintre persoanele Kapha este dificil să renunțe la dulciuri, însă după o săptămână în care veți încerca o dietă cu o cantitate redusă de zahăr, rezultatul va fi acela că vă veți simți mai liniștiți și mai energici. Mierea este călduros recomandată pentru tipurile Kapha, dar nu ar trebui să consumați mai mult de o lingură pe zi; de asemenea, nu se recomandă să o folosiți la gătit, deoarece, prin încălzire, mierea devine un aliment nesănătos, conform principiilor Ayurveda.
- Când ies din starea de echilibru, tipurile Kapha exagerează cu consumul de produse lactate, însă untul, înghețata și brânza sunt printre cele mai rele alimente pentru ei, întrucât conduc la un sistem mai rece și mai congestionat. Cel mai indicat este laptele sărac în grăsimi, de preferat prefiert, pentru a ajuta digestia, alături de alte câteva produse lactate. Semințele de susan sub formă de batoane și pâinea ajută să contrabalanseze trăsătura dulce, grea a grâului, care nu este nici ea foarte bună pentru Kapha. Deoarece combină prea multă dulceață grea, un hamburger alături de un shake de lapte sau chiar un sandviș însoțit de lapte ar trebui consumate cât mai rar.
- Fructele și legumele în stare proaspătă, precum și salatele, sunt extrem de bune, întrucât fibrele lor tonifică tractul intestinal, pe lângă beneficiile gustului astringent. În general vorbind, Ayurveda preferă tot ceea

ce este gătit, dar noi considerăm că aceasta este o excepție care îi ajută cel mai mult pe cei de tipul Kapha.

- Alimentele prăjite intens agravează Kapha; ele sunt printre acele puține lucruri pe care ar trebui să încercați să le eliminați din dieta voastră. Nu trebuie să eliminați toate grăsimile, însă faceți un efort să folosiți mai puțin unt și ulei atunci când gătiți. Uleiul de porumb încălzește corpul; este o alegere bună dacă îl consumați în cantități mici, alături de uleiul de migdale și de floarea-soarelui. Legume crocante pregătite în baie de aburi, cu un cub de ghee (unt clarificat) ras deasupra este cea mai potrivită alegere pentru o masă de seară ușoară; orice aliment crocant, proaspăt și care stimulează papilele gustative echilibrează Kapha.
- Mâncarea de restaurant trebuie aleasă cu atenție de persoanele Kapha. Fast-foodul este mult prea uleios, sărat și dulce – îndreptați-vă spre raionul cu salate și adăugați cât mai puțin dressing. Dacă mergeți de obicei în oraș pentru a lua masa în cele mai bune restaurante, bucătăria orientală este cea mai ușoară, îndeosebi dacă vă îndreptați mai mult spre legume decât spre carne. Oriunde mergeți, comandați un pahar cu apă călduță în locul unuia cu gheață, alegeți o salată în loc de o supă fierbinte (cu excepția vremii reci de iarnă), evitați produsele de patiserie și untul și alegeți deserturile mici și nu prea bogate caloric – plăcintele fierbinți cu fructe sunt probabil cea mai bună alegere.
- Un mod eficient și rapid de a calma Kapha este să se presare peste mâncare o pudră specială de mirodenii, denumită *Kapha churna*.

Alimente recomandate pentru domolirea doshei Kapha

Legume

PENTRU	DE REDUS
În general toate, inclusiv:	Legumele dulci și zemoase, cum ar fi:
Sparanghel	Cartofii dulci
Sfeclă	Roșiile
Broccoli	Dovleceii
Varză de Bruxelles	
Varză	
Morcovi	

Conopidă
Țelină
Vinete
Usturoi
Legume cu frunze verzi
Lăptuci
Ciuperci
Okra [legumă asiatică]
Ceapă
Mazăre
Ardei gras
Cartofi
Ridichi
Spanac
Muguri încolțiți

Fructe

PENTRU
Mere
Caise
Merișoare
Pere
Rodii

Fructe uscate, în general
(caise, smochine, prune, stafide).

DE REDUS
Avocado
Banane
Nucă de cocos
Curmale
Smochine proaspete
Mango
Pepene
Portocale
Papaya
Piersici
Ananas
Fructe dulci, acre sau
foarte zemoase, în
general.

Cereale

PENTRU
Orz

DE REDUS
Ovăz

Hrișcă
Porumb
Mei
Secară

Orez
Grâu

Lactate

PENTRU

Lapte cu conținut redus
sau fără grăsimi și produse
lactate în cantități mici.

DE REDUS

Toate, cu excepția
celor menționate.

Carne

PENTRU

Pui
de mare, în general.
Creveți
Curcan

DE REDUS

Carne roșie și fructe

Păstăi

PENTRU

Sunt recomandate toate
legumele.
roșiatică și tofu.

DE REDUS

Reduceți fasolea
boabe de culoare

Uleiuri

PENTRU

Ulei de migdale
celor menționate.
Ulei de porumb
Ulei de șofran
Ulei de floarea-soarelui

DE REDUS

Toate, cu excepția

Îndulcitori

PENTRU

Miere în stare proaspătă,
neîncălzită.

DE REDUS

Toate, cu excepția
celor menționate.

Sâmburi și semințe

PENTRU	DE REDUS
Semințe de dovleac	Toate, cu excepția
celor menționate.	
Semințe de floarea-soarelui	

Plante aromate și mirodenii

PENTRU	DE REDUS
Toate – ghimbirul este	Sarea pentru a
cel mai potrivit	îmbunătăți digestia.

Cele șase gusturi

Fiecare dintre cele șase gusturi se adresează în mod direct organismului creat după legile cuantice și fiecare poartă un mesaj diferit. Limba noastră știe acest lucru instinctiv. Dulceața voluptuoasă a cremei de zahăr ars este diametral opusă senzației înțepătoare de amăreală a cojii de lămâie; prima este liniștitoare, cea de-a doua este șocantă. Întregul vostru organism reacționează față de această diferență, care începe odată cu ceea ce percepe limba și continuă cu senzațiile care se răspândesc prin tot corpul. Gustul lasă în urma lui un lanț de reacții, începând din gură până la destinația finală a alimentelor, celulele din corpul vostru.

Fără să știe nimic despre echilibrul nutrițional în termenii grăsimilor, carbohidraților și proteinelor, culturile indigene din întreaga lume au înțeles că dieta lor trebuia să fie una dinamică. Era absolut necesar să aibă acele gusturi care să trezească și să învigoreze organismul, cum sunt gusturile amărui și astringent, și altele care să-l liniștească, în mod esențial, gustul dulce. Uneori, digestia trebuia intensificată cu unele gusturi „fierbinți“ – înțepător, acru și sărat –, iar alteori, domolită cu gusturi „reci“ – amar, astringent și dulce.

Toate acestea au fost înțelese instinctiv. În Mexic, alimentația limitată la porumb și fasole nu reușea să satisfacă o existență sănătoasă, echilibrată, însă adaosul de ardei roșu iute a fost de mare folos indigenilor de pe acele meleaguri timp de multe secole. Ardeiul roșu iute aduce un aport de vitamina C unei diete, dar cea mai importantă contribuție a sa o reprezintă adaosul de dulce și înțepător, gusturi care întregesc gama completă a celor șase rasas. Condimentele pe bază de curry servesc aceluiași scop în India, unde meniul de bază, care constă din orez, linte și pâine de grâu, ar fi în mod dramatic limitat fără ele.

Mesaje trimise de natură

Fiecare aliment are propriul lui profil de gusturi. Alimentele simple, cum sunt zahărul alb sau oțetul, au un singur gust, dar cele mai multe au cel puțin trei: lămâia este acră, dar în același timp dulce și amară; morcovii sunt dulci, amari și astringenți; brânza este dulce și acră. Laptele este considerat un aliment complet, deținând prezența subtilă a tuturor celor șase rasas, pe lângă evidenta lui dulceață; din acest motiv, Ayurveda recomandă ca laptele să fie băut singur, fără să fie combinat cu alte alimente la masă. (Dacă se consumă lapte împreună cu alte alimente dulci – fructe, cereale și zahăr –, este totuși plăcut la gust; de fapt, laptele este cel mai bun tampon pentru zahărul alb rafinat, care ar intra în sistem rapid, dacă ar fi digerat doar el singur.)

Grupele majore de alimente se concentrează toate în jurul aceleiași rasa a gustului dulce, dar, în același timp, având celelalte cinci gusturi cu grijă contopite în ea:

Fructe – în mod esențial, dulce și astringent, cu citricele, care adaugă gustul acru

Legume – în mod esențial, dulce și astringent, cu verdețuri care aduc în plus gustul amărui

Lactate – în mod esențial, dulce, cu iaurtul și brânza care aduc în plus gusturile acru și astringent

Carnea – în mod esențial, cu gust dulce și astringent

Uleiuri – în mod esențial, cu gust dulce

Cereale și sâmburi – în mod esențial, cu gust dulce

Legume – în mod esențial, cu gust dulce și astringent

Plante aromatice și mirodenii – în mod esențial, cu gust înțepător și toate celelalte arome care se adaugă într-un plan secundar

La fel cum cele mai multe alimente sunt dulci, tot așa este și dosha Kapha, constructorul țesuturilor; organismul uman în plenitudinea sa este și el, prin urmare, dulce. Plantele aromatice și mirodeniile completează spectrul gusturilor, dar, mai important de atât, ele provoacă un registru complet de răspunsuri din partea organismului. Piperul negru vă face să salivați, schinduful usucă gura; muștarul vă încălzește corpul, menta îl răcorește. Singurul spațiu liber necompletat este gustul sărat, care este generat de sarea însăși.

Folosindu-se de propriul profil de gusturi, fiecare aliment poate fi descris că are proprietatea fie de a crește, fie de a descrește una sau mai multe doshe, așa cum am văzut. Întrucât cele trei doshe sunt conectate, creșterea uneia din ele este atât de importantă încât Ayurveda s-a ocupat de descrierea fiecărui aliment în funcție de această capacitate, de a intensifica sau a slăbi o anumită dosha. Varza, de exemplu, este recunoscută că intensifică Vata, ceapa crește Pitta și toate uleiurile cresc Kapha.

Având în vedere că șase mesaje sunt adresate simultan organismului nostru de către fiecare aliment, este posibil să căpătați dureri de cap serioase când veți încerca să decodificați cele șase rasas în timp ce vă străduiți să calculați fiecare gram de grăsime, carbohidrat și proteină. Această misiune complexă îi revine medicului ayurvedic. Pentru el, un aliment este echivalent cu un medicament, iar proprietățile sale trebuie analizate minuțios, la fel ca ale oricărui alt medicament. El trebuie să știe că varza e dulce și astringentă, uscată și răcoritoare, și de aceea este un puternic factor de agravare a doshei Vata (este motivul pentru care varza de obicei formează gaze în colon, locul doshei Vata). În continuare, medicul va fi capabil să prescrie un aliment de echilibrare (cum este chimenul dulce) pentru a preîntâmpina agravarea doshei Vata.

Tot el trebuie să știe că fiecare aliment generează un „gust ulterior" (*vipak*), care influențează organismul odată ce alimentul a fost digerat. Gustul ulterior al verzii este înțepător, de exemplu. Vipak este un aspect important, de care medicul ayurvedic ține seama când prescrie o dietă terapeutică, deoarece are nevoie să știe fiecare caracteristică a alimentului care influențează doshele pacientului său. Acasă nu trebuie să fiți la fel de meticuloși. Odată ce a fost digerat alimentul, gustul ulterior este un detaliu pe care îl lăsăm în seama medicului, dar, din dorința de a prezenta lucrurile cât mai complet, vipak este clasificat în felul următor:

Gusturile dulce și sărat conduc la un vipak dulce.

Gustul acru conduce la un vipak acru.

Gusturile înțepător, amar și astringent conduc la un vipak înțepător.

În acest fel, cele șase gusturi sunt limitate la trei, după ce digestia este completă.

În paginile ce urmează, pătrundem mai adânc în studiul celor șase rasas și al mesajului pe care acestea îl transmit doshelor voastre. Sper că veți citi acest capitol cel puțin o dată, dar nu este nevoie să îl memorați. Papilele voastre gustative sunt cele care vor constitui evaluatorul final al gustului, și nu mintea voastră.

Dulce

Alimente dulci:	
Zahăr, miere	Face Kapha să crească (cu excepția mierii)
Orez	Descrește Pitta și Vata
Lapte, smântână, unt	
Pâine de grâu	

Dulcele este un gust care face Kapha să crească puternic. Dacă veți consuma alimente dulci, veți declanșa trăsături Kapha în organism – răceală, greutate (prin adăugarea grăsimii), stagnare și energie fizică. Exact așa cum persoanele Kapha sunt în mod firesc cel mai ușor de satisfăcut, dulcele este gustul cel mai satisfăcător. Este foarte Kapha să fii temperat și mămos – începând din copilărie, două alimente Kapha, laptele și zahărul, reprezintă maternitatea. Orice aliment care este perceput ca fiind hrănitor și care aduce în general satisfacție are inclusă în el o componentă dulce. De exemplu, toate tipurile de carne, uleiuri și cele mai multe cereale sunt considerate dulci. Ayurveda consideră orezul și grâul, cele două cereale care sunt baza vieții pentru Răsărit și Occident, la fel de dulci în ceea ce privește gustul. Gheea (untul clarificat) este un alt aliment dulce, fiind derivat din lapte; este considerat cel mai bun remediu pentru echilibrarea doshei Pitta.

Alimentele dulci sunt totodată liniștitoare și potolesc setea. Dacă sunteți într-o stare de nervi, de agitație, ceea ce reprezintă un semn al doshei Vata crescute, dulcele o să vă calmeze; în același timp, el elimină focul din Pitta (un bebeluș agitat este domolit atunci când i se dă lapte sau zahăr). Cu toate acestea, zahărul în exces nu conduce la echilibrare; el face mintea mai leneșă și înceată. Mulțumirea de sine, lăcomia și dependența emoțională își au originea în excesul de dulce.

Prea mult dulce aduce senzația de sațietate. Conduce la manifestarea unor trăsături negative, generate de împingerea doshei Kapha mult prea departe: lentoare, depășirea greutății normale, apatie mentală, exces de mucoasă, congestionare și somnolență. Persoanele Kapha sunt înzestrate cu darul de a simți satisfacție și de a se bucura de starea de bine, lucruri pe care tipurile Vata și Pitta trebuie să le caute prin satisfacerea gustului dulce. Totuși, în cazul unui dezechilibru Kapha, alimentele dulci nu sunt considerate potrivite și ar trebui reduse sau evitate. Singura excepție o reprezintă mierea. Este mai potrivită decât orice alt aliment dulce pentru echilibrarea doshei Kapha.

Sărat

Alimente sărate:

Sarea	Face să crească doshele Kapha și Pitta Descrește Vata

Sarea crește atât Pitta, precum și Kapha. Ea accelerează digestia, o funcție Pitta. Gustul ei adaugă savoare mâncării, intensifică apetitul și declanșează fluxul de salivă și sucurile gastrice. Sarea este fierbinte, la fel ca Pitta (toate procesele digestive încălzesc corpul uman). Și totuși, când este consumată în exces, celelalte gusturi sunt copleșite, astfel încât nimic nu mai are gust bun. Legătura Kapha se realizează prin alte două trăsături pe care Ayurveda le asociază cu sarea – onctuozitatea și greutatea. Prin faptul că se combină cu moleculele de apă, sarea face ca țesuturile din organism să devină mai grele. Sarea consumată în exces nu ne lasă să ne controlăm dorința nestăvilită de a mânca, exact ceea ce ar trebui să facă tipurile de organism Kapha pentru a rămâne la o dietă echilibrată. Pentru că vă determină să mâncați prea mult, sarea adaugă grăsime și conduce la luarea în greutate.

În Occident, conexiunea dintre sare și hipertensiune a fost un argument suficient de convingător pentru ca multor pacienți cu presiune arterială mare să li se recomande să nu mai consume niciun gram de sare. Concluzia logică a fost că sarea era într-un anumit fel un dușman. Astăzi se știe că astfel de restricții au fost mult prea severe – o persoană normală poate consuma cantități moderate de sare fără a-i fi afectată presiunea arterială. Motivul esențial pentru a nu cădea în păcatul excesului este faptul că o dietă moderată promovează sănătatea în orice mod cu putință, nu doar prin precauția față de hipertensiune. Ayurveda susține că sarea nu duce la creșterea presiunii în vasele de sânge, în schimb doshele o fac. O dosha ieșită din starea de echilibru este cea care declanșează boala, înainte ca sarea să provoace vreun neajuns.

De asemenea, prea multă sare conduce la inflamații ale pielii, acnee și supraîncălzirea corpului, specifice pentru Pitta. Dacă există un dezechilibru Pitta sau Kapha în organism, un aliment sărat trebuie scos din alimentație.

Emoțional, sarea este cea care conferă savoare vieții, însă prea multă anulează acest efect, exact cum prea multe chipsuri de cartofi omoară apetitul în loc să-l stimuleze. Dacă veți abuza de consumul de sare, veți simți nevoia nepotolită de a mânca tot mai multe alimente sărate – acesta este motivul pentru care alimentele sărate conduc la bulimie. În general, consumul de sare este asociat cu dorința nestăvilită de a mânca și pofta fără limite.

Acru

Alimente acre:

Lămâi	Fac Pitta și Kapha să crească
Brânză, iaurt	Descresc Vata
Roșii	
Grepfrut, prune și alte fructe acre	
Oțet	

La fel ca și sarea, gustul acru este specific pentru tipurile Pitta-Kapha și stimulează digestia, adăugând savoare mâncării. Este reconfortant să consumăm alimente acre, însă ele măresc setea, fiind astfel conectate la Pitta – căldura generată de excesul de Pitta trebuie potolită cu foarte multă apă. De aceea, alimentele acre pot contribui la retenția de lichide, ceea ce face organismul să cântărească mai greu (mai multă Kapha). Unele trăsături superioare ale doshei Pitta, cum ar fi istețimea ascuțită și spiritualitatea, sunt și mai bine puse în valoare de alimentele acre, dar, în același timp, este posibil și să „se treacă dincolo de pragul gustului acru“, deoarece prea multă Pitta poate declanșa resentimente și invidie, cunoscute sub expresia „struguri acri“.

Brânza și iaurtul își extrag acreala din fermentație. În cantități mici, alimentele acre declanșează fluxul de sucuri gastrice. Totuși, Ayurveda se opune în mod categoric acrelii fermentate – oțetul și alcoolul fermentat sunt considerate toxice, punând în evidență trăsătura Pitta-Kapha a acestui gust. Când Pitta iese din starea de echilibru, ea aduce în sânge un grad de toxicitate; când Kapha iese din starea de echilibru, țesuturile rămân impregnate de ama.

Excesul de alimente acre conduce la probleme legate de aciditate în organism, cum ar fi ulcerul, o chimie perturbată a sângelui, iritații ale pielii și arsuri de stomac. Dacă deja există un dezechilibru al doshelor Pitta sau Kapha în organism, alimentele acre trebuie scoase din dietă. Alimentele fermentate nu sunt recomandate niciodată, decât dacă sunt consumate în cantități mici.

Amar

Alimente amare:

Legume verzi (andive, cicoare, lăptucă romană)	Fac Vata să crească Descresc Pitta și Kapha
Castravete amar	
Apă tonică	
Coajă de lămâie	
Spanac, legume cu frunze verzi, în general	
Șofran de India, schinduf	

Gustul amar este cel mai specific dintre toate gusturile pentru Vata, fiind ușor, rece și uscat prin efectele pe care le are asupra organismului. Este un gust corector, declanșând nevoia de dulce, acru și picant pentru a restabili echilibrul. Gustul amar trezește simțul gustului fără să-l satisfacă, o caracteristică specifică doshei Vata, deoarece este responsabilă pentru agerime. Un strop de bitter sau un pahar de apă tonică sunt eficiente pentru a declanșa digestia persoanelor care de obicei se plâng de digestie înceată; amăreala declanșează în mod instant dorința de a satisface mai mult gusturile.

Gustul amar tonifică țesuturile, proprietate care dă numele apei tonice. Alături de gustul dulce, cel amar este cel mai bun pentru a vă răcori în sezonul cald. Când organismul a ajuns să fie încărcat cu toxine, să fie inflamat, încins sau însetat, ca urmare a agravării doshei Pitta, gustul amar este considerat cel mai bun factor corector. (Chinina scade febra, de exemplu.)

Când este prezent în exces, gustul amar agravează Vata și apar problemele specifice acestei doshe – pierderea poftei de mâncare, pierderea în greutate, dureri de cap, nesiguranță în mișcări, piele uscată și un sentiment acut de slăbiciune. Agerimea înviorătoare asociată cu gustul amar se transformă în senzația de amăreală excesivă, care generează lipsa de satisfacție – orice este prea mult Vata nu mai este satisfăcător, întrucât este în firea doshei Vata să caute în permanență schimbarea. Mâhnirea, cea care distruge echilibrul doshei Vata și generează sentimentul că viața nu ne oferă nicio satisfacție, este amară.

Înțepător

Alimente înțepătoare:	
Ardei iute roșu	Fac Vata și Pitta să crească
Ceapă, usturoi	Descresc Kapha
Ridichi	
Ghimbir	
Alimentele condimentate, în general	

În Ayurveda, se consideră că alimentele picante, condimentate au propriul lor gust, înțepător. Calitatea lor de a fi înțepătoare poate fi ușor recunoscută, întrucât declanșează senzația de arsură (Pitta intensificată) și de sete (efectul de uscăciune al doshei Vata intensificate). Odată cu ingerarea alimentelor condimentate, corpul nostru este încălzit și lichidele sunt eliminate. Ca urmare, se intensifică digestia, iar țesuturile congestionate sunt curățate. Transpirația, lacrimile, saliva, mucozitățile și sângele, toate își intensifică fluxul atunci când corpul nostru percepe acest gust înțepător.

Având în vedere că au calitatea de a curăța sinusurile, alimentele înțepătoare sunt cele mai indicate pentru echilibrarea doshei Kapha, care, atunci când este agravată, conduce la congestionarea membranelor mucoase. Multă vreme, medicina occidentală a considerat că alimentele condimentate nu sunt indicate persoanelor cu membrane mucoase iritate, însă efectul de a deschide și declanșa curățarea țesuturilor este considerat la ora actuală extrem de benefic; suferinzilor de bronșită cronică și astm li s-a recomandat uneori să consume mâncare mexicană care conține ardei iute din abundență. Efectul antitoxic al gustului înțepător se spune că ajută la curățarea pielii, chiar dacă Pitta este crescută – uscăciunea doshei Vata curăță porii uleioși care favorizează acneea.

Când este prezent în exces, gustul înțepător se transformă în durere – consumul de ardei iute cauzează umflarea buzelor și iritarea ochilor, senzația de arsură pe piele și transpirația fierbinte. Consumul exagerat de alimente condimentate ne produce o sete excesivă, amețeală și disconfort, reflectând influența doshei Vata (prea multă Vata ne dă senzația de cap mare și de uscăciune). Acuitatea acestui gust, dacă este împinsă prea departe, nu numai că va excita organismul, dar îl va irita.

Același lucru este valabil pentru emoții. Umorul înțepător este revigorant, dar poate fi în același timp mușcător și incisiv. Persoanele excitabile, extravertite, sunt deja înclinate să fie înțepătoare – dacă acest gust este prezent în exces, acestea ajung să fie nervoase. Dacă în organism este prezent un dezechilibru al doshei Vata sau Pitta, nu se recomandă să se consume alimente condimentate.

Astringent

Alimente astringente:

Fasole	Face Vata să crească
Linte	Descrește Pitta și Kapha
Mere, pere	
Varză, broccoli, conopidă	
Cartofi	

Gustul astringent, cel care vă face gura pungă și o usucă, este cel mai puțin familiar dintre cele șase rasas. Este un gust alcalin, egal, dar opus celui înțepător al lămâii. La fel ca și gustul amar, gustul astringent este Vata – gazele declanșate de varza fiartă și gustul uscat, făinos al boabelor de fasole sunt deopotrivă efecte Vata. Senzația astringentă este ușoară, la fel ca aceea amară, însă are un efect mai mare asupra apetitului; culturile tradiționale din întreaga lume au subzistat consumând fasole, iar în Evul Mediu, varza era mâncarea de bază în Europa întreagă. Senzația astringentă este calmantă; cartofii, morcovii și alte alimente care cresc în pământ generează acest efect de satisfacție.

Gustul astringent este răcoritor și constrictor; el oprește fluxul de secreții, cum ar fi transpirația și lacrimile (ceea ce face ca fasolea să meargă bine cu ardeiul iute, pentru că se echilibrează). Când este prezent în exces, efectul său constrictiv ar putea conduce la probleme pentru Vata, legate de constipație și de senzația de uscăciune a gurii, precum și la gaze sau balonarea abdomenului inferior.

Persoanele care nu au simțul umorului sunt astringente. Este o trăsătură care potolește excitarea și ne aduce înapoi la starea noastră firească. Cu toate acestea, dacă se exagerează cu senzația astringentă, se ajunge la uscăciune excesivă. Constricția bruscă declanșată de momentele în care suntem cuprinși de teamă și senzația de uscăciune din gură, generată de anxietate, sunt deopotrivă trăsături astringente negative. Emoțiile astringente sunt văduvite de căldură, în general; să fii bătrân, rece și uscățiv sunt trăsături care îi fac pe cei în vârstă să arate că îmbătrânesc urât. Dacă există un dezechilibru Vata în organism, nu sunt recomandate alimente astringente.

AGNI – FOCUL DIGESTIV

Cei mai mulți dintre noi nu au consultat niciodată un medic când a fost vorba de digestie. Fiind o societate obișnuită că sănătatea este un dat ce vine de la sine, luăm drept garantată capacitatea noastră de a procesa mâncarea și, dacă nu se instalează o problemă serioasă cum ar fi ulcerul peptic sau colita, ignorăm problemele ocazionale ale stomacului sau nopțile chinuitoare petrecute după ce „am mâncat fără măsură".

Pe de altă parte, Ayurveda consideră digestia proastă un factor major în procesul de declanșare a bolii și preamărește digestia bună ca pe un generator de sănătate. Fiecare celulă a fost creată pornind de la alimentele ingerate. Dacă acestea au fost bine procesate, atunci celulele vor fi bine construite; dacă au fost prost procesate, atunci procesul de îmbolnăvire a început deja. Înțelepților ayurvedici le plăcea să spună că dacă ai putea să o digeri așa cum trebuie, și otrava ar fi bună pentru organism, dar dacă digestia e proastă, atunci este posibil să mori chiar de bei nectar.

Digestia și doshele

Ayurveda susține că nu există alimente absolut bune sau rele, doar mâncare bună sau rea pentru *tine*. Să fii capabil să extragi tot ceea ce dăruiește viață din ceea ce mănânci este cel mai important lucru. Oamenii nu s-au născut egali în această privință – cele trei tipuri majore de organism au puteri foarte diferite de digestie.

Vata tinde să aibă digestia inconstantă și adesea fragilă.

Pitta tinde să aibă digestia puternică și intensă.

Kapha tinde să aibă digestia lentă și adeseori greoaie.

La fel ca oricare lucru pe care îl ating doshele, fiecare tip de digestie are avantajele și neajunsurile lui. Persoanele Vata s-ar putea să nu fie încântate să descopere că au tendința să aibă o digestie fragilă sau inconstantă, însă acest lucru le face să consume cu mai mult discernământ și rareori trebuie să se îngrijoreze de apetitul scăpat de sub control al celor de tipul Pitta sau de tendința descurajantă de a lua în greutate pe care o trăiesc multe dintre persoanele Kapha. Important este să ne bucurăm la maximum de tipul de digestie cu care ne-am născut și să-l îmbunătățim cât mai mult cu putință.

Tractul digestiv nu doar extrage nutriția din corpul nostru, dar este și foarte receptiv la emoțiile noastre. „Să simți din stomac" înseamnă că natura a hotărât să fie așa pentru ca mintea și corpul să poată comunica. Dezechilibrul doshei Vata se manifestă deseori prin sentimente tulburate care creează durere în intestine. Doshei Pitta îi revine responsabilitatea de a corecta metabolismul și „sângele curat" (absența toxinelor); ea este în același timp dosha care controlează proporția adecvată pentru digestie. Este ceea ce se cheamă *agni* sau „focul digestiv".

Agni este unul dintre cele mai importante principii din Ayurveda, la fel de important precum doshele. Un semn esențial pentru sănătatea din corpul nostru este atunci când agni arde cu intensitate, cu alte cuvinte, când digeri cu eficiență mâncarea, distribuind toate substanțele nutritive necesare fiecărei celule și lăsând să ardă produșii reziduali, fără să mai rămână toxine care să se depoziteze. Așadar, prin echilibrarea agni este posibil să fie menținute în echilibru toate aceste lucruri simultan.

Natura a conceput organismul fiecăruia dintre noi într-un asemenea chip încât agni să urmeze un ciclu pe parcursul unei zile; dacă ritmul zilnic al agni nu este corect conceput, digestia va avea de suferit. Unul dintre cele mai prețioase lucruri este să știm cum să reglăm agni astfel încât focul digestiv să-și mențină flacăra și să-și păstreze incandescența și ritmul ei firesc.

Cum să reglăm agni

Ritmul zilnic al agni se ridică și scade, astfel încât veți simți că vă este puțin foame dimineața, foarte foame la prânz și mai puțin seara. Între aceste momente, agni scade apetitul, ca să poată trece la digerarea alimentelor pe care deja le-ați mâncat. Când stomacul s-a golit din nou, agni vă reînnoiește apetitul.

Dacă se renunță la acest ciclu de bază, organismul devine confuz – apetitul și digestia încep să se suprapună. Agni o să vă spună dacă s-a întâmplat așa printr-o varietate mare de simptome:

- Arsuri la stomac și aciditate gastrică
- Contracții ale stomacului sau o digestie iritabilă
- Pierderea apetitului în timpul meselor
- Constipație sau diaree
- Pierderea interesului pentru mâncare
- Creșterea sau pierderea în greutate
- Tulburări digestive grave: sindromul colonului iritabil, ulcer, diverticuloză etc.

În cazul instalării oricăruia dintre aceste simptome, primul și cel mai important lucru ce trebuie făcut este să vă reglați agni pentru a reveni la ciclul său firesc. În același timp, este bine să faceți acest lucru tocmai pentru a vă tonifica digestia, chiar dacă nu aveți nicio problemă digestivă.

Tipurile *Vata* își pot regla agni o dată pe lună.

Tipurile *Pitta* își pot regla agni de două ori pe lună (este indicat, de asemenea, să o facă de fiecare dată când au un apetit exacerbat și mănâncă excesiv).

Tipurile *Kapha* își pot regla agni o dată pe săptămână, numai dacă nu este vorba despre probleme digestive serioase. Dosha Kapha beneficiază de această rutină mai mult decât celelalte doshe întrucât digestia are tendința să fie greoaie și leneșă.

Indiferent de tipul vostru de organism, nu încercați să vă reglați agni dacă sunteți bolnav. Faptul că sunteți bolnav este un indiciu că agni a coborât mult (sau cel puțin nu funcționează corect); nu ar fi momentul potrivit să încercați să o tulburați. *Dacă aveți ulcer, colită sau orice altă problemă digestivă serioasă*, nu restartați mecanismul agni decât cu ajutorul medicului.

Metoda de restartare a mecanismului agni este redată în cele ce urmează.

Programul de weekend

Este nevoie de două zile pentru a restarta agni. Având în vedere că în ziua în care nu veți mânca este nevoie să vă odihniți, cel mai indicat este ca acest program să fie urmat în timpul weekendului.

RUTINA DE VINERI

Mâncați normal, ca de obicei, micul dejun și masa de prânz. Nu recurgeți la o gustare după-amiaza și nu consumați alcool după prânz. Luați o cină ușoară, care să conțină alimente hrănitoare, astfel încât să vă simțiți satisfăcuți, dar nu cu stomacul plin; nu veți consuma alimente picante și brânză. Înainte de a merge la culcare, luați un laxativ – trei tablete de Senna (Sennokot), după care beți un pahar mic de apă fierbinte. Mergeți la culcare devreme. Unele persoane este posibil să se trezească în timpul nopții din pricina mișcărilor din intestine, altele vor aștepta până dimineața – în ambele situații este absolut firesc.

RUTINA DE SÂMBĂTĂ

Înainte să puteți regla agni, este necesar în primul rând să o aduceți la un nivel mai coborât. Se poate realiza acest lucru dacă veți renunța la mesele zilei și veți bea lichide pe tot parcursul zilei. Tipurile Vata și Pitta ar trebui să bea sucuri de fructe diluate cu apă călduță. Sunt indicate sucurile de mere și grepfrut; sucul de portocale este prea acid. Beți un pahar de suc la micul dejun, unul la prânz și altul la masa de seară; mai pot fi băute alte trei sau patru între mese, dar nu depășiți această cantitate. Dacă vă este sete, beți apă. Scopul urmărit este să vă dispară apetitul și să digerați numai un minimum de calorii. Tipurile Kapha pot urma această rutină *sau* pot să bea doar apă călduță, dacă pot să facă acest lucru.

Petreceți-vă ziua citind, uitându-vă la televizor sau îndeletnicindu-vă cu activități lejere. O scurtă plimbare dimineața și după-amiaza este binevenită. Nu parcurgeți distanțe mari și nu vă alegeți să rezolvați sarcini fizice dificile. Dacă de obicei faceți jogging sau mergeți la sală pentru exerciții fizice, renunțați pentru o zi și relaxați-vă.

Dacă simțiți că vă ia cu leșin din cauză că vă este foame, luați o lingură de miere cu un pahar de apă călduță și stați întins timp de cinci minute.

Este firesc să simțiți o senzație de ușurare în mâini și picioare, dar dacă începeți să aveți un tremur sau să simțiți amețeală, stați culcat și odihniți-vă. Dacă această senzație persistă, luați o masă frugală. S-ar putea să vă simțiți agitat din pricina stresului neobișnuit de mare care v-a scos din starea de echilibru.

RUTINA DE DUMINICĂ

Acum doriți să restartați agni și să-l determinați să se adapteze ciclului său firesc. În acest scop, consumați un mic dejun ușor cu cereale fierbinți (un platou cu ovăz, pastă de orez sau pastă de grâu) în care ați adăugat puțin unt, lapte și zahăr. De asemenea și un ceai de plante care să liniștească stomacul, este indicat dimineața – rădăcină de lemn-dulce pentru Vata, mentă pentru Pitta și Kapha. Dacă urmați cu strictețe programul sâmbăta, acesta va fi micul dejun complet pe care o să vi-l doriți. Dacă totuși încă mai aveți senzația de foame, puteți să mai mâncați o porție de cereale sau să beți un pahar de suc. Cafeaua, ceaiul și țigările vor scoate definitiv agni din ritmul firesc și vă abat de la scopul propus. (Tipurile Kapha, care se urnesc mai greu dimineața, pot să bea ceai de gotu kola ca un stimulent – această plantă se vinde în magazinele de produse dietetice.)

Nu mai mâncați nimic până la prânz, când ar trebui să serviți o masă consistentă, care să vă satisfacă, fără să fie grea sau excesiv de bogată. Cel mai bine este să nu vă stimulați prea mult digestia cu alimente sărate sau picante ori cu alcool, dar nici să mâncați doar o salată și să beți un pahar cu apă. O idee bună ar fi un ceai de ghimbir. Dacă sunteți Vata și vă lipsește apetitul, beți-l înainte de masă; dar se poate și după. Dacă nu aveți la îndemână ceai de ghimbir, puteți consuma un pahar de apă călduță în timpul mesei.

Nu mai mâncați nimic până la masa de seară.

Luați cina devreme (cel puțin cu trei ore înainte să mergeți la culcare) și consumați alimente hrănitoare, care se potrivesc tipului vostru de organism. Faceți astfel încât această masă să fie mai frugală decât prânzul. Sunt indicate orezul, lintea și legumele pregătite la abur. Chiar repetarea micului dejun ar fi foarte indicată pentru cele mai multe persoane Kapha și Pitta sau pentru oricine are tendința să exagereze cu mâncarea.

Acum, când agni a fost reglat, ciclul alimentației declanșat de senzația de foame va avea tendința firească să vă facă să vă doriți:

- un mic dejun ușor
- un prânz consistent, *servit la aceeași oră în fiecare zi*
- o cină ușoară, *servită devreme și la aceeași oră în fiecare zi*

Următoarele lucruri vor împinge din nou agni în afara ritmului firesc, de aceea ar trebui evitate:

- *Să mâncați între mese.* Regula în acest caz este să nu fie stimulat apetitul dacă nu urmează să luați masa. Agni obișnuiește să termine ceea ce a început; de aceea, este scos din echilibru printr-o stimulare falsă atunci când consumăm gumă de mestecat, o acadea sau bomboane de mentă pentru împrospătarea respirației pe parcursul întregii zile. Cu toate acestea, un ceai servit cu biscuiți alături la ora după-amiezii este o idee bună pentru tipurile Vata sau pentru oricine se simte obosit la sfârșitul unei zile de lucru.
- *Stimulente puternice.* Cofeina, sarea și alcoolul sunt stimulente puternice și ar trebui consumate cu moderație. Indigestia de care se plâng cei mai mulți dintre noi la o petrecere este generată de amestecul de alimente sărate, alcool și zgomot. Dacă vă place să serviți o ceașcă de cafea, bucurați-vă de savoarea ei doar dacă o asociați cu mâncarea, nu singură. Același lucru se aplică în cazul sării și alcoolului. Dacă sunteți dependent de oricare dintre aceste stimulente, va fi imposibil să vă echilibrați digestia.
- *Să săriți peste mese.* Agni își dorește să fie respectate cele trei mese zilnice și se resimte dacă veți sări peste ele. Tipurile Kapha pot sări peste mese pentru că în cazul lor agni se mișcă mai lent și arde cu o intensitate scăzută, dar, în același timp, respectarea celor trei mese ale zilei este o regulă potrivită.

Agni și ama

Idealul ayurvedic este ca agni să poată funcționa în continuare eficient în orice fel de condiții; ar trebui să nu mai fie atât de rece, dacă alimentele sunt complet digerate. Alimentele parțial digerate se transformă în ama, o substanță reziduală rece, urât-mirositoare, a cărei „viscozitate" împiedică doshele să circule liber, așa cum ar trebui. Mai există totodată un alt pericol, ca agni să ardă cu o prea mare intensitate, caz în care substanțele nutritive din alimente nu vor fi extrase, ci arse. Digestia devine febrilă, conducând la slăbiciune în loc de putere.

Agni și ama compun cea mai importantă pereche de contrarii din organismul uman, făcând diferența dintre o stare de sănătate dinamică și o stare de ușoară deteriorare. Cea mai evidentă diferență dintre cele două este că agni vă face să vă simțiți bine, în timp ce ama vă face să vă simțiți rău. Există și unele semne specifice. Pentru agni, acestea sunt:

- Strălucirea generală și ochii luminoși
- O digestie intensă, fără constipație sau diaree
- Capacitatea de a mânca toate tipurile de alimente
- Urina limpede, colorată ușor în gălbui
- Fecale normale, fără miros puternic

Dacă s-a instalat ama în organism, efectele ei pot să difere, de la o afecțiune minoră, la o boală gravă. Printre primele semne, amintim:

- O piele lipsită de strălucire și ochii obosiți
- Un gust neplăcut în gură și o peliculă albicioasă pe limbă dimineața
- Respirație urât-mirositoare
- Urină încărcată, închisă la culoare sau lipsită de culoare
- O digestie leneșă, constipație cronică și/sau diaree
- Pierderea apetitului (senzația că alimentele miros urât)
- Dureri articulare

Odată ce focul digestiv a revenit la normal și ama acumulată este eliminată, agni va continua singur să purifice organismul. Digestia este autocorectivă, întrucât natura a decis ca agni să ardă ama. Acesta este un alt exemplu care vă poate convinge să aveți încredere în organismul vostru, care știe ce să facă.

Cum să vă îmbunătățiți agni

Conform Ayurveda, anumite alimente, mirodenii și plante aromatice sunt eficiente pentru îmbunătățirea calității agni din fiecare organism. Ele sunt folosite pentru a stimula apetitul, pentru a crește puterea de digestie și a îndepărta ama.

Ghimbirul

Uscat și sub formă de pudră sau folosit în stare proaspătă, ghimbirul este apreciat ca fiind cea mai bună mirodenie care ajută agni din toate tipurile de organisme. Ghimbirul sub formă de pudră, pe care îl găsiți pe rafturile băcăniilor unde se comercializează mirodenii, este mai puternic, având un efect mai intens de uscăciune și mai înțepător decât rădăcina de ghimbir proaspăt, care se găsește la raionul de produse proaspete (sau în magazinele care comercializează produse dietetice, în cazul în care supermarketul pe care îl frecventați nu îl are). Ghimbirul proaspăt este considerat un stimulent digestiv mai eficient.

Ghimbirul poate fi folosit în diverse moduri:

Sub formă de ceai. Puneți la fiert un praf de ghimbir uscat, cât luați între degete, într-un recipient cu o cană de apă, la foc mic, până ce o pătrime de volumul lichidului s-a evaporat, apoi strecurați. Acest ceai trebuie băut între mese, pentru a stimula apetitul. Se poate bea câte un pahar mic în timpul sau după fiecare masă, pentru a ajuta digestia.

Pentru ceaiul de ghimbir proaspăt, mai întâi se fierbe apa și abia după ce ați oprit focul se adaugă câteva felii subțiri de rădăcină de ghimbir curățată și tăiată (aproximativ o lingură la o ceașcă de apă). Lăsați-l acolo timp de cinci minute, apoi strecurați. Puteți prepara un ceai mult mai puternic dacă fierbeți feliuțele de rădăcină de ghimbir împreună cu apa, însă acesta ar fi considerat un ceai medicinal, care nu poate fi băut zilnic.

Ca mirodenie. Ayurveda recomandă o diversitate de modalități de folosire a ghimbirului în preparatele de bucătărie. Fie sub formă de praf, fie rădăcina, se poate adăuga peste preparatele din legume la abur, în amestec de curry, turtă dulce cu aromă de ghimbir, prăjituri și biscuiți. Puteți să presărați puțin ghimbir peste mâncarea pe care o serviți la masă sau să mestecați o bucățică de ghimbir proaspăt în timpul mesei. Deși unora poate să le pară destul de puternic aromat, puteți presăra feliuțe subțiri de rădăcină de ghimbir deasupra mâncării (cum procedați cu pătrunjelul) și va fi la fel de eficient. Încercați să faceți acest lucru de câte ori este posibil, totuși; nu este nevoie de o cantitate prea mare de ghimbir pentru a stimula agni.

Fiecare tip de organism trebuie să consume ghimbir în feluri ușor diferite: tipurile Vata pot consuma un amestec de feliuțe de rădăcină proaspătă de ghimbir cu sare. Tipurile Pitta au nevoie de mai puțin gust înțepător, astfel încât un ceai slab de ghimbir este suficient, îndulcit cu zahăr pentru a atenua aroma puternică a ghimbirului. Tipurile Kapha (și orice persoană supraponderală) au nevoie de el pentru a elimina excesul Kapha din sistem, așa încât pot să bea cantități mari de ceai de ghimbir îndulcit cu miere.

Dacă simțiți că v-a scăzut apetitul și/sau digestia este mai lentă ca rezultat al unei stări de nervozitate, stres sau al instalării unei boli, un mod excelent de ameliorare este să se respecte următoarea rutină:

Ceaiul de ghimbir proaspăt ajută digestia

Rutina administrării ghimbirului

Într-un bol mic de sticlă, metal sau ceramică zdrobiți patru linguri de pudră de ghimbir, zahăr brun și ghee (unt clarificat). Amestecați până veți obține un amestec de o consistență uniformă, acoperiți și păstrați într-un loc rece.

Luați câte puțin din această mixtură în fiecare zi înainte de micul dejun (cereale cu lapte fierbinte, suc de grepfrut, brioșe și un ceai de plante cu scorțișoară alcătuiesc un meniu potrivit). Consumați mixtura conform următorului program:

Prima zi: ½ lingură
A doua zi: 1 lingură
A treia zi: 1 ½ linguri
A patra zi: 2 linguri
A cincea zi: 2 ½ linguri
A șasea zi: 2 ½ linguri
A șaptea zi: 2 linguri
A opta zi: 1 ½ linguri
A noua zi: 1 lingură
A zecea zi: ½ lingură

După ce ați încheiat rutina administrării ghimbirului, digestia voastră ar trebui să intre în normal. Dacă totuși încă vă mai confruntați cu unele dificultăți digestive, consultați un medic; la primul semn de crampe sau dureri digestive, întrerupeți această rutină – cel mai bine ar fi să consultați un specialist.

Rezultatul dietei cu ghimbir

Dacă urmăriți să refaceți un dezechilibru mai îndelungat al doshei Vata sau doriți să vă mențineți o digestie bună, este indicat să consumați puțin ghimbir proaspăt în fiecare zi. Totodată, mai este considerată și cea mai potrivită măsură preventivă împotriva consolidării ama printr-o digestie inadecvată.

Tăiați o feliuță subțire dintr-un capăt de rădăcină de ghimbir proaspăt, decojiți-o și tăiați-o în felii subțiri. Adăugați câteva picături de suc de lămâie și un vârf de praf de sare. Consumați din această mixtură cu o jumătate de oră înainte de masa de prânz și cea de seară pentru a vă stimula digestia. Dacă agreați acest amestec, puteți să consumați din el înaintea fiecărei mese.

Ghee

Ghee, sau untul clarificat, este foarte apreciat, deoarece crește agni fără să alimenteze în același timp Pitta. De fapt, este considerat excelent pentru echilibrarea doshei Pitta. Tipurile Kapha în general trebuie să evite prea multă grăsime de orice fel, însă gheeul este cel mai indicat și pentru aceste persoane. Gheeul este folosit după cum urmează:

Ca o grăsime potrivită pentru pregătirea bucatelor. Este indicat să se folosească mici cantități de ghee pentru legume sotate (nu pentru prăjit). Gheeul nu este potrivit pentru a înlocui untul din preparatele la cuptor – aluaturi și deserturi, acestea având nevoie de umiditatea și consistența laptelui din untul obișnuit.

În locul untului. Întrucât gheeul este un aliment preparat, nu poate fi înlocuit de unt. În cazul în care folosiți în mod obișnuit unt pentru legumele la cuptor sau cartofi copți sau îl amestecați cu făină de ovăz, gheeul va fi o alegere mai bună.

Ca digestiv. Presărați o lingură de ghee peste mâncare (nu este indicat să depășiți această cantitate, întrucât prea multă grăsime, de orice gen, nu este sănătoasă).

Cum se pregătește gheeul

Puneți aproximativ 450 de grame de unt nesărat într-o cratiță de un sfert de kilogram direct la foc mic. Topiți complet, apoi creșteți focul la o intensitate medie. Îndepărtați spuma care se ridică. Când untul începe să fiarbă, degajând conținutul lui de apă, reduceți temperatura și mai țineți la foc mic cam zece minute. Gheeul este gata când întregul amestec lichefiat a prins consistență și laptele solid de la fundul cratiței a căpătat o culoare strălucitoare de auriu-arămiu (va exista și o aromă de nuci, însă fără urmă de arsură). Îndepărtați de pe foc, lăsați să se răcească și turnați într-un recipient de sticlă curat sau orice fel de castron. Ghee poate fi păstrat oricât la frigider, dar poate fi în același timp depozitat într-o încăpere rece sau chiar la temperatura camerei timp de câteva săptămâni.

Alte mirodenii indicate pentru a îmbunătăți agni

Plantele aromate și mirodeniile pot fi selectate în funcție tipul organismului, la fel cum am procedat și pentru dietele de domolire a Vata, Pitta și Kapha. Însă unele dintre ele sunt indicate pentru a îmbunătăți în general calitatea agni:

Piper negru	Cuișoare
Nucșoară	Hrean
Ardei roșu	Muștar
Scorțișoară	

(Tipurile Pitta trebuie să aibă grijă să le folosească în cantități mici, întrucât au tendința să facă să crească dosha Pitta.)

Consolidarea excesului de Kapha va conduce la o digestie îngreunată prin descreșterea agni; de asemenea, nu este bine pentru consolidarea ama, întrucât ambele sunt reci, grele și vâscoase. Prin folosirea plantelor aromate amărui și înțepătoare, se va reduce Kapha și se va „răzui" ama din țesuturi. Ayurveda recomandă în mod special un gust amar pentru purificare. Printre cele mai comune mirodenii care atacă ama, menționăm:

Piperul negru	Cuișoarele
Ardeiul roșu	Ghimbirul
Scorțișoara	

După cum puteți constata, acestea sunt câteva dintre mirodeniile recomandate pentru stimularea agni. Folosirea în mod regulat, dar moderată, a acestor arome în pregătirea bucatelor va contribui la prevenirea formării ama. De asemenea, puteți mesteca semințe de chimion după ce ați mâncat și să vă îndulciți ceaiul de plante cu miere nepregătită termic, acestea fiind practici standard pentru echilibrarea agni.

O DIETĂ BINECUVÂNTATĂ

Dacă fericirea este esențială pentru a ne simți împliniți în viață, ar trebui să aibă și un echivalent fizic, în corpul nostru și, într-adevăr, așa și este. Conform principiilor ayurvedice, echivalentul din corpul omenesc pentru bucuria pură este o substanță subtilă denumită *ojas*, care este extrasă din alimente odată ce acestea au fost perfect digerate. Asemenea doshelor, ojas se află chiar la granița întrupării sale în lumea fizică; am putea spune că este o substanță subtilă, remarcată atât la nivelul minții, precum și în corp. Rezultatul final și cel mai prețios al unei diete adecvate este știința de a extrage fiecare picătură din această substanță subtilă din mâncarea digerată. Acest lucru le permite celulelor să „se simtă fericite", pentru că pot să experimenteze echivalentul celular al încântării.

În urmă cu douăzeci de ani, însăși ideea de celulă fericită nu ar fi avut nicio relevanță în termeni științifici. Astăzi știm că, în realitate, organismul este capabil să genereze o rețea complexă de compuși chimici (neurotransmițători, neuropeptide și molecule conexe), pe care creierul le folosește pentru a comunica emoții întregului organism. Se știe în același timp că o singură masă poate modifica într-un mod radical biochimia creierului. Un compus chimic al creierului, care are conexiuni cu starea de bine, cum este serotonina, cunoaște fluctuații ca răspuns la digestia alimentelor în tractul intestinal. Acest lucru a deschis calea posibilității incitante a existenței unei „farmacii a alimentelor" pentru a corecta depresia, anxietatea și alte tulburări mentale, exact așa cum o alimentație bogată în fibre ajută la corectarea nivelului de colesterol.

În Ayurveda, avem posibilitatea să transcendem complexitatea deconcertantă a chimiei creierului. Natura ne-a binecuvântat cu ojas, o substanță unică pentru fericire, pe care organismul o fabrică în permanență.

Dieta sattvică

În mod ideal, fiecare aliment cu care vă hrăniți este transformat în ojas. Când este hrănit la sân, un bebeluș transformă în mod natural laptele matern în ojas, dar ar fi nevoie de un tract digestiv remarcabil pentru a produce ojas dintr-o pizza de acum trei zile. O dietă excelentă, echilibrată poate fi concepută pe baza alimentelor care se transformă în ojas cu cel mai mic efort din partea organismului nostru. Ayurveda le denumește alimente sattvice sau pure.

Dieta sattvică

Lapte	Orez
Ghee (unt clarificat)	Susan, migdale
Fructe și sucuri de fructe	Gustul dulce, în general

Acestei liste i se mai pot adăuga deseori grâul, fasolea mung, nuca de cocos, portocalele, curmalele și mierea. Nu este nevoie să vă placă la nebunie aceste alimente sau să le consumați exclusiv doar pe acestea. Trebuie doar să le includeți în dieta voastră în mod regulat. La un alt nivel, mai general, o dietă sattvică conține următoarele:

- Alimente ușoare, liniștitoare, ușor de digerat
- Produse proaspete
- Apă de izvor
- Echilibrarea celor șase gusturi
- Porții moderate

Conform Ayurveda, aceasta este cea mai potrivită dietă pentru a atinge forța fizică, o minte echilibrată, sănătate și pentru a avea o viață mai lungă. Este potrivită pentru a cunoaște fericirea și trăirile de iubire, pentru că este în armonie cu natura ca un întreg. Lista alimentelor sattvice este scurtă și ar putea să nu corespundă cerințelor unei diete potrivite pentru o persoană normală. Totuși, dacă este bine administrată, o dietă care se limitează la lapte, legume, orez și fructe ar putea fi cu siguranță excelentă pentru sănătatea oricui. Celebra dietă pe bază de orez, promovată de cercetătorii de la Duke University, care se rezumă la orez fiert și fructe, este recunoscută ca un regim terapeutic eficient pentru pacienții cu boli de inimă, diabetici și persoane obeze.

Laptele nu este prea agreat la ora actuală de cei care se ocupă de diete sănătoase, care au tendința să-l asocieze cu probleme digestive, alergii și un nivel ridicat al colesterolului. Ayurveda susține că majoritatea obiecțiilor au la bază consumul impropriu. Laptele ar trebui fiert înainte de a fi consumat, ceea ce îl face mai ușor digerabil. Poate fi băut fierbinte, cald sau rece, dar niciodată rece ca gheața, direct din frigider. Laptele nu ar trebui consumat alături de alimente care au gusturi aflate în conflict cu al lui (înțepător, acru, sărat), ci doar cu alte alimente dulci (cum ar fi semințe, fructe dulci și cereale). De câte ori este posibil, beți lapte care provine din surse de produse lactate organice, unde nu se folosesc hormoni sau pesticide și există siguranța că vacile sunt bine îngrijite.

În afară de alimentele dulci, este recomandat să beți lapte simplu, fără să mai consumați și alte alimente, întrucât va fi mai ușor pentru tractul digestiv. Laptele cu un procent redus de grăsime ar putea fi cel mai potrivit pentru tipurile Kapha, însă laptele integral este recomandabil pentru alte tipuri de organisme (exceptând cazul când este vorba despre un nivel ridicat de colesterol, când cel mai indicat este laptele degresat). Dacă totuși aveți probleme cu digerarea laptelui fiert sau dacă pare că duce la congestionarea mucoasei, încercați să adăugați o linguriță de praf de șofran de India sau de ghimbir uscat înainte de a-l fierbe (dacă se adaugă puțin zahăr crud sau miere, se va reduce gustul amărui al șofranului). Aceste măsuri vin să contracareze cele mai multe dintre obiecțiile curente față de lapte, pe care Ayurveda îl consideră în mod tradițional un excelent aliment pentru întărirea rezistenței organismului, longevitate și liniștea minții. Laptele de vacă este cel mai bun între celelalte, fiind considerat cel mai sattvic.

Pentru a echilibra mai intens o dietă sattvică, încercați să mâncați data viitoare porția preferată de paste cu unt, smântână și brânză Parmezan, în locul de sos de tomate cu carne, ceapă și usturoi. Orice astfel de schimbare, chiar dacă este vorba doar despre unul sau două feluri de mâncare, ar trebui să vă demonstreze într-un mod categoric că, dacă urmați o dietă sattvică, veți avea o digestie mai ușoară, mai multă energie și veți fi străbătut de un sentiment ușor și plăcut care va pune stăpânire pe tot corpul. (Dacă vreți să apreciați cu exactitate această diferență, nu consumați alcool în timpul meselor în timpul acestui experiment.) Dacă aveți un nivel ridicat al colesterolului, reduceți într-un chip moderat consumul de unt și smântână;

stropiți pastele cu ulei de măsline, presărați busuioc proaspăt și puțin parmezan ca să fie mai gustoase.

Un alt exemplu de aliment sattvic este lassi dulce, un digestiv excelent care poate fi băut când vremea este blândă sau caldă afară (s-ar putea să declanșeze un exces de Kapha în timpul zilelor friguroase de iarnă).

Lassi dulce

Pentru patru persoane, adăugați nu mai mult de un sfert de linguriță de nucșoară, câteva fire de șofran și trei linguri de apă fierbinte într-un blender. Amestecați timp de zece secunde. Adăugați apoi două cești de iaurt, două cești de apă rece și două linguri de zahăr; amestecați până obțineți o pastă compactă. Dacă amestecul are un gust prea aspru, puneți un sfert de ceașcă de smântână consistentă. Dacă se toarnă la final câteva picături de apă de roze, amestecul este destul de sattvic și răcorește Pitta (apa de roze este disponibilă în magazinele cu produse indiene și din Orientul Mijlociu, precum și în multe magazine care comercializează produse dietetice).

Sio – sfaturi pentru inteligența organismului

În Ayurveda, *cum* mănânci este la fel de important ca și *ce* mănânci. Motivul acestei rațiuni merge înapoi la ojas, care este produsul final al tuturor semnalelor ce ajung în organismul nostru în timpul mesei. Deși este important să mâncăm alimente care au un gust bun, celelalte simțuri – vederea, auzul, pipăitul și mirosul – trebuie să transmită și ele semnale care să ne facă organismul să se simtă fericit, acesta fiind singurul mod prin care putem folosi la maximum conexiunea dintre minte și corp. O farfurie atrăgătoare de mâncare aburindă trimite toate semnalele potrivite pentru a alimenta doshele, însă dacă o lăsați pe masă timp de cinci ore, conținutul ei nu va mai fi bun, în ciuda faptului că substanțele nutritive nu s-au modificat semnificativ.

Întregul vostru organism se află în alertă în timp ce mâncați. Celulele stomacului sunt conștiente de conversația din jurul mesei și dacă vor auzi cuvinte dure, stomacul se va face ghem de durere. Apoi, tot ceea ce digerați la masă va fi afectat pentru că ați înghițit sunete nedigerabile. Celulele din stomac nu pot să audă efectiv, însă creierul, preluând ceea ce ajunge la urechi, trimite mai departe mesaje chimice pentru a pune organismul la curent cu ceea ce se întâmplă cu stomacul și fiecare organ intern. Așadar, nu puteți să păcăliți nicio parte a tractului vostru digestiv, în așa fel încât să creadă că o masă tensionată este una fericită; acest lucru „se simte din stomac“ mult mai bine.

Conform Ayurveda, datoria pe care o aveți față de organismul vostru este să-i hrăniți fiecare celulă în orice mod cu putință – acesta este scopul mai general al unei diete sattvice. Dacă veți manifesta grijă pentru hrănirea completă a celulelor din corpul vostru, ele vă vor răsplăti cu ojas, expresia perfectă a satisfacției lor. Pentru a face posibil acest lucru, am conceput șaisprezece SIO sau Sfaturi pentru inteligența organismului. Fiecare dintre acestea contribuie la răspândirea satisfacției în organismul nostru în urma consumului de alimente.

Pe măsură ce veți parcurge descrierea acestor SIO, veți fi surprins să aflați cât de multă bucurie vă poate oferi fiecare masă. Organismul vostru poate tresări de bucurie după fiecare mic dejun, prânz sau masă de seară, odată ce veți înțelege secretul transformării mâncării în ojas.

Sio – sfaturi pentru inteligența organismului

1. Mâncați într-o atmosferă tihnită.
2. Nu mâncați niciodată când sunteți supărat.
3. Întotdeauna stați jos când mâncați.
4. Mâncați doar atunci când simțiți că vă este foame.
5. Reduceți consumul de alimente și băuturi reci ca gheața.
6. Nu vorbiți în timp ce mestecați.
7. Mâncați într-un ritm moderat, nici prea repede, nici prea încet.
8. Așteptați ca mâncarea să fie digerată înainte de a începe următoarea masă (cu alte cuvinte, păstrați un interval de două până la patru ore pentru mesele ușoare și de patru până la șase ore între mesele principale).
9. Consumați apă călduță în timpul mesei.
10. Consumați ori de câte ori este posibil mâncare proaspăt preparată.
11. Reduceți la minimum alimentele nepregătite termic – mâncarea gătită (preferabil, complet gătită) este mult mai ușor de digerat.
12. Nu gătiți cu miere – se consideră că mierea încălzită produce ama.
13. Beți lapte separat de mesele zilei, fie simplu, fie combinat cu alte alimente dulci.

14. Savurați la fiecare masă mâncarea prin toate cele șase gusturi.
15. Lăsați o treime sau chiar o pătrime din volumul stomacului liber, pentru a favoriza digestia.
16. Stați liniștit câteva minute, după ce ați terminat de mâncat.

Această listă cuprinzătoare vă pune la dispoziție un început promițător pentru a profita la maximum de oricare dietă. Principiul de bază în acest caz este că alimentele care sunt cel mai ușor de digerat sunt cele mai bune pentru voi, ceea ce explică de ce mâncarea gătită este de preferat în locul celei nepregătite termic, cea fierbinte în favoarea celei reci, cea proaspătă în favoarea celei procesate. Pentru a face digestia mai ușoară, ar trebui să bem apă călduță în timpul mesei, să eliminăm laptele de la mesele principale și să mai zăbovim pentru scurt timp la masă după ce am terminat de mâncat, astfel încât organismul să înceapă să intre în ritmurile lui digestive.

Un alt principiu important este moderația. Este recomandabil să se consume cantități moderate de alimente la ore regulate de masă – textele ayurvedice consideră că porția ideală este în jur de două mâini de hrană pentru o masă. Consumați pentru început această cantitate și abia după aceea mergeți să vă mai puneți în plus, dacă vă mai este încă foame. Este indicat să lăsați o treime sau o pătrime din stomac liber când v-ați ridicat de la masă. Tractul digestiv va lucra mai eficient dacă are de-a face cu cantități mai mici, iar corpului vostru îi va fi mult mai ușor să-și controleze automat greutatea. Nu vă temeți că veți pleca de la masă înfometat. Să fii satisfăcut nu este egal cu să fii îndopat. Dacă veți mai lăsa puțin spațiu liber în stomac, o să vă simțiți ușor, vioi, energic și mult mai revigorat la o oră după ce ați mâncat. Așa trebuie să ne facă să simțim o masă consumată în mod adecvat, conducând în mod firesc la digerarea adecvată.

SIO în lupta cu greutatea corporală

Dacă aveți probleme cu greutatea corporală, încercați să faceți apel la aceste SIO înainte de a continua orice fel de dietă de reducere a caloriilor. Veți fi surprins să constatați că excesul de greutate este cauzat nu de ceea ce ați mâncat, ci de felul cum ați mâncat – fără să vă pese sau cu o furie oarbă, pe fugă, în loc să stați jos, între mese, în loc să aveți ore regulate pentru a servi masa. Cu siguranță, sunt lucruri foarte simple, dar tocmai ele fac diferența.

Lăsând la o parte o categorie restrânsă de persoane care au într-adevăr probleme hormonale sau metabolice, cei mai mulți dintre supraponderali sunt victimele obișnuințelor cu care vin din trecut – obiceiuri proaste care au fost clădite în mod inconștient în organismul lor în decursul anilor. Organismul fiecăruia dintre noi deține inteligența de a ști care este cantitatea potrivită de mâncare; natura ne-a înzestrat cu reflexul foamei pentru a ne spune când își dorește mâncare organismul nostru, și invers, cu reflexul sațietății, pentru a ne spune când stomacul este satisfăcut. Persoanele care și-au pierdut aceste instincte au abandonat un aspect important al inteligenței organismului lor. Ele sunt doar niște mașini care mănâncă, pornite dintr-un buton de reflexe automate – vederea și mirosul mâncării sau doar gândul la ea. Dar dacă vom urma aceste SIO, ele ne pot face să revenim la a „mânca în mod conștient“, ghidați de inteligența interioară a propriului nostru organism.

Când ojas este insuficient

În afară de consumul excesiv de alimente, mai există și alte abuzuri la masă care pot înăbuși instinctele noastre sănătoase de a ne hrăni. Dacă mâncați când sunteți mânios, un medic ayurvedic ar putea spune că de fapt produceți ama mentală pe baza alimentației voastre, în timp ce un medic specializat în medicina tradițională ar spune că o reacție tensionată v-a aruncat în aer echilibrul endocrin. Rezultatul final este același, un mesaj chimic distrugător care se îndreaptă fix spre celulele din organismul vostru.

Chiar înainte să înghițiți prima îmbucătură de mâncare, tulburările din doshe sfidează tentativa organismului de a produce ojas. Ca de obicei, dosha Vata își ia rolul în serios chiar acum – orice aruncă în aer dosha Vata distruge totodată ojas, fie că e vorba de îngrijorare, zgomot puternic, lipsa somnului sau de diete drastice și rapide. Ca să vedem și partea plină a paharului, orice calmează Vata în timpul mesei este favorabil și pentru ojas.

Cei mai mulți dintre noi nu au o dietă strict sattvică în această țară, astfel încât aș dori să aduc în discuție câteva motive pentru care schimbarea dietei ar fi în avantajul sănătății noastre. Veți remarca faptul că o dietă sattvică este vegetariană și astăzi se știe foarte bine că vegetarienii stau bine cu presiunea arterială a sângelui (cu 18% mai scăzută decât media) și înregistrează rate mai mici de infarct și cancer. În plus, guvernul federal ne atrage atenția de mai bine de douăzeci și cinci de ani că americanii consumă mult prea multă sare, proteine și grăsime animală, cea mai mare parte provenind din carne (mare parte din excesul de sare provine și din alimentele procesate). Dacă ați începe să reduceți consumul de carne astăzi, îndreptându-vă treptat spre o dietă fără carne, v-ați reduce cu siguranță șansele de a suferi de un atac de inimă mâine. Pentru că include alimente dulci în această listă, Ayurveda nu intenționează să suprime cantitățile uriașe de zahăr alb rafinat pe care cei mai mulți dintre noi le consumă. Dar dulceața extrasă din paste făinoase, orez și pâine este suficientă.

Ca în orice lucru din viață, există două extreme în orice dietă. Unele alimente nu sunt cu ușurință transformate în ojas; printre acestea amintim următoarele:

Dieta non-ojas

- Carne, pui și pește
- Alimente grele și grase
- Brânză
- Resturi din alimentele pregătite anterior și alimente procesate
- Excesul de gusturi acre, sărate
- Alimentația excesivă

Pentru că este mai economic și la îndemână, mulți dintre cei care se ocupă de bucătărie sunt încântați să nu lase nimic din resturile meselor anterioare nefolosit, însă Ayurveda nu este de acord cu această practică. Mâncarea trebuie consumată în stare proaspătă, exact când este luată de pe foc sau chiar imediat ce a fost culeasă din grădină – cu cât este mai proaspăt produsul, cu atât este mai intensă prezența ojas. Mâncarea mai veche, reîncălzită, nu va genera la fel de mult ojas. Este bine ca alimentele congelate, în general, să fie evitate. Alcoolul și țigările distrug ojas și nu lasă nici alte alimente să-l genereze. În egală măsură, poluarea aerului și a apei sunt factori defavorizanți. Toate aceste influențe sunt numite tamasice, ceea ce înseamnă că generează monotonie și inerție, conducând la consolidarea ama. Tipurile Kapha ar trebui să fie în mod special vigilente, întrucât digestia lor este în mod tipic leneșă și favorizează formarea cu mai mare ușurință a amei.

În sfârșit, vom expune în continuare câteva reguli întărite de experiența dobândită în timp, pentru o dietă care să ne facă fericiți. Ea ne-a fost transmisă de generații prin tradiția ayurvedică, iar aceste reguli urmăresc să maximizeze rezultatul final, ojas.

- Consumați alimente proaspete în funcție de anotimpul și zona geografică în care trăiți. Cele mai indicate alimente pentru organism sunt fructele, legumele și produsele lactate din zona în care locuiți – alimente care au dat rod în aceeași zonă, cu aceeași apă, substanțe nutritive și lumină a soarelui de care v-ați bucurat și unde ați trăit și voi.
- Răsfățați-vă cu o masă de prânz copioasă, când digestia este cea mai intensă. Masa de seară ar trebui să fie una frugală, ușor de digerat înainte de a merge la culcare; micul dejun este opțional și, în orice caz, ar trebui să fie cel mai puțin important dintre mesele zilei.
- Mâncați la aceeași oră zilnic. Ar trebui să nu luați gustări și să evitați să mâncați seara, pentru că acest lucru tulbură ritmurile digestive și generează foarte ușor ama în timp ce dormiți, din mâncarea nedigerată.
- Luați masa de seară fie singuri, fie în compania unor persoane pe care le agreați într-adevăr. Emoțiile negative, fie că este vorba de ale voastre, de ale celui care a pregătit masa sau ale celor din jurul vostru, au un efect negativ asupra digestiei voastre.
- Fiți recunoscători pentru darul infinit al hranei trimis de natură și respectați-l așa cum vă respectați propria persoană.

CAPITOLUL 13

Exercițiile fizice – cât de adevărat este mitul „fără suferință, nimic nu e cu putință"

Dintr-o perspectivă ayurvedică, mare parte din exercițiile fizice atât de călduros recomandate astăzi par lipsite de fundament. În primul rând, de ce avem nevoie de activitate fizică? Charaka, cel mai mare scriitor pe care l-a cunoscut Ayurveda, ne dă răspunsul: „Prin practicarea exercițiului fizic, putem dobândi ușurare, capacitatea de a munci, fermitate, toleranță față de dificultăți, eliminarea impurităților și stimularea digestiei". Exercițiile aerobice atât de potrivite pentru inimă sau ridicarea greutăților pentru întreținerea mușchilor răspund acestor cerințe, însă nu sunt activități îndeajuns de cuprinzătoare pentru a se potrivi descrierii lui Charaka. Idealul este să reușim să echilibrăm întregul sistem, mintea și corpul uman. Este deopotrivă important ca exercițiile fizice să dea mai multă energie decât consumăm, un aspect pe care oamenii tind să-l ignore.

Un exercițiu extrem de simplu, mersul pe jos, se apropie cel mai mult de ideal, întrucât reprezintă o activitate naturală care satisface toate cele trei doshe. Tipurile Vata consideră că le liniștește o plimbare mai lungă. Tipurile Pitta reacționează complet diferit. Lor le place să încetinească ritmul față de cel adesea obositor al unei zile intense de muncă. Persoanele Kapha se simt stimulate și ușurate; o scurtă plimbare în aer liber clarifică orice congestie minoră care ar fi putut să apară și le face digestia – în mod specific atât de înceată – mai eficientă. Din aceste considerente, o plimbare scurtă de o jumătate de oră zilnic este una dintre recomandările de bază pe care le facem pacienților noștri în Centrul Chopra.

De asemenea, pacienții sunt instruiți să practice exerciții fizice al căror scop nu este să modeleze mușchii, ci li se explică faptul că sunt menite să consolideze o legătură mai strânsă între ei și organismul lor, creat după legile cuantice – în acest fel, exercițiile fizice devin un instrument puternic pentru atingerea echilibrului. Noi denumim această metodă „exercițiul celor trei doshe"; este constituit dintr-un set de rutine scurte, conectate între ele:

- „Salutul soarelui" (*Surya Namaskara)* – un exercițiu practicat dimineața, care combină relaxarea, echilibrul și calistenia (1-6 minute)
- Refacerea neuromusculară – un set de poziții yoga ușoare (10-15 minute)
- Respirația echilibrată – o formă simplă de *Pranayama*, exerciții tradiționale yoga de respirație (5 minute)

Prin executarea acestor exerciții și combinându-le cu meditația, pentru care sunt ideale, este întărită legătura minte-corp, intensificându-se la un nivel superior. De la bun început trebuie menționat că aceste exerciții sunt forme firești și confortabile de activitate pe care doshele le agreează. Ele pot fi totodată îndeplinite de orice grup de vârste și nu necesită să fiți neapărat în formă.

Chiar de la prima ședință, oamenii descoperă legătura indestructibilă pe care natura a stabilit-o între conștientizare și fiziologie. Corpul nostru nu este doar o cochilie sau un sistem ambulant care susține o formă de viață. Este haina sub care ființează materia alături de sinele său într-o comuniune unică. Să revenim în contact cu această comuniune este extrem de reconfortant și încântător, în special pentru acele persoane care au renunțat la exercițiile fizice și devin niște străini pentru corpul lor.

SĂ AVEM SUCCES FĂRĂ CEL MAI MIC EFORT

Înainte să intrăm în detalii, să acordăm atenția cuvenită unui exercițiu convențional. Având în vedere că viața este menită să fie în general confortabilă și fericită, Ayurveda consideră exercițiile fizice un mijloc potrivit acestui scop. Ea susține că acestea ar trebui să ne întărească pentru a face față activității cotidiene. Exercițiile fizice nu ar trebui să fie în sine un efort. Și totuși, mulți americani le concep în acest mod. Ei consideră că fără o atitudine încrâncenată și hotărâtă, nu vor reuși să facă prea mult pentru propria lor persoană. (Mergeți în parc mâine dimineață la prima oră și numărați câte chipuri încruntate veți vedea atunci când vă vor ieși în cale cei care aleargă.) Dacă ar fi să enumeri un singur avantaj de pe urma abordării ayurvedice a practicii exercițiilor, acela ar trebui să fie că afirmația „fără suferință, nimic nu e cu putință" este doar un mit.

O modalitate perfectă de a înțelege acest adevăr se află în termenii doshei Vata. Orice activitate fizică face Vata să crească. O creștere moderată vă face să vă simțiți mai viguros, vioi și să aveți capul limpede, iar corpul mai puternic din punct de vedere fizic. Veți trage toate foloasele mentale și fizice, într-un echilibru natural. Dar prin stimularea excesivă a doshei Vata, toate aceste avantaje sunt distruse. Vă veți simți agitat, obosit și nesigur.

Atunci, unde ar trebui să ne oprim? Ca regulă generală, Ayurveda ne recomandă să exercităm până la 50% din capacitatea maximă. Dacă puteți să mergeți pe bicicletă 16 km, atunci mergeți doar opt; dacă puteți înota douăzeci de tururi de pistă, parcurgeți doar zece. Aceste limite mai scăzute nu sunt în detrimentul fitnessului; în realitate, ele fac exercițiile să fie mai eficiente, întrucât nu va trebui să vă refaceți organismul prea mult după aceea, iar sistemul cardiovascular va avea nevoie de mai puțin timp să revină la normal după efortul depus. Un alt exemplu concludent se referă la efortul fizic. În loc să vă extenuați până într-atât încât să ajungeți să transpirați din greu și să nu mai aveți suflu, continuați până ce transpirați ușor și ritmul respirației este mai sacadat. Acestea sunt semnale firești că sunteți la limita reală.

Dacă respirați cu dificultate sau transpirați din abundență, dacă inima vă bate cu putere sau dacă vă simțiți genunchii moi, ca de cauciuc, atunci ați mers prea departe. La primul semnal de supraextenuare, întrerupeți exercițiile fizice, faceți o pauză de câteva minute sau faceți câțiva pași pentru a-i permite sistemului să se răcorească în etape și apoi odihniți-vă timp de alte câteva minute până când pulsul și ritmul respirației revin la normal. Când jucați tenis sau racquetball, s-ar putea nici să nu observați cât de solicitat sunteți. Dacă vi se pare distractiv, atunci continuați. Dar dacă vă forțați să câștigați jocul sau pentru a dovedi că puteți ține pasul cu altcineva, atitudinea voastră nu face decât să vă pedepsească organismul inutil.

Tipurile Vata ar trebui în mod deosebit să fie atente să nu depășească aceste limite; constituția lor, în general, deține un prag mai scăzut de rezistență la exercițiul fizic decât cele Pitta, iar cele Pitta, mai scăzut decât cele Kapha. Efortul fizic trebuie, de asemenea, adaptat pentru vârstă: după 45 sau 50 de ani, fiecare începe să aibă o dosha Vata crescută, care ar trebui compensată prin renunțarea la efortul prea mare depus pentru practicarea exercițiilor fizice. La fel ca în oricare altă situație, trebuie să vă respectați doshele. Să parcurgeți mai mult de un kilometru pe zi, indiferent de vârstă, este doar un alt mod de a deschide calea unor alte probleme serioase pentru Vata. (Studii recente realizate în medicina sportivă arată că 50% dintre atletele de renume au probleme serioase legate de tulburări de menstruație, un simptom de agravare extremă a doshei Vata.)

EXERCIȚII FIZICE ÎN FUNCȚIE DE TIPUL ORGANISMULUI

De fiecare dată când vă puneți în mișcare corpul, vă adresați doshelor voastre. Pentru că fiecare dosha are importanța ei, există trei genuri de avantaje pe care le generează orice exercițiu echilibrat:

Vata: siguranță de sine, agilitate, adaptabilitate, coordonare și înviorarea organismului.

Pitta: încălzirea corpului, circulația bună a sângelui în tot corpul, capacitate crescută de funcționare a inimii.

Kapha: rezistență crescută și stabilitate, energie constantă.

Dacă nu vă veți dezlipi niciodată de scaunul în care stați pironit pentru a face exerciții fizice, cu siguranță nu veți cunoaște experiența acestor avantaje. Însă multe persoane active, cu mușchi de oțel și inima sănătoasă nu cunosc nici ele această experiență. Cele mai multe programe de exerciții fizice de astăzi sunt dedicate creșterii capacității sistemului cardiovascular, ceea ce pune un accent suplimentar pe dosha Pitta. În continuare, voi prezenta o listă de activități echilibrate care includ o gamă mai largă de activități și sunt mai potrivite pentru majoritatea tipurilor de organisme.

Exerciții fizice potrivite pentru tipul de organisme Vata

Tip: Yoga Nivel: ușor

Exerciții aerobice în pași de dans

Drumeții pe distanțe scurte

Mers pe bicicletă în ritm lent

Tipurile Vata au episoade bruște de energie, însă obosesc repede. Ele fac față cu brio exercițiilor de echilibrare a respirației și de stretching. Fiind ușori și mlădioși, le place să practice yoga și mersul pe jos, atâta vreme cât aceste îndeletniciri nu devin obositoare. Datorită entuziasmului lor natural, tipurile Vata se simt perfect și atunci când practică exercițiile aerobice în ritmul dansului sportiv pe muzică. Orice exercițiu care are loc în spațiu închis este bine-venit pe timpul iernii, întrucât persoanele Vata nu iubesc frigul și nu dețin suficientă grăsime și mușchi puternici pentru a se proteja de frig.

Orice persoană dominată de dosha Vata trebuie să fie întotdeauna atentă să nu-și forțeze prea mult puterile. Acesta ar fi avertismentul esențial în ceea ce îi privește, având în vedere că dosha Vata pornește întotdeauna la drum cu un start spectaculos, dar nu-și cunoaște limitele, îndeosebi atunci când iese din starea de echilibru. O jumătate de oră de exerciții ușoare pe zi înseamnă mai mult decât suficient. Dacă vă simțiți extenuat, corpul vă tremură, aveți amețeli sau simțiți că veți avea crampe în urma efortului, înseamnă că ați mers mult prea departe. Toate acestea sunt semne evidente ale unui dezechilibru al doshei Vata.

Exerciții fizice potrivite pentru tipul de organisme Pitta

Tip: Schi Nivel: mediu

Mers pe jos în pas sprinten sau jogging

Drumeții și alpinism
Înotul

Tipurile Pitta au tendința de a deține mai multă determinare decât anduranță. Orice tip de exerciții fizice li se potrivește, însă cu moderație. Deoarece mai presus de orice le place provocarea, persoanelor Pitta le place să facă schi, drumeții, alpinism și alte sporturi care conferă un sentiment de împlinire la capătul unei zile.

Atleții care participă la competiții sportive dețin probabil un volum considerabil de Pitta, care le întărește spiritul de competiție, însă nu aceasta este dosha potrivită competitivității intense. Persoanelor Pitta nu le place să piardă; acest lucru le motivează mai mult decât satisfacția de a fi câștigat. (Studiile efectuate pe sportivi au arătat clar acest lucru în rândul jucătorilor de tenis profesioniști, unii dintre ei fiind persoane Pitta notorii pentru furia lor de tip Pitta.) Persoanele Pitta vor continua cu obstinație să alerge, să facă jogging sau să fie în permanentă mișcare, însă vor fi prea puțin mulțumite în sinea lor de efortul pe care îl depun.

Probabil că știți deja foarte bine dacă ați căzut în această capcană. Dacă fierbeți în suc propriu după fiecare lovitură nereușită la golf sau vă doriți să-i dați o lecție adversarului vostru la tenis, renunțați la aceste sporturi. Dacă vă roade ceea ce faceți în sportul pe care-l practicați, renunțați la el. Oricine își dorește să-și anihileze adversarul de pe terenul de sport suferă de un dezechilibru major al doshei Pitta. Totodată, ritmul început-sfârșit al sporturilor de competiție nu este la fel de favorabil pentru organismul vostru așa cum este o jumătate de oră de mișcare continuă.

Mersul pe jos în pas sprinten timp de o jumătate de oră pe zi va atenua exuberanța debordantă din sistemul vostru mai bine decât un sport de competiție.

Înotul este cel mai indicat – multe persoane Pitta care se îndreaptă cu dragă inimă spre acest sport consideră că, atunci când te arunci în piscină la ora cinci după-amiaza, te răcorești și pui capăt tensiunilor zilei. În același timp, sporturile de iarnă de toate genurile constituie o atracție pentru Pitta întrucât le face bine contactul cu frigul, mai mult decât tipurilor Vata și Kapha. Pentru că sunt stimulate din punct de vedere vizual, persoanele Pitta au mult de câștigat de pe urma unei plimbări plăcute în mijlocul pădurii; este o ocazie de a schimba ritmul susținut pe care și-l impun. Frumusețea naturii se va întipări adânc în făptura lor atunci când se opresc pentru destulă vreme să se încarce cu energie chiar la sursa ei.

Exerciții fizice potrivite pentru tipul de organisme Kapha

Tip: Exerciții cu greutăți Nivel: moderat

Alergări

Exerciții aerobice

Canotaj

Dans

Tipurile de organism Kapha au mare energie, constantă, dar deseori le lipsește agilitatea. În general, aceste persoane sunt bune la orice tip de exerciții fizice și devin și mai performante când reușesc să fie mai grațioase și echilibrate. Datorită forței lor fizice, persoanele Kapha sunt excelente când vine vorba despre sporturile de anduranță – ele au constituția naturală care le favorizează pentru alergări sau canotaj pe distanțe lungi. Combinația între Pitta și Kapha conferă determinare și rezistență fizică mare. Acesta este un prakruti comun printre jucătorii profesioniști de baschet și fotbal.

Faptul că li se pune sângele în mișcare le face foarte bine celor din Kapha, acesta fiind motivul pentru care sunt atât de buni la exercițiile cu greutăți în sala de gimnastică și în cluburile sportive. Este indicat ca aceste exerciții să fie combinate cu unele care antrenează circulația sângelui; dacă transpiră în urma efortului fizic (fără să se extenueze), congestia specifică tipurilor Kapha se reduce. Multe dintre persoanele Kapha au un exces de grăsime și apă care trebuie eliminat. Fiind o dosha rece, Kapha nu se simte în largul său dacă ieșiți afară în frig și umezeală pentru a alerga sau vâsli. Pe timpul iernii, tipurile Kapha ar trebui să stea cât mai mult în casă și să practice gimnastica aerobică sau ritmică.

O altă alternativă indicată pentru persoanele Kapha o reprezintă orele de dans. Cu toate că este posibil ca o persoană Kapha să nu aibă constituția perfectă pentru un dansator, ea se va simți mult mai bine și în formă odată ce a dobândit ținuta grațioasă și echilibrul pe care pregătirea fizică pentru dans le asigură.

Câteva precauții generale sunt recomandate tuturor tipurilor de organisme. Nu ar trebui să practicați exerciții fizice:

- *Înainte sau imediat ce ați luat masa.* Dacă veți practica exerciții fizice în aceste perioade ale zilei, va scădea agni, iar voi vă doriți să fie la cel mai ridicat nivel. Așteptați cel puțin o jumătate de oră înainte de masă și una-două ore după, înainte să începeți exercițiile fizice. Totuși, după masă este foarte bine să mergeți pe jos, cea mai potrivită formă de mișcare, aceasta fiind o excepție. Dacă veți aloca cincisprezece minute de mers pe jos după masa de prânz și/sau masa de seară, veți contribui la stimularea digestiei (orice ar dura mai mult sau ar fi mai dificil nu vă va ajuta). Practicarea exercițiilor fizice după apusul soarelui nu este recomandată de Ayurveda; este mai bine să vă lăsați organismul să intre într-un ritm mai lent odată cu apropierea serii, ca să se pregătească de odihnă.
- *Pe vreme cu vânt sau cu temperaturi scăzute.* Nici Vata, nici Kapha nu se simt bine când este rece, așa cum am mai menționat. Dacă ieșiți la plimbare iarna, îmbrăcați-vă bine și nu trageți aer adânc în piept, căci aerul rece și umed nu face bine tractului respirator. De asemenea, vântul puternic irită dosha Vata și distruge efectul liniștitor al unei plimbări relaxante.
- *Sub soarele dogoritor.* Motivul pentru care doar câinii nebuni și englezii mai ies afară la amiază, în arșița soarelui este faptul că soarele din miezul zilei arde și inflamează dosha Pitta, ridicând temperatura corpului într-un moment când acest lucru era deja făcut prin exerciții fizice.

Pe lângă moderație, cheia practicării echilibrate a exercițiilor fizice este regularitatea. Doshele au întotdeauna tendința să se întărească singure. Dacă veți neglija un timp activitatea fizică, organismul vostru se va obișnui cu inerția. De îndată ce ați revenit la o activitate fizică, oricât de mică, doshele din organismul vostru se vor ridica la un nivel mai bun de echilibru și vor dori să rămână acolo. Deci, faceți tot ce vă stă în putință pentru a începe un program de care să vă bucurați de acum încolo ani de zile sau toată viața.

EXERCIȚII FIZICE POTRIVITE PENTRU TOATE CELE TREI DOSHE

Acum, aș dori să descriu exercițiile fizice potrivite pentru toate cele trei doshe, pe care le practicăm în centrul nostru: „Salutul soarelui“, un set de poziții yoga ușoare și respirația echilibrată. Tot mai mulți oameni din Occident ajung să se familiarizeze cu aceste exerciții și să le descopere avantajele, care în Răsărit sunt apreciate de acum mii de ani.

Următoarele exerciții sunt foarte ușor de executat. Salutul soarelui necesită mai multă răbdare pentru a fi bine stăpânit; pentru celelalte însă nu aveți nevoie de niciun fel de aptitudini speciale. Nu se pune problema de a pune accentul pe o performanță absolută. Sunt doar exerciții pentru a intra într-o deplină armonie cu propriul organism. Oricine le poate executa; lăsați-vă pur și simplu mintea să se relaxeze în timp ce executați aceste poziții. Nici măcar să nu vă gândiți cum arătați în acest timp sau cât de mult vă apropiați de pozițiile ideale. Tot ceea ce dobândiți este potrivit pentru propria voastră persoană. Prin această abordare, fiecare exercițiu vă face să vă simțiți bine când îl executați și chiar și mai bine după aceea. Oricine a urmat o scurtă rutină ayurvedică resimte apoi o stare plăcută de relaxare.

Următoarea descriere ne-a fost furnizată de Bija Bennett, un expert, terapeut experimentat, specializat în yoga, care a predat yoga la multe dintre seminarele noastre pe parcursul anilor.

SALUTUL SOARELUI (*SURYA NAMASKARA*)

Timpul alocat: 1-2 minute pentru fiecare ciclu, cu mișcări lente

Frecvența: 1 până la 6 cicluri dimineața, mai multe pe măsură ce deveniți mai experimentat

Salutul soarelui (*Surya Namaskara*) este un exercițiu ayurvedic complet care integrează în mod simultan întreaga fiziologie – minte, corp și respirație. El întărește și relaxează toate grupele majore de mușchi, lubrifiază articulațiile, menține în formă coloana și întreține organele interne. Crește fluxul sangvin și este intensificată circulația sângelui prin tot corpul. Dacă este practicat cu regularitate, veți dobândi o mai mare rezistență, suplețe, flexibilitate și eleganță în mișcări.

Vom prezenta un ciclu compus din 12 poziții. Va trebui să le executați într-o secvență fluidă, una după alta. Sincronizați-vă fiecare mișcare cu propria respirație. Intrați lin în următoarea poziție, respirând complet și ușor, astfel încât fiecare ciclu să dureze aproximativ un minut.

Începeți lent, evitând tensiunea și învățați să vă ascultați corpul pe măsură ce creșteți gradual numărul de cicluri ale Salutului soarelui pe care le executați. Această progresie urmată pas cu pas elimină posibilitatea de a vă forța sau obosi mușchii, îndeosebi dacă până în acest moment nu ați practicat exerciții fizice cu regularitate. Opriți-vă când constatați că respirați mai greu și transpirați din abundență sau vă simțiți prea obosit. Dacă se întâmplă astfel, așezați-vă și odihniți-vă un minut sau două până vă recăpătați respirația. Prin performanță susținută o să crească cu siguranță, și în mod firesc, și capacitatea organismului.

În Salutul soarelui, este încurajat un tipar specific de respirație. Inspirați pentru a vă îndrepta coloana sau pentru a destinde și lungi corpul. Expirați cât să flexați sau pliați corpul, creând o ușoară curbură a coloanei. Fiecare dintre mișcări ar trebui să fie o extensie amplă a respirației, pentru a ușura mișcarea respectivă. Există o poziție tranzitorie în Salutul soarelui, în care respirația se oprește pentru o clipă înainte de a continua cu următoarea poziție. Dacă nu, lăsați respirația să curgă fără încetare și executați întregul set de exerciții.

Cum trebuie executat salutul soarelui

Executați următoarele poziții într-o secvență continuă, realizând mișcările una după alta. Nu uitați să vă ajutați de respirație pentru a face legătura cu fiecare poziție care urmează. Concentrați-vă pe expansiunea cavității toracice când inspirați și pe contracția abdomenului sau plexului, printr-o mișcare de pliere, când expirați.

1. Poziția de salut (*Samasthiti*). Începeți stând în picioare, cu picioarelor lipite în poziție paralelă. Stați drept pe picioare și îndreptați-vă coloana. Așezați podul palmelor față în față în dreptul pieptului. Îndreptați toracele și destindeți coastele în timp ce priviți drept înainte.

Figura 1. Poziția de salut

2. Poziția cu brațele ridicate (*Tadasana*). În timp ce inspirați, ridicați încet brațele deasupra capului. Îndreptați și destindeți toracele în timp ce continuați să vă îndreptați coloana și capul. Continuați să respirați uniform în timp ce intrați în următoarea poziție.

Figura 2. Poziția cu brațele ridicate

3. Poziția „mână dusă la talpa piciorului" (*Uttanasana*). În timp ce expirați, îndoiți corpul în față și aplecați-vă, întinzându-vă coloana, brațele și gâtul. Lăsați-vă genunchii moi sau flexați-i ușor, aducând mâinile spre podea. Evitați relaxarea toracelui în jos sau curbarea excesivă a zonei lombare. Mențineți coatele și umerii relaxați și nu încordați genunchii.

Figura 3. Poziția „mâna dusă la talpa piciorului"

4. Poziția ecvestră (*Aswa Sanchalanasana*). Odată cu următoarea inspirație, întindeți piciorul stâng în spate și puneți genunchiul pe podea. Celălalt genunchi este îndoit, iar piciorul care susține corpul rămâne întins. Simultan, extindeți sau ridicați coloana și deschideți amplu toracele. Îndreptați-vă și întindeți capul și gâtul în poziție verticală.

Figura 4. Poziția ecvestră

5. Poziția muntelui (*Adhomukha Svanasana*). În timp ce expirați, aduceți piciorul stâng înapoi lângă dreptul – cu picioarele întinse și șoldurile scoase în afară, iar palmele ridicate în dreptul umerilor. Împingând în sus fesele și șoldurile, apăsați cu palmele pe podea, relaxând coloana. Îndreptați călcâiele în jos înspre podea și întindeți în spate picioarele. Relaxați-vă și mișcați liber capul și gâtul. Corpul formează un V întors și egal, începând de la pelvis până la mâini și de la pelvis până la călcâie.

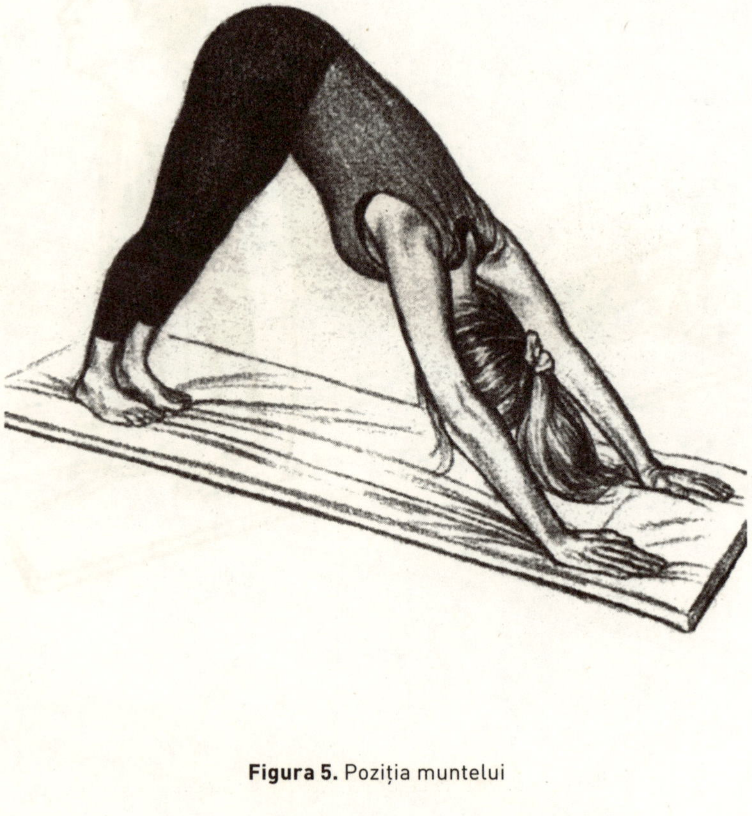

Figura 5. Poziția muntelui

6. Poziția celor opt puncte de sprijin (*Ashtanga Namaskara*). Puneți ușor genunchii pe pământ și aplecați corpul în jos în unghi în timp ce îndreptați pieptul și bărbia în jos, sprijinindu-le de podea. Cele opt puncte de sprijin – ambele degete mari de la picioare, genunchii, pieptul, mâinile și bărbia – ating podeaua. Rămâneți ferm în această poziție, iar apoi continuați să vă mișcați pentru a vă pregăti pentru următoarea poziție.

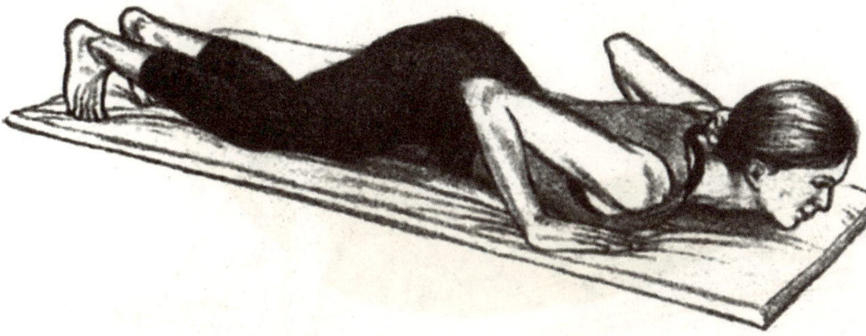

Figura 6. Poziția celor opt puncte de sprijin

7. Poziția cobra (*Bhujangasana*). În timp ce inspirați, ridicați și măriți volumul cutiei toracice cu o mișcare înainte și ascendentă în timp ce împingeți în jos cu podul palmelor în podea. Țineți coatele apropiate de corp și continuați să împingeți coloana în sus. Efectuați o mișcare de deschidere și mărire a toracelui și împingeți umerii în jos și mai departe de linia pe care o formează cu urechile, pentru a degaja gâtul și capul. Mențineți într-o extensie amplă partea superioară a spatelui și întindeți. Nu inițiați nicio mișcare cu capul sau să vă înălțați corpul forțând gâtul.

Figura 7. Poziția cobra

8. Poziția muntelui (*Adhomukha Svanasana*). Repetați poziția 5. În timp ce expirați, ridicați fesele și șoldurile, împingeți în pământ cu palmele și lăsați coloana să se extindă în sus și în jos. Împingeți cu călcâiele în jos spre podea și întindeți-vă pe partea din spate a picioarelor. Relaxați-vă și degajați capul și gâtul.

Figura 8. Poziția muntelui

9. Poziția ecvestră (*Ashwa Sanchalanasana*). Repetați poziția 4. Inspirați și schimbați rapid poziția piciorului drept, aducându-l înainte, printre mâini. Piciorul stâng rămâne întins spre spate, iar genunchiul sprijinit de pământ. Piciorul care se află în față ar trebui îndoit astfel încât să se sprijine cu talpa piciorului pe podea. Extindeți coloana, ridicând pieptul în sus și în jos. Întindeți capul și gâtul în sus.

Figura 9. Poziția ecvestră

10. Poziția „mâna dusă la talpa piciorului" (*Uttanasana*). Repetați poziția 3. În timp ce expirați, pășiți înainte cu piciorul stâng și continuați să îndoiți corpul în față și în jos, întinzând cât de mult se poate coloana. Brațele și capul urmează linia descrisă de coloană. Ambele mâini rămân pe podea. Lăsați genunchii flexați sau îndoiți-i ușor. Evitați să lăsați toracele într-o mișcare bruscă de relaxare sau să curbați prea mult partea superioară a spatelui. Mențineți coatele și umerii relaxați.

Figura 10. Poziția „mâna dusă la talpa piciorului"

11. Poziția cu brațele ridicate (*Tadasana*). Repetați poziția 2. În timp ce inspirați, ridicați brațele începând din dreptul zonei superioare a spatelui, în timp ce împingeți pieptul în afară cu mișcări înainte și în sus. Nu vă ridicați corpul din gât sau cap. Continuați să vă ridicați și să extindeți volumul toracelui pe măsură ce îl împingeți în afară, ridicând brațele deasupra capului. Continuați să respirați uniform, profund și continuu.

Figura 11. Poziția cu brațele ridicate

12. Poziția de salut (*Samasthiti*). Repetați poziția 1. Expirați în timp ce lăsați în jos brațele și aduceți podul palmelor împreunate în față, în dreptul pieptului. Rămâneți în picioare, cu tălpile depărtate în dreptul șoldurilor. Ridicați toracele și extindeți zona toracică a coastelor în timp ce priviți drept înainte. Întindeți pe verticală coloana și gâtul.

Această ultimă poziție încheie un ciclu al Salutului soarelui.

Figura 12. Poziția de salut

Mențineți poziția de salut cât timp continuați să respirați în reprize. Apoi, începeți al doilea ciclu. Această poziție de salut va deveni prima poziție a celui de-al doilea set. În timp ce inspirați, continuați, trecând la poziția 2, cea cu brațele ridicate, și repetați mișcările într-o secvență fluidă.

În timpul seturilor următoare de Salut al soarelui, veți alterna piciorul care este întins în spate și pe cel pe care îl aduceți în față în pozițiile 4 și 9 – poziția ecvestră. În primul ciclu, laba piciorului stâng împinge în spate în pozițiile 4 și 9, în timp ce piciorul drept este adus în față. Alternați piciorul pe care îl întindeți în spate la următorul set de poziții și continuați să alternați la fiecare nou ciclu.

După ce ați completat secvența de Saluturi ale soarelui, lăsați-vă pe spate, întindeți coloana și lăsați-vă corpul complet relaxat. Închideți ochii și odihniți-vă pentru un minut sau două. Respirați degajat, astfel încât să vă simțiți eliberat și ușurat.

Poziții Yoga

Timpul alocat: 10-15 minute, cu mișcări lente

Frecvența: un set dimineața și unul după-amiaza

Următoarele poziții simple, a căror execuție durează aproximativ 15 minute, sunt considerate exerciții ayurvedice esențiale. Un set poate fi executat înainte de meditația de dimineață și de cea de după-amiază, împreună sau nu cu Salutul soarelui. Aceste poziții fac parte dintr-un program de refacere neuromusculară care este predat în cadrul centrului nostru și sunt recomandate fiecărei persoane sănătoase, indiferent de vârstă sau pregătirea fizică anterioară.

Ceea ce urmează reprezintă o secvență specifică, care începe cu tonifierea și încălzirea corpului. Setul continuă cu poziții șezând și diferite mișcări de aplecare înainte, poziții în picioare, atitudini în care corpul își schimbă poziția, se răsucește, se relaxează și se termină cu un scurt exercițiu de respirație. Fiecare dintre aceste poziții care compun secvența în care se succed are un efect terapeutic special asupra fiziologiei. Vom specifica câteva dintre bine-cunoscutele avantaje ale fiecărei poziții, așa cum sunt explicate în scrierile vechi. În general, exercițiile de tonifiere și încălzire a corpului intensifică circulația sângelui și îmbunătățesc fluxul sangvin din întreg corpul uman. Pozițiile șezând ajută la întărirea rezistenței, îndreptarea corespunzătoare a coloanei și o ținută corectă, în timp ce mișcările de aplecare înainte stimulează digestia, cresc mobilitatea coloanei vertebrale și destind fiziologia. Mișcările de îndoire în spate generează mobilitatea și supleţea coloanei – îndeosebi în zona lombară a spatelui – și, în același timp, sunt revigorante. Schimbarea poziției stimulează sistemul endocrin și favorizează intensificarea circulației sangvine, în timp ce acelea în care corpul se răsucește favorizează digestia, eliminarea și tonifică coloana vertebrală. Toate aceste poziții sunt urmate de poziția de relaxare și exercițiile de respirație, care generează un nivel mai ridicat de conștientizare, disciplină și echilibru.

O secvență de succesiune de poziții este importantă în primul rând pentru că pregătește organismul pentru a-l încălzi și a îndepărta rigiditatea. În continuare, reușește să învigoreze, să întărească și să destindă întregul organism. Acesta este motivul pentru care este important ca secvența să fie executată într-o succesiune ordonată, având în vedere că fiecare poziție constituie pregătirea pentru următoarea poziție sau echilibrarea celei precedente.

Iată câteva linii directoare ce trebuie urmate înainte de executarea secvenței:

Executați pozițiile lent, pentru a vă asigura că inspirați și expirați, fără să vă țineți respirația sau să o controlați în vreun fel. Respirația trebuie să fie ușoară, fluidă și continuă.

1. Fără suferință, puteți lucra mai mult. Dacă nu puteți să vă atingeți vârful degetelor de la picioare fără un efort considerabil, nu vă forțați. Lăsați genunchii moi sau flexați-i. **Nu vă stresați și nu forțați niciodată corpul când executați aceste exerciții.** Rămâneți în poziția pe care o executați timp de câteva secunde și apoi degajați-vă ușor. Mișcările ar trebui să fie executate lent și într-un ritm relaxat. Niciodată nu intrați sau ieșiți din poziții brusc sau să reveniți la poziția anterioară. Folosiți-vă de respirație pentru a facilita mișcarea.

2. Cât de departe ar trebui să mergeți? În fiecare poziție, continuați până când simțiți că vă destindeți. Corpul ar trebui să se miște cât de mult o puteți face fără efort. Lăsați conștientizarea să evolueze în mod firesc spre locul din organism care urmează să fie destins. Nu extindeți excesiv, nu depășiți acest prag, nici nu forțați și nu exagerați. Uneori, este bine să vă degajați sau să reveniți complet din starea de destindere, pentru ca apoi să vă destindeți cu ușurință din nou. *Nu uitați să respirați!*

3. După câteva luni, veți observa că aveți mai multă forță, mobilitate și suplețe. Așadar, nu este necesar să vă forțați organismul pentru a atinge scopul dorit. De fapt, aceste poziții nu sunt gândite pentru a impune o anumită ținută corpului vostru, și nici nu există o poziție „ideală". Evoluția voastră provine mai degrabă din funcționarea integrată a conștientizării, mișcării și respirației.

4. Orice exercițiu ayurvedic implică mintea și corpul în egală măsură. Cu fiecare exercițiu, este destinsă o anumită zonă. Lăsați-vă conștientizarea să se îndrepte în mod firesc spre acea zonă din corp. Se spune că atenuarea stresului acumulat începe odată ce ne îndreptăm atenția spre zona din corp care trebuie destinsă.

Din acest motiv, acordați exercițiilor atenția voastră completă. Nu lăsați un radio sau un TV să funcționeze pe fundal. Permiteți-i minții să devină conștientă de corpul vostru fără niciun efort.

5. Purtați haine confortabile, lejere. Faceți exercițiile pe o suprafață plană, pe care nu se alunecă, dar evitați să le executați direct pe podea. Mai degrabă, folosiți o pătură de lână împăturită, un covoraș sau o altă suprafață relativ moale.

6. *De notat:* este important să amintim că toate pozițiile ar trebui adaptate pentru a satisface nevoile fiecărui individ. În anumite situații, cum ar fi o boală acută, sarcina, perioada menstruației și unele probleme structurale specifice, poziția trebuie adaptată sau modificată pentru a fi mai eficientă și a servi unei cerințe specifice. În cazul oricăreia dintre aceste situații, avem rugămintea să consultați sfatul unui instructor de yoga calificat.

I. Exerciții de tonifiere (1 – 2 minute)

Vom începe cu câteva exerciții ce revigorează și tonifică organismul. Primul exercițiu constă în masarea progresivă a corpului cu mâinile și degetele de la mâini, executând mișcări în direcția inimii.

1. Mai întâi, așezați-vă într-o poziție șezând confortabilă. Folosindu-vă de podul palmelor și degetele de la mâini, presați vârful capului și continuați treptat cu mișcări prin care apăsați și degajați, aducând mâinile înainte peste față, apoi coborând pe gât și piept. Reveniți la vârful capului și presați capul cu podul palmelor și degetele, cu mișcări în jos și spre spatele gâtului, iar apoi coborând în jurul pieptului.

Figura 1. Exercițiu de tonifiere a capului

2. Pentru tonifierea mâinilor și a brațelor, începeți să masați pentru început partea dreaptă. Prindeți degetele de la mâna dreaptă cu stânga și continuați cu mișcări prin care presați și degajați, mergând în sus, spre

Figura 2. Exercițiu de tonifiere a mâinilor

partea superioară a brațului drept, îndreptându-vă spre umăr și apoi peste piept. Repetați să presați și să degajați partea posterioară a brațului drept, începând de la mână în sus, spre antebraț, umăr și piept. Mișcarea prin care presați ar trebui să fie fermă, iar masajul, treptat și continuu. Repetați pe partea stângă, asigurându-vă că masați brațul sus și partea posterioară a brațului.

3. Aduceți vârful degetelor de la mâini în dreptul buricului și, cu ambele mâini pe plex, începeți să executați mișcări de presare și degajare în jurul abdomenului, îndreptându-vă treptat mișcările până în dreptul inimii.

4. Masați cu mișcări prin care presați și degajați partea inferioară a spatelui, zona rinichilor și cea a coastelor, îndreptându-vă mișcările spre inimă.

5. Începeți cu laba piciorului drept, apucând cu mâna degetele de la picioare și masându-le, apoi talpa și vârful degetelor, mergând în sus, spre gambă, coapsă, șold și stomac, continuând în sus, spre inimă. Repetați aceleași mișcări pe piciorul stâng, îndreptându-vă în sus, spre șold, și continuând până în dreptul inimii.

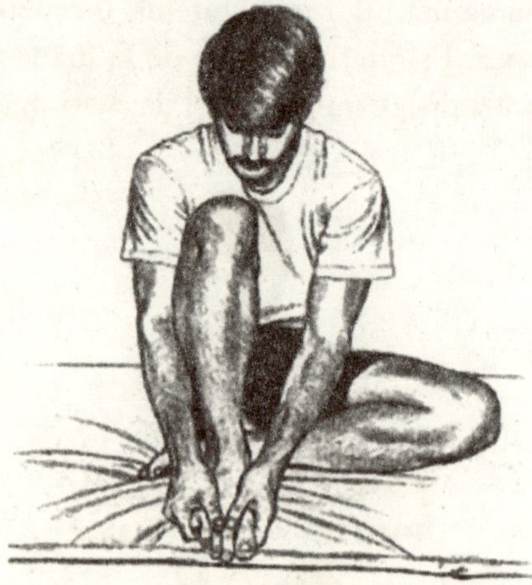

Figura 3. Exercițiu de tonifiere a picioarelor

6. Culcați-vă pe spate și întindeți coloana, menținând capul și gâtul drept și degajat. Apucați genunchii cu mâinile, duceți-i în sus spre piept și începeți să vă rotiți ușor și lent de pe o parte pe cealaltă. Aveți grijă întotdeauna să mențineți gâtul relaxat și degajat. Respirați normal.

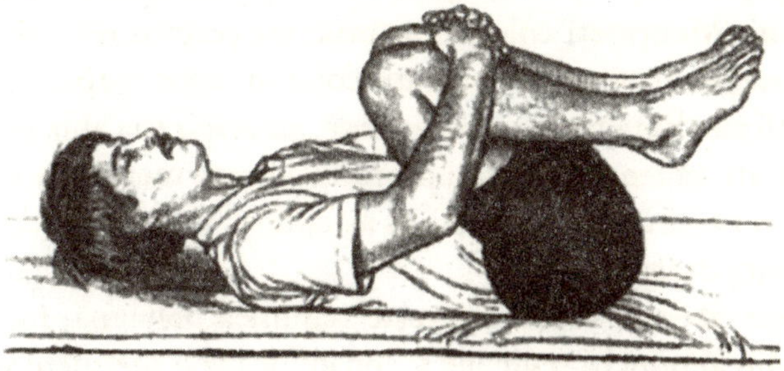

Figura 4. Exercițiu de tonifiere, rotirea de pe o parte pe cealaltă

7. Rotiți-vă de 5 ori pe fiecare parte și apoi lăsați brațele ușor pe lângă corp și întindeți picioarele cu o mișcare lentă de la șolduri în jos. Relaxați-vă complet corpul.

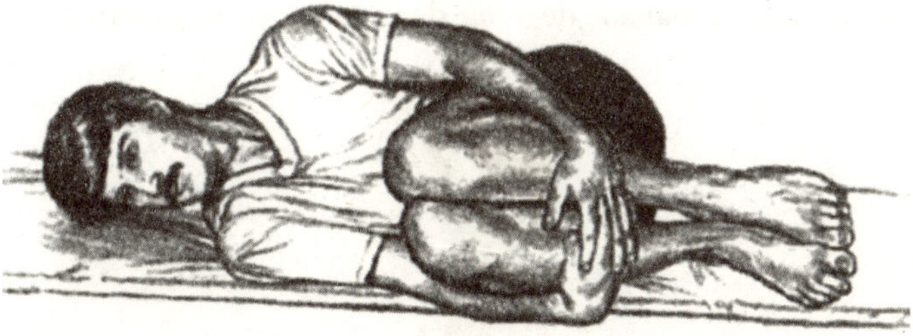

Figura 5. Exercițiu de tonifiere, rotirea în lateral

II. Poziția șezând nemișcat – *Vajrasana*
(30 de secunde – 1 minut)

1. Începeți stând în genunchi, așezat cu fesele sprijinite de călcâie. Tălpile picioarelor ar trebui să fie ușor depărtate și degetele mari de la picioare îndoite. Îndreptați coloana, deschideți amplu cutia toracică și ridicați ușor pieptul; capul și gâtul ar trebui să stea drept și degajat. Priviți drept înainte și respirați ușor. Așezați-vă mâinile în poală, cu mâna dreaptă deasupra mâinii stângi, iar podul palmelor în sus.

2. În timp ce inspirați, ridicați fesele de pe călcâie și reveniți în poziția pe genunchi. Mențineți coloana întinsă, iar pieptul deschis și ridicat. Relaxați umerii. În timp ce expirați, coborâți ușor corpul și așezați-vă la loc pe călcâie. Repetați cu mișcări line, cu respirația abia perceptibilă.

3. Mișcați-vă lent. Respirați profund și ușor, menținând partea anterioară și posterioară a corpului în așteptare, într-o atitudine degajată și cu ținuta dreaptă.

Avantaje: această asana întărește regiunea pelviană, îndepărteaza tensiunea din genunchi și glezne și consolidează o susținere solidă pentru spate.

III. Poziția capul deasupra genunchiului – *Janu Sirasana* (aproximativ 1 minut)

1. Din poziția șezând, întindeți picioarele drept în față. Întindeți dosul picioarelor și călcâiele, până la degetele de la picioare, îndreptându-vă spatele.

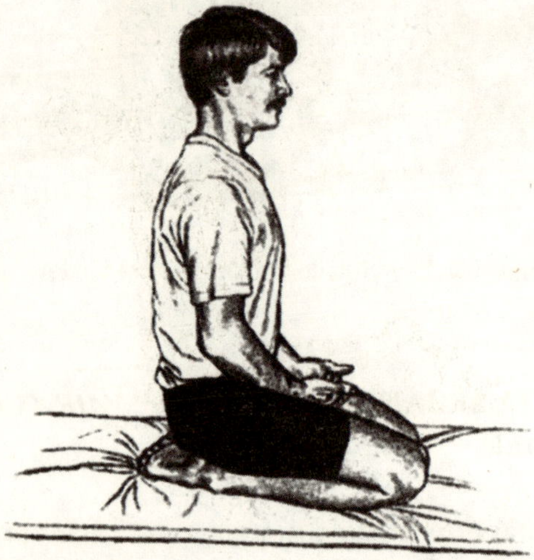

Figura 6. Poziția șezând nemișcat, figura de început

2. Îndoiți piciorul stâng și așezați talpa piciorului pe fața internă a coapsei piciorului drept.

3. Inspirați și ridicați brațele deasupra capului, în linie dreaptă cu spatele, întinzându-le peste cap. În timp ce expirați, îndoiți corpul înainte și aplecați-vă, întinzând coloana. Continuați să întindeți coloana, brațele și gâtul în timp ce vă aplecați înainte. Evitați să vă lăsați cu greutate pe torace sau să vă curbați zona superioară a spatelui. Ar trebui să lăsați moale genunchiul pentru a putea în continuare să vă degajați zona inferioară a spatelui.

4. Rămâneți în poziție timp de câteva respirații complete. Apoi inspirați și relaxați brațele față de zona superioară a spatelui, cu pieptul deschis înainte și în sus, în timp ce aduceți brațele deasupra capului. Repetați încă o dată pe aceeași parte, cu mișcări lente și relaxate. Inspirați în timp ce ridicați corpul din poziție și expirați când coborâți brațele pe lângă corp.

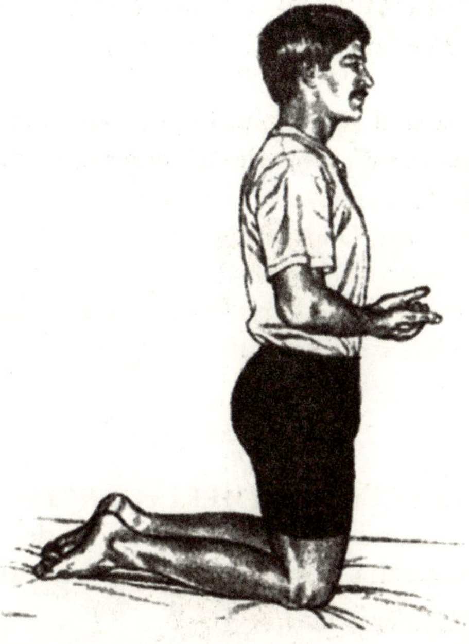

Figura 7. Poziția șezând nemișcat, figura ridicat

5. Executați poziția pe cealaltă parte. Întindeți complet piciorul stâng înainte. Îndoiți genunchiul drept și așezați talpa piciorului pe fața internă a coapsei piciorului stâng.

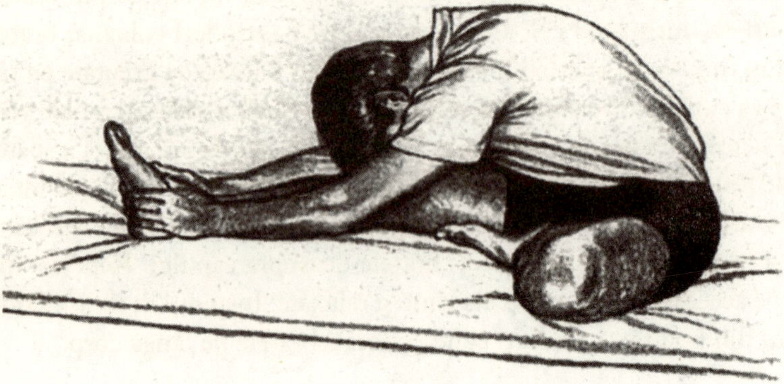

Figura 8. Poziția capul deasupra genunchiului

6. Respirați și intrați ușor în poziție. Expirați în timp ce vă aplecați corpul înainte și vă aplecați, apoi inspirați. Repetați poziția pe aceeași parte. Respirați normal, apoi rămâneți în poziție timp de câteva respirații, relaxat, fără nicio tensiune. După ce reveniți la normal, expirați și vă lăsați brațele în jos, pe lângă corp, lateral.

Avantaje: această poziție întărește și relaxează coloana, tonifică abdomenul, ficatul și splina și ajută digestia.

IV. Poziția stând pe umeri – *Sarvangasana*

(Începeți rămânând în poziție timp de 30 de secunde; creșteți treptat până la 2 minute, dacă vă simțiți confortabil în această poziție.)

Notă de avertizare: dacă sunteți la început sau sunteți anchilozat ori aveți probleme cu zona superioară a spatelui și cu gâtul, executați această poziție așezând una sau două pături sub umeri, pentru a vă proteja gâtul, sau folosiți doar jumătate de umăr în loc să întindeți complet corpul în poziție. Executați această poziție lent. Dacă aveți o problemă cronică la spate sau tensiune arterială, verificați mai întâi cu medicul dacă este indicat să executați această poziție. (Ayurveda avertizează în legătură cu inoportunitatea de a sta în cap, deoarece vă poate afecta creierul, gâtul și coloana, dacă poza este practicată inadecvat.)

1. Așezați-vă culcat pe spate și puneți brațele și mâinile pe podea. Relaxați-vă umerii și întindeți coloana.

2. În timp ce expirați, îndoiți genunchii și ridicați ușor picioarele deasupra taliei. Împingeți cu podul palmelor în podea și îndoiți genunchii deasupra capului. Îndoiți coatele, ținându-le apropiate de corp și pe aceeași linie cu umerii. Sprijiniți-vă spatele, ținând coapsele cu mâinile. Coatele și umerii ar trebui să creeze o platformă stabilă care să sprijine corpul.

Figura 9. Poziția stând pe umeri

3. Țineți strâns picioarele, întinzând călcâiele și rotulele. Lăsați coloana să se întindă în sus, în direcția plafonului. Întindeți complet picioarele, începând de la coapse, pentru a ține întreg corpul într-o linie dreaptă, de la glezne până la umeri. Extindeți în sus coloana.

4. Dacă alegeți să executați poziția cu jumătate de umăr stând pe podea, nu întindeți corpul dintr-odată. Sprijiniți-vă greutatea corpului pe mâini, în timp ce executați un unghi cu picioarele. Laba piciorului arată în direcția capului. (*Notă:* aceasta este o poziție stând pe umeri, *nu* stând pe gât, așa încât nu ar trebui să existe nicio tensiune asupra zonei gâtului. Este un lucru important.) Mențineți respirația uniformă și relaxați-vă chipul. Rămâneți în poziție timp de câteva respirații, crescând timpul în care stați în această poziție și relaxați-vă.

Avantaje: această asana echilibrează întregul sistem endocrin, crește circulația spre glanda tiroidă, ușurează oboseala mentală, aduce mobilitate coloanei și are un efect de calmare asupra organismului.

V. Poziția plug – Halasana
(de la 15 secunde până la 1 minut)

1. Continuați, intrând în următoarea poziție în timp ce expirați și îndoiți corpul din zona pelvisului pentru a aduce picioarele în jos, deasupra capului. Continuați să întindeți picioarele în afară, începând de la călcâie, astfel încât să formeze un unghi drept cu trunchiul. Lăsați coloana să se întindă pentru a evita curbarea exagerată a zonei superioare a spatelui. Păstrați-vă respirația uniformă și continuă.

2. Aduceți picioarele înapoi, cât să vă simțiți în continuare confortabil, fără să apăsați coloana spre torace. Fiți atenți să nu tensionați prea mult gâtul. (Dacă aveți o senzație de durere, relaxați ușor și ieșiți din poziție.)

3. Acum, extindeți brațele în afara corpului, în spate, în direcția opusă corpului. Trunchiul ar trebui să rămână sprijinit pe porțiunea superioară a umerilor, coapsele menținând o linie verticală cu articulația umerilor. Întindeți coloana.

4. Încrucișați brațele deasupra capului și rămâneți în poziție timp de câteva respirații.

5. Pentru a reveni la poziția normală a corpului, expirați, îndoiți genunchii și sprijiniți-vă zona lombară a spatelui cu mâinile. Cu mișcări lente și ușoare, aduceți coloana în poziție dreaptă, menținând genunchii îndoiți până când sunteți din nou în poziția întins culcat. Odihniți-vă, respirând relaxat pentru câteva momente.

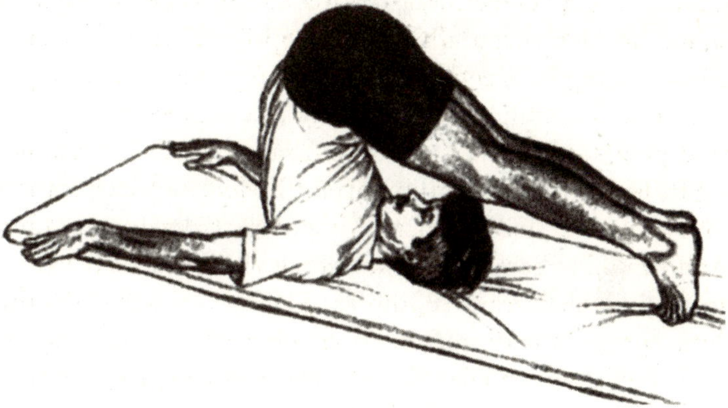

Figura 10. Poziția plug, cu brațele întinse

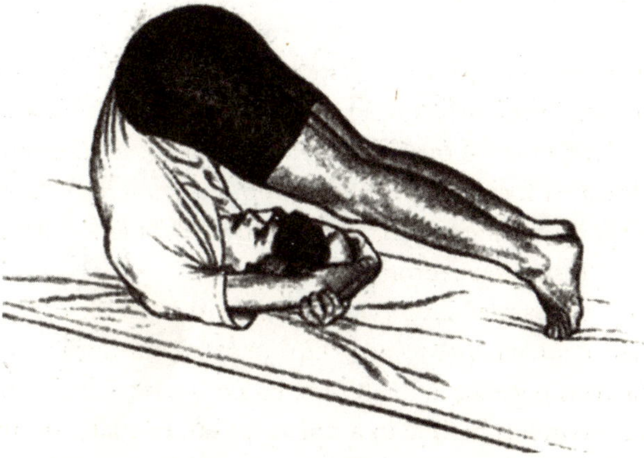

Figura 11. Poziția plug, cu brațele deasupra capului

6. Asigurați-vă că respirați uniform, în special în pozițiile stând pe umeri și plug. Calitatea respirației vă indică dacă tensionați sau forțați corpul prea tare.

Avantaje: poziția plug întărește și relaxează spatele, gâtul și umerii. Ea îmbunătățește performanța ficatului și splinei și îndepărtează oboseala. Ambele poziții stimulează și normalizează funcționarea glandei tiroide.

VI. Poziția cobra – *Bhujangasana*
(de la 30 de secunde până la 1 minut)

1. Așezați-vă cu fața în jos, pe abdomen, cu picioarele adunate și mâinile poziționate sub umeri, cu degetele îndreptate în față. Alungiți ușor coloana pentru a vă proteja zona lombară a spatelui.

2. În timp ce inspirați, ridicați și scoateți pieptul în afară, presând în podea cu mâinile. Păstrați coatele apropiate de corp și continuați să întindeți în sus coloana. Deschideți pieptul larg și îndreptați umerii în jos, depărtându-i de urechi, pentru a elibera gâtul și capul. Lăsați partea de sus a spatelui extinsă și întindeți.

3. Rămâneți în poziție timp de câteva respirații, apoi expirați și reveniți încet.

4. Repetați poziția încă o dată, maxim de trei ori, începând cu inspirația și împingând în sus pieptul. Aveți grijă să nu inițiați această mișcare începând de la cap sau să ridicați corpul din gât. Mențineți coloana alungită și respirați normal. Faceți astfel încât respirația să fie fluidă și ușoară. Expirați și reveniți lent înapoi. Lăsați corpul să se relaxeze complet.

Avantaje: această poziție întărește spatele, întinde mușchii abdominali și ajută acolo unde există probleme uterine și ovariene.

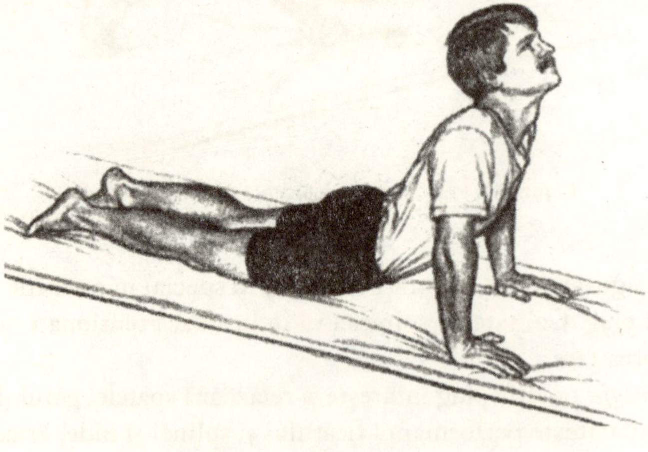

Figura 12. Poziția cobra

VII. Poziția lăcustă – *Salabhasana*
(de la 30 de secunde până la 1 minut)

1. Rămâneți culcat cu fața în jos și întindeți brațele înapoi pe lângă corp, fie aproape de șolduri, fie sub coapse. Podul palmelor este îndreptat spre plafon. Aduceți picioarele laolaltă și simțiți cum se întinde întreg spatele. Odihniți ușor bărbia pe podea.

2. În timp ce inspirați, ridicați ambele picioare, întinzându-le din șolduri. Continuați să întindeți întreaga coloană, în timp ce picioarele sunt ridicate în sus și în spate. Încordați coapsele și mențineți picioarele complet întinse și drepte. Continuați să respirați ușor, rămâneți în poziție timp de câteva respirații, apoi relaxați picioarele, aducându-le jos încet.

3. Repetați poziția o dată, maxim de trei ori. Fiți atent să nu vă țineți respirația în timpul acestei poziții. Ridicați picioarele în timp ce inspirați. Continuați să întindeți coloana pentru a preveni tensionarea sau extensia excesivă a zonei lombare a spatelui.

4. Nu vă forțați corpul pentru a obține o poziție perfectă. Puteți ridica pe rând picioarele, întinzându-l pe fiecare în timp ce împingeți din șold, și abia după aceea să ridicați ambele picioare odată.

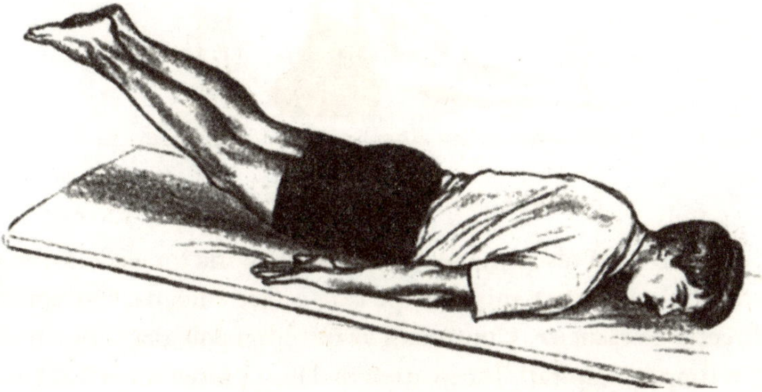

Figura 13. Poziția lăcustă

Avantaje: această poziție întărește zona lombară a spatelui, ajută digestia și avantajează vezica urinară, prostata, uterul și ovarele.

VIII. Poziția șezând cu corpul răsucit – *Marichyasana* (aproximativ 1 minut)

1. Așezați-vă cu picioarele întinse înainte. Întindeți coloana și lăsați capul și gâtul degajate.

2. Îndoiți genunchiul stâng și mențineți talpa piciorului pe pământ. Aduceți piciorul până aproape de fese, exact deasupra părții interioare a genunchiului drept. Partea interioară a piciorului stâng ar trebui să atingă partea interioară a coapsei drepte întinse. Întindeți treptat piciorul drept înainte, în față, împingând din spatele piciorului și din călcâie.

3. Aduceți mâna stângă pe podea în spatele vostru, iar brațul drept înspre exteriorul genunchiului stâng. Dacă este dificil de executat, apucați doar genunchiul cu mâna. Inspirați, ridicați cutia toracică în sus, întindeți coloana pe verticală în sus și, în timp ce expirați, răsuciți-vă de la baza coloanei spre stânga.

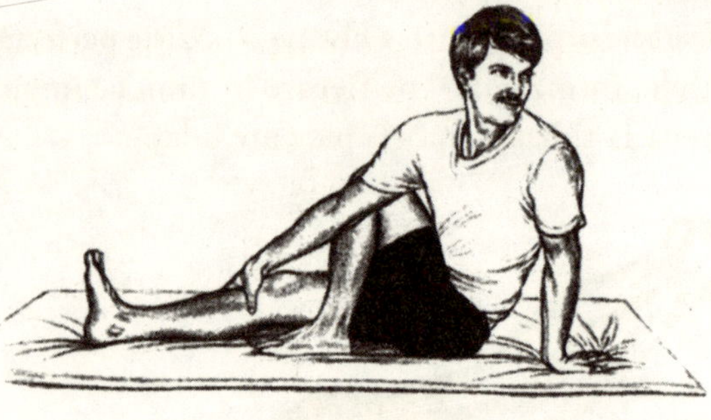

Figura 14. Poziția șezând cu corpul răsucit

4. În timp ce vă răsuciți, mențineți extinsă cutia toracică înspre stânga și lăsați capul să urmeze mișcarea pe care o face coloana, îndreptându-vă spre direcția de răsucire. Continuați să întindeți coloana și deschideți toracele în timp ce respirați. Încercați să nu lăsați partea superioară a corpului în jos. Dacă reușiți fără efort să mențineți coloana în poziție dreaptă, continuați, aducând mâna stângă în jurul corpului spre spate, în dreptul șoldului drept. Mergeți cât de departe puteți, fără să vă tensionați corpul.

5. Continuați să respirați normal și rămâneți în poziție timp de câteva respirații. Degajați ușor, apoi repetați pe cealaltă parte. Este în

mod special important să respirați în această poziție și răsucirea să se execute în timp ce expirați. Răsuciți întotdeauna cât timp coloana este întinsă, și nu când se comprimă.

Avantaje: această poziție intensifică circulația sângelui spre organele din abdomen, degajează tensiunea din umeri și zona superioară a spatelui, întinde mușchii gâtului și stimulează glandele suprarenale, ficatul și rinichii.

IX. Poziția stând în picioare aplecat – *Uttanasana* (până la 1 minut)

1. Ridicați-vă în picioare și țineți picioarele paralele, depărtate în dreptul șoldurilor. În timp ce mențineți picioarele drepte și întindeți coloana, scoateți pieptul în față. Mențineți capul și gâtul drepte și degajate. Priviți drept înainte și respirați normal.

2. Lăsați brațele să atârne de voie în lături și mențineți umerii relaxați. Priviți drept înainte și respirați normal.

Figura 15. Poziția stând în picioare aplecat, cu mâinile ridicate

3. Cât inspirați, întindeți ușor brațele deasupra capului, în timp ce ridicați și scoateți toracele înainte. În timp ce expirați, aplecați corpul în față și îndreptați-l în jos, întinzând întreaga coloană. Brațele și capul urmează aceeași linie cu coloana. Lăsați genunchii moi sau îndoiți-i ușor și aduceți mâinile la podea. Mențineți coatele și umerii relaxați și nu atingeți genunchii.

4. Continuați să respirați ușor. Rămâneți în poziție timp de câteva respirații. În timp ce inspirați, ridicați brațele din zona superioară a spatelui în timp ce scoateți pieptul înainte și în sus. Reveniți la poziția verticală, cu brațele deasupra capului. Expirați și lăsați brațele pe lângă corp.

Avantaje: această poziție tonifică ficatul, stomacul, splina, rinichii și coloana și liniștește și relaxează mintea.

Figura 16. Poziția stând în picioare aplecat, cu palmele pe podea

X. Poziția de relaxare – *Chitasana*

(cel puțin 1 minut)

1. Așezați-vă culcat pe spate, astfel încât părțile laterale ale corpului, de o parte și de cealaltă a coloanei vertebrale, să rămână uniform așezate pe podea.

2. Întindeți picioarele ușor depărtate și lăsați-le relaxate. Relaxați-vă capul, gâtul, umerii și coapsele. Lăsați brațele să se odihnească în voie pe lângă corp. Podul palmelor în sus.

3. Acum, relaxați-vă corpul complet. Închideți ochii și rămâneți așa cel puțin un minut. Respirați ușor și liber.

Avantaje: această poziție revigorează și împrospătează corpul și mintea, îndepărtează oboseala și este liniștitoare pentru întregul sistem.

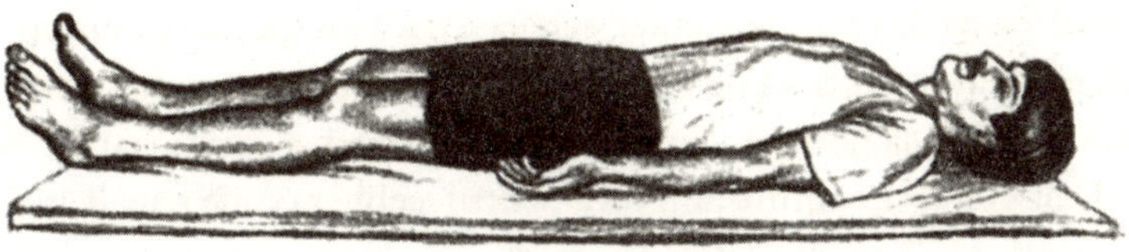

Figura 17. Poziția de relaxare

RESPIRAȚIA ECHILIBRATĂ (*PRANAYAMA*)
(timp alocat: 5 minute)

Frecvență: un set dimineața și un set seara

Exercițiile de respirație din Ayurveda sunt o formă ușoară de echilibrare a respirației – trecând de la o nară la cealaltă –, tehnică denumită Pranayama. Scopul este să se regularizeze ritmul respirator, iar acesta, la rândul său, are un efect calmant asupra întregului sistem nervos (acesta fiind motivul pentru care îl denumim exercițiu „neurorespirator" în centrul nostru). Câteva minute de respirație echilibrată, în timp ce stați liniștit cu ochii închiși, sunt extrem de relaxante; multe persoane simt după executarea acestui exercițiu o eliberare plăcută în cap și o strălucire caldă în interior. Pranayama este cel mai bun preludiu pentru meditație, întrucât concentrează fără cel mai mic efort atenția spre sinele nostru și reduce din gândurile agasante și „zgomotul" care ne copleșesc de obicei mintea.

Medicina modernă a descoperit că funcția creierului este divizată între emisferele cerebrale stângă și dreaptă, fiecare având propriul rol. Activitatea emisferei drepte a creierului este intuitivă și sensibilă; activitatea emisferei stângi este logică și organizată. Apelând la tehnica Pranayama, Ayurveda a descoperit o modalitate de a se „adresa“ ambelor emisfere și de a le aduce în echilibru. Când respirația devine mai echilibrată, se întâmplă mai multe lucruri: treceți de la respirația de pe partea dreaptă, pe nara stângă, la intervale regulate de timp, iar mintea devine mai limpede și mai vioaie, iar o parte a corpului este imperceptibil mai ușoară decât cealaltă.

Recomandăm să se practice 5 minute de Pranayama dimineața și alte 5 minute seara, în fiecare zi, ca parte a rutinei zilnice ayurvedice ideale.

Câteva precizări înainte de a începe:

- Orice formă de tensiune trebuie evitată – dacă începeți să vă simțiți amețit sau să gâfâiți, opriți-vă pentru o clipă și stați liniștit cu ochii închiși până când reveniți la normal. Nu suflați nasul pentru a curăța nările. Nu este indicat să folosiți antihistaminice pentru a elibera căile nazale înainte de a începe. Dacă unele alergii sau răceli v-au blocat sinusurile, săriți peste executarea Pranayama până când se vor fi curățat în mod natural.
- Este firesc pentru mucoasa nazală să se contracte când începeți pentru prima dată acest exercițiu. Nu faceți altceva decât să vă relaxați. În numai câteva zile, mucoasele nazale se vor adapta în mod natural la noua rutină.
- Executați Pranayama într-o încăpere liniștită, fără vreun radio, muzică sau televizor prin preajmă. Țineți ochii închiși. Dacă vă simțiți neliniștit la un moment dat, încetați exercițiul pentru un minut, însă nu reîncepeți imediat. Stați liniștit, cu ochii închiși, până când vă veți simți din nou relaxat. Dacă senzația de disconfort persistă, stați culcat pentru câteva minute, până când vă reveniți.
- Nu vă țineți respirația niciodată și nu numărați câte secunde inspirați sau expirați. Aceste instrucțiuni pot fi văzute uneori în cărțile de yoga sau sunt predate de instructorii de yoga. Orice astfel de practici sunt însă în contradicție cu scopul pe care și-l propune acest exercițiu: a-i permite organismului să-și echilibreze singur respirația. Propriul vostru ritm de respirație este cel care vi se potrivește.

Cum să se execute respirația echilibrată (*Pranayama*)

Luați un scaun confortabil, pe care să stați drept, cu coloana îndreptată și ambele picioare sprijinite pe pardoseală – este recomandabil să nu stați lungit pe spate în timp ce practicați Pranayama. Închideți ochii, lăsați-vă mintea să se odihnească și așezați mâna dreaptă în poziția indicată în desenul de mai jos – degetul mare de la mână apasă pe nara dreaptă, în timp ce cele două degete mijlocii se găsesc pe partea laterală a nării stângi.

Pentru a executa exercițiul, închideți apăsând ușor nara, apoi, pe rând, pe cealaltă, respirând normal. Pentru a nu obosi brațul care este ridicat, este bine să vă sprijiniți cotul brațului drept pe coastele cutiei toracice, însă nu de scaun sau de masă.

Ritmul esențial al exercițiului Pranayama este după cum urmează:

1. Apăsați ușor nara dreaptă cu degetul mare de la mână și expirați ușor pe nara stângă. Inspirați ușor pe nara stângă.
2. Apăsați nara stângă cu cele două degete mijlocii și expirați pe nara dreaptă. Inspirați ușor pe nara dreaptă.

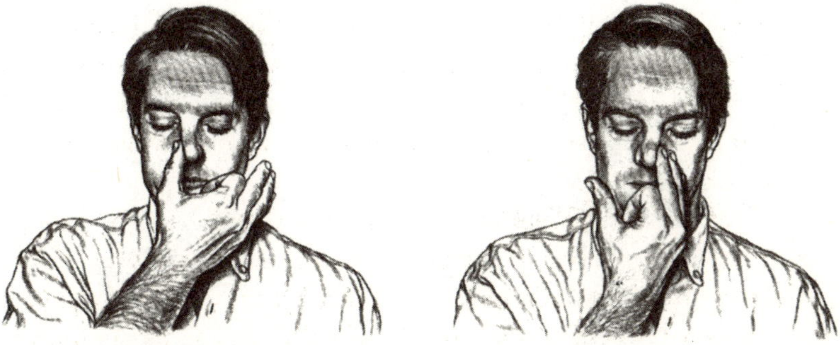

În Pranayama, mâna își schimbă pozițiile odată cu fiecare expirație dintr-un ciclu de respirație.

3. Alternați mișcarea pentru fiecare nară timp de 5 minute. Apoi, lăsați jos brațul și așezați-vă confortabil, cu ochii închiși, timp de unul sau două minute. Puteți începe imediat meditația, dacă aceasta este activitatea pe care v-ați programat-o.

De notat că *veți începe fiecare exercițiu de respirație prin expirație* și veți termina cu inspirație – acest ciclu fiind diferit față de cele mai multe exerciții de respirație occidentale, care încep trăgând aer adânc în piept. În Pranayama, nu trebuie să faceți asta. Trebuie doar să lăsați respirația să-și urmeze ritmul firesc, dar puțin mai lent și mai profund decât în mod normal. Dacă simțiți la un moment dat nevoia să respirați pe gură, puteți să o faceți și să vă întoarceți la exercițiu de îndată ce vă simțiți din nou confortabil. Pentru multe persoane, tiparul de respirație se schimbă la un moment dat; este un lucru normal și un semn bun că ați ajuns la un stil de respirație mai echilibrat.

CAPITOLUL 14

Rutina sezonieră – echilibrarea pentru un an întreg

Una dintre lecțiile organismului creat după legile cuantice este că ființa umană nu se sfârșește la frontiera impusă de piele. Existența sa continuă în afară, extinzându-se în natură. Vata, Pitta și Kapha se regăsesc oriunde în jurul nostru, făcând legătura între fiziologia noastră și univers. Acesta este motivul pentru care organismul nostru se modifică odată cu fiecare anotimp, simțind ploaia în oase sau ajungând să lenevească odată cu zorii primelor zile de primăvară. Doshele voastre păstrează în ele un ceas care merge după calendarul vremii, ghidat de căldură, frig, vânt, umezeală și toate celelalte variații pe care le aduce cu el fiecare anotimp.

Când începe să bată un vânt rece, uscat, Vata din voi reacționează pentru că și ei îi este frig și simte uscăciunea și schimbarea. Simte că a început să domine scena ceva similar cu sine. Fiecare dosha recunoaște un anumit gen de vreme care o scoate în evidență, conform principiului „cine se aseamănă se adună".

Vremea rece, uscată și cu vânt acumulează Vata.

Vremea toridă acumulează Pitta, și chiar mai mult atunci când este și umedă.

Vremea rece, umedă sau cu zăpadă acumulează Kapha.

Cuvântul *acumulează* semnifică faptul că o dosha este în creștere ca răspuns față de influențele exterioare; dacă va crește prea mult, acumularea conduce la agravare, un nivel grav de dezechilibru. Motivul pentru care o dosha poate să vă influențeze odată cu schimbarea anotimpului, cum se întâmplă atunci când răciți în timpul verii, este că se înregistrează un decalaj sau un efect de surplus. Pentru o dosha este nevoie de timp să acumuleze până într-acolo încât va începe să tulbure funcționarea organismului. Primele săptămâni ale toamnei ar putea părea absolut confortabile până când, dintr-odată, remarcați că sunteți cuprins de o anumită neliniște sau un acces de durere articulară, semne de agravare a doshei Vata.

Principiul care funcționează aici este același ca în cazul mahmurelii de dimineață: este nevoie de ceva timp pentru organism să prelucreze o eroare și să o respingă sub forma unui simptom. Vata se mișcă cel mai rapid, astfel încât dezechilibrele sale tind să se manifeste cel mai repede, urmată de Pitta, căreia ar putea să-i trebuiască o lună înainte să evidențieze un simptom vizibil și, în sfârșit, Kapha, care în mod tipic rămâne „blocată“ precum melasa rece, toată iarna, pentru a începe să „se topească“ abia cu primele semne ale primăverii (dacă vă curge nasul și aveți probleme cu sinusurile în lunile aprilie și mai, este un semn că ar trebui să vă îngrijiți mai bine de Kapha în februarie).

DOSHELE ȘI ANOTIMPURILE LOR

La fel ca în cazul ritmurilor zilei, există cicluri dominante corespunzătoare doshelor, care se succed pe tot parcursul anului. Organismul nostru, în mod automat, merge înainte odată cu aceste schimbări atâta vreme cât noi nu ne interferăm. Ayurveda împarte anul în trei anotimpuri, față de cele patru tradiționale.

Anotimpul **Kapha** este primăvara – de la jumătatea lui martie până la jumătatea lui iunie.

Anotimpul **Pitta** este vara și începutul toamnei – de la jumătatea lui iunie până la jumătatea lui octombrie.

Anotimpul **Vata** acoperă sfârșitul toamnei și iarna – de la jumătatea lui octombrie până la jumătatea lui martie.

Un ciclu anual complet ne face să traversăm experiențe Kapha, Pitta și Vata, în această ordine, oglindind ciclul zilnic. Anotimpul din calendar cel mai intens este toamna, întrucât este divizat între două doshe. Toamna este considerată Pitta atâta vreme cât vremea caldă este predominantă, și Vata de îndată ce devine rece, uscată și cu vânturi. Persoanele care au dosha dominantă Vata se vor plimba în aer liber într-o zi rece de octombrie și vor simți că le face bine vremea de afară. Trăsătura antrenantă, stimulativă a toamnei este doar o ușoară abatere de la oboseala și depresia pe care unele persoane le resimt în această perioadă a anului. Vântul care bântuie Vata pare să le scoată la iveală țâșnirea de energie interioară, pentru ca apoi să o domolească. De aceea este nevoie să fim atenți cum să echilibrăm întregul an, îndeosebi atunci când tipul de organism al fiecăruia se apropie de perioada sa vulnerabilă.

Cele trei anotimpuri ayurvedice sunt delimitate doar cu aproximație și trebuie să fie adaptate conform condițiilor locale. În India, de exemplu, există șase anotimpuri, ținând cont de sosirea musonului și de alte modificări climatice, pe care noi nu le cunoaștem pe teritoriul continental al Statelor Unite. Pe de altă parte, multe zone din Florida au condiții specifice Pitta tot timpul anului, favorizând o iarnă scurtă Vata sau Kapha.

Nu calendarul, ci natura însăși este cea care ne spune când vor fi influențate doshele. Orice zi ploioasă, rece și cu vânt puternic va genera o creștere a Kapha, indiferent dacă are loc toamna, iarna sau primăvara. Doshele trebuie să aibă ochiul format pentru a înțelege ce se întâmplă cu vremea. Chiar în Florida, ele se adaptează la cele mai sensibile modificări ale climei, permițând fiecăruia să experimenteze un ciclu complet de Kapha, Pitta și Vata de-a lungul anului.

Cum să urmăm o rutină sezonieră

În mod tradițional, Ayurveda recomandă ca fiecare să urmeze o rutină sezonieră (*ritucharya*) pentru a păstra echilibrul în timp ce anotimpurile se schimbă. Această rutină nu implică modificări majore în stilul nostru de viață, ci doar o schimbare de accent. Ar trebui să vă păstrați rutina ayurvedică zilnică – este o chestiune de importanță esențială – și să continuați să urmați dieta care domolește dosha voastră majoră (sau pe aceea specificată de medicul ayurvedic), cu unele variații în funcție de anotimp.

Sezonul Kapha (*primăvara și începutul verii*)

Preferați o dietă mai ușoară, mai uscată și mai puțin grasă decât în celelalte anotimpuri. Produsele lactate grele (brânza, iaurtul și înghețata) ar trebui reduse, deoarece tind în mod special să agraveze Kapha. Preferați alimentele și băuturile calde. Consumați mai multe alimente cu gust înțepător, amar și astringent și mai puține dulci, acre și sărate.

Sezonul Pitta (*mijlocul verii și până la începutul toamnei*)

Agni este în mod firesc coborât în timpul sezonului cald, astfel încât s-ar putea să descoperiți că aveți apetitul mai scăzut vara. Respectați această schimbare și nu mâncați excesiv. Preferați alimentele și băuturile reci, însă nu reci ca gheața. Organismul vostru va dori mai multe lichide în sezonul cald, dar este important să nu potoliți focul digestiv cu lichide reci după ce ați mâncat. Preferați gusturile dulci, amare și astringente și reduceți alimentele acre, sărate și înțepătoare.

Sezonul Vata (*sfârșitul toamnei și iarna*)

Preferați alimentele și băuturile calde, o alimentație mai grea și mai grasă față de ceea ce consumați în restul anului. Asigurați-vă că mâncarea este bine pregătită termic și ușor de digerat, însoțită de lichide calde din abundență (cele mai indicate sunt apa fierbinte sau ceaiul Vata). Consumați cât mai multe alimente dulci, acre și sărate și mai puține amare, astringente și înțepătoare. Evitați alimentele uscate sau nepregătite termic (în special salatele, fructele și legumele în stare proaspătă). Nu vă îngrijorați dacă apetitul vostru crește – este o tendință firească în timpul iernii și contribuie la domolirea doshei Vata; totuși, asigurați-vă că nu mâncați mai mult decât puteți să digerați într-un mod confortabil.

Mai sunt două aspecte care merită menționate:

- Consumați produse proaspete oricând în timpul anului, preferabil cele care cresc în zona geografică unde locuiți.
- Evitați alimentele care nu sunt specifice zonei voastre pentru anotimpul respectiv – de exemplu, mai puține roșii și salată iarna, mai puține cereale vara, niciun fruct cules pe jumătate copt și adus din import și doar pe jumătate copt și așa mai departe.

După cum puteți constata, rutina sezonieră implică în cea mai mare parte adaptări de bun-simț ale obiceiurilor alimentare, pe care noi deja le urmăm. Dar dacă veți arunca o privire într-un restaurant într-o zi rece de februarie, veți remarca cât de mulți clienți încă mai comandă salate reci de la frigider și înghețată; fără să fie informat, aproape oricine o să bea apă, bere sau vin alb rece ca gheața – toate acestea agravează dosha Vata în timpul sezonului ei predominant.

În general, anotimpul în care trebuie să fim cel mai atenți este cel care corespunde tipului nostru de organism – vara pentru cei din Pitta, iarna pentru tipurile Vata și primăvara pentru tipurile Kapha. Acestea sunt perioade ale anului când vă doriți să fiți în mod deosebit credincioși regimului adecvat tipului vostru de organism. De asemenea, la începutul fiecărui anotimp, dosha Vata tinde să devină mai vulnerabilă, de aceea este bine să fim atenți la Vata când iarna face loc primăverii, primăvara verii și așa mai departe, întrucât acesta este momentul când atacă răcelile și gripele de sezon.

Dacă aveți două doshe dominante în prakruti, așa cum au cei mai mulți dintre noi, o puteți echilibra pe fiecare odată cu sosirea anotimpului care i se potrivește. Să dăm un exemplu concret. Dacă sunteți un tip de organism Vata-Pitta, veți urma o dietă de domolire a doshei Vata la sfârșitul toamnei și începutul iernii (sezonul Vata) și o dietă de domolire a doshei Pitta vara (sezonul Pitta). Singurul sezon rămas este Kapha, care este primăvara. În acest caz, veți combina o dietă Vata, care corespunde doshei voastre esențiale, cu una Kapha, care este potrivită în mod firesc anotimpului. Să combini două diete înseamnă să consumi jumătate din alimentele tale din coloana „pentru" a dietei Vata și jumătate din coloana „pentru" a dietei Kapha.

Viața devine prea complicată dacă veți face o obsesie din schimbarea dietei pentru a se potrivi cu vremea. Rutina sezonieră ayurvedică ar trebui să reprezinte doar un alt mod de a încuraja instinctele noastre naturale să fuzioneze.

Epilog

Flori în câmpul cuantic

Cei mai mulți dintre noi credem, fără să punem sub semnul îndoielii, că organismul nostru are un început bine definit și se îndreaptă în mod inexorabil spre un sfârșit bine definit. Fiecare dintre noi și-a început călătoria vieții ca o simplă celulă în pântecele mamei și va sfârși „țărână din țărână". Și totuși, acestea sunt credințe culturale, nu fapte absolute. Organismul uman nu are nici început, și nici sfârșit delimitat. El se creează pe sine fără încetare, din nou și din nou, zi de zi. Aceasta înseamnă că fiecare minut este un fel de geneză și, în același timp, o finalitate, când devenim țărână din țărână. Dacă ne recreăm fără încetare, atunci nu este niciodată prea târziu să începem să ne creăm organismul așa cum ne dorim, în locul unuia în care, din eroare, preferăm să rămânem prizonieri.

Fiecare respirație a noastră este un act creativ. Moleculele din aer sunt aleatorii și haotice. Dacă se întâmplă să ne pătrundă în corp, ele vor dobândi în mod magic un scop și o identitate. Există vreun alt act mai creativ de atât? Să ne gândim la ceea ce se întâmplă cu un singur atom de oxigen, în timp ce îl inspirăm. În câteva miimi de secundă, el trece dincolo de membrana umedă, aproape transparentă cu care sunt înveliți plămânii. El se combină imediat cu hemoglobina din interiorul uneia dintre globulele roșii din sângele nostru. Într-o clipă, are loc o transformare remarcabilă. Celula de sânge își schimbă culoarea de la negru-albăstrui închis, cum arată hemoglobina avidă de oxigen, la roșul strălucitor al hemoglobinei bogate în oxigen, iar un atom rătăcit de aer devine dintr-odată ceea ce ești *tu*. El a trecut granița invizibilă care desparte neființa de ființă.

În alte șaizeci de secunde, același atom de oxigen va parcurge un circuit complet al organismului tău *via* fluxul sangvin (călătoria nu îi ia decât cincisprezece secunde, dacă faceți un efort susținut). În acest timp, aproape jumătate din oxigenul nou din organism va ieși din sânge pentru a se transforma într-o celulă din rinichi, mușchiul biceps, neuron sau un țesut. Atomul va rămâne în țesutul acela de la câteva minute până la un an, îndeplinind tot atâtea funcții câte sunteți voi înșivă capabili să îndepliniți. Un atom de oxigen ar putea să devină o parte dintr-un gând fericit, dacă s-ar combina cu un neurotransmițător. Sau ar putea să vă transmită un fior de teamă, dacă s-ar alipi unei molecule de adrenalină. Ar putea să hrănească o celulă a creierului cu glucoză sau să se sacrifice singur pe frontul de luptă, devenind o părticică dintr-o globulă albă trimisă să atace bacteriile care invadează corpul.

Acesta este felul în care râul vieții – râul organismului uman – curge neîntrerupt, cu o fluiditate, inteligență și creativitate ce nu cunosc limite. Acum, după ce am vorbit despre principiile Ayurveda, devine evident că responsabilitatea noastră față de noi înșine este în egală măsură creativă. Ne aflăm aici, în această lume, să gestionăm un proiect similar cu cel al construirii unui nou univers în fiecare zi. Să te creezi pe tine însuți nu este doar un *full-time job*, este o misiune uimitoare. Cu fiecare respirație unică, noi trimitem 5 trilioane de corpusculi roșii de sânge în aer. Fiecare corpuscul conține 280 de milioane de molecule de hemoglobină. Fiecare moleculă de hemoglobină poate ridica și transporta 8 atomi de oxigen.

Dacă te vei gândi la fiecare atom de oxigen ca la o nouă construcție, atunci cu o singură respirație tu adaugi 11×10^{21} (sau 11 000 000 000 000 000 000 000) de noi „cărămizi", ce vor fi distribuite în diferite locuri din corpul tău. Fiecare își va găsi locul în tine, cu o precizie nebănuită, și nicio nouă cărămidă nu va tulbura poziția în care s-a așezat alta, mai veche. Cele vechi le fac loc celor noi la fel de ușor și fără nici cel mai mic efort, asemenea curgerii infinite a unui râu.

Singurul motiv pentru care nu suntem perfect sănătoși astăzi este că luăm fără să ne oprim aceste cărămizi infinit de noi și le așezăm în aceleași vechi lăcașuri. De ce facem asta? Până la urmă, este o problemă de conștientizare, care ține de felul cum ne percepem pe noi înșine. Dacă vei privi cu luare-aminte la propria ta existență, vei înțelege că nu faci altceva decât să trimiți semnale organismului tău prin care să repeți aceleași vechi credințe, aceleași temeri și dorințe vechi, aceleași obiceiuri neschimbate de ieri și de alaltăieri. Acesta este motivul pentru care continui să rămâi prizonier în același trup învechit.

SĂ ÎNȚELEGI VIAȚA CA UN ÎNTREG

Cărămizile noi care pătrund în organismul tău nu se așază la locul lor de unele singure; ele sunt orânduite de o fărâmă de inteligență din sinea ta, care știe cum să construiască inima, rinichii, pielea, enzimele, hormonii, ADN-ul și tot ce ne compune. Această inteligență este practic infinită și se găsește întru totul sub controlul nostru. Și totuși, în mare măsură, ne însușim creativitatea infinită a câmpului cuantic și o bombardăm cu fascicule scurte de atenție. Orice gând ce ne străbate este doar un fascicul de atenție concentrată trimisă de sinele nostru cuantic. Nu este nevoie decât de câteva astfel de fascicule scurte sau gânduri pentru a ne prelungi puțin viața sau pentru a o îmbunătăți. Putem să-i mai adăugăm cinci ani față de media de viață, dacă ne decidem să nu mai fumăm. Putem să mai câștigăm câțiva ani, dacă ne decidem să scăpăm de kilogramele în plus, să ne hrănim sănătos sau să facem exerciții fizice în mod regulat. Însă aceste fascicule scurte de atenție concentrată sunt limitate. Ele nu vor reuși să ne facă perfect sănătoși, nu ne vor prelungi viața de două sau de zece ori, dacă așa ceva este posibil, și nici nu ne vor îmbunătăți prea mult calitatea vieții.

Este nevoie de gândire creatoare pentru a face așa ceva, după cum am remarcat la început. Cum putem activa întregul potențial al organismului creat după legile cuantice? Răspunsul este surprinzător de simplu. Proiectul extrem de complex al creării de sine poate fi fragmentat în doar câteva procese, pe care le putem controla în fiecare zi din viața noastră:

- *Alimentația.* Alimentația este actul creativ care selecționează materia primă din univers, pe care o transformă în persoana ta. Pentru a fi sigur că acest proces se desfășoară corect, ai nevoie doar să știi care este tipul tău de organism și să urmezi dieta care i se potrivește. Recitește capitolul despre dieta potrivită fiecărui tip de organism; aprofundează informațiile, recitindu-le până când ai înțeles principiile călăuzitoare. Acum, vei mânca potrivit acestor principii, simplu și plăcut.

- *Digestia și asimilarea.* Digestia și asimilarea sunt actele creative care transformă „cărămizile" materiei în țesuturi vii. Focul digestiv din organismul tău, agni, se ocupă de aceste procese, coordonându-le perfect. Recitește capitolul despre agni, află cum funcționează tipul tău de digestie și apoi respectă-ți focul digestiv, reactivându-l în mod regulat.
- *Eliminarea.* Eliminarea este actul creativ care purifică organismul, evacuând fragmente din alimentele nedigerate și scăpând celulele de toxine și de alte „cărămizi vechi". Puteți îmbunătăți eliminarea, respectând cu regularitate rutina zilnică și apelând la terapiile de purificare ayurvedice. În capitolul despre agni, am discutat despre plantele care ajută la purificare; de asemenea, o dietă sattvică este de mare ajutor, întrucât reduce aproape la minimum ingurgitarea de impurități. Dacă puteți, includeți panchakarma sezonieră în rutina voastră anuală, preferabil de trei ori pe an sau cel puțin o dată. Aceasta este cea mai puternică terapie care ajută eliminarea.
- *Respirația.* La fel ca ritmul esențial al vieții, care sprijină toate celelalte ritmuri, s-ar putea spune că respirația este cel mai creativ act pe care-l realizăm cu corpul nostru. O respirație corectă ne pune celulele în armonie cu ritmurile din natură și, cu cât este mai firească și mai perfecționată, cu atât intrăm mai mult în armonie cu tot ceea ce ne înconjoară. Multe dintre rutinele ayurvedice ajută la aducerea respirației la un nivel de echilibru – sunt indicate toate formele de exerciții pentru cele trei doshe, precum și delicata Pranayama sau respirația echilibrată, pe care o puteți practica timp de câteva minute zilnic.

În sfârșit, putem reuni toate aceste procese separate sub același titlu: *Să trăim în armonie cu propriul nostru organism creat după legile cuantice.* Acesta este actul creativ suprem al vieții. Dacă veți trăi în armonie cu organismul vostru conceput după principiile cuantice, toate activitățile zilnice se vor desfășura la fel de bine precum tot ceea ce le compune – respirația, alimentația, digestia, asimilarea și eliminarea. Cea mai importantă rutină este să transcendem, actul de a fi în contact cu nivelul cuantic al sinelui. Revedeți capitolul despre meditație și, pentru câteva minute, oferiți-i minții voastre liniștea de care are nevoie în fiecare zi, dimineața și seara.

Conform Ayurveda, acesta este felul în care vă puteți înălța existența din cotidian într-un plan superior. Dacă vom ști să urmăm corect câteva procese, atunci instinctul organismului nostru de a rămâne în echilibru va prelua controlul. La nivel cuantic, noi toți suntem maeștri constructori; nu trebuie decât să urmăm inteligența călăuzitoare a naturii noastre – prakruti – și complexitatea infinită a organismului își va urma cursul la fel de bine ca anotimpurile, mareele și stelele care ne veghează.

Unduiri în oceanul conștiinței

În esența ei, „știința vieții" este un gen de cunoaștere extrem de personal și revigorant. Ea ne călăuzește înapoi la sinele nostru. Acum vă putem lăsa singuri să trăiți experiența acestei cunoașteri. Când ați deschis această carte și ați citit sintagma *sănătate perfectă*, se poate să fi fost puțin uimiți. Orice persoană se așteaptă să fie bolnavă la un moment dat în viață; să te aștepți la contrariul pare ceva aproape nepermis. Și totuși, înțelepții Ayurveda privesc viața cu alți ochi. Un fragment vedic celebru spune așa: „Este datoria noastră față de restul omenirii să fim perfect sănătoși pentru că suntem unduiri în oceanul conștiinței, iar când suntem bolnavi, oricât de puțin, noi tulburăm armonia cosmică".

Acum înțelegeți esența acestor cuvinte atât de profunde. Nu este corect să te vezi pe tine ca un organism izolat în timp și spațiu, care ocupă 0,1699 m^3 volum și dăinuie șapte sau opt decenii. Mai degrabă, ești o celulă într-un organism cosmic, îndreptățită să beneficieze de toate privilegiile statutului său cosmic, inclusiv de o sănătate perfectă. Natura ne-a dorit niște gânditori, astfel ca noi să putem înțelege acest adevăr. După cum spune un alt text vedic, „inteligența internă a organismului nostru este geniul absolut și suprem din natură. El oglindește înțelepciunea cosmosului". Geniul acesta sălășluiește în tine și este o bucată din tiparul tău unic ce nu poate fi șters niciodată.

La nivelul mecanicii cuantice, nu există nicio graniță clară care să te despartă de restul universului. Fiecare dintre noi se echilibrează între infinit și infinitezimal. Aceiași protoni descoperiți în miezul stelelor și care au dăinuit cel puțin 5 miliarde de ani se cuibăresc în trupul tău. Neutrinii care străbat pământul în câteva milionimi de secundă sunt o parte din noi pentru o clipă vremelnică. Ești un râu neistovit de atomi și molecule adunate din toate colțurile universului. Ești un afloriment de energie, ale cărui unduiri se transmit până la marginile câmpului unificat. Ești un rezervor de inteligență nesecat, pentru că natura, în plenitudinea întregului ei, este inepuizabilă.

Ayurveda și-a făcut apariția atunci când venise momentul potrivit, când „reîncântarea naturii“ se înfăptuiește acolo unde fizica a atins cel mai înalt nivel. Ideea că universul este un organism viu, care respiră și gândește, idee ce-ar fi fost ridiculizată cu o generație în urmă, s-ar putea dovedi principiul de întemeiere al unei noi științe. Dacă așa stau lucrurile, Ayurveda se va dovedi deschizătoarea de drumuri a medicinei cuantice a vremurilor noastre.

Pentru omul modern, boala nu este o necesitate, ci o opțiune – natura nu a decis că o bacterie sau un virus poate cauza un atac de inimă, diabet, cancer, artrită sau osteoporoză. Acestea sunt, în parte, creațiile stranii ale omului. Dar ceea ce omul a construit poate și să dărâme. Dacă această carte v-a ajutat să porniți în călătoria autocunoașterii, nu o să vă mai priviți niciodată ca fiind cel care era prins în îngrădirile de altădată. Dacă organismul, de nezdruncinat și cu înfățișare solidă, după cum îl percepem, poate porni la rândul lui în această călătorie, atunci ceva mult mai măreț va fi împlinit. Nu va trebui doar să visăm la eliberarea de relele pe care trupul nostru le-a moștenit. Vom deveni cu adevărat liberi, îmbrăcați în trupul care va fi devenit la fel de bun ca și idealurile noastre.

ANEXA A

Surse pentru Ayurveda

Nu aveți nevoie neapărat de un sprijin special sau de sfatul unui expert pentru a vă echilibra doshele și a trăi conform principiilor ayurvedice. Și totuși, sunt momente în viața fiecăruia când cei mai mulți dintre noi pot avea nevoie de un imbold special pentru a-și restabili parametrii optimi de sănătate. Anumite alimente, mirodenii și plante aromatice au avut rolul lor de netăgăduit în Ayurveda timp de mii de ani. Multe dintre aceste produse tradiționale sunt disponibile acum oriunde în Occident.

***Alimente*:** orice aliment integral crescut în mod natural și în lipsa unor aditivi este ayurvedic, dar mai există și câteva specialități de alimente care constituie un supliment plăcut pentru o dietă:

Dulceața de petale de trandafiri este minunată pentru domolirea doshei Pitta și este totodată considerată extrem de sattvică (sau pură).

Untul îndulcit de migdale este considerat în mod tradițional excelent pentru vitalitate și agerimea minții.

Dacă nu doriți să vă pregătiți singur acasă *ghee* (unt clarificat), sunt disponibile diverse varietăți ale acestui produs.

Plante aromatice și suplimente alimentare: este convenabil să ne cumpărăm pliculețe de ceai special preparate pentru domolirea doshelor Vata, Pitta sau Kapha sau să alternăm consumul lor în funcție de schimbarea anotimpului. Amestecurile condimentate, denumite *churne*, se găsesc și ele ușor și le putem folosi presărând un praf peste mâncarea pe care o consumăm, cu efectul corespunzător domolirii fiecărei doshe. Mai complexe și mai greu de realizat acasă sunt tradiționalele rasayane (suplimente alimentare pe bază de plante aromatice), care implică adesea zeci de preparate distincte și diverse ingrediente exotice.

Uleiuri aromatice și pentru masaje: aceste uleiuri special preparate sunt folosite pentru abhyanga și aromoterapie și sunt concepute pentru a echilibra dosha corespunzătoare.

Diverse: pentru a executa o rutină zilnică ideală, aveți nevoie de mănuși speciale din mătase pură, folosite pentru *garshana* (masaj uscat) și bureți speciali pentru limbă.

O linie completă de produse ayurvedice, care cuprinde și suplimente nutriționale ayurvedice echilibrate, poate fi comandată pe internet la ***MyPotential.com***. Multe dintre aceste produse, alimente sau suplimente le puteți găsi și în centrele comerciale locale care comercializează produse dietetice sau în magazinele indiene.

Vizitați Chopra Center for Well Being. Unele dintre terapiile specializate descrise în această carte necesită supraveghere din partea unui medic instruit în tehnicile Ayurveda. Acestea includ *panchakarma*, rutina de purificare sezonieră și terapia Marma. Cursuri de îmbunătățire a sănătății și de sprijinire a persoanelor care se confruntă cu diverse boli sunt disponibile pe tot parcursul anului în cadrul Chopra Center for Well Being din frumoasa La Jolla, California. Pentru a afla mai multe despre programele și serviciile oferite în cadrul centrului, puteți apela (888) 424-6772 sau vizitați adresa noastră web: www.chopra.com.

Cursuri de meditație, Ayurveda și medicină pentru sistemul minte-corp omenesc. Am instruit și asigurat certificate de absolvire pentru sute de instructori pregătiți în aceste direcții, din întreaga lume, pentru a oferi programe dezvoltate în cadrul Chopra Center for Well Being.

Pentru informații cu privire la oricare dintre următoarele cursuri, sunați la Chopra Center – (888) 424-6772 – sau vizitați site-ul nostru: www.chopra.com:

Adevărata meditație primordială. Învățați o tehnică eficientă de meditație mantra pentru liniștirea minții, reducerea stresului și accesarea rezervorului propriu de energie și creativitate.

Să creăm sănătate. Învățați cum să aplicați principiile Ayurveda pentru a face din fiecare zi pe care o trăiți una mai frumoasă și mai sănătoasă.

Începuturi magice, existențe fericite. Acest curs dedicat viitorilor părinți îi învață pe aceștia care sunt principalele instrumente pentru a avea o sarcină și o naștere conștiente.

Întoarcerea la esență. Acest program este un ghid de sprijin oferit persoanelor care suferă de cancer, pentru a-și accesa propriul loc intern de vindecare.

MyPotential.com. Vizitați noul nostru site web dedicat sprijinirii oricărei persoane care dorește să atingă cel mai înalt potențial de care dispune. Pe ***MyPotential.com*** puteți să dezvoltați propriul vostru program pentru a ajunge la un stil de viață încununat de succes și să vă creați un drum personalizat de împlinire a visurilor și dorințelor.

Anexa B

Glosar

Abhyanga – masaj zilnic cu uleiuri

Agni – foc digestiv

Ama – reziduuri toxice depozitate în organism ca rezultat al unei digestii necorespunzătoare. De asemenea, *ama mentală*, emoții toxice sau gânduri negative, rezultatul unor experiențe emoționale incomplet metabolizate

Ananda – încântare, sinonim cu „bucurie pură"

Asana – o poziție yoga

Dhatu – unul dintre cele șapte elemente constitutive de bază ale organismului, sinonim cu „țesutul" din medicina occidentală

Dinacharya – rutina zilnică ayurvedică

Dosha – unul dintre cele trei principii metabolice esențiale, care conectează mintea și corpul uman

Ghee – unt clarificat

Guna – orice trăsătură naturală fundamentală (spre exemplu, uscat, umed, fierbinte, rece etc.). De asemenea, se aplică la *sattva*, *rajas* și *tamas* – cele „trei gune"

Kapha – dosha responsabilă pentru constituția corporală

Marma – joncțiunea dintre conștiință și materie (107 marme din piele pot fi accesate prin simțul tactil)

Ojas – expresia cea mai pură a metabolismului; produsul final al unei digestii și asimilări corecte a alimentației

Panchakarma – tratamente de purificare (*ad litteram*, „cele cinci acțiuni")
Pitta – dosha responsabilă pentru metabolism
Pragya aparadh – eroarea inteligenței (spre exemplu, identificarea cu o parte în detrimentul întregului)
Prakruti – natura, cu referire la sistemul minte-corp omenesc
Pranayama – exerciții ayurvedice de respirație echilibrată
Rajas – impulsul înnăscut de a acționa
Rasa – cele șase gusturi; totodată, și primul strat de țesut (*dhatu*)
Rasayana – formulă ayurvedică din plante medicinale de întinerire
Rishi – un profet vedic
Ritucharya – rutina sezonieră ayurvedică
Sattva – puritate; impulsul înnăscut de a evolua
Surya Namaskar – „Salutul soarelui", un exercițiu fizic ayurvedic compus din douăsprezece părți
Tamas – inerția; impulsul înnăscut de a rămâne neschimbat
Vata – dosha responsabilă pentru orice mișcare din organism
Veda – *ad litteram*, „știință" sau „cunoaștere". Ayurveda („știința vieții" sau „cunoașterea tainei vieții") este o ramură componentă a Veda.
Vipak – efectul post-digestiv al alimentelor asupra organismului
Yoga – cunoașterea vedică necesară pentru a ajunge la contopirea cu tărâmul conștiinței pure. Ramura yoga care implică exercițiile fizice este cunoscută drept *Hatha yoga*.

DEEPAK CHOPRA
O VIAȚĂ ÎMPLINITĂ
Cum să exploatezi puterea infinită a coincidențelor
Editura Paralela 45

Dragi cititori,

Vă mulțumim că ați citit această carte. Considerați că v-a ajutat în vreun fel? Nu ați aflat tocmai ce doreați? V-ar interesa altceva? Încercăm să vă oferim cărți tot mai bune și mai interesante, să vă punem la dispoziție informațiile de care aveți nevoie. Prin urmare, așteptăm sugestiile și criticile dumneavoastră. Suntem la fel de deschiși și pentru aprecieri.

La bună citire,
Redacția Editurii Paralela 45

cititori@editura paralela45.ro
/editurapara lela.patruzecisicinci

EDITURA PARALELA 45
Bulevardul Republicii, Nr. 148, Clădirea C1, etaj 4,
Pitești, jud. Argeș, cod 110177
E-mail: office@editurapara lela45.ro
redactie@editurapara lela45.ro

COMENZI – CARTEA PRIN POȘTĂ
EDITURA PARALELA 45
Bulevardul Republicii, nr. 148, Clădirea C1, etaj 4, Pitești,
jud. Argeș, cod 110177
Tel.: 0248 633 130; 0753 040 444; 0721 247 918
Tel./fax: 0248 214 533; 0248 631 439; 0248 631 492
E-mail: comenzi@edituraparalela45.ro

www.edituraparalela45.ro

Tiparul executat la tipografia Editurii Paralela 45
E-mail: tipografie@edituraparalela45.ro